# 广西教育发展蓝皮书 2022

黄旷乾
黄兰妹 主编

广西人民出版社

**图书在版编目（CIP）数据**

广西教育发展蓝皮书 . 2022 / 旷乾，黄兰妹主编 . -- 南宁：广西人民出版社，2024. 6. -- ISBN 978-7-219-11777-4

Ⅰ. G527. 67

中国国家版本馆 CIP 数据核字第 2024916JV3 号

责任编辑　覃结玲
责任校对　梁红燕
装帧设计　王红星

出版发行　广西人民出版社
社　　址　广西南宁市桂春路 6 号
邮　　编　530021
印　　刷　广西雅图盛印务有限公司
开　　本　787mm × 1092mm　1 / 16
印　　张　20
字　　数　350 千字
版　　次　2024 年 6 月　第 1 版
印　　次　2024 年 6 月　第 1 次印刷
书　　号　ISBN 978-7-219-11777-4
定　　价　60. 00 元

## 《广西教育发展蓝皮书2022》编委会

主　　编：旷　乾　黄兰妹

核心组成员：旷　乾　黄兰妹　吴玉龙　刘红宇　王　彤　莫东霞
姚怡超　颜国英　陈一鑫　陈运影

编　　委（按姓氏拼音排序）：

陈一鑫　陈运影　黄　斌　黄嘉文　黄　珂　黄兰妹
黄文凤　旷　乾　李荣轩　李昕瑶　刘红宇　刘静雅
龙　丰　楼俊晶　莫东霞　任美英　王　彤　王雪晴
吴玉龙　颜国英　姚怡超　虞腊梅　喻雯璠　张超越
赵潇潇　郑亚梅

# 总　序

教育是国之大计、党之大计。党的二十大报告首次设专章论述了教育、科技和人才的关系，指出“要坚持教育优先发展、科技自立自强、人才引领驱动，加快建设教育强国、科技强国、人才强国，坚持为党育人、为国育才”。广西全面贯彻党的教育方针，落实立德树人的根本任务，发展素质教育，不断推进教育公平，教育事业整体水平明显提升。

自治区党委和人民政府高度重视教育，认真贯彻实施国家“十四五”规划纲要和国家教育事业发展“十四五”规划，坚持把教育摆在优先发展的战略地位，多措并举促进教育事业发展，全区教育事业发展迈上新台阶，教育整体水平全面提高。广西教育事业统计数据显示，截至2021年，广西学前教育毛入园率、九年义务教育巩固率、高中阶段教育毛入学率、高等教育毛入学率分别达92.30%、96.50%、92.00%、52.40%，比2016年分别增加12.70、3.10、4.00、19.10个百分点，实现了教育事业质的飞跃。2021年是广西教育事业发展“十四五”规划开端之年，各项教育工作的顺利开展为广西教育事业“十四五”规划后续发展奠定了坚实基础。

2021年，广西教育系统坚持以习近平新时代中国特色社会主义思想为指导，认真贯彻落实党中央、国务院各项决策部署，积极推进教育事业改革发展，各项工作取得了突破性进展，各级各类教育蓬勃发展，教育资源配置更趋合理，教育质量逐步提高，教育公平得到有效保障。一是学前教育深入推进优质普惠发展。截至2021年，广西筹措资金10.94亿元，支持各地新建、迁建幼儿园57所，新增公办幼儿园学位约2.20万个，筹措2.15亿元扶持5185所多元普惠幼儿园。2021年11月，广西重新评估认定942所多元普惠幼儿园，惠及在园幼儿约20万人。二是义务教育推进优质均衡发展。2021年广西共统筹落实中央及自治区义务教育学校专项资金48.30亿元，安排2.38亿元用于完善乡村教育信息化建设，对通过县域义务教育优质均衡发展国家督导评估认定的县（市、区）在资金分配、项目安排等方面予以倾斜支持，如奖励每个县（市、区）资金1000万至2500万元，支持各地新建学校56所，改扩建义务教育学校6279所（次），预计新增学位8.70万个。三是高中阶段教育构建优质特色发展新格局。广西深入贯彻落实《加快推进教育现代化实施方案（2018—2022年）》，制定并印发《广西教育提质振兴三年行动计划（2021—2023年）》和《广西教育事业发展“十四五”规划》，把高质量普及高中阶段教育作为广西教育振兴的重点任务。攻坚克难推动普通高中教育（简称高中教育）和中等职业教育（简称中职教育）协调发展，推动普通高中优质特色多样化发展以及职业教育提质培优工作，搭建普职融通“立交桥”。四是高等教育振兴发展新征程。2021年广西高等教育毛入学率达52.40%，比2020年增加4.5个百分点，与全国平均水平差距逐渐缩小，且招生规模也呈扩大趋势，高等教育迈入普及化阶段。推进南宁教育园区建设发展，2016—2021年南宁教育园区共建高校新校区10个，新增学位7.80万个，成为广西新校区和新增学位最集中的地区。

《广西教育发展蓝皮书（第一辑）》主要分析了2015年广西教育发展的基本状况；《广西教育发展蓝皮书（第二辑）》探讨了免学费背景下的广西中等职业教育的发展状况；《广西教育发展蓝皮书（2018）》主要研究了近年来广西民办高等教育发展状况；《广西教育发展蓝皮书（2019）》在数据分析的基础上详述了广西教育发展概况，着重分析了广西义务教育均衡发展状况；《广西教育发展蓝皮书（2020）》分阶段对广西教育进行了探析，着重分析了广西高等教育的经济投入和配置情况；《广西教育发展蓝皮书（2021）》分阶段对广西教育进行了探析，着重分析了广西中等职业教育对经济发展的贡献以及农村中等职业教育的精准扶贫路径；《广西教育发展蓝皮书（2022）》分阶段对广西教育进行了探析，着重分析了广西学前教育资源配置效率、学费定价影响因素及提升广西学前教育资源配置效率、教育学费定价的政策建议。

《广西教育发展蓝皮书（2022）》分为两部分：第一部分为主题报告，通过数据分析翔实介绍了广西各级各类教育事业发展的总体情况，并分别对学前教育、义务教育、高中教育、中职教育和高等教育的发展现状进行了深入的分析，较为全面地反映了广西教育发展，尤其是教育资源配置的状况；第二部分为专题报告，对广西学前教育资源配置效率、学费定价影响因素等进行研究。本书在组编中坚持开放包容的原则，力求使蓝皮书更具系统性、多元化和客观性，更好地为有关教育科学从业和研究人员及关心教育的人士提供有价值的依据和参考，也期望社会各界能够更加理解和支持广西的教育事业。

《广西教育发展蓝皮书》科研组也将继续深入研究、总结经验、探索规律，努力探索和总结新形势下广西教育发展面临的机遇和挑战，不断使《广西教育发展蓝皮书》趋于完善，成为全面反映广西教育改革和发展的读本。

由于水平有限，不足之处，恳请广大读者批评指正。

旷乾

2023年6月

# 目　录
CONTENTS

# 第一部分　主题报告

本部分报告包含了广西教育事业的总体状况，以及学前教育、义务教育、高中教育、中职教育和高等教育的发展成果，较为全面地反映了广西教育发展取得的成就和存在的不足。本部分报告主要从规模数据和经费数据的分析着手，结合同时期广西的教育政策，力求对广西教育发展的具体情况作出客观、全面的评价。

# 第一章 广西教育事业概况

## 一、《加快推进教育现代化实施方案（2018—2022年）》规定的教育事业发展目标实现程度

2021年是“十四五”规划开局之年，也是贯彻落实《加快推进教育现代化实施方案（2018—2022年）》的关键之年，广西深入贯彻落实习近平总书记关于教育的重要论述，始终把教育摆在优先发展的战略地位，全面贯彻党的教育方针，以“促进公平，提高质量”为中心，加快推进教育现代化，多措并举推进教育事业发展。在巩固“十三五”时期教育成果的基础上，努力实现实施方案提出的发展目标，为推动实现“十四五”规划目标提供保障。

### （一）脚踏实地，办好人民满意的优质普惠性学前教育

学前教育是国民教育体系的重要组成部分，是终身学习的开端。党的十九届五中全会指出“完善普惠性学前教育保障机制”，《加快推进教育现代化实施方案（2018—2022年）》提出要推进学前教育普及普惠发展。广西高度重视学前教育的发展，为巩固学前教育普及普惠发展成果，制定并印发《广西教育提质振兴三年行动计划（2021—2023年）》《广西教育事业发展“十四五”规划》等政策文件，实施学前教育优质普惠发展计划，脚踏实地办好人民满意的优质普惠性学前教育。截至2021年，广西学前教育毛入园率达92.30%、普惠性幼儿园覆盖率达90.05%、公办幼儿园在园幼儿占广西总在园幼儿数的52.37%，分别比2020年增长1.30、1.22、0.09个百分点，基本形成了“政府主导、社会参与、公办民办并举”的办园体制。

一是加大学前教育资金支持力度，扩大普惠性学前教育资源。2021年，广西筹措资金10.94亿元，支持各地新建、迁建幼儿园57所，新增公办幼儿园学位约2.20万个，筹措2.15亿元扶持5185所多元普惠幼儿园。2021年11

月，广西重新评估认定942所多元普惠幼儿园，惠及在园幼儿约20万人。同时广西加大对幼儿园的奖补力度，坚持公办民办并举，按不同星级对多元普惠幼儿园给予3万至50万元的奖励；对被列入当地幼儿园布局规划和自治区项目规划的新建幼儿园，给予每所100万至800万元的奖补；按照每生每学年200元标准给予普惠性民办幼儿园生均奖补，扶持5000所自治区普惠性民办幼儿园发展。

二是深入推进保教改革，全力推进学前教育优质发展。2021年自治区公布学前教育集团化办园改革试点名单，筹措0.59亿元支持56个试点县开展学前教育集团化办园改革；持续推进50个自治区级幼儿园课程基地建设。

三是强化教师队伍建设，提高科学保教能力。为打造高素质学前教育师资队伍，自治区教育厅从2019年起实施广西幼儿园名师培养工程，计划用3年时间培育50名具有高尚师德、拔尖教学水平和独立科研能力的幼儿园名师。截至2021年6月，主要承办方广西师范大学教育学部已开展了3次集中研修、3个阶段在岗研修活动。同时，自治区教育厅不断推进学前教育的课题研究，并公布了广西教育科学规划2021年度学前教育职业教育集团化办学研究专项课题立项名单，积极推动学前教育的学术研究以及教师资源培养。截至2021年，全区共有学前教育专任教师11.95万人。

在自治区党委和人民政府的支持下，自治区教育厅不断改革探索，基本建成布局合理、资源充足、优质普惠的学前教育公共服务体系，实现“十四五”良好开局。

### （二）真抓实干，破解义务教育优质均衡发展难题

《加快推进教育现代化实施方案（2018—2022年）》明确提出，推进义务教育优质均衡发展，加快城乡义务教育一体化发展，保障特殊群体受教育的权利，推进义务教育学校标准化建设。到2022年，要全面实现各级各类教育普及目标，全面构建现代化教育制度体系，教育现代化取得重要进展。截至2021年，自治区人民政府在教育资源配置、县域义务教育均衡发展、教育教学综合改革、特殊教育等方面精准发力，多路径推进义务教育优质均衡发展；在常态化控辍保学、改善办学条件、加强乡村教师队伍建设等方面发挥合力，全面夯实教育扶贫成果。

1.精准发力，多路径推进广西义务教育优质均衡发展

2021年，广西九年义务教育巩固率已达96.50%，超过全国平均水平。为

进一步推进广西义务教育优质均衡发展，全面提高教育教学质量，实现《广西教育提质振兴三年行动计划（2021—2023年）》提出的2023年广西九年义务教育巩固率达96.60%的目标，努力打造五育并举、优质均衡、特色鲜明的广西教育新样态，广西主要从以下4个方面发力：

一是合理配置义务教育资源，完成“全面改薄”目标任务。2021年，广西共统筹落实中央及自治区义务教育学校专项资金48.30亿元，安排2.38亿元用于完善乡村教育信息化建设，对通过县域义务教育优质均衡发展国家督导评估认定的县（市、区）在资金分配、项目安排等方面予以倾斜支持，如奖励每个县（市、区）资金1000万至2500万元。支持各地新建学校56所，改扩建义务教育学校6279所（次），预计新增学位8.70万个。给予每所新建小学奖补资金1000万元，给予每所新建初中奖补资金2000万元。乡村学校联网攻坚行动目标基本完成，乡村学校多媒体教室覆盖率达95.00%，全区乡村中小学宽带接入率达100.00%。

二是加强教育督导评估工作，推进县域义务教育优质均衡发展。2021年广西正式颁布实施《广西壮族自治区教育督导规定》，组建了一支涵盖20多个部门、有8500余人的“自治区—市—县—责任区”四级联动督导队伍，进一步完善教育督导管理体制和运行机制。根据2022年印发的《国务院教育督导委员会关于公布通过义务教育均衡发展国家督导评估认定县（市、区、旗）名单的决定》，广西申报的17个县（市、区）顺利通过义务教育均衡发展国家督导评估认定。广西111个县（市、区）均通过了义务教育基本均衡发展情况实地督导检查，义务教育质量监测实现县县全覆盖，加快由“基本均衡”向“优质均衡”迈进，切实提高义务教育均衡水平。

三是全面深化义务教育教学综合改革，落实“双减”工作任务。深化教育评价改革，积极落实义务教育减负政策。2020年5月，自治区党委办公厅、自治区人民政府办公厅印发《广西中小学教师减负清单》，从教师层面出发进行减负，减少教学硬性指标，最终达到为学生减负。2021年，为贯彻落实国家《关于进一步减轻义务教育阶段学生作业负担和校外培训负担的意见》，自治区教育厅切实加强统筹调度，出台“减负三十条”实施方案，严格控制作业总量，从严治理校外培训，支持中小学开展课后服务工作，扎实推进“双减”各项工作。截至2021年11月，自治区提供课后服务的学校比例达100.00%，课后服务时间达标学校比例达99.43%，学生参与率达84.38%，校外培训机构已压减49.91%，全区各地制定“一校一案”课后服务实施方案，满足学生的个性化需求，群众对“双减”工作的满意度超九成，年度“双减”工作重要指标已全部达标。

四是加快健全特殊教育体系，提高特殊群体平等受教育保障水平。《广西教育提质振兴三年行动计划（2021—2023年）》提出，组织实施第三期特殊教育提升计划（2021—2025年），保障特殊群体平等接受教育的权利，推动建设100个特殊教育资源中心、300个资源教室、20所自治区示范性特殊教育学校，对自治区示范性特殊教育学校给予资金奖励。

2.凝聚合力，以保障义务教育为核心并夯实教育扶贫成果

巩固脱贫攻坚成果教育先行。2021年，广西始终以保障义务教育为核心，进一步巩固教育扶贫成果，重点从控辍保学、改善办学条件、落实资助政策、加强教师队伍建设等方面入手，统筹推进做实教育防返贫监测帮扶工作。

一是完善控辍保学常态化工作机制。自治区党委和人民政府高度重视义务教育控辍保学工作，多次召开全区控辍保学工作会议，对常态化控辍保学进行专题部署，压实控辍保学“双线四包”和联控联保责任，建立“一对一、人盯人”工作机制进行检测、稳控和劝返，持续保持动态清零成果，推动控辍保学工作从动态化转向常态化。2018年至2021年1月，共劝返辍学学生3.50万人，有效解决了学生失学辍学问题。

二是改善义务教育办学基本条件。通过新建、改扩建学校，有效扩展办学资源，改善办学条件，美化校容校貌，推动全区教育事业高质量发展发生格局性变化。2021年，全区506个集中安置区中共配套建设1184所义务教育学校，解决了随迁子女的上学问题，实现安置点配套学校全覆盖和安置点群众子女就近入学，保障62.90万名学生在流入地就读义务教育学校，入读公办义务教育学校的比例达91.30%，进城务工随迁子女在城市公办中小学校就读比例每年都保持在80.00%以上。

三是严格落实学生资助政策。加强教育、乡村振兴等部门间的协同机制，要求家庭经济困难学生认定工作原则上每学年进行一次，每学期按实际情况进行动态调整，健全家庭经济困难学生数据库。2021年，广西下达义务教育阶段家庭经济困难学生生活补助资金19.44亿元，资助学生达203.67万人，覆盖率达100.00%；在全区63个县实施农村义务教育学校营养餐改善计划，下达营养膳食补助资金13.52亿元，惠及学生173万人，让贫困地区学生享受到

更高质量、更公平的教育。

四是加强乡村教师队伍建设。加强教师编制管理，优化教师资源配置，继续实施中小学教师“县管校聘”管理改革，创新乡村教师补充渠道，通过特岗计划、公开招聘、定向培养、“银龄”讲学计划等方式，补充义务教育教师2.40万名，其中农村教师1.60万名，为农村学校注入新鲜血液。全区共统筹8.37亿元用于发放乡村教师生活补助，改善乡村教师待遇，惠及28万名乡村教师，推动乡村教师队伍可持续发展。

### （三）科学规划，推动高中阶段教育高质量普及发展

广西深入贯彻落实《加快推进教育现代化实施方案（2018—2022年）》，制定并印发《广西教育提质振兴三年行动计划（2021—2023年）》和《广西教育事业发展“十四五”规划》，把高质量普及高中阶段教育作为广西教育振兴的重点任务。积极推进普及高中阶段教育攻坚工作，推动高中阶段教育高质量普及发展。同时，攻坚克难推动普通高中教育、中等职业教育协调发展，推动普通高中优质特色多样化发展以及职业教育提质培优工作，搭建普职融通“立交桥”。主要从以下4个方面突破：

一是优化教育资源，不断推动普及高中阶段教育。2020年，广西制定并实施《广西壮族自治区消除普通高中学校大班额专项规划（2020—2022年）》。截至2021年，普通高中大班额同比下降22.77个百分点。2021年，广西统筹资金13.31亿元支持各地85所普通高中建设发展，全区有普通高中521所，较2020年增长4.41%，在校生数达121.20万人，较2020年增长5.27%。2021年，广西共有中职学校230所，中职学校在校生69.09万人，全区有超过40.00%的高中阶段教育的学生就读于中职学校，普职比例大体相当。高中阶段教育毛入学率达92.00%，高于全国平均水平0.60个百分点，实现高中阶段教育基本普及目标。

二是综合改革，促进高中阶段教育内涵式发展。2021年，广西深入贯彻落实《国务院关于深化考试招生制度改革的实施意见》和《国务院办公厅关于新时代推进普通高中育人方式改革的指导意见》，全力推进实现高中阶段教育普及与质量提升。2021年广西启动高考综合改革，自治区人民政府于当年9月印发《广西深化普通高等学校考试招生制度综合改革实施方案》，建立健全促进公平、科学选才、监督有力的普通高等学校考试招生长效机制。同时印发《广西壮族自治区普通高中教育发展“十四五”规划》，配套实施新课程

实施方案和选课走班教学、学生发展指导、综合素质评价等系列政策，实现“新高考、新课改、新教材、新系统”4个同步。截至2021年，自治区示范性普通高中总量达156所，实现所有县（市、区）全覆盖，有星级特色普通高中39所，更好地满足学生全面发展和个性化成长需求。同时开办普通高中民族班，公办自治区级示范性普通高中面向本辖区优先招收农村少数民族学生，共招收8.40万人。为适应经济社会发展的需求，突出产教融合、校企合作，打造学历教育与培训并重、富有广西特色的高质量现代职业教育体系，广西严格落实《职业学校校企合作促进办法》，发挥订单班、职教集团、现代学徒制3个主要产教融合平台作用，深化人才培养模式改革，对中职学校的布局和专业结构进行调整。2018—2021年，广西累计撤并整合“散、弱、小、空”中职学校61所，调整优化后共有各级各类中职学校256所，其中自治区级以上示范性中职学校131所，学校优质率达51.17%。2021年认定中职星级学校172所，广西中职五星级学校达19所；中职学校合作企业有约2500家，新开设一批社会急需的先进制造业专业、先进服务业专业、现代农业专业，整理备案中职专业204个、专业点1986个，其中增加了以幼儿保育、消防工程技术、无人机操控与维护等为代表的约10.00%的专业点，撤销以文秘、模具制造技术等为代表的约10.00%的原有专业点。经过各地各部门的共同努力，广西基本形成30万以上人口县“县县有中职”，地方支柱产业、特色产业“业业有专业”的职业教育布局，进一步适应了经济转型和产业结构调整对技术技能人才的需求，促使职业教育真正融入地区经济社会发展。

三是完善高中阶段教育经费保障机制，助力普通高中教育和中职教育协调发展。加强资金使用管理，严格执行《改善普通高中学校办学条件补助资金管理办法》有关要求，2021年自治区进一步提高奖补标准，给予每所新建高中奖补资金3500万至5000万元，鼓励各地通过新建方式扩大普通高中办学资源。对通过改扩建教学楼和学生宿舍，化解普通高中大班额的问题。根据改扩建项目投资情况，统筹中央和自治区资金给予投资总额的50.00%—60.00%的补助。不断加大经费统筹力度，推动职业教育从规模扩张走向内涵提升，统筹资金23.50亿元支持中职学校开展达标建设、2亿元支持实施职业教育区域合作工程，0.90亿元对职业教育改革力度大、成效明显的设区市给予奖补支持，0.86亿元支持“双师型”教师队伍建设。2021年自治区教育厅下达资金1亿余元支持全区中职学校50个品牌专业建设。2021—2022年安排资金11.60亿元，支持全区137所中职学校改扩建学校校舍及其他附属设施，配置图书和教学仪器设备。

四是完善普职融通体制机制，促进职业教育提质培优。2020年教育部等九部门联合颁布《职业教育提质培优行动计划（2020—2023年）》，指出要加快构建纵向贯通、横向融通的中国特色现代职业教育体系，建立普通高中和中职学校合作机制，探索课程互选、学分互认、资源互通，支持有条件的普通高中举办综合高中。2021年中共中央办公厅、国务院办公厅印发《关于推动现代职业教育高质量发展的意见》，明确职业本科教育招生规模，提出要推进不同层次职业教育纵向贯通，促进不同类型教育横向融通，加强各学段普通教育与职业教育渗透融通。2021年自治区认真贯彻落实《职业教育提质培优行动计划（2020—2023年）》和《广西职业教育改革实施方案》，进一步完善现代职业教育体系。第一，推进中职学校办学条件达标和品牌专业建设，优化职业院校专业结构，强化专业服务产业意识。第二，深化产教融合、校企合作，推动建设一批产教融合型企业园区和实训基地。支持职业院校与企业共建产业学院，培养更多高素质技术技能人才。

### （四）立足实践，坚持高等教育内涵发展推动全面振兴

振兴中西部地区高等教育，是我国高等教育现代化的必由之路。国家印发《中国教育现代化2035》及《加快推进教育现代化实施方案（2018—2022年）》，强调要振兴中西部地区高等教育。2021年广西认真贯彻党中央决策部署，出台《广西教育事业发展“十四五”规划》及7个专项子规划，实施《广西教育提质振兴三年行动计划（2021—2023年）》，从优化高等教育布局结构、提高人才培养质量、优化学科专业结构等方面推动广西高等教育振兴发展。

一是扩大规模，优化高等教育布局结构。2021年，全区共有11所高校新校区投入使用，新增学位5.20万个，均创历史新高。加快推进全区独立学院转设，2021年推动5所独立学院顺利转设，防城港职业技术学院、广西信息职业技术学院、广西农业工程职业技术学院、北海健康养生职业技术学院（民办）4所高校设置工作顺利完成。“百所高校建设计划”取得重要进展，完成高等学校“设区市全覆盖”历史性目标。2021年广西高等教育毛入学率达52.40%，比2020年提高4.50个百分点，与全国平均水平差距逐渐缩小，且招生规模也呈扩大趋势，高等教育迈入普及化阶段。推进南宁教育园区建设发

展，2016—2021年南宁教育园区共建高校新校区10个，新增学位7.80万个，成为广西新校区和新增学位最集中的地区。

二是深化高校教学改革，全面提高人才培养质量。2021年9月，自治区学位委员会、自治区教育厅公布广西2021—2025年立项建设新增博士、硕士学位授予单位名单，并确立了分类建设方案，全面加强博士、硕士学位授予单位建设。2021年，自治区新增6所本科高校获部属高校对口支援，新增博士、硕士学位授予单位各1所，新增博士学位授权点9个。

三是优化高校学科专业结构，精准对接社会需求。2021年，广西在高等教育领域完善学科专业动态调整机制，深入实施“六卓越一拔尖”人才培养计划2.0，积极推进新工科、新医科、新农科、新文科专业建设。加强一流本科专业建设，新增国家级和自治区级一流本科专业建设点各60个，60个专业点入选第二批国家级一流本科专业建设点。2021年广西一流学科建设项目终期评估结果显示，广西共有19个学科进入ESI全球学科排名前1.00%，是2018年项目启动初期的3.80倍。

四是深化创新创业教育改革，增强创新创业活力。2021年广西进一步加强双创示范基地建设，贯彻落实《国务院办公厅关于进一步支持大学生创新创业的指导意见》精神。2021年11月，自治区教育厅在已认定的“广西高校大学生创业示范基地”基础上，开展广西高校大学生创新创业典型示范基地遴选认定工作，认定广西师范大学等19所高校为“广西高校大学生创新创业典型示范基地”，为大学生创新创业营造良好的环境。2021年，自治区教育厅按照自治区级大学生创新创业训练计划项目申报工作安排，确定自治区级大学生创新创业训练计划立项项目5965个。2021年第七届中国国际“互联网+”大学生创新创业大赛，广西有92所高校参赛，参赛项目近10万个，同比增长44.90%；参赛学生达44.42万人次，同比增长42.40%。参赛项目数和学生数均创历史新高，在国赛中广西高校获奖总数也创历史新高。

五是深耕产教融合，加快培养高素质技能人才。持续推进现代学徒制试点、“1+X”证书制度试点改革等工作。2021年，全区共有87个产教深度融合的产业学院，13所职业学校通过教育部现代学徒制试点验收，150所学校获批为国家“1+X”证书制度试点单位，13个职业教育集团被列入国家示范性职业教育集团（联盟）培育单位。

## 二、各级各类教育发展规模

### （一）总体进展

从学校数量来看，2021年，广西共有各级各类学校24611所，比2016年增加801所，增长3.36%。其中：幼儿园14054所，比2016年增加3041所，增长27.61%；义务教育学校9707所，比2016年减少2278所，下降19.01%（其中：普通小学7950所，比2016年减少2223所，下降21.85%；普通初中1757所，比2016年减少55所，下降3.04%）；高中阶段教育学校751所，比2016年增加25所，增长3.44%（其中：普通高中521所，比2016年增加71所，增长15.78%；中职学校230所，比2016年减少46所，下降16.67%）；高等教育学校99所，比2016年增加13所，增长15.12%（其中：高职高专47所，比2016年增加10所，增长27.03%；本科院校38所，比2016年增加2所，增长5.56%；研究生教育学校14所，比2016年增加1所，增长7.69%）。详见表1.1。

**表1.1　2016—2021年广西各级各类学校数**

单位:所

| 学校类型 | 2016年 | 2017年 | 2018年 | 2019年 | 2020年 | 2021年 |
|---|---|---|---|---|---|---|
| 幼儿园 | 11013 | 11787 | 12544 | 13112 | 13662 | 14054 |
| 义务教育学校 | 11985 | 10211 | 9797 | 9789 | 9754 | 9707 |
| 高中阶段教育学校 | 726 | 731 | 717 | 738 | 729 | 751 |
| 高等教育学校 | 86 | 87 | 89 | 92 | 96 | 99 |

数据来源：2016—2021年广西教育事业数据分析。

从学校构成来看，2021年广西各级各类学校数中，幼儿园占57.10%，比2016年上升10.85个百分点；义务教育学校占39.44%，比2016年下降10.90个百分点；高中阶段教育学校占3.05%，与2016年占比一样；高等教育学校占0.40%，比2016年上升0.04个百分点。详见图1.1。

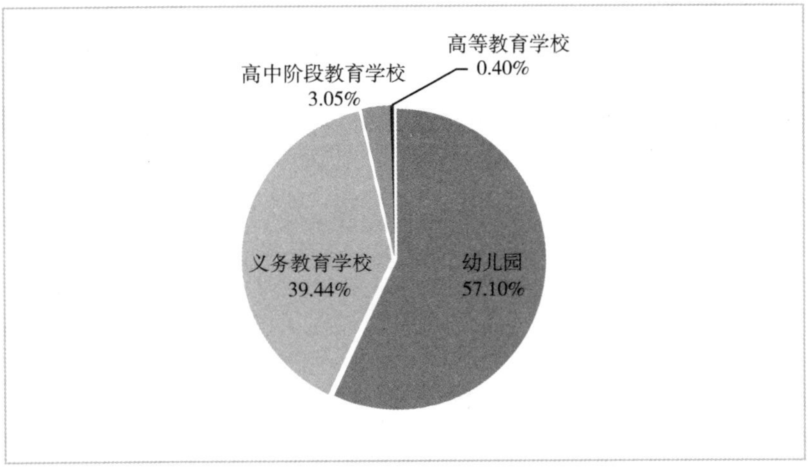


**图1.1　2021年广西各级各类学校构成**

数据来源：2021年广西教育事业数据分析。

从在校生数量来看，2021年广西各级各类学校有在校生1301.33万人，比2016年增加196.03万人，增长17.74%。其中：幼儿园在园幼儿227.51万人，比2016年增加17.87万人，增长8.52%；义务教育学校在校生745.83万人，比2016年增加95.71万人，增长14.72%（其中：普通小学在校生515.96万人，比2016年增加64.59万人，增长14.31%；普通初中在校生229.87万人，比2016年增加31.12万人，增长15.66%）；高中阶段教育学校在校生190.30万人，比2016年增加28.55万人，增长17.65%（其中：普通高中在校生121.21万人，比2016年增加29.32万人，增长31.91%；中职学校在校生69.09万人，比2016年减少0.77万人，下降1.10%）；高等教育学校在校生137.69万人，比2016年增加53.90万人，增长64.33%（其中：高职高专在校生73.22万人，比2016年增加34.49万人，增长89.05%；本科院校在校生58.89万人，比2016年增加16.60万人，增长39.25%；研究生教育学校在校生5.58万人，比2016年增加2.81万人，增长101.44%）。详见表1.2。

**表1.2　2016—2021年广西各级各类学校在校生数**

单位：万人

| 学校类型 | 2016年 | 2017年 | 2018年 | 2019年 | 2020年 | 2021年 |
|---|---|---|---|---|---|---|
| 幼儿园 | 209.64 | 213.99 | 219.8 | 216.77 | 226.62 | 227.51 |
| 义务教育学校 | 650.12 | 667.21 | 689.42 | 715.52 | 732.67 | 745.83 |
| 高中阶段教育学校 | 161.75 | 166.16 | 171.34 | 177.13 | 185.14 | 190.30 |
| 高等教育学校 | 83.79 | 89.71 | 97.64 | 111.46 | 122.88 | 137.69 |

数据来源：2016—2021年广西教育事业数据分析。

从在校生构成来看，2021年广西各级各类学校在校生数中，幼儿园在园幼儿占17.48%，义务教育学校在校生占57.31%，高中阶段教育学校在校生占14.62%，高等教育学校在校生占10.58%。与2016年相比，2021年广西幼儿园在园幼儿占比下降1.48个百分点，义务教育学校在校生占比下降1.51个百分点，高中阶段教育学校在校生占比下降0.01个百分点，高等教育学校在校生占比提高3.00个百分点。详见图1.2。

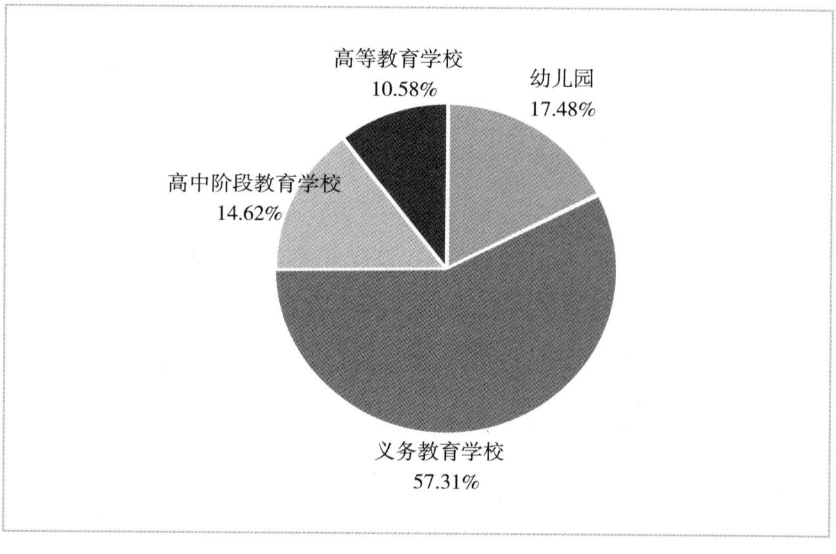


**图1.2　2021年广西各级各类学校在校生数构成**

数据来源：2021年广西教育事业数据分析。

从普及水平来看，2021年广西实现各级各类教育全面普及，全区劳动年龄人口平均受教育年限达到10年，新增劳动力平均受教育年限达到13.5年。

2021年广西学前教育毛入园率92.30%，比2016年提高12.70个百分点；高中阶段教育毛入学率92.00%，比2016年提高4.00个百分点；高等教育毛入学率52.40%，比2016年提高19.10个百分点。详见图1.3。

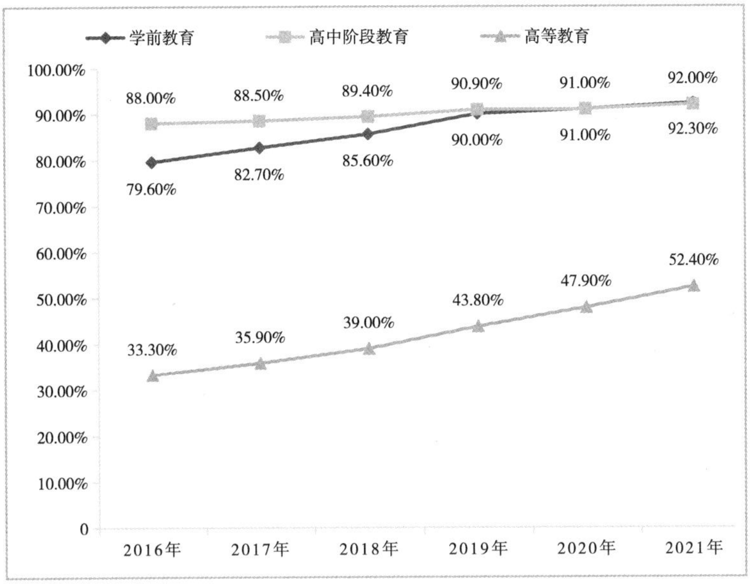


**图1.3　2016—2021年广西各级各类教育毛入学率**

数据来源：2021年广西教育事业数据分析。

## （二）各级各类教育发展情况

1.学前教育普及水平稳步上升

广西加大学前教育财政投入力度，完善普惠性幼儿园奖补政策，支持新建、改扩建公办幼儿园，扩大学前教育资源供给；实施学前教育优质普惠发展计划，改善普惠性幼儿园办园条件，着力提升保育教育质量；全面推动县域学前教育集团化办园模式改革，以优质幼儿园为龙头，带动薄弱幼儿园发展，呈现出互相促进的良性态势。自治区人民政府教育督导委员会办公室2021年底正式启动全区县域学前教育普及普惠督导评估工作，通过强有力的监督体系，确保学前教育普及普惠高质量发展。

2021年，广西有在园幼儿227.51万人，其中：公办幼儿园在园幼儿119.15万人，占52.37%，比2017年提高18.42个百分点；农村幼儿园在园幼儿62.28万人，比2020年减少3.10万人，下降4.74个百分点；普惠性民办幼儿园在园幼儿85.72万人；普惠性幼儿园覆盖率达90.05%，比2020年、2019

年、2018年、2017年分别提高1.22、14.04、16.98、19.43个百分点，有效缓解了幼儿“入园贵”的难题。

2.义务教育向优质均衡迈进

自治区教育厅深入贯彻落实自治区第十二次党代会精神，切实加强统筹调度工作。积极落实义务教育减负工作，支持中小学开展课后服务；组织实施特殊教育提升计划，提升特殊教育水平和质量；加强教师队伍建设；推进学校标准化建设，实施“全面改薄”计划，改善义务教育学校的办学条件和薄弱环节；推动“立德树人”“五育并举”“全面发展”落地落实。

截至2021年11月，全区应开展课后服务学校1960所，已开展学校有1924所，课后服务时间达标学校比例达99.43%，学生参与课后服务的学校比例达84.38%，建立作业时间控制达标学校比例达98.94%，建立作业校内公示制度学校比例达99.33%，建立作业管理制度学校比例达99.35%，义务教育学校已基本落实作业管理要求。学科类校外培训机构大幅压减，停开学科类培训机构1451所，停开率为65.07%；压减学科类培训机构1113所，压减率为49.91%。校外培训机构治理取得明显成效。

与2016年相比，2021年广西普通小学专任教师增加68829人，增长率为30.69%，普通初中专任教师增加33865人，增长率为27.44%。与2016年相比，2021年广西普通小学专任教师中，24岁及以下、25—29岁、30—34岁、40—44岁、45—49岁、50—54岁、55—59岁和60岁及以上的专任教师数量均有所增加，分别增加17164人、19717人、5780人、6938人、9322人、5819人、5089人、58人，分别增长157.58%、79.64%、19.74%、16.56%、26.32%、18.33%、39.40%、181.25%。而35—39岁专任教师数量有所下降，减少9346人，下降20.49%。在普通初中专任教师中，24岁及以下、25—29岁、30—34岁、45—49岁、50—54岁、55—59岁和60岁及以上的专任教师数量均有所增加，分别增加8637人、10668人、1426人、9999人、8149人、5281人、79人，分别增长190.07%、76.95%、8.69%、52.05%、70.35%、165.96%、272.41%；而35—39岁、40—44岁的专任教师数量有所下降，分别减少7954人、2420人，下降率分别为30.35%、8.52%。义务教育教师队伍进一步增大，年龄结构进一步优化。

2021年，全区共有义务教育学校9707所，比2020年减少47所，下降0.48%；在校生745.83万人，比2020年增加13.16万人，增长1.80%；招生

163.96万人，比2020年增加2.50万人，增长1.55%；毕业生151.02万人，比2020年增加5.62万人，增长3.87%；校均规模1957.28人，比2020年增加37.74人，增长1.97%；校舍总面积7307.75万平方米，比2020年增加208.22万平方米，增长2.93%；仪器设备值144.93亿元，比2020年增加12.53亿元，增长9.46%；图书25458.67万册，比2020年增加595.84万册，增长2.40%。进城务工人员随迁子女招生11.23万人，比2020年增加0.70万人，增长6.65%；在校生50.45万人，比2020年增加0.37万人，增长0.74%。农村留守儿童招生10.14万人，比2020年减少1.47万人，下降12.66%；在校生46.02万人，比2020年减少5.88万人，下降11.33%。其中：

普通小学7950所，比2020年减少50所，下降0.63%；在校生515.96万人，比2020年增加8.78万人，增长1.73%；招生86.02万人，比2020年增加0.11万人，增长0.13%；毕业生77.41万人，比2020年增加2.74万人，增长3.67%；校均规模649人，比2020年增加15.03人，增长2.37%；校舍总面积4355万平方米，比2020年增加73.58万平方米，增长1.72%；仪器设备值97.31亿元，比2020年增加8.32亿元，增长9.35%；图书16343.08万册，比2020年增加462.93万册，增长2.92%。进城务工人员随迁子女招生6.52万人，比2020年增加0.38万人，增长6.19%；在校生37.37万人，比2020年减少0.35万人，下降0.93%。农村留守儿童招生4.89万人，比2020年减少0.87万人，下降15.09%；在校生30.46万人，比2020年减少4.12万人，下降11.91%。

普通初中1757所，比2020年增加3所，增长0.17%；在校生229.87万人，比2020年增加4.38万人，增长1.94%；招生77.94万人，比2020年增加2.39万人，增长3.16%；毕业生73.61万人，比2020年增加2.88万人，增长4.07%；校均规模1308.28人，比2020年增加22.71人，增长1.77%；校舍总面积2952.75万平方米，比2020年增加134.64万平方米，增长4.78%；仪器设备值47.62亿元，比2020年增加4.21亿元，增长9.70%；图书9115.59万册，比2020年增加132.92万册，增长1.48%。进城务工人员随迁子女招生4.71万人，比2020年增加0.32万人，增长7.29%；在校生13.08万人，比2020年增加0.72万人，增长5.83%。农村留守儿童招生5.25万人，比2020年减少0.60万人，下降10.26%；在校生15.56万人，比2020年减少1.76万人，下降10.16%。

3.高中阶段教育规模持续扩大

自治区党委和人民政府把普及高中阶段教育作为重点任务，坚持补短板强弱项，努力扩大全区高中阶段教育资源。发展公平且有质量的教育，健全生均拨款制度，加大财政投入。统筹实施普通高中突破发展工程和现代职业教育加快发展工程，推进普通高中多样化、特色化发展，加强自治区示范性普通高中建设，规范和完善中等职业教育专业设置与管理，推进职业教育发展。积极普及民族地区高中阶段教育，全面实施普及攻坚计划，通过综合改革，破解制约教育科学发展的体制机制障碍。

2021年，全区共有高中阶段教育学校751所，比2020年增加22所，增长3.02%；在校生190.30万人，比2020年增加5.16万人，增长2.79%；招生69.94万人，比2020年增加2.01万人，增长2.96%；毕业生54.12万人，比2020年增加1.31万人，增长2.48%；校均规模5330.55人，比2020年减少20.06人，下降0.37%；高中阶段教育学校招生普职比为1.57：1，专任教师为98204人。校舍面积3158.27万平方米，比2020年增加219.29万平方米，增长7.46%；仪器设备值81.96亿元，比2020年增加19.52亿元，增长31.26%；图书5921.49万册，比2020年增加2505.49万册，增长73.35%。其中：

普通高中521所，比2020年增加22所，增长4.41%；在校生121.21万人，比2020年增加6.07万人，增长5.27%；招生42.71万人，比2020年增加1.84万人，增长4.50%；毕业生35.30万人，比2020年增加1.64万人，增长4.87%；校均规模2326.58人，比2020年增加18.97人，增长0.82%；专任教师76598人，比2020年增加5532人，增长7.78%；校舍面积2346.47万平方米，比2020年增加196.58万平方米，增长9.14%；仪器设备值35.05亿元，比2020年增加17.58亿元，增长100.63%；图书4368.30万册，比2020年增加2438.70万册，增长126.38%。

中职学校230所，与2020年相同；在校生69.09万人，比2020年减少0.90万人，下降1.29%；招生27.23万人，比2020年增加0.17万人，增长0.63%；毕业生18.82万人，比2020年减少0.33万人，下降1.72%；校均规模3003.97人，比2020年减少39.03人，下降1.28%；专任教师21606人，比2020年增加1052人，增长5.12%；“双师型”教师6891人，比2020年增加55人，增长0.80%，“双师型”教师占专任教师的比例为31.89%，比2020年下降1.37个百分点；校舍面积811.80万平方米，比2020年增加22.71万平方米，增长2.88%；仪器设备值46.91亿元，比2020年增加1.94亿元，增长4.31%；图书1553.19万册，比2020年增加66.79万册，增长4.49%。

4.高等教育在改革创新中推动高质量发展

当前，新工科、新医科、新农科、新文科建设的推进，是走好中国高等教育卓越拔尖人才自主培养之路的战略一招、关键一招、创新一招。无论是从时代变局、国家战略还是从区域发展来看，广西高等教育都迎来了重大历史机遇。2016—2021年，广西普通高校本科教育中，学校数、在校生数、招生数、毕业生数、校均规模均呈增长趋势。但总体存在办学规模偏小、办学层次不高、区域布局不均衡等问题。因此，要在改革创新中继续推动扩大办学规模、优化布局结构、提高人才培养能力、加强师资队伍建设、提升科研和服务能力，坚持扩量与提质并重，推动广西高等教育高质量发展。

2021年，全区共有高等教育学校99所，比2020年增加3所，增长3.13%；在校生137.69万人，比2020年增加14.81万人，增长12.05%；招生45.93万人，比2020年增加5.87万人，增长14.65%；毕业生29.81万人，比2020年增加2.45万人，增长8.97%；校均规模35060.92人，比2020年增加2850.31人，增长8.85%；仪器设备值181.55亿元，比2020年增加21.16亿元，增长13.19%。其中：

本科院校38所，与2020年相同；在校生58.89万人，比2020年增加2.89万人，增长5.16%；招生16.51万人，比2020年增加0.47万人，增长2.93%；毕业生12.91万人，比2020年增加0.93万人，增长7.76%；校均规模15496.95人，比2020年增加759.48人，增长5.15%。

高职高专47所，比2020年增加3所，增长6.82%；在校生73.22万人，比2020年增加11.01万人，增长17.70%；招生27.26万人，比2020年增加5.22万人，增长23.68%；毕业生15.70万人，比2020年增加1.43万人，增长10.02%；校均规模15577.83人，比2020年增加1439.90人，增长10.18%。

研究生教育学校14所，与2020年相同；在校生5.58万人（其中，博士生0.3万人、硕士生5.28万人），比2020年增加0.91万人，增长19.49%；招生2.16万人（其中，博士生0.09万人、硕士生2.07万人），比2020年增加0.17万人，增长8.54%；毕业生1.20万人（其中，博士毕业生0.03万人、硕士毕业生1.17万人），比2020年增加0.09万人，增长8.11%；校均规模3986.14人，比2020年增加650.93人，增长19.52%。

## 三、民办教育进入新时代

2021年，广西深入学习贯彻中共中央办公厅、国务院办公厅和相关部委指示精神，落实《关于规范民办义务教育发展的意见》《中华人民共和国民办教育促进法实施条例》《教育部等八部门关于规范公办学校举办或者参与举办民办义务教育学校的通知》等文件精神，以实际行动做好规范招生入学、规范教学管理、规范学校名称、规范财务管理、规范“公参民”、规范督导检查等工作。加大对民办教育建设的支持力度，通过党建引领民办教育的发展，把正民办教育发展“方向盘”，夯实民办学校党建工作。鼓励社会各界力量兴办教育，不断扎实推进民办教育发展，努力形成一批民族特色明显、服务自治区社会和经济发展的民办教育学校。经过不断发展，广西各级各类民办教育规模不断增大，涌现出各类优质的民办教育品牌，赢得社会广泛赞誉，民办教育发展进入了一个全新的时代。

2021年，全区共有各级各类民办学校10830所，比2020年增加592所，增长5.78%。其中：民办幼儿园10239所，比2020年增加573所，增长5.93%；民办小学186所，比2020年减少3所，下降1.59%；民办初中181所，比2020年增加7所，增长4.02%；民办普通高中136所，比2020年增加15所，增长12.40%；民办中职学校（不含技工学校）62所，比2020年增加3所，增长5.08%；民办高等教育学校26所，比2020年减少3所，下降10.34%。详见表1.3。

**表1.3　2016—2021年各级各类民办学校数**

单位:所

| 学校类型 | 2016年 | 2017年 | 2018年 | 2019年 | 2020年 | 2021年 |
|---|---|---|---|---|---|---|
| 幼儿园 | 9504 | 9974 | 10627 | 11033 | 9666 | 10239 |
| 小学 | 190 | 195 | 193 | 194 | 189 | 186 |
| 初中 | 155 | 155 | 161 | 182 | 174 | 181 |
| 普通高中 | 95 | 99 | 101 | 113 | 121 | 136 |
| 中职学校 | 69 | 64 | 58 | 61 | 59 | 62 |
| 高等教育学校 | 26 | 26 | 27 | 28 | 29 | 26 |

数据来源：2021年广西教育事业数据分析。

2021年，全区各级各类民办学校在校生共有200.19万人，比2020年增加7.47万人，增长3.88%。其中：民办幼儿园在园幼儿108.36万人，比2020年增加0.37万人，增长0.34%；民办小学在校生18.74万人，比上2020年增加0.78万人，增长4.34%；民办初中在校生13.54万人，比2020年增加0.90万人，增长7.12%；民办普通高中在校生18.26万人，比2020年增加2.71万人，增长17.49%；民办中职学校在校生（不含技工学校）9.49万人，比2020年增加0.43万人，增长4.75%；民办高等教育学校在校生31.80万人，比2020年增加2.28万人，增长7.72%。详见图1.4。

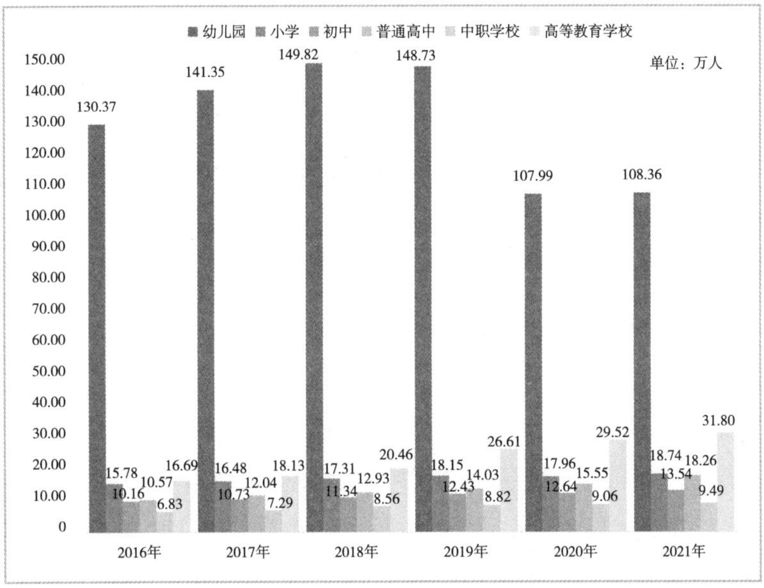


**图1.4　2016—2021年广西各级各类民办学校在校生数**

数据来源：2021年广西教育事业数据分析。

2021年，全区各级各类民办学校共招生65.39万人，比2020年增加2.35万人，增长3.73%。其中：民办幼儿园招生36.55万人，比2020年减少1.77万人，下降4.62%；民办小学招生2.49万人，比2020年增加0.09万人，增长3.75%；民办初中招生4.75万人，比2020年增加0.54万人，增长12.83%；民办普通高中招生7.37万人，比2020年增加1.42万人，增长23.87%；民办中职学校（不含技工学校）招生4.23万人，比2020年增加0.59万人，增长16.21%；民办高等教育学校招生10.00万人，比2020年增加1.48万人，增长17.37%。详见图1.5。

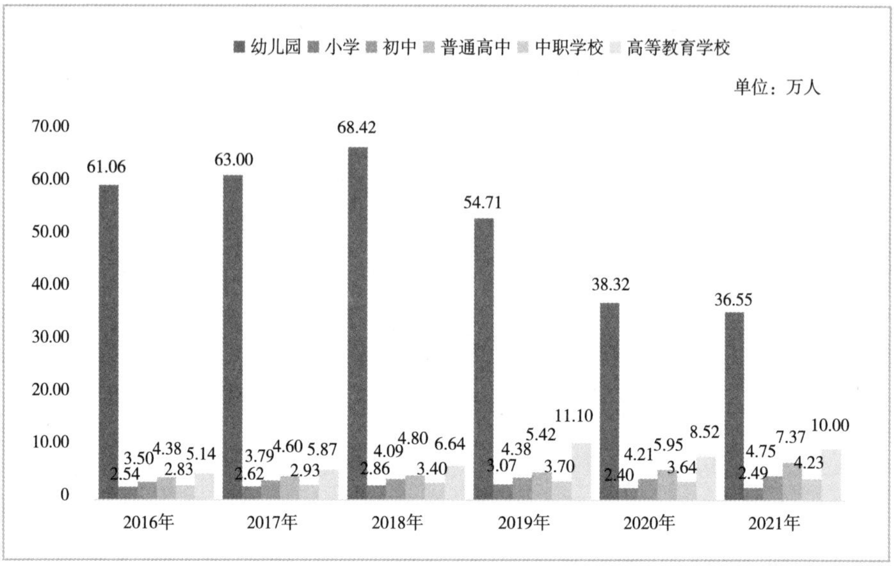


**图1.5　2016—2021年广西各级各类民办学校招生数**

数据来源：2021年广西教育事业数据分析。

## 四、各级各类学校师资力量稳步提升

广西全面提升各级各类教育资源配置水平，加强教师队伍建设，师资力量显著提高。2021年，广西各级各类学校有专任教师724630人，比2020年增加54821人，增长8.18%。各级各类学校的专任教师数与2020年相比均有所增加，其中：幼儿园专任教师数增幅最大，由2020年的102591人增加到119463人，增加16872人，增长16.45%；义务教育学校专任教师为450381人，比2020年增加28273人，增长6.70%（其中：小学专任教师为293089人，比2020年增加22984人，增长8.51%；初中专任教师为157292人，比2020年增加5289人，增长3.48%）；高中阶段教育学校专任教师为98204人，比2020年增加6584人，增长7.19%（其中：普通高中专任教师为76598人，比2020年增加5532人，增长7.78%；中职学校专任教师为21606人，比2020年增加1052人，增长5.12%）；高等教育学校专任教师为56582人，比2020年增加3092人，增长5.78%。详见图1.6。

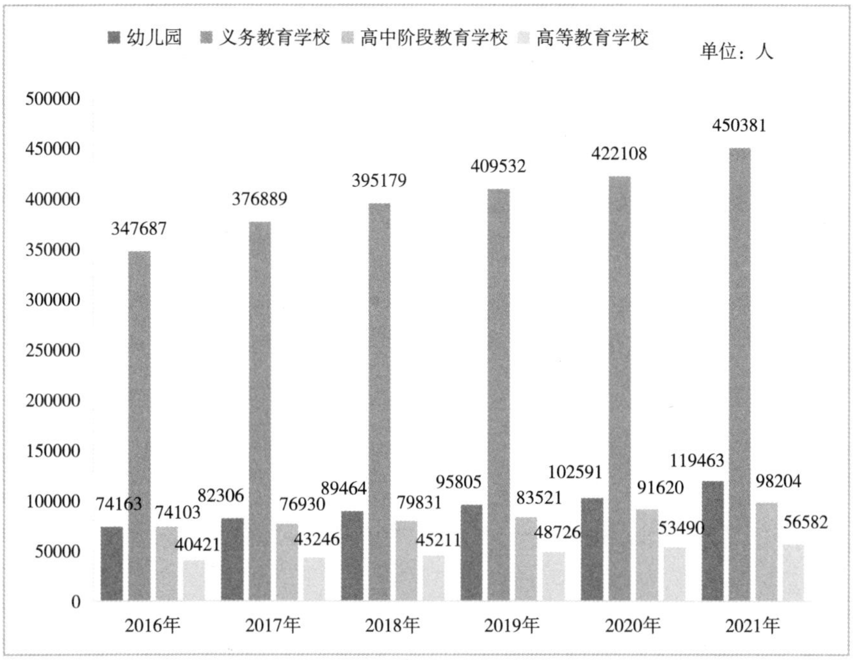


**图 1.6 2016—2021 年广西各级各类学校专任教师数**

数据来源：2021 年广西教育事业数据分析。

## 五、各级各类学校办学效益明显改善

2021 年，在自治区党委和人民政府的坚强领导下，在自治区教育厅、财政厅等部门多方努力下，广西各级各类学校办学条件不断改善，办学效益有效提升，教师配置状况有所改善，校均规模持续扩大。2021 年，义务教育学校校均规模 1957 人，比 2016 年增加 417 人，增长 27.08%。其中：小学校均规模为 649 人，比 2016 年增加 205 人，增长 46.17%；初中校均规模为 1308 人，比 2016 年增加 211 人，增长 19.23%。高中阶段教育学校校均规模 5331 人，比 2016 年增加 757 人，增长 16.55%。其中：普通高中校均规模为 2327 人，比 2016 年增加 284 人，增长 13.90%；中职学校校均规模为 3004 人，比 2016 年增加 473 人，增长 18.69%。详见图 1.7。

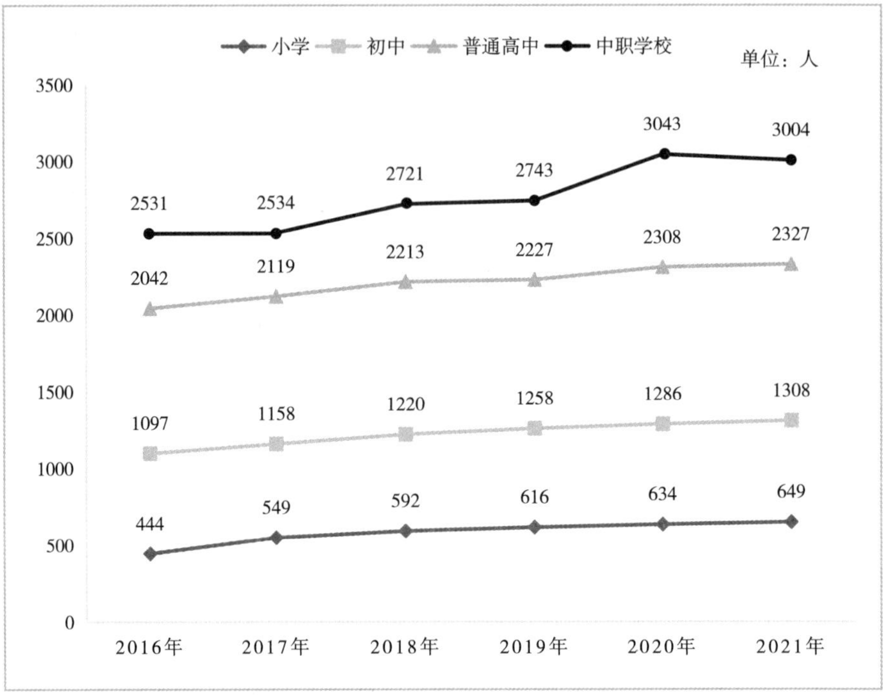


**图1.7　2016—2021年广西初等、中等教育学校校均规模**

数据来源：2021年广西教育事业数据分析。

从广西各级各类学校专任教师配置状况来看，幼儿园生师比由2016年的28.27下降到2021年的19.04，小学生师比由2016年的20.13下降到2021年的17.60，初中生师比由2016年的16.10下降到2021年的14.61，普通高中生师比由2016年的17.22下降到2021年的15.82，中职学校生师比由2016年的33.69下降到2021年的31.98，普通本科学校生师比由2016年的14.93下降到2021年的11.84，高职高专学校生师比由2016年的32.03下降到2021年的28.58。2021年广西各级各类学校生师比较2016年均有所下降，各级各类学校专任教师配置状况均得到有效改善。详见表1.4。

**表1.4　2016—2021年广西各级各类学校生师比**

| 学校类型 | 2016年 | 2017年 | 2018年 | 2019年 | 2020年 | 2021年 |
|---|---|---|---|---|---|---|
| 幼儿园 | 28.27 | 26.00 | 24.57 | 22.63 | 22.09 | 19.04 |
| 小学 | 20.13 | 18.80 | 18.50 | 18.53 | 18.00 | 17.60 |
| 初中 | 16.10 | 15.68 | 15.47 | 15.48 | 14.83 | 14.61 |

续表

| 学校类型 | 2016年 | 2017年 | 2018年 | 2019年 | 2020年 | 2021年 |
|---|---|---|---|---|---|---|
| 普通高中 | 17.22 | 17.41 | 17.40 | 17.29 | 16.20 | 15.82 |
| 中职学校 | 33.69 | 32.80 | 33.36 | 33.30 | 34.05 | 31.98 |
| 普通本科 | 14.93 | 15.25 | 15.90 | 15.44 | 15.53 | 11.84 |
| 高职高专 | 32.03 | 30.86 | 31.53 | 37.21 | 35.63 | 28.58 |

数据来源：2021年广西教育事业数据分析。

2016—2021年，广西普通高校的生师比均高于全国普通高校的生师比。详见图1.8。

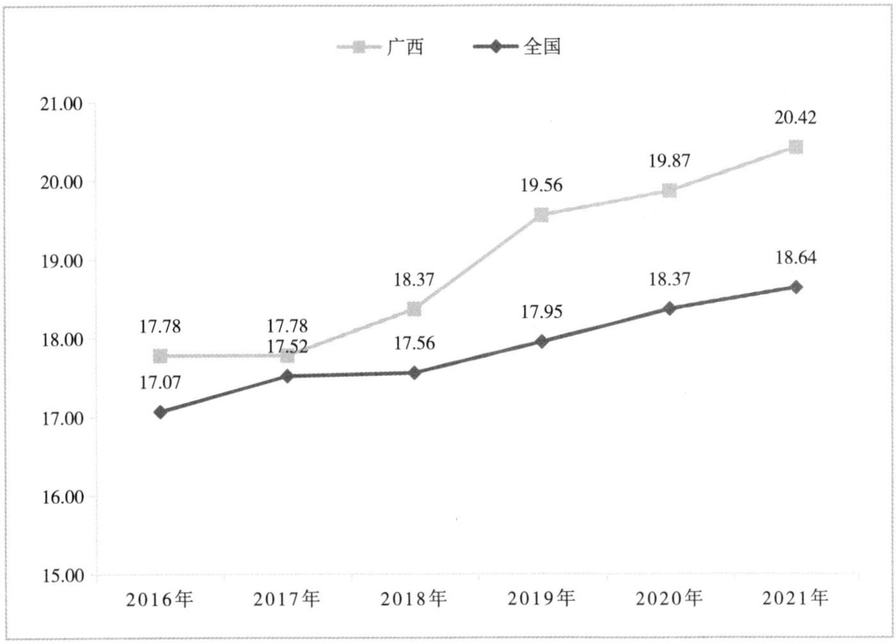


**图1.8　2016—2021年广西与全国普通高校生师比**

数据来源：2021年广西教育事业数据分析、2016—2021年全国教育事业发展统计分析。

2016—2021年，广西普通高中的教师配置低于全国平均水平，但从总体上看，差距逐渐缩小，且广西普通高中生师比逐年下降，由2016年的17.22下降到2021年的15.82。详见图1.9。

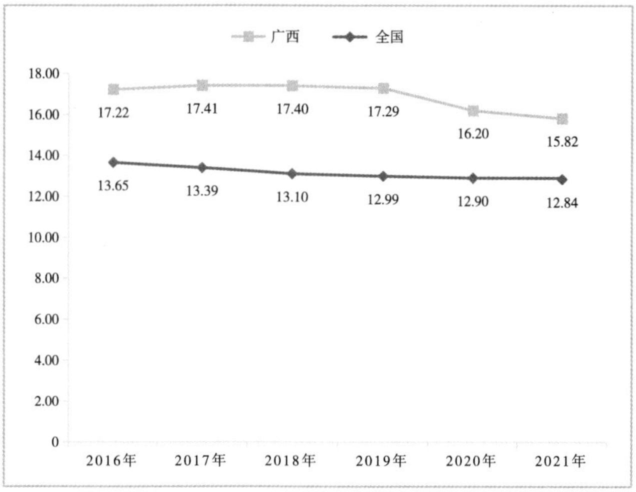


**图 1.9　2016—2021 年广西与全国普通高中生师比**

数据来源：2021 年广西教育事业数据分析、2016—2021 年中国教育事业发展统计分析。

2016—2021 年，广西中职学校的教师配置低于全国平均水平，生师比总体呈下降趋势，由 2016 年的 33.69 下降到 2021 年的 31.98。广西中职学校生师比高于全国平均水平，与全国平均水平存在较大的差距。2021 年，广西中职学校生师比与全国平均水平差距最小。详见图 1.10。

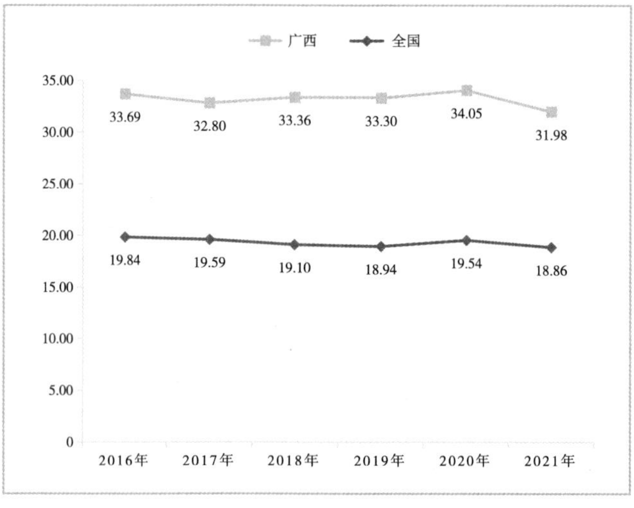


**图 1.10　2016—2021 年广西与全国中职学校生师比**

数据来源：2021 年广西教育事业数据分析、2016—2021 年中国教育事业发展统计分析。

2016—2021年，广西普通初中的教师配置低于全国平均水平，生师比呈下降趋势，由2016年的16.10下降到2021年的14.61。从整体上看，广西普通初中的教师配置与全国的差距呈缩小的趋势。详见图1.11。

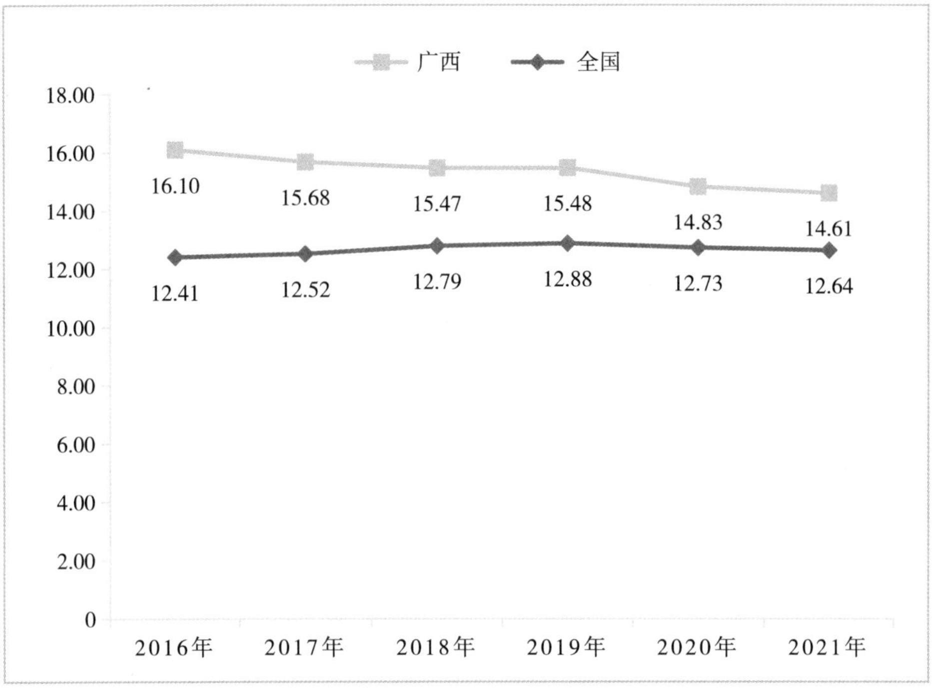


**图1.11　2016—2021年广西与全国普通初中生师比**

数据来源：2021年广西教育事业数据分析、2016—2021年中国教育事业发展统计分析。

2016—2021年，广西普通小学的教师配置低于全国平均水平，生师比整体呈下降趋势。2021年，广西普通小学的教师配置水平明显提高，广西普通小学的生师比与全国平均水平相比差距在加速缩小。详见图1.12。

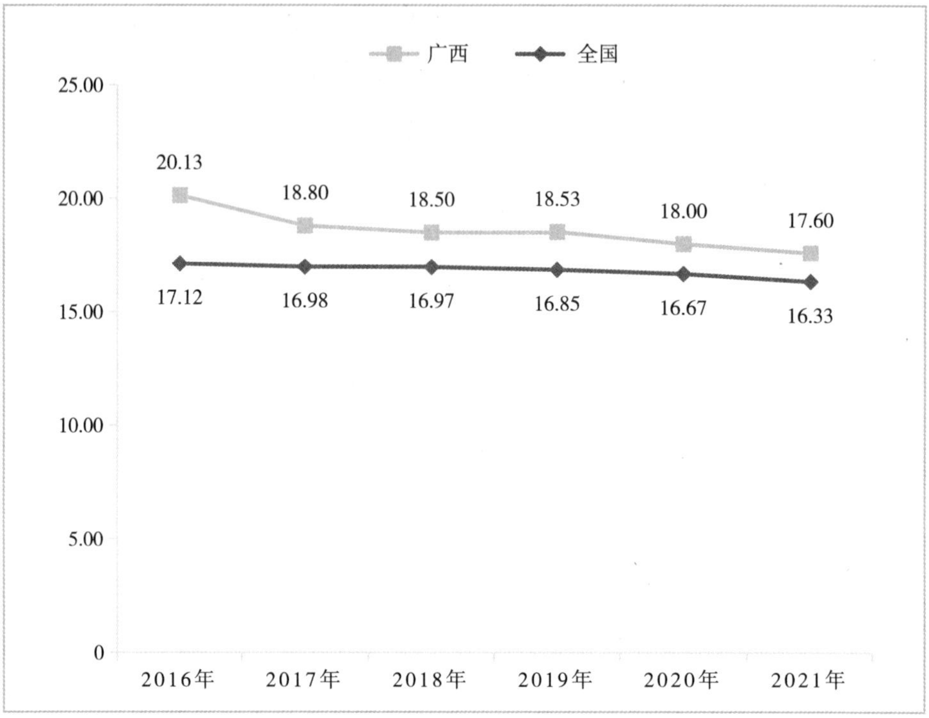


**图1.12　2016—2021年广西与全国普通小学生师比**

数据来源：2021年广西教育事业数据分析、2016—2021年中国教育事业发展统计分析。

## 六、国际教育不断扩大开放，向更高层次发展

作为我国唯一与东盟国家陆海相连的省区，广西以共建"一带一路"倡议为契机，深入实施共建"一带一路"教育行动。以面向东盟国家为重点，开展国际教育交流，大力推进教育开放合作，着力打造更大范围、更高层次的教育国际化新格局。在教育部等国家部委的大力支持下，广西与东盟国家保持密切交流合作，携手推动改革创新，共享发展成果；构建高质量对外合作平台，办好中国—东盟职业教育联展暨论坛，建好中国—东盟教育培训和智库研究基地，推进国别研究和区域研究。鼓励引导各高校赴境外办学，推动应用型高校、职业学校与企业协同办学；支持职业学校在东盟国家设立分校和培训中心，着力培养适应当地经济社会发展需要的紧缺人才，不断提高教育服务"一带一路"建设能力；举办"留学广西"国际教育展，做强"留

学广西”品牌，推进中外学生管理和服务趋同化，打造更具国际竞争力的留学教育；加强与东盟国家的人文交流，积极参与“一带一路”共建国家孔子学院建设，主动搭建中外教育文化友好交往的合作平台，为促进各国人民民心相通发挥积极作用。

积极打造中国—东盟教育合作平台，拓宽国际教育合作渠道。截至2021年6月底，东盟国家来广西留学的学生达1.6万人，广西已成为中国接收东盟国家留学生最多的几个省区之一。2021年9月，中国—东盟“一带一路”交通职业教育论坛在南宁举行，广西与东盟国家院校深化交通职教领域务实合作，加强人才培养，为中国—东盟交通运输职业教育共同发展提供智力支持。截至2021年，广西已成功举办6届中国—东盟职业教育联展暨论坛，与东盟各国200多所院校建立合作关系，近20所职业院校与东盟国家开展合作办学，有9个国家级中国—东盟职业教育人才培训中心，累计为东盟国家培养经济、医药、艺术、行政管理等领域的专业技能人才1万多人。此外，广西高校牵头推动成立中国—东盟边境职业教育联盟、中国—东盟文旅职业教育联盟、中国—东盟商科职业教育联盟等多个平台，为未来双方深化职业教育合作奠定了坚实基础。广西职业技术学院作为国家“双高计划”建设单位，自2015年起与泰国职业院校在师生交流、技术技能培训、文化语言交流等多个方面开展了深入合作，共同培养了中泰职业教育高技能人才，为中泰双方创新教育合作模式奠定了良好开端。广西民族大学不断拓展与东盟国家的教育合作关系，“十三五”期间，该校与东盟国家20所高校和机构新签协议，共计派出143个团组443人次出访东盟国家，接待来自东盟国家的159个外宾团组共计1525人次。截至2021年，该校已与8个东盟国家的130所高校和科研院所签订了合作协议，并开展科学研究、资料互换、教师进修、合作办学等方面的实质性合作。

以孔子学院为平台，大力推进中华文化“走出去”。孔子学院是加强中国与东盟国家人文交流，促进语言互通和民心相通的重要载体。广西扎实推进承办的孔子学院的各项工作，通过不断加大投入、改善办学条件和提升办学质量，社会影响力得到持续提升，服务国家共建“一带一路”倡议和促进民心相通的成效不断显现。“十三五”期间，泰国玛哈沙拉堪大学孔子学院先后建成孔子学院文化活动中心及泰东北中文图书中心，完成了“四位一体”场地建设。2019年6月，“中国援老挝国立大学孔子学院项目”正式完成并投入使用，成为全球建筑面积最大的孔子学院。2021年，印尼丹戎布拉大学孔子学院教师工作室、会议室和球场修建完成并投入使用，该校孔子学院总面积较2020年增长了150%；老挝国立大学孔子学院成为全球第一所开设汉语师范本科专业、颁发本科学历学位证书的孔子学院。尽管新冠疫情严重，2021年越南河内大学汉考人数却逆势增长，全年有近万人次报考，较2018年孔子学院考点开考时全年仅有1000多人次报考增长近9倍。2021年，广西已有4所高校分别在泰国、老挝、越南、柬埔寨、印度尼西亚建立了8所孔子学院，在当地开展语言培训30多万人次。广西每年选派优秀教师和汉语教师志愿者赴东盟国家教授汉语和传播中华文化，2016—2021年累计派出专任汉语教师200余人，汉语教师志愿者超过600人。

广西教育研究院　旷乾

广西财经学院　梁红宇

广西民族大学　李荣轩　李昕瑶　刘静雅

# 第二章　学前教育：深入推进优质普惠发展

## 一、前言

学前教育是立德树人工作的重要开端，是人才培养的扎根阶段，更是人民日益增长的优质教育需求的关键部分。党中央和国务院高度重视学前教育公共服务体系建设。2018年，《中共中央　国务院关于学前教育深化改革规范发展的若干意见》印发，指出要“进一步完善学前教育公共服务体系，切实办好新时代学前教育”，“规范小区配套幼儿园建设使用”，并规划到2020年全国学前三年毛入园率达到85.00%，到2035年全面普及学前三年教育。全国砥砺推进学前教育建设，毛入园率不断提升，普惠性幼儿园覆盖面扩大，学前教育不断向优质普惠迈进。2021年12月，教育部等九部门印发《“十四五”学前教育发展提升行动计划》，指出到2025年全国学前三年毛入园率要达到90.00%以上，并从补齐普惠资源短板、完善普惠保障机制、全面提高保教质量3个方面作出重要指示，要促进学前教育公共服务体系与保障机制进一步优化，推动保教质量全面提升与幼小衔接机制基本形成。

广西积极响应建设优质学前教育体系号召。2021年10月，自治区人民政府印发了《广西教育事业发展“十四五”规划》，就学前教育布局结构、教育资源供给以及办园行为规范和保教质量监管方面作出详细规划，预计到2025年广西学前教育毛入园率可达93.00%。同月，自治区人民政府印发《广西教育提质振兴三年行动计划（2021—2023年）》，聚焦发展优质普惠的学前教育，继续扩大普惠性学前教育资源，深化学前教育保教改革。在“提质振兴三年行动”的开端之年，自治区共筹得13.38亿元用于发展学前教育，并出台“开工一所、奖补一所”的政策，给予新建公办幼儿园100万至800万元的奖补，帮助学前教育毛入园率提升至92.30%。此外，针对学前教育资源短缺的市、县，广西巧用闲置教育资源创建小学附设园、附设幼儿班，扩充公办幼儿园学位。2021年，广西新增公办幼儿园学位约2.20万个，公办幼儿园在园幼儿占比达52.37%。

## 二、广西学前教育取得的成就

自《广西教育事业发展“十四五”规划》发布以来，广西学前教育迎来新发展阶段。2021年是广西“提质振兴三年行动”的开端之年，自治区优化提升学前教育资源供给，统筹各项资金，支持各地新建、改扩建幼儿园1626所（其中新建幼儿园57所），普及普惠发展学前教育，大力提升公办幼儿园在园幼儿的占比，健全城镇小区配套幼儿园建设和管理长效机制，深入开展全区幼儿园安全防范专项行动，加快补齐安全防范建设短板。自治区学前教育在发展规模、财政投入、办学条件以及师资队伍等方面都取得了长足进步。

### （一）教育规模不断扩大

2016—2021年，广西积极推进学前教育公共服务体系建设，广西学前教育毛入园率持续上升，2021年较2016年提高12.70个百分点。全区学前教育毛入园率自2019年突破90.00%大关之后，仍保持逐年增长的态势，始终高于全国平均水平。2021年广西学前教育毛入园率已增长至92.30%，较全国平均水平高出4.20个百分点。详见图2.1。

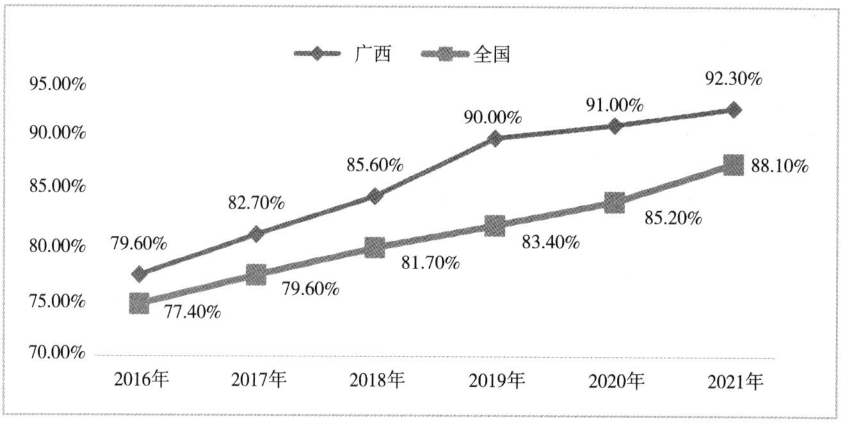


**图2.1 2016—2021年广西和全国学前教育毛入园率**

数据来源：2016—2021年广西教育事业统计报表、2016—2021年全国教育事业发展统计公报。

2016—2021年，广西幼儿园数量稳步上升。2017—2021年，广西幼儿园数依次比上年增加了774所、757所、568所、550所和392所，依次增长了7.03%、6.42%、4.53%、4.19%和2.87%。详见图2.2。

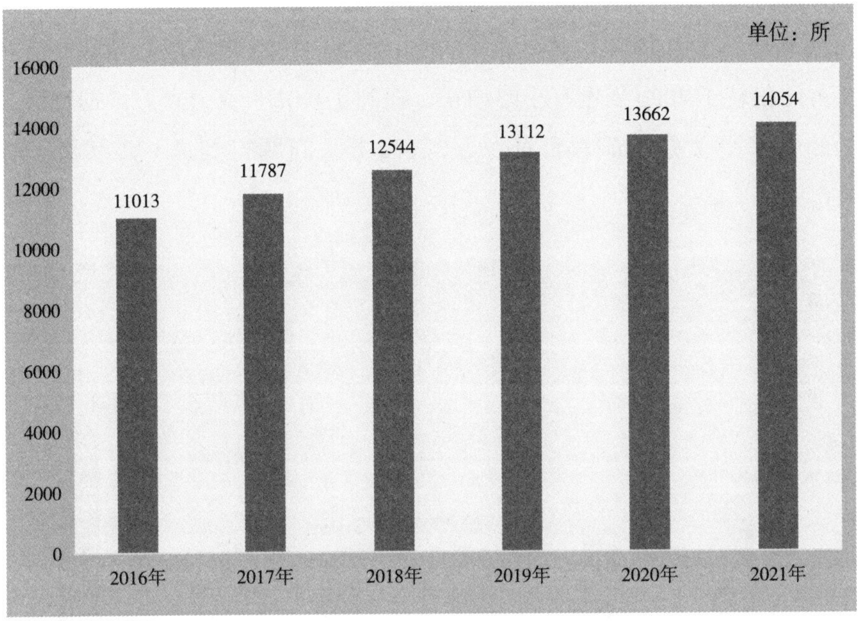


**图2.2　2016—2021年广西幼儿园数**

数据来源：2016—2021年广西教育事业统计报表。

2016—2021年，广西学前教育普及率进一步提升。与2016年相比，广西幼儿园数增加了3041所，增长了27.61%；在园幼儿数增加了178739人，增长了8.53%。幼儿园数增长速度快于在园幼儿数增长速度，园均规模呈波动下降的趋势。与2016年相比，2021年广西幼儿园园均规模降低了14.96%，“入园难”问题逐步缓解。详见表2.1。

**表2.1　2016—2021年广西幼儿园数、在园幼儿数、园均规模**

| 指标 | 2016年 | 2017年 | 2018年 | 2019年 | 2020年 | 2021年 |
|---|---|---|---|---|---|---|
| 幼儿园数/所 | 11013 | 11787 | 12544 | 13112 | 13662 | 14054 |
| 在园幼儿数/人 | 2096356 | 2139862 | 2197977 | 2167734 | 2266184 | 2275095 |
| 园均规模/人 | 190.35 | 181.54 | 175.22 | 165.32 | 165.87 | 161.88 |

数据来源：2016—2021年广西教育事业统计报表。

自治区积极推进公办幼儿园改革。在《广西教育提质振兴三年行动计划（2021—2023年）》中，自治区聚焦推进公办幼儿园的建设，要求公办幼儿园在园幼儿占比不低于全区现有平均水平。与2016年相比，2021年广西公办幼儿园在园幼儿数占比提升14.56个百分点。2020年广西公办幼儿园在园幼儿占比大幅提升，比2019年提高了20.96个百分点。2021年广西公办幼儿园在园幼儿占比相较于2020年也有小幅增长，提高了0.02个百分点。广西已有超半数的幼儿享受公办学前教育资源，“入园贵”问题得到进一步缓解。详见图2.3。

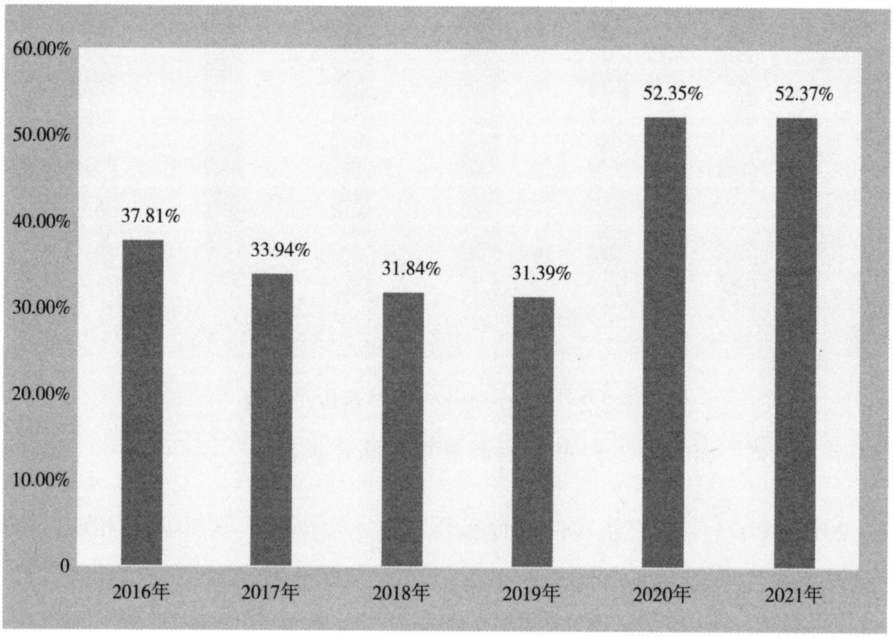


**图2.3 2016—2021年广西公办幼儿园在园幼儿占比**

数据来源：2016—2021年广西教育事业统计报表。

## （二）财政投入力度上升

党的十八大以来，党和政府不断完善“政府投入为主，家庭合理分担”的学前教育经费投入机制。2020年5月，自治区教育厅印发《关于全面推进学前教育集团化办园改革的实施意见》，指出“自治区继续每年从教育专项资金中安排一定经费支持学前教育集团化发展”。

2021年广西学前教育一般公共预算教育经费占全区一般公共预算教育经费比重为4.14%。2016—2021年，广西学前教育一般公共预算教育经费占全区一般公共预算教育经费比重呈上升趋势，年均增长率为5.69%。与2020年相比，2021年广西学前教育一般公共预算教育经费占全区一般公共预算教育经费比重增加了0.36个百分点，增长率为9.52%。详见图2.4。

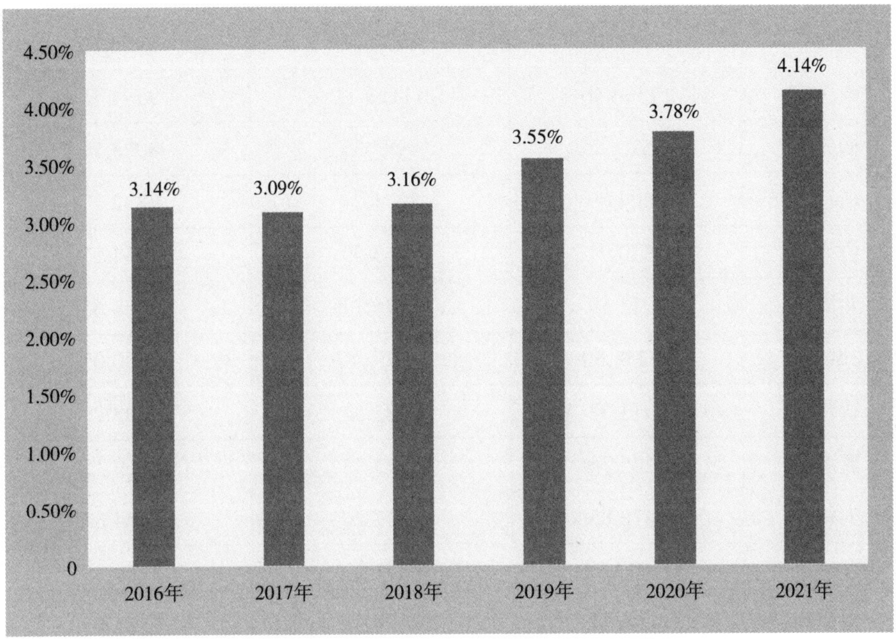


**图2.4　2016—2021年广西学前教育一般公共预算教育经费占全区一般公共预算教育经费比重**

数据来源：2016—2021年中国教育经费统计年鉴、2021年广西教育事业统计报表。

广西学前教育生均教育事业性经费支出，从2019年的6716.88元增加至2021年的6922.10元，年均增长率为1.52%。其中，2021年学前教育生均教育事业性经费支出居前三位的城市是来宾市、南宁市和防城港市，分别为11620.21元、9594.75元和8980.05元，分别比全区学前教育生均教育事业性经费高4698.11元、2672.65元和2057.95元。与2019年相比，2021年广西学前教育生均教育事业性经费支出增加额居前三位的城市是北海市、来宾市和贵港市，增加额分别为2445.04元、2378.06元和463.39元；增长率居前三位的城市是北海市、来宾市和贵港市，增长率分别为40.66%、25.73%和14.45%。详见表2.2。

**表2.2 2019—2021年全区及各地市学前教育生均教育事业性经费支出情况**

单位:元

| 地区 | 2019年 | 2020年 | 2021年 |
|---|---|---|---|
| 全区 | 6716.88 | 6938.87 | 6922.10 |
| 南宁市 | 11364.46 | 11128.11 | 9594.75 |
| 柳州市 | 8526.22 | 8987.33 | 8923.77 |
| 桂林市 | 8204.69 | 7271.29 | 7832.77 |
| 梧州市 | 4520.91 | 4765.69 | 4434.17 |
| 北海市 | 6013.59 | 6575.77 | 8458.63 |
| 防城港市 | 13251.60 | 11259.17 | 8980.05 |
| 钦州市 | 2911.33 | 2983.54 | 3298.20 |
| 贵港市 | 3205.76 | 3473.42 | 3669.15 |
| 玉林市 | 4478.83 | 4177.20 | 4154.83 |
| 百色市 | 11062.85 | 9731.27 | 8169.32 |
| 贺州市 | 6680.37 | 8489.92 | 5881.55 |
| 河池市 | 7608.82 | 7132.98 | 7155.03 |
| 来宾市 | 9242.15 | 10178.71 | 11620.21 |
| 崇左市 | 7152.06 | 6728.78 | 7250.90 |

数据来源：2019—2021年广西教育事业统计报表。

2021年广西学前教育生均固定资产投资为9892.43元。2016—2021年，广西学前教育生均固定资产投资除2020年略有下降之外，总体呈波动上升的趋势，年均增长率为17.76%。与2016年相比，2021年广西学前教育生均固定资产投资增加5524.59元。详见图2.5。

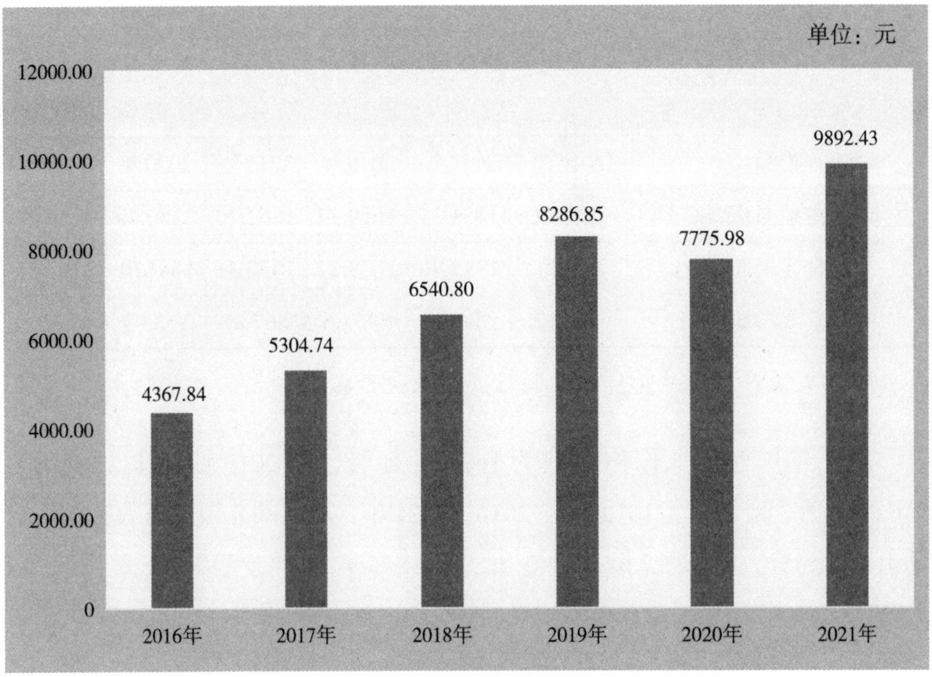


**图2.5　2016—2021年广西学前教育生均固定资产投资情况**

数据来源：2016—2021年广西教育事业统计报表。

## （三）办学条件持续优化

党的十九大以来，广西不断提高学前教育财政支出，幼儿园办园面积以及幼儿活动场所不断扩大，生均图书数逐年增加，办学条件逐步改善。

学前教育办学空间正逐年扩大。2021年广西幼儿园占地面积、校舍建筑面积及室外游戏场地面积分别为2250.43万平方米、1792.30万平方米和832.31万平方米，比2016年都有所增加。2021年广西幼儿园占地面积较2016年增加了996.93万平方米，增长率为79.53%；幼儿园校舍建筑面积较2016年增加了807.49万平方米，增长率为81.99%，供幼儿日常生活休息的场所正不断扩大。游戏活动在幼儿成长过程中具有特殊的作用，有助于增强幼儿的感知力、观察力和思考力等。自治区积极扩建学前教育室外游戏场地。与2016年相比，2021年广西幼儿园室外游戏场地面积增加了387.14万平方米，增长率为86.96%。详见表2.3。

**表2.3 2016—2021年广西幼儿园占地面积、校舍建筑面积及室外游戏场地面积**

单位:万平方米

| 指标 | 2016年 | 2017年 | 2018年 | 2019年 | 2020年 | 2021年 |
|---|---|---|---|---|---|---|
| 占地面积 | 1253.50 | 1431.21 | 1659.14 | 1863.20 | 2150.49 | 2250.43 |
| 校舍建筑面积 | 984.81 | 1117.40 | 1629.22 | 1430.33 | 1641.61 | 1792.30 |
| 室外游戏场地面积 | 445.17 | 504.26 | 595.06 | 667.97 | 758.99 | 832.31 |

数据来源：2016—2021年广西教育事业统计报表。

2021年广西幼儿园图书数为1678.75万册，与2016年相比，增加了846.86万册，增长率为101.80%。2016—2021年，广西幼儿园图书数整体呈波动上升的趋势。详见图2.6。

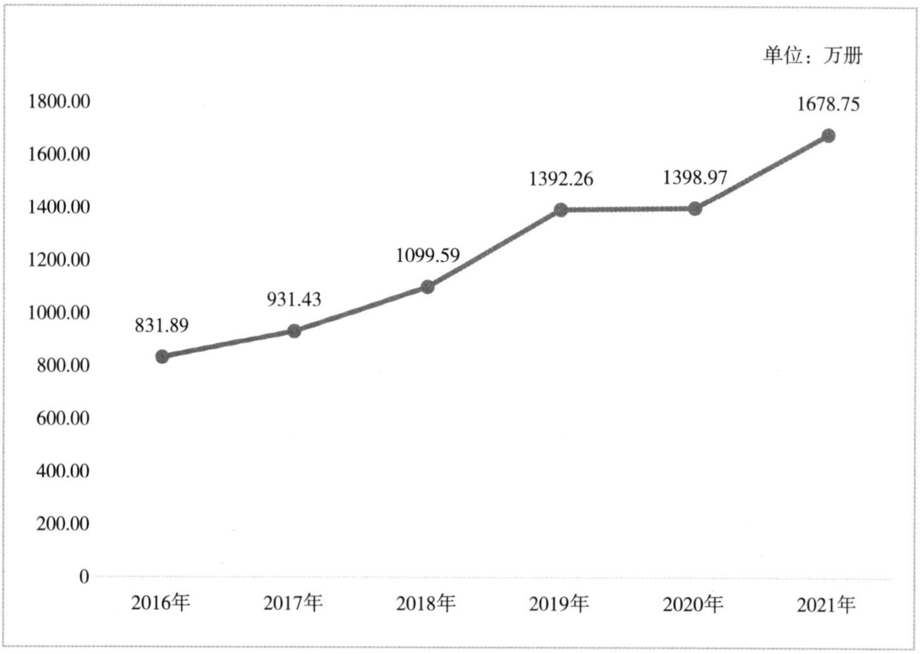


**图2.6 2016—2021年广西幼儿园图书数**

数据来源：2016—2021年广西教育事业统计报表。

从生均办学条件指标来看，广西幼儿园的办学质量不断提高。2021年全区幼儿园生均图书数为7.38册，城区、镇区和农村幼儿园生均图书数分别为8.74册、7.79册和5.27册。2021年全区幼儿园生均图书数较2019年增加了

0.96册，城区、镇区和农村幼儿园生均图书数分别增加了1.32册、0.45册和1.21册。详见表2.4。

**表2.4　2019—2021年广西城乡幼儿园生均图书数**

单位:册

| 地区 | 2019年 | 2020年 | 2021年 |
|---|---|---|---|
| 全区 | 6.42 | 6.17 | 7.38 |
| 城区 | 7.42 | 7.87 | 8.74 |
| 镇区 | 7.34 | 6.50 | 7.79 |
| 农村 | 4.06 | 4.10 | 5.27 |

数据来源：2019—2021年广西教育事业统计报表。

### （四）师资队伍日渐增强

广西致力于优化学前教育教师队伍的建设。2021年，自治区人民政府教育督导委员会印发《广西壮族自治区县域学前教育普及普惠督导评估工作计划》，在教师配置数量、教师管理制度等方面都作出了详尽的要求。

与2020年相比，2021年广西公办幼儿园教职工总数增加了25855人，增长率为12.97%；专任教师数增加了16872人，增长率为16.45%。与2020年相比，2021年广西民办幼儿园教职工总数增加了13377人，增长率为10.77%；专任教师数增加了2971人，增长率为4.80%。全区幼儿园教师队伍正不断壮大。详见表2.5、表2.6。

**表2.5　2016—2020年广西公办幼儿园教职工总数、专任教师数**

单位:人

| 指标 | 2016年 | 2017年 | 2018年 | 2019年 | 2020年 | 2021年 |
|---|---|---|---|---|---|---|
| 教职工总数 | 140128 | 157053 | 174013 | 187602 | 199406 | 225261 |
| 专任教师数 | 68407 | 82306 | 89464 | 95805 | 102591 | 119463 |

数据来源：2016—2021年广西教育事业统计报表。

**表2.6 广西民办幼儿园教职工总数、专任教师数**

单位：人

| 指标 | 2016年 | 2017年 | 2018年 | 2019年 | 2020年 | 2021年 |
| --- | --- | --- | --- | --- | --- | --- |
| 教职工总数 | 115909 | 128770 | 141529 | 149124 | 124156 | 137533 |
| 专任教师数 | 59919 | 66035 | 71327 | 74552 | 61916 | 64887 |

数据来源：2016—2021年广西教育事业统计报表。

与2016年相比，2021年全区幼儿园园长数增加了4551人，增长率为40.50%。其中：城区幼儿园园长数增加了1640人，增长率为52.67%；镇区幼儿园园长数增加了1882人，增长率为41.01%；农村幼儿园园长数增加了1029人，增长率为29.13%。详见表2.7。

**表2.7 2016—2021年广西城乡幼儿园园长数**

单位：人

| 地区 | 2016年 | 2017年 | 2018年 | 2019年 | 2020年 | 2021年 |
| --- | --- | --- | --- | --- | --- | --- |
| 全区 | 11236 | 13704 | 14570 | 15112 | 15259 | 15787 |
| 城区 | 3114 | 3873 | 4042 | 4375 | 4435 | 4754 |
| 镇区 | 4589 | 5611 | 5956 | 6110 | 6231 | 6471 |
| 农村 | 3533 | 4220 | 4572 | 4627 | 4593 | 4562 |

数据来源：2016—2021年广西教育事业统计报表。

从学历和职称角度来看，广西学前教育专任教师素质有所提升。与2016年相比，2021年广西学前教育大专及以上学历的专任教师增加了42347人，增长率为82.67%；高中及以下学历的专任教师增加了2953人，增长率为12.87%；中级及以上职称的专任教师增加了771人，增长率为18.15%；员级至助理级职称的专任教师增加了4925人，增长率为66.43%；未评职称的专任教师增加了39604人，增长率为63.37%。详见表2.8。

表2.8　2016—2021年广西学前教育专任教师学历结构、职称结构

单位：人

| 指标 | | 2016年 | 2017年 | 2018年 | 2019年 | 2020年 | 2021年 |
|---|---|---|---|---|---|---|---|
| | | 74163 | 82306 | 89464 | 95805 | 102591 | 119463 |
| 按学历分 | 大专及以上 | 51222 | 57313 | 63652 | 69871 | 77360 | 93569 |
| | 高中及以下 | 22941 | 24993 | 25812 | 25934 | 25231 | 25894 |
| 按职称分 | 中级及以上 | 4249 | 3447 | 3079 | 4675 | 4712 | 5020 |
| | 员级至助理级 | 7414 | 7702 | 8623 | 7854 | 9435 | 12339 |
| | 未评职称 | 62500 | 71157 | 77762 | 83276 | 88444 | 102104 |

数据来源：2016—2021年广西教育事业统计报表。

## 三、广西学前教育发展存在的问题

目前，广西学前教育在发展规模、财政投入、办学条件以及师资队伍等方面都不断向优质普惠方向深入迈进，但广西学前教育资源分布不均衡现象依然存在，教育资源总体水平与全国平均水平仍有一定距离，幼儿园教师队伍的数量与质量还有待提升，幼儿园班额的实际设置还未完全达标，这些问题的存在不利于广西学前教育健康优质发展。实事求是地分析广西学前教育发展存在的问题，是建设优质学前教育体系的前提。

### （一）学前教育资源区域间分配不合理

由于广西各地区经济和社会发展水平的差异，全区学前教育资源依然存在着地区发展差异较大、城乡资源配置不均衡等问题。2020—2021年，全区幼儿园数有所增加，园均规模下降。与2020年相比，2021年全区幼儿园数增加了392所，园均规模减少了3.99人。2021年，广西各地市幼儿园园均规模最高的是钦州市，为412.56人，最低的是来宾市，为92.73人，两者相差319.83人。其中：来宾市幼儿园园均规模较全区园均规模低69.15人；而钦州市幼儿园园均规模较全区园均规模高250.68人，该市学前教育资源较为紧张，幼儿园数量跟不上在园幼儿数量的增长。详见表2.9。

表2.9　2020—2021年全区及各地市幼儿园数、在园幼儿数及园均规模

| 地区 | 2020年 | | | 2021年 | | |
|---|---|---|---|---|---|---|
| | 幼儿园数/所 | 在园幼儿数/人 | 园均规模/人 | 幼儿园数/所 | 在园幼儿数/人 | 园均规模/人 |
| 全区 | 13662 | 2266184 | 165.87 | 14054 | 2275095 | 161.88 |
| 南宁市 | 1584 | 326124 | 205.89 | 1533 | 326893 | 213.24 |
| 柳州市 | 993 | 153389 | 154.47 | 908 | 155635 | 171.40 |
| 桂林市 | 1113 | 193850 | 174.17 | 1162 | 193403 | 166.44 |
| 梧州市 | 798 | 142434 | 178.49 | 948 | 148751 | 156.91 |
| 北海市 | 434 | 80477 | 185.43 | 457 | 81752 | 178.89 |
| 防城港市 | 271 | 48291 | 178.20 | 308 | 50972 | 165.49 |
| 钦州市 | 340 | 151540 | 445.71 | 362 | 149346 | 412.56 |
| 贵港市 | 1197 | 202603 | 169.26 | 1220 | 194313 | 159.27 |
| 玉林市 | 2146 | 336353 | 156.73 | 2342 | 337098 | 143.94 |
| 百色市 | 1193 | 177418 | 148.72 | 1085 | 176986 | 163.12 |
| 贺州市 | 751 | 104092 | 138.60 | 899 | 114333 | 127.18 |
| 河池市 | 1236 | 164403 | 133.01 | 1204 | 162159 | 134.68 |
| 来宾市 | 998 | 95291 | 95.48 | 1024 | 94951 | 92.73 |
| 崇左市 | 608 | 89919 | 147.89 | 602 | 88503 | 147.01 |

数据来源：2020—2021年广西教育事业统计报表。

在学前教育办学条件方面，广西城乡之间的差距依然存在。2021年，广西城区、镇区和农村幼儿园占地面积分别为682.79万平方米、954.21万平方米和613.43万平方米，校舍建筑面积分别为605.71万平方米、790.52万平方米、396.07万平方米。2016年、2020年、2021年，镇区幼儿园占地面积以及校舍建筑面积始终处于首位，其次是城区，农村则居末尾。2021年，镇区幼儿园占地面积较农村幼儿园占地面积高340.78万平方米。2021年与2016年相比，无论是幼儿园占地面积还是校舍建筑面积，城区、镇区的增量都远大于农村，城区、镇区和农村的办学条件差距存在扩大的趋势。详见表2.10。

**表2.10　2016年、2020年、2021年广西城乡幼儿园占地面积、校舍建筑面积**

单位：万平方米

| 地区 | 幼儿园占地面积 | | | | 校舍建筑面积 | | | |
|---|---|---|---|---|---|---|---|---|
| | 2016年 | 2020年 | 2021年 | 2021年较2016年增量 | 2016年 | 2020年 | 2021年 | 2021年较2016年增量 |
| 城区 | 366.94 | 628.73 | 682.79 | 315.85 | 310.69 | 526.26 | 605.71 | 295.02 |
| 镇区 | 533.00 | 929.75 | 954.21 | 421.21 | 449.84 | 740.97 | 790.52 | 340.68 |
| 农村 | 353.55 | 577.26 | 613.43 | 259.88 | 224.28 | 368.67 | 396.07 | 171.79 |

数据来源：2016—2021年广西教育事业统计报表。

### （二）学前教育生均经费出现下滑，投入分配失衡

2019年5月，《广西壮族自治区人民政府办公厅关于进一步调整优化结构提高教育经费使用效益的实施意见》印发，指出要重视学前教育的经费投入，规定各市、县可结合本地实际，按照当地公办幼儿园生均公用经费标准，逐步给予多元普惠幼儿园生均补助。但全区教育资金缺口仍然存在，教育经费的结构性问题尚未解决，学前教育经费支出仍然存在不均衡现象。

2021年，广西各地市学前教育生均一般公共预算教育事业费支出居前三位的是来宾市、防城港市、柳州市，最高的来宾市比最低的钦州市高6209.18元。2020年，广西各地市学前教育生均一般公共预算教育事业费支出居前三位的是防城港市、来宾市、百色市，最高的防城港市比最低的钦州市高7081.31元。详见图2.7。

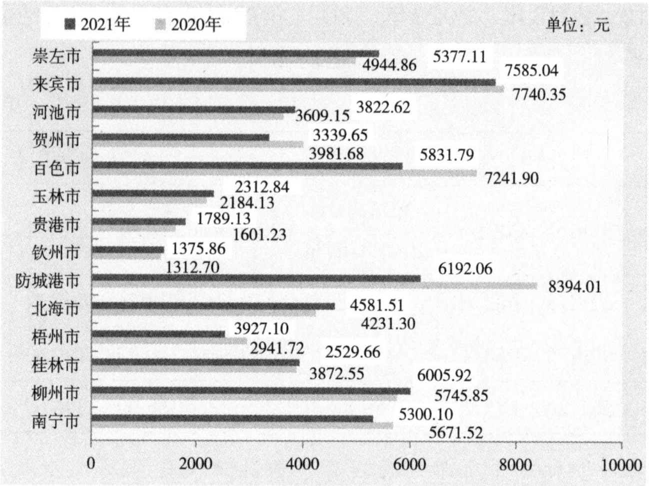


**图2.7　2020—2021年广西各地市学前教育生均一般公共预算教育事业费支出情况**

数据来源：2020—2021年广西教育经费统计报表。

2021年，广西各地市学前教育生均一般公共预算公用经费支出居前三位的是来宾市、柳州市、防城港市，最高的来宾市比最低的贵港市高2577.86元。2020年，广西各地市学前教育生均一般公共预算公用经费支出居前三位的是来宾市、防城港市、百色市，最高的来宾市比最低的贵港市高3210.44元。详见图2.8。

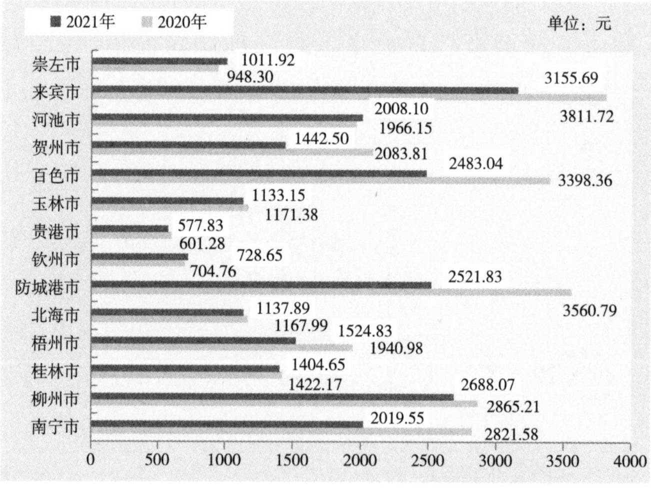


**图2.8　2020—2021年广西各地市学前教育生均一般公共预算公用经费支出情况**

数据来源：2020—2021年广西教育经费统计报表。

2021年广西城乡学前教育的经费投入也存在不均衡的现象。该年广西城镇与农村学前教育生均一般公共预算教育事业费支出分别为3992.94元、3247.11元，两者相差745.83元；城镇与农村学前教育生均一般公共预算公用经费支出分别为1626.37元、1386.72元，两者相差239.65元。全区城乡之间的学前教育生均经费仍然存在差距。详见图2.9。

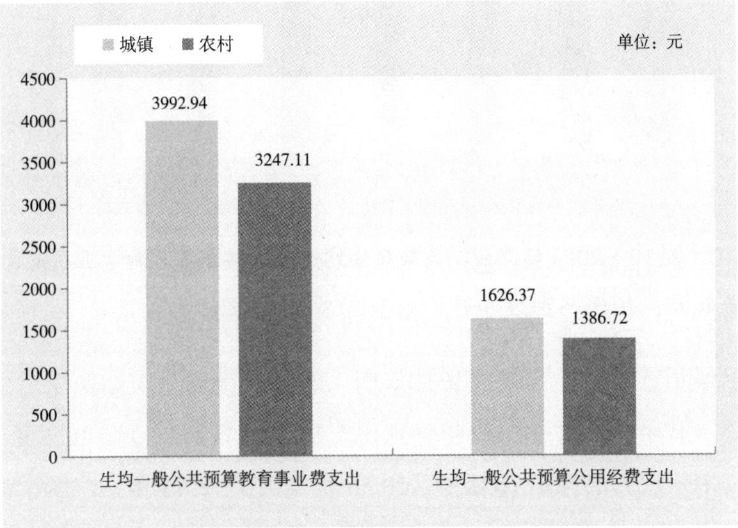


**图2.9　2021年广西城乡学前教育生均一般公共预算教育事业费支出和生均一般公共预算公用经费支出情况**

数据来源：2021年广西教育经费统计报表。

虽然2016—2021年广西学前教育生均一般公共预算教育事业费支出总体有所增长，但是自2019年起出现了下滑的趋势。与2019年相比，2020年广西学前教育生均一般公共预算教育事业费支出减少了92.48元，下降率为2.27%；与2019年相比，2021年广西学前教育生均一般公共预算教育事业费支出减少了84.52元，下降率为2.07%。详见图2.10。

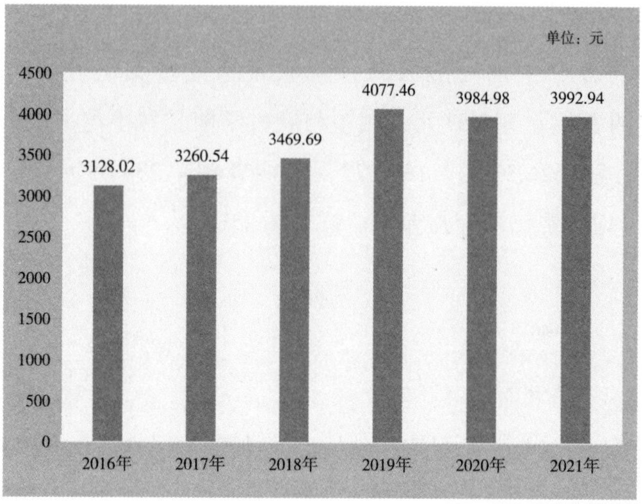


**图2.10　2016—2021年广西学前教育生均一般公共预算教育事业费支出情况**

数据来源：2016—2021年广西教育经费统计报表。

2016—2021年，广西学前教育生均一般公共预算公用经费支出呈波动下降的趋势。其中，2017—2019年分别比上年增加了29.87元、0.27元、348.92元，增长率依次为1.79%、0.02%、20.56%。2020—2021年，广西学前教育生均一般公共预算公用经费支出有所下降，分别减少了213.78元、206.02元。与2016年相比，2021年广西学前教育生均一般公共预算公用经费支出减少了40.74元，下降率为2.44%。详见图2.11。

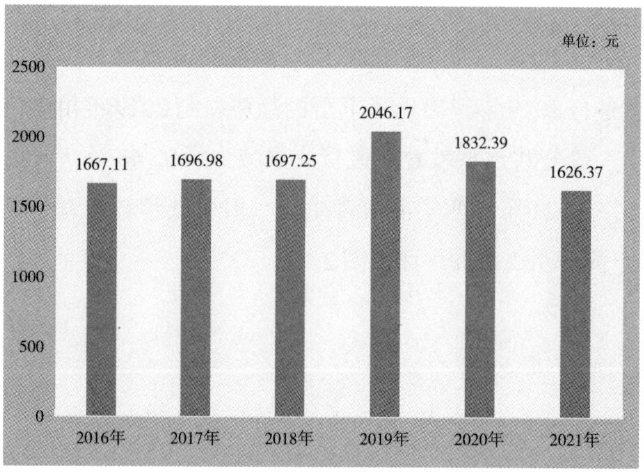


**图2.11　2016—2021年广西学前教育生均一般公共预算公用经费支出情况**



数据来源：2016—2021年广西教育经费统计报表。

### （三）学前教育教师数量相对不足，队伍结构不合理

相较于当前广西在园幼儿数来说，广西幼儿园的专任教师数还不够充足。2020年10月印发的《广西壮族自治区县域学前教育普及普惠督导评估实施办法》要求“县域内幼儿园专任教师总数与在园幼儿总数之比不低于1∶15”。但2021年全区幼儿园专任教师数与在园幼儿数比约为1∶19，这说明目前广西幼儿园专任教师数还未达到学前教育普及普惠标准，幼儿园专任教师缺口较大。

2016—2021年，虽然广西学前教育生师比从28.27下降至19.04，但广西学前教育生师比始终高于全国平均水平，2021年广西学前教育生师比较全国高3.98。详见图2.12。

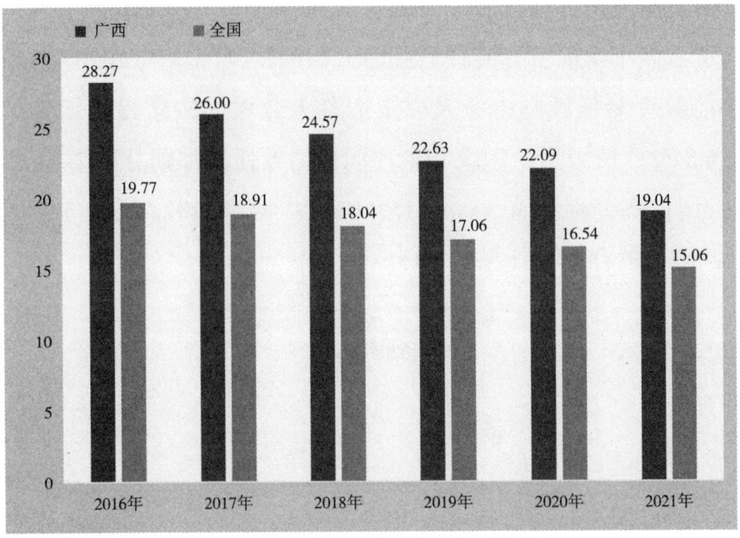


**图2.12　2016—2021年广西与全国学前教育师生比**

数据来源：2016—2021年全国教育事业发展简明统计分析。

广西学前教育的教师队伍结构仍然不合理。从教师队伍的学历来看，2019—2021年广西拥有大专及以上学历的学前教育专任教师人数占学前教育专任教师总人数的70%以上，较全国平均水平低约10个百分点，高中及以下学历的专任教师占比则一直高于全国平均水平。可见，广西学前教育教师学历仍需进一步提高。详见表2.11。

**表2.11　2019—2021年广西与全国学前教育专任教师学历结构**

| 指标 | 广西 | | | 全国 | | |
|---|---|---|---|---|---|---|
| | 2019年 | 2020年 | 2021年 | 2019年 | 2020年 | 2021年 |
| 大专及以上人数/人 | 69871 | 77360 | 93569 | 2563017 | 2762663 | 2795361 |
| 大专及以上占比 | 72.93% | 75.41% | 78.32% | 83.57% | 85.75% | 87.60% |
| 高中及以下人数/人 | 25934 | 25231 | 25894 | 503733 | 459143 | 395628 |
| 高中及以下占比 | 27.07% | 24.59% | 27.67% | 16.43% | 14.25% | 12.40% |

数据来源：2019—2021年教育部、国家统计局等相关统计公告。

从教师职称结构方面来看，2021年广西学前教育未评职称的专任教师达102104人，占该年学前教育专任教师总人数的85.47%。与2020年相比，2021年广西学前教育专任教师中级及以上职称人数增加较缓慢，增加了308人，增长率为6.54%；员级至助理级和未评职称的专任教师则分别增加了2904人、13660人，增长率分别为30.78%、15.44%。广西学前教育专任教师职称结构的不合理问题依然存在。详见图2.13。

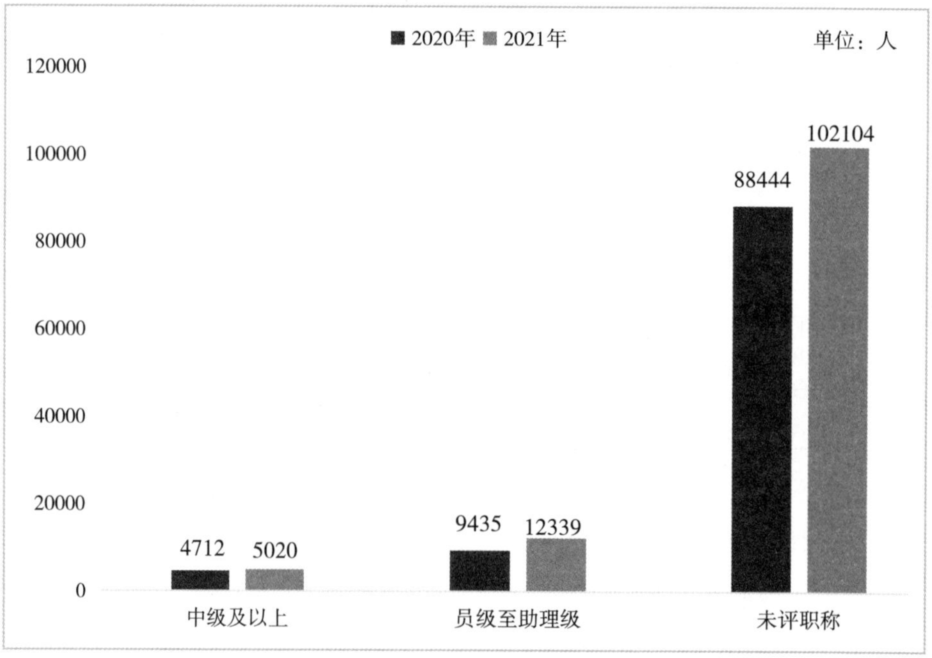


**图2.13　2020—2021年广西学前教育专任教师职称结构**

数据来源：2020—2021年广西教育事业统计报表。

### （四）学前教育大班额仍占约三成

2020年10月印发的《广西壮族自治区县域学前教育普及普惠督导评估实施办法》对于学前教育班额的设置作出要求："幼儿园每班幼儿人数一般为：小班（3周岁至4周岁）25人，中班（4周岁至5周岁）30人，大班（5周岁至6周岁）35人，混合班30人。"然而，2021年广西学前教育班额设置仍然存在不符合文件要求的情况，大班额仍占各班类总数的约三成。其中，学前教育小班中的大班额数量为7106个，中班中的大班额数量为8828个，大班中的大班额数量为8213个，混合班中的大班额数量为3358个，分别占学前教育各班类总数的36.51%、37.83%、26.37%和38.75%。可见，全区幼儿园班额的设置仍存在问题。

## 四、促进广西学前教育发展的建议

学前教育是国民教育体系的重要组成部分，党中央和国务院高度重视学前教育公共服务体系建设。广西积极响应党中央的号召，从多方面加强学前教育公共服务体系建设。针对目前广西学前教育在资源分配、经费投入、教师队伍建设以及班额设置等方面存在的问题，提出以下改进的措施和建议：

### （一）科学统筹资源分配，注重教育质量提升

广西各级政府要科学统筹，连接共享城乡学前教育资源；关注学前教育质的提升，以适应量的扩张趋势，量质并举地发展广西学前教育。

1.优化学前教育空间布局，缩小区域间教育资源差距

广西学前教育资源总量比较有限，要进一步提升教育资源的使用效率，实现区域间的教育公平。要以公益普惠办园为方向，引导区域办园结构优化，协调公办幼儿园和民办幼儿园空间布局。在城镇，持续推进小区配套幼儿园政策，优化城市新区、新建大中型住宅小区等区域的公办幼儿园和普惠性民办幼儿园。在偏远农村地区，幼儿数量较多的大村可独立办园，而幼儿数量较少的小村则可采取联合办园的方式，以满足不同区域对学前教育的需求。

2.统筹学前教育资源分布，缩小城乡学前教育差距

城乡学前教育的连接共享是缩小城乡教育差距的一个重要途径。要依托集团化办园模式，统筹管理城乡幼儿园教育资源，扩大优质资源覆盖面，优化城乡学前教育资源分配方式，多措并举让教育资源在城乡所有幼儿园之间

合理流动，比如加强幼师流动、鼓励专家下乡以及加强网络远程建设等。要进一步发挥优质幼儿园的示范辐射作用，如建设研修共同体，以带动县域内薄弱幼儿园发展，促进城乡学前教育均衡发展。

3.全面提高学前教育质量，双向保障教育数量质量

以量质并举为旗帜，推动广西的学前教育建设。经费总量的扩充要赶超幼儿数量提升的速度，要为提升全区幼儿园保教质量提供坚实的财政基础。在师资方面，要不断优化人才引进政策，吸引高学历人才；完善在职教师培训体系，优化幼师职称结构，促进教师质量稳步提升。图书、电子教学资源、玩教具等学前教育资源的供给和分配要做到多元发展，因地制宜。

要着重收集和整理各地城乡学前教育的有关数据，比如在园幼儿数、离园幼儿数以及专任教师数等。要着重分析有关数据的变化趋势，科学预测各地区的学前教育需求，进而优化配置各区域间的教育资源。对于幼儿数量出现增长趋势的地区，应分配更多幼师、玩教具以及图书等资源，以防生均教育质量下降。各级政府还要关注乡村学前教育需求，因地制宜地推进乡村学前教育发展。对于幼儿数量变化幅度小的地区，在保证资源供给数量、加大投入力度的同时，应将有限的学前教育资源投入到最需要的地方，消减过度投入和边际损耗，提高资源投入的效益，全面提升村镇的学前教育质量。

## （二）拓宽教育经费来源，提高资金使用效率

基于学前教育经费的增长需求，要改良学前教育成本核算方法，保持学前教育财政经费在教育经费中的合理占比；拓宽广西学前教育的经费来源，保障生均经费稳步上升；从责任主体出发，强化经费绩效管理方法，提升经费使用效率。

1.多渠道拓宽经费来源，增加经费投入总量

一方面，要确保财政性的学前教育经费投入。各级政府应时刻铭记投入主体的责任，切实保证将充足的财政经费投入到学前教育领域。另一方面，要着力推进广西学前教育经费的多元化筹资机制，支持和引导社会力量参与学前教育公共服务体系建设。

2.提高学前教育财政投入占比，稳步提高生均经费

要持续优化全区教育经费配置，加大学前教育经费的比重，加快完善财政支持经费管理标准，确保幼儿园生均经费持续增长，从而推动学前教育健康、稳步发展。同时，还要根据学前教育经费的增长需求，改良学前教育成

本核算方法，调整财政支持结构，保障学前教育财政经费在教育经费中的占比得到合理优化。

3.强化经费绩效管理方法，提升经费使用效率

首先，教育主管部门要从制度层面，因势利导地完善各主体的经费管理制度。其次，各级政府要不断加大对全区学前教育经费的调控力度，根据各地区的教育需求因地制宜地分配和使用经费，提高教育经费的使用效率；要充分发挥监管者的职能，合理追踪、监督和评价各教育单位的经费使用情况，并作出相应反馈，督促提升学前教育经费的使用效率。再次，各类幼儿园要提升经费管理水平。各教育部门要在给予各类幼儿园专业的培训和引导的前提下，不断鼓励各类幼儿园探索规范高效的经费使用管理体系，并合理尝试拓宽办学经费来源；还可委托第三方的审计部门定期检查各地区幼儿园经费的使用情况，做到早发现问题、早化解问题，确保幼儿园各类经费使用的合规性、合理性。

### （三）健全人才吸引机制，优化师资培训方法

各市、县要根据本地实际完善人才吸引机制，盘活教师编制，扩充教师总量，填补教师缺口；完善引育留用高质量人才配套措施，完善幼师培训程序，优化学前教育教师职称结构，提高教师待遇。

1.健全人才吸引机制，盘活利用教师编制

编制是吸引和留住学前教育教师的重要因素。在编制总量有限的前提下，应积极盘活事业编制存量、统筹编制配置以及跨区调整等，进而增强编制对人才的吸引作用。在培养学前教育教师方面，可以通过引导更多优秀学生报读师范类院校，增加幼师的培养数量。针对困难偏远地区，可培养公费师范生，向乡镇幼儿园定向输送所需教师。针对已具备基本办园条件的地区，应加大财政投入，加强教师队伍建设，持续保障幼师队伍的稳定性。

2.完善幼师培训体系，优化师资职称结构

要为幼师提供优质的培训服务，积极引导幼师提升自身能力、参与职称评定，促进幼师专业化成长。一方面，各地区教育行政部门在规划幼师培训工作时，应充分考虑各地区不同教育资源的特征，依托拥有高质量培训资质的高校或地方组织，建成专门的幼师培训中心，进而提高培训效率。考虑到贫困偏远地区的幼师在参与集中培训方面可能会遇到交通不便等问题，可组织专家团队到当地的幼儿园进行培训。要建立健全教研网络系统，依托城镇优质幼儿园的辐射作用，创建专门的乡村培训团队，帮助乡村幼儿园开展常

态化的园本教研，提高幼儿园教育质量。另一方面，考虑到学前教育对象的特殊性，鼓励单独建立幼师职称评定机制，根据幼师的保教能力、研学能力以及教学经验等，给予其相应的职称；适当提升幼师待遇，进而不断吸引优秀的幼师，以优化幼师职称结构。

3.完善引育留用人才措施，留住高质量人才

要保障落实工资收入政策。一方面，要通过科学统筹经费支出，保障公办幼儿园幼师的薪酬待遇。要提高公办幼儿园非在编幼师的薪酬待遇，使其逐步与在编幼师同工同酬。另一方面，要以当地公办幼儿园同类幼师薪酬水平作为考量标准，因地制宜地确定民办幼儿园幼师工资收入；通过健全完善学前教育劳务相关法律、建设薪酬纠纷申诉机制、加大相关部门的监管力度等，切实保障民办幼儿园幼师的待遇。

定期开展优秀幼师评选活动，奖励表彰在教学一线作出突出贡献的幼师，以持续保持幼师的教学热情和学习动力。要在全区范围内深入开展尊师重教的教育，不断宣传和树立幼师的良好形象，提高幼师的社会认可度。

### （四）合理设置各类班额，提升保教质量

要在全社会宣传合理设置幼儿园班额的重要性，鼓励家长监督幼儿园班额的设置。要定期开展相关培训活动，对幼儿园的管理层进行思想教育，促进学前教育质量优质化。

教育行政部门要统筹建立健全班额数据库，促进各类幼儿园落实班额政策。一方面，督促各类幼儿园合理设置班额。另一方面，要开展阶段性的考察与评定，从而避免出现幼儿园违规设置大班额的现象。考虑各地幼儿园的实际条件，可通过网络远程监督幼儿园是否按照政策标准设立班额；依托大数据平台建立幼儿园班额数据库，实时监测幼儿园班额设置情况，以防出现大班额的现象；采取约谈形式，加强上下层级的沟通，适时了解幼儿园设置大班额的原因，有针对性地批评和教育幼儿园领导班子，督促其解决大班额问题。

广西教育研究院　吴玉龙　莫东霞

广西财经学院　王彤

广西民族大学　王雪晴　黄斌

# 第三章　义务教育：推进优质均衡发展

## 一、前言

“十四五”时期是“两个一百年”奋斗目标承上启下的关键期。教育是民族振兴和国家发展的基石，在现代化建设中具有基础性、先导性和全局性作用，始终处于优先发展的战略地位。推动义务教育的高质量发展是国家教育事业发展“十四五”规划的重点，在“十四五”期间，应坚持以习近平新时代中国特色社会主义思想为指导，坚定不移地实施科教兴国战略，全力推进义务教育事业优质均衡发展。为全面提高义务教育质量，国家相继出台了《国务院关于统筹推进县域内城乡义务教育一体化改革发展的若干意见》《中共中央　国务院关于深化教育教学改革全面提高义务教育质量的意见》《关于进一步减轻义务教育阶段学生作业负担和校外培训负担的意见》等政策文件。

“十四五”初期前我国义务教育已取得阶段性成果。数据显示，2012—2021年，全国小学净入学率从99.85%提高到99.90%以上，初中阶段毛入学率始终保持在100.00%以上。义务教育阶段建档立卡脱贫家庭学生辍学实现动态清零，长期存在的辍学问题得到历史性解决。同时，切实保障残疾儿童少年平等接受教育权利，适龄残疾儿童义务教育入学率超过95.00%。2021年，全国共有特殊教育在校生92.00万人，比2012年增加54.10万人，增长142.74%。截至2021年，我国义务教育阶段有20.70万所学校、1.58亿名学生、1057万名教师，义务教育在实现全面普及的基础上，仅用10年左右时间就实现了县域基本均衡发展，成为我国教育发展史上又一座重要的里程碑。

进入“十四五”时期，广西教育事业进入高质量发展新阶段。自治区党委和人民政府严格贯彻落实党中央决策部署，始终将推进义务教育优质均衡发展作为义务教育改革发展的核心重点。结合广西实际，自治区人民政府制定印发了《关于建立健全长效机制进一步加强和改进控辍保学工作的通知》等一系列文件，持续增加教育投入，完善保障机制，重点提升农村学校办学水平。2021年，在教育资源供给上，统筹中央和自治区各项资金，支持各地新建、改扩建义务教育学校6279所（其中新建学校56所）。为营造平安和谐稳定的校园环境，全区中小学实行封闭式管理，配备专职保安员，安装一键式紧急报警系统和视频监控系统，建立全面覆盖的中小学安全总校长制。此外，持续深化教师思想政治和师德师风建设，实施新时期地方公费师范生培养计划，招收2987名定向公费师范生，加大教师补充力度，全年补充教师3.48万名，建立初始规模为6万个事业编制的“中小学教职工编制周转池”。巩固拓展教育脱贫攻坚成果同乡村振兴有效衔接，广西脱贫户学生失学辍学人数持续保持动态清零。大力推进中小学信息化基础环境规范建设，全区中小学宽带网络接入率达100.00%，多媒体教室学校覆盖率达100.00%。广西义务教育的发展以习近平新时代中国特色社会主义思想为指导，紧紧围绕“构建高质量发展教育体系、实现教育现代化”的目标要求，突出重点、全力以赴，持续深化教育改革，努力推动优质均衡发展和城乡一体化，基本形成以提高教育质量为导向的管理制度和工作机制，学校办学条件标准化水平大幅提升，教师配备满足教育教学要求，教育信息化水平显著提升，为建设新时代中国特色社会主义壮美广西提供基础支撑和智力支持。

## 二、广西义务教育发展的现状

### （一）普通中小学教育规模总体稳步上升，教育普及水平稳步提升

广西普通中小学教育规模日益扩大，办学条件也在不断改善，为推进义务教育优质均衡发展打下了坚实的基础。2017—2021年，广西普通小学学校数依次比上年减少了1719所、400所、18所、36所、50所，下降率依次为16.90%、4.73%、0.22%、0.45%、0.63%；在校生数依次增加了123836人、130223人、182578人、121432人、87771人，增长率依次为2.74%、2.81%、3.83%、2.45%、1.73%；招生数依次增加了24079人、22689人、73213人、−73823人、1139人，增长率依次为2.96%、2.71%、8.52%、−7.91%、0.13%；毕业生数依次增加了15018人、17441人、21397人、−5619人、27354人，增长率依次为2.15%、2.44%、2.93%、−0.75%、3.66%；校均规模依次增加了

104.86人、43.42人、24.04人、17.95人、15.03人，增长率依次为23.63%、7.92%、4.06%、2.91%、2.37%。详见表3.1。

**表3.1　2016—2021年广西普通小学教育规模**

| 指标 | 2016年 | 2017年 | 2018年 | 2019年 | 2020年 | 2021年 |
|---|---|---|---|---|---|---|
| 学校数/所 | 10173 | 8454 | 8054 | 8036 | 8000 | 7950 |
| 在校生数/人 | 4513712 | 4637548 | 4767771 | 4950349 | 5071781 | 5159552 |
| 招生数/人 | 812929 | 837008 | 859697 | 932910 | 859087 | 860226 |
| 毕业生数/人 | 698537 | 713555 | 730996 | 752393 | 746774 | 774128 |
| 校均规模/人 | 443.7 | 548.56 | 591.98 | 616.02 | 633.97 | 649 |

数据来源：2016—2021年广西教育事业统计报表。

与2016年相比，2021年广西普通初中在校生数、招生数、毕业生数、校均规模均呈增长趋势，分别增加了311111人、82060人、86532人、211.40人，增长率依次为15.65%、11.77%、13.32%、19.27%；学校数呈下降趋势，减少了55所，下降率为3.04%。与2020年相比，2021年广西普通初中学校数、在校生数、招生数、毕业生数、校均规模均呈增长趋势，分别增加了3所、43758人、23897人、28804人、22.71人，增长率依次为0.17%、1.94%、3.16%、4.07%、1.77%。详见表3.2。

**表3.2　2016—2021年广西普通初中教育规模**

| 指标 | 2016年 | 2017年 | 2018年 | 2019年 | 2020年 | 2021年 |
|---|---|---|---|---|---|---|
| 学校数/所 | 1812 | 1757 | 1743 | 1753 | 1754 | 1757 |
| 在校生数/人 | 1987540 | 2034632 | 2126353 | 2204864 | 2254893 | 2298651 |
| 招生数/人 | 697326 | 712207 | 737510 | 760083 | 755489 | 779386 |
| 毕业生数/人 | 649589 | 637407 | 639584 | 681181 | 707317 | 736121 |
| 校均规模/人 | 1096.88 | 1158.01 | 1219.94 | 1257.77 | 1285.57 | 1308.28 |

数据来源：2016—2021年广西教育事业统计报表。

## （二）普通中小学教师队伍日益壮大，师资力量稳步提升

### 1. 普通中小学专任教师数量增加，教师队伍不断壮大

随着教育规模扩大与办学条件改善，广西普通小学专任教师数也有所增加。2017—2021年，广西普通小学专任教师依次比上年增加了14585人、10640人、9355人、14596人、11365人，增长率依次为6.27%、4.31%、3.63%、5.46%、4.03%，年均增长率为4.74%。与2016年相比，2021年广西普通小学专任教师增加了60541人，增长了26.03%。详见图3.1。

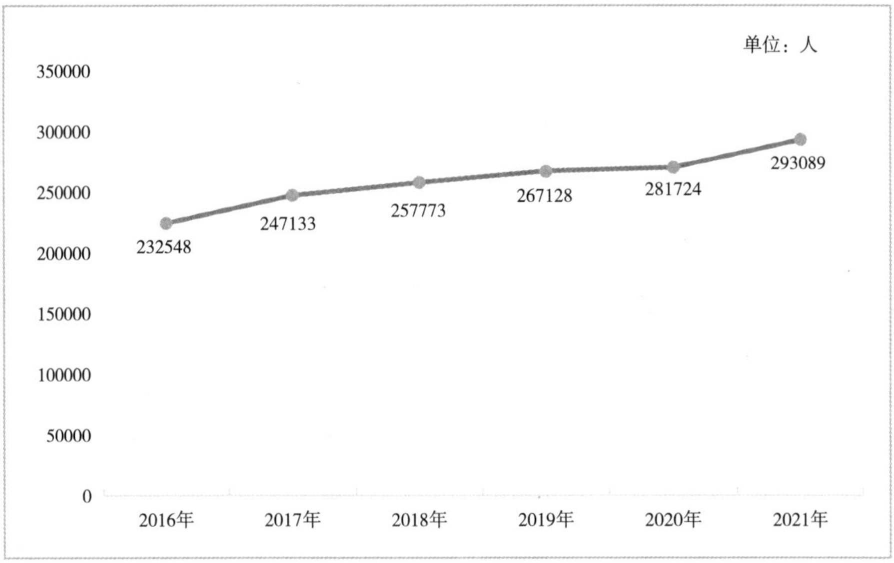


**图3.1　2016—2021年广西普通小学专任教师数**

数据来源：2016—2021年广西教育事业统计报表。

与2016年相比，2021年广西普通初中专任教师增加了33865人，增长率为27.44%。2017—2021年，广西普通初中专任教师数持续增长，增长率分别为5.13%、5.90%、3.64%、6.74%、3.48%。详见图3.2。由图3.2可知广西普通初中教师规模在大幅跃升，教师队伍的壮大为初中教育优质均衡发展提供了强有力的保障。

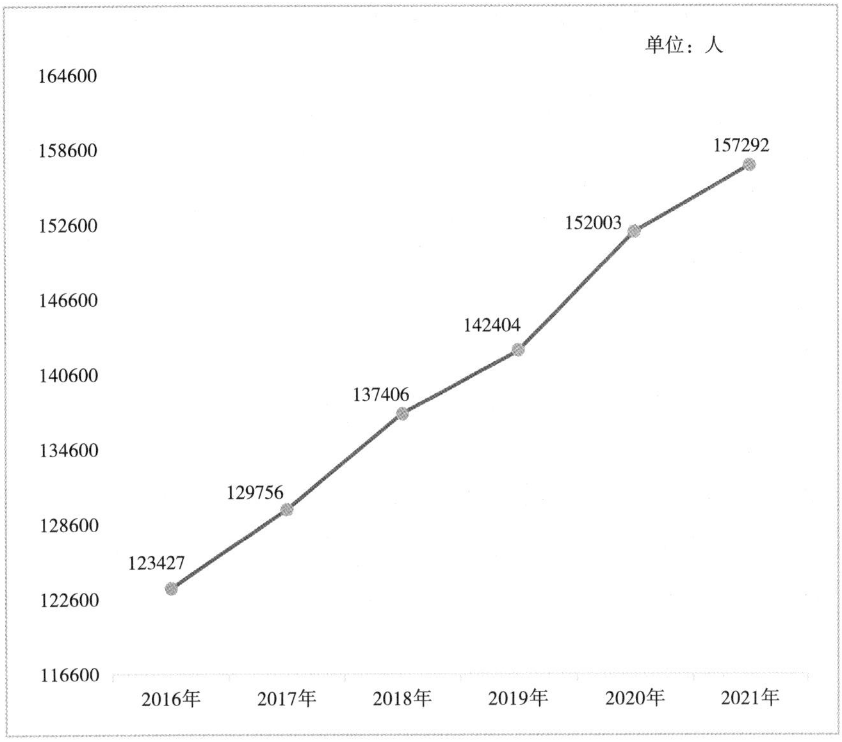


**图3.2　2016—2021年广西普通初中专任教师数**

数据来源：2016—2021年广西教育事业统计报表。

2. 普通中小学专任教师学历水平不断提升，教师质量显著提高

与2016年相比，2021年广西普通小学专任教师中，研究生学历的教师数增长了45.67%，本科学历的教师数增长了85.92%，专科学历的教师数降低了0.71%，高中学历的教师数降低了58.46%，高中以下学历的教师数降低了53.88%。与2020年相比，2021年广西普通小学专任教师中，研究生学历的教师数增长了1.24%，本科学历的教师数增长了11.59%，专科学历的教师数降低了3.13%，高中学历的教师数降低了12.55%，高中以下学历的教师数降低了54.85%。详见表3.3。

**表3.3 2016—2021年广西普通小学专任教师学历层次**

单位:人

| 学历 | 2016年 | 2017年 | 2018年 | 2019年 | 2020年 | 2021年 |
|---|---|---|---|---|---|---|
| 研究生 | 843 | 934 | 1067 | 1119 | 1213 | 1228 |
| 本科 | 86789 | 101016 | 113815 | 126300 | 144605 | 161360 |
| 专科 | 121713 | 124677 | 126480 | 125766 | 124757 | 120851 |
| 高中 | 22971 | 20252 | 16182 | 13696 | 10912 | 9543 |
| 高中以下 | 232 | 254 | 229 | 247 | 237 | 107 |

数据来源：2016—2021年广西教育事业统计报表。

2021年广西普通初中专任教师中，本科学历的教师人数最多，为132293人，占2021年广西普通初中专任教师总数的84.11%。与2016相比，2021年广西普通初中专任教师中，研究生和本科学历的专任教师分别增加了1025人、36078人，分别增长了75.93%、37.50%；专科学历的专任教师减少了2955人，下降了11.70%；高中学历的专任教师减少了276人，下降了47.42%；高中以下学历的专任教师减少了10人，下降了52.63%。与2020年相比，2021年广西普通初中专科学历、高中学历的专任教师分别减少了1230人、11人，分别降低了5.23%、3.47%；研究生学历的专任教师增加了144人，增长了6.45%；本科学历的专任教师增加了6384人，增长了5.07%。详见表3.4。

由表3.4可知，在广西普通初中教师队伍中本科学历的教师是主力军，同时研究生学历的教师数量在稳定上升。如今广西普通初中的教师队伍建设，不但实现了规模上的大幅提升，还在学历结构上有了明显改善。

**表3.4 2016—2021年广西普通初中专任教师学历层次**

单位:人

| 学历 | 2016年 | 2017年 | 2018年 | 2019年 | 2020年 | 2021年 |
|---|---|---|---|---|---|---|
| 研究生 | 1350 | 1564 | 1770 | 1988 | 2231 | 2376 |
| 本科 | 96215 | 103181 | 110901 | 116290 | 125909 | 132293 |
| 专科 | 25261 | 24539 | 24359 | 23786 | 23536 | 22306 |
| 高中 | 582 | 444 | 356 | 330 | 317 | 306 |
| 高中以下 | 19 | 28 | 20 | 10 | 10 | 9 |

数据来源：2016—2021年广西教育事业统计报表。

3.普通中小学专任教师学科结构不断优化，推动教育高质量发展

广西普通中小学专任教师学科结构在不断完善与优化。与2016年相比，2021年广西普通小学当年不授课的教师数降低了24.53%；品德（社会），语文，数学，外语，科学、艺术，综合实践、信息技术、劳动，体音美，其他教师数，分别增长了66.53%、11.68%、14.50%、88.92%、95.27%、165.54%、96.80%、2.57%。与2020年相比，2021年广西普通小学的品德（社会），语文，数学，外语，科学、艺术，体音美教师数，分别增长了20.15%、1.78%、2.75%、13.13%、12.03%、17.47%；综合实践、信息技术、劳动，其他，当年不授课教师数，分别降低了21.95%、1.60%、4.53%。详见表3.5。为了全面促进小学生的发展，广西普通小学教师的结构在不断完善，尤其是科学、艺术，体音美等学科教师数均在大幅增加。

**表3.5　2016—2021年广西普通小学各学科教师数**

单位：人

| 学科 | 2016年 | 2017年 | 2018年 | 2019年 | 2020年 | 2021年 |
|---|---|---|---|---|---|---|
| 品德（社会） | 4712 | 5503 | 6079 | 6402 | 6531 | 7847 |
| 语文 | 105628 | 107895 | 109588 | 110889 | 115901 | 117964 |
| 数学 | 85540 | 87934 | 89411 | 89961 | 95318 | 97944 |
| 外语 | 10382 | 12399 | 14206 | 15547 | 17338 | 19614 |
| 科学、艺术 | 3973 | 5497 | 6593 | 6797 | 6925 | 7758 |
| 综合实践、信息技术、劳动 | 2992 | 4297 | 5126 | 9542 | 10180 | 7945 |
| 体音美 | 15671 | 20219 | 23298 | 24840 | 26254 | 30841 |
| 其他 | 1555 | 1489 | 1543 | 1375 | 1621 | 1595 |
| 当年不授课 | 2095 | 1900 | 1929 | 1775 | 1656 | 1581 |

数据来源：2016—2021年广西教育事业统计报表。

2021年广西普通初中各学科教师中，政史地社学科教师人数最多，为28313人。与2016年相比，2021年广西普通初中各学科教师数均有所增加，语文，数学，外语，政史地社，理化生，体音美，信息、劳动技术，科学、艺术，其他教师数，分别增长了20.93%、19.53%、26.85%、31.06%、

27.50%、48.51%、39.08%、25.14%、32.47%；当年不授课教师数减少了1.85%。与2020年相比，2021年广西普通初中各学科教师结构中，语文、数学、外语、政史地社、理化生、体音美、其他、当年不授课教师数分别增长了2.21%、1.87%、3.41%、3.67%、3.47%、7.79%、1.67%、5.51%。信息、劳动技术，科学、艺术教师数分别减少了0.35%、0.67%。详见表3.6。

**表3.6　2016—2021年广西普通初中各学科教师数**

单位：人

| 学科 | 2016年 | 2017年 | 2018年 | 2019年 | 2020年 | 2021年 |
| --- | --- | --- | --- | --- | --- | --- |
| 语文 | 23359 | 24131 | 25405 | 26079 | 27637 | 28247 |
| 数学 | 22203 | 22883 | 23873 | 24582 | 26052 | 26539 |
| 外语 | 19073 | 19907 | 20906 | 21895 | 23397 | 24195 |
| 政史地社 | 21603 | 22849 | 24230 | 25368 | 27312 | 28313 |
| 理化生 | 19515 | 20475 | 21600 | 22315 | 24047 | 24882 |
| 体音美 | 11811 | 13078 | 14467 | 15042 | 16273 | 17540 |
| 信息、劳动技术 | 3091 | 3597 | 4020 | 4105 | 4314 | 4299 |
| 科学、艺术 | 358 | 486 | 524 | 422 | 451 | 448 |
| 其他 | 736 | 845 | 975 | 957 | 959 | 975 |
| 当年不授课 | 1678 | 1426 | 1406 | 1639 | 1561 | 1647 |

数据来源：2016—2021年广西教育事业统计报表。

### （三）普通中小学教育经费总体呈上升趋势，财政投入力度持续加大

广西多渠道筹措资金，持续加大教育经费投入，统筹用好乡村振兴补助资金支持义务教育优质均衡发展。按照“能报尽报、能补尽补”原则，积极向国家发展改革委申报义务教育学校建设项目投资计划资金10.21亿元，重点解决贫困县城镇大班额问题及乡镇寄宿制学校、规划长期保留的乡村小规模学校、易地扶贫搬迁安置点配套学校建设资金缺口问题。

1.普通中小学生均一般公共预算教育事业费支出持续增长

2017—2021年，广西普通小学生均一般公共预算教育事业费支出均有所增长，依次比上年增加了207.43元、115.40元、341.92元、266.49元、190.41

元，分别增长了2.70%、1.46%、4.27%、3.19%、2.21%。与2016年相比，2021年广西普通小学生均一般公共预算教育事业费支出增长了1121.65元，增长率为14.58%。2016—2021年，广西普通小学生均一般公共预算教育事业费支出年均增长率为2.76%。详见图3.3。

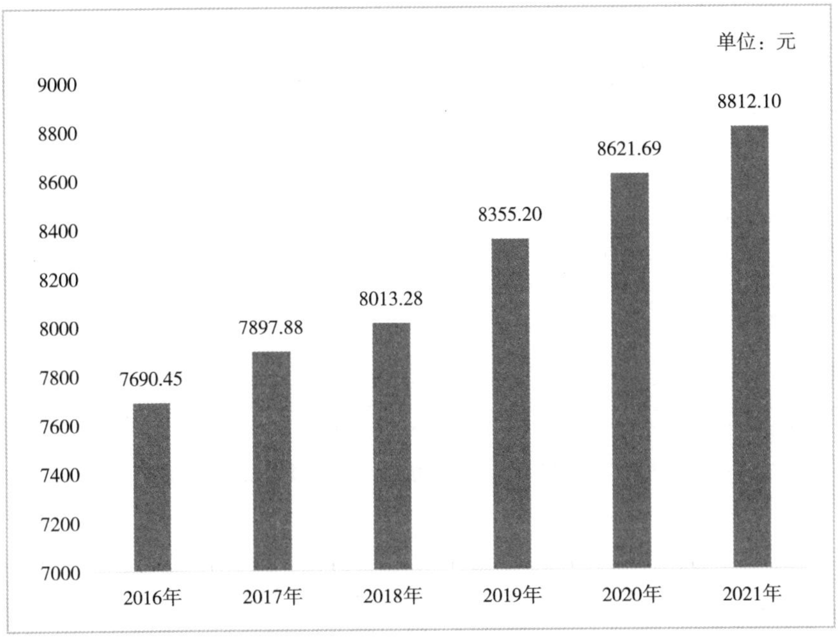


**图3.3　2016—2021年广西普通小学生均一般公共预算教育事业费支出情况**

数据来源：2016—2021年广西教育经费统计报表。

2017—2021年，广西普通初中生均一般公共预算教育事业费支出与上年相比均有所增加，依次增加了521.21元、394.96元、311.43元、428.81元、282.84元，依次增长了5.48%、3.94%、2.99%、3.99%、2.53%。与2016年相比，2021年广西普通初中生均一般公共预算教育事业费支出增长了20.40%。2016—2021年，广西普通初中生均一般公共预算教育事业费支出年均增长率为3.78%。详见图3.4。

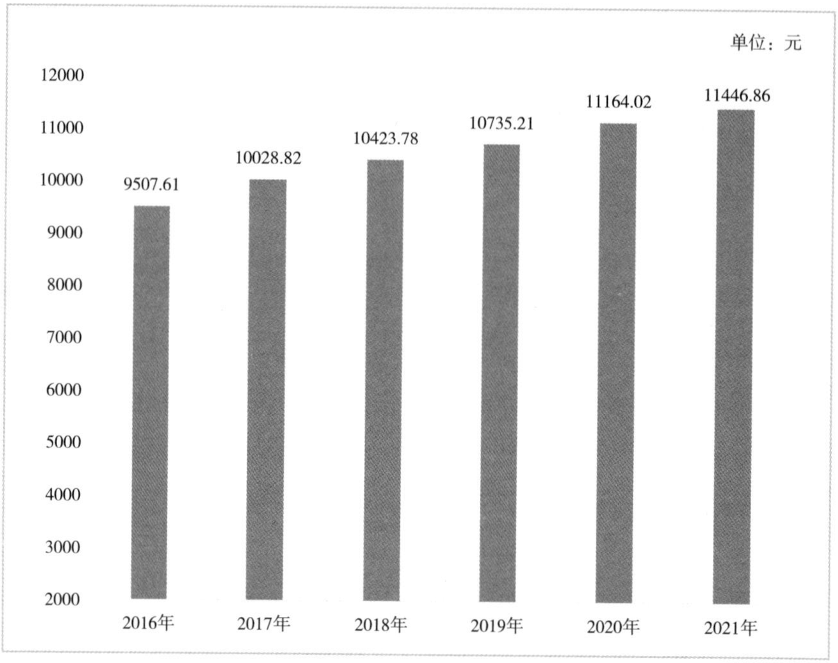


**图3.4　2016—2021年广西普通初中生均一般公共预算教育事业费支出情况**

数据来源：2016—2021年广西教育经费统计报表。

2.普通中小学生均一般公共预算公用经费支出整体上升

2016—2021年，广西普通小学生均一般公共预算公用经费支出呈先升后降的情况。2017—2019年广西普通小学生均一般公共预算公用经费支出均持续增长，依次比上年增加了365.00元、67.57元、0.43元，但2020—2021年略有下降，分别比上年减少189.62元、229.60元；2017—2021年增长率依次为17.81%、2.80%、0.02%、-7.64%、-10.01%。与2016年相比，2021年广西普通小学生均一般公共预算公用经费支出增加了13.78元，增长了0.67%。2016—2021年，广西普通小学生均一般公共预算公用经费支出年均增长率为0.13%。详见图3.5。

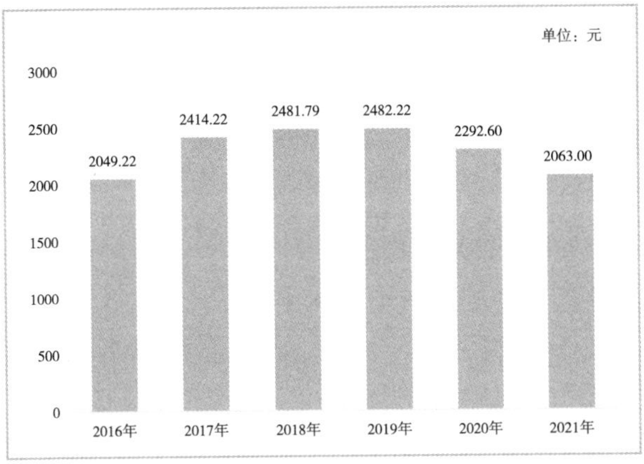


**图3.5　2016—2021年广西普通小学生均一般公共预算公用经费支出情况**

数据来源：2016—2021年广西教育经费统计报表。

2017—2019年，广西普通初中生均一般公共预算公用经费支出与上年相比均有所增加，依次增加了264.65元、76.09元、41.47元，依次增长了9.24%、2.43%、1.29%；但2020—2021年略有下降，分别比上年减少64.26元、230.29元，降幅分别为1.98%、7.24%。与2016年相比，2021年广西普通初中生均一般公共预算公用经费增长了3.06%。2016—2021年，广西普通初中生均一般公共预算公用经费支出年均增长率为0.60%。详见图3.6。

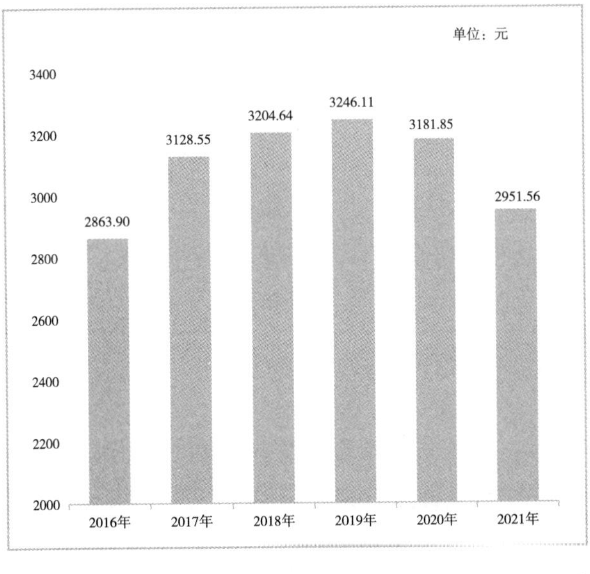


**图3.6　2016—2021年广西普通初中生均一般公共预算公用经费支出情况**

数据来源：2016—2021年广西教育经费统计报表。

## （四）普通中小学校园综合条件持续改善，提升教育教学环境质量

为推动义务教育优质均衡发展，普通中小学校园综合条件是改善的重点。广西通过新建、改扩建学校，办学条件得到明显改善，全区教育事业得到高质量发展，发生格局性变化。

1.普通中小学办学条件整体改善

改善办学条件是义务教育学校标准化建设的核心内容。广西普通中小学的校园环境条件在稳定持续优化，义务教育学校标准化成效显著，办学条件得到大幅改善。

与2020年相比，2021年广西普通小学体育运动场（馆）面积达标校数、体育器械配备达标校数、音乐器材配备达标校数、美术器材配备达标校数、数学自然实验仪器达标校数均增长，分别增加了292所、62所、59所、101所、126所，增长率依次为4.39%、0.80%、0.76%、1.31%、1.64%；有校医院（卫生室）校数略有下降，减少了7所，下降率为0.17%。详见表3.7。

广西普通小学近年来着力改善办学条件，为更全面地提升小学生综合素质，体育器械、音乐器材、实验仪器、校医院（卫生室）不断增加，以满足学生不同的发展需求，为义务教育优质均衡发展助力。

**表3.7　2020—2021年广西普通小学办学条件比较**

单位：所

| 年份 | 类别 | | | | | |
|---|---|---|---|---|---|---|
| | 体育运动场（馆）面积达标校数 | 体育器械配备达标校数 | 音乐器材配备达标校数 | 美术器材配备达标校数 | 数学自然实验仪器达标校数 | 有校医院（卫生室）校数 |
| 2020年 | 6648 | 7778 | 7748 | 7713 | 7667 | 4039 |
| 2021年 | 6940 | 7840 | 7807 | 7814 | 7793 | 4032 |

数据来源：2020—2021年广西教育经费统计报表。

与2020年相比，2021年广西普通中学体育运动场（馆）面积达标校数、体育器械配备达标校数、音乐器材配备达标校数、美术器材配备达标校数、理科实验仪器达标校数、有校医院（卫生室）校数均增长，分别增加了65所、42所、53所、59所、56所、34所，增长率依次为4.21%、2.50%、3.19%、3.57%、3.38%、2.98%。详见表3.8。

**表3.8　2020—2021年广西普通初中办学条件比较**

单位：所

| 年份 | 类别 | | | | | |
|---|---|---|---|---|---|---|
| | 体育运动场（馆）面积达标校数 | 体育器械配备达标校数 | 音乐器材配备达标校数 | 美术器材配备达标校数 | 理科实验仪器达标校数 | 有校医院（卫生室）校数 |
| 2020年 | 1545 | 1683 | 1661 | 1654 | 1655 | 1140 |
| 2021年 | 1610 | 1725 | 1714 | 1713 | 1711 | 1174 |

数据来源：2020—2021年广西教育经费统计报表。

2. 普通中小学校园卫生通电情况有所改善

校园卫生通电情况与学生的生活学习息息相关，同样是需要考虑优化的重点。2021年广西普通小学卫生情况与2020年相比有所好转，其中有网管供水的学校增加了125所，增长率为2.64%；有卫生厕所的学校增加了236所，增长率为3.14%；洗手设备中有水和肥皂的学校增加了949所，增长率为20.07%；既没有水也没有肥皂的学校减少了57所，下降率为68.67%。但是通电的学校减少了44所，下降率为0.55%。详见表3.9。

**表3.9　2020—2021年广西普通小学卫生通电情况**

单位：所

| 年份 | 类别 | | | | | | | | | |
|---|---|---|---|---|---|---|---|---|---|---|
| | 按学校供水方式分 | | | 按学校厕所情况分 | | | 洗手设备 | | | 通电 |
| | 自备水源 | 有网管供水 | 无水源 | 有卫生厕所 | 有非卫生厕所 | 无厕所 | 有水和肥皂 | 只有水 | 既没有水也没有肥皂 | |
| 2020年 | 3259 | 4731 | 10 | 7510 | 477 | 13 | 4728 | 3189 | 83 | 7978 |
| 2021年 | 3075 | 4856 | 15 | 7746 | 188 | 12 | 5677 | 2243 | 26 | 7934 |

数据来源：2020—2021年广西教育经费统计报表。

2021年广西普通中学卫生情况与2020年相比有所改善，有网管供水的学校增加了35所，增长率为2.72%；有卫生厕所的学校增加了31所，增长率为1.84%；洗手设备中有水和肥皂的学校增加了140所，增长率为14.20%。通电的学校增加了2所，增长率为0.11%。详见表3.10。

表 3.10　2020—2021 年广西普通初中卫生通电情况

单位：所

| 年份 | 类别 | | | | | | | | | |
|---|---|---|---|---|---|---|---|---|---|---|
| | 按学校供水方式分 | | | 按学校厕所情况分 | | | 洗手设备 | | | 通电 |
| | 自备水源 | 有网管供水 | 无水源 | 有卫生厕所 | 有非卫生厕所 | 无厕所 | 有水和肥皂 | 只有水 | 既没有水也没有肥皂 | |
| 2020 年 | 463 | 1287 | 4 | 1685 | 54 | 15 | 986 | 757 | 11 | 1747 |
| 2021 年 | 427 | 1322 | 6 | 1716 | 28 | 11 | 1126 | 619 | 10 | 1749 |

数据来源：2020—2021 年广西教育经费统计报表。

## （五）义务教育优质均衡发展取得阶段性成果，逐步构建高质量教育体系

### 1. 普通中小学生师生比呈下降趋势

2021 年广西普通小学生师比比 2020 年降低了 0.40，比 2016 年降低了 2.53。2016—2021 年，广西普通小学生师比总体呈下降趋势，其中 2016—2018 年及 2019—2021 年下降趋势明显，但 2018—2019 年有小幅增长。详见图 3.7。

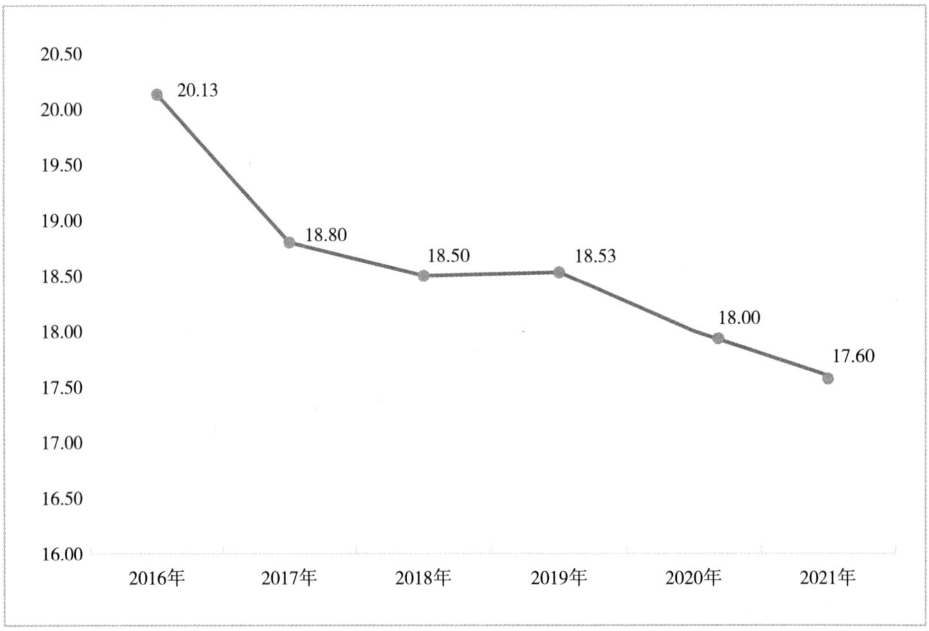


图 3.7　2016—2021 年广西普通小学生师比

数据来源：2016—2021 年广西教育事业统计报表。

2021年广西普通初中生师比比2020年下降了0.22，比2016年下降了1.49。总体上看，2016—2021年广西普通初中生师比呈下降的趋势。其中，2019—2020年下降幅度最大，降幅为4.20%。详见图3.8。

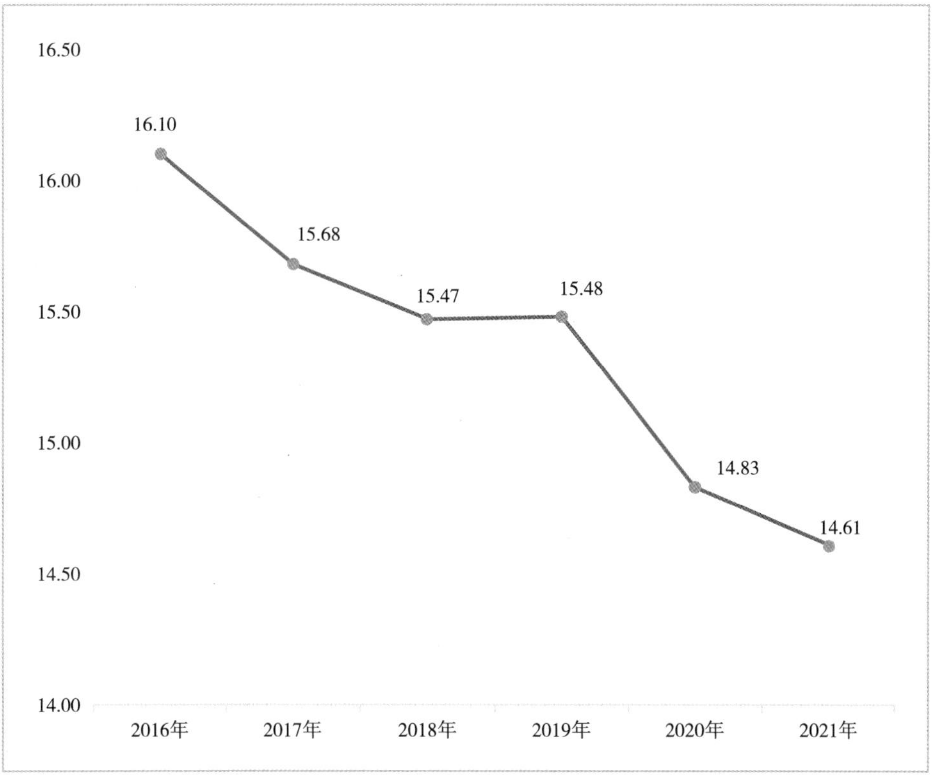


**图3.8　2016—2021年广西普通初中生师比**

数据来源：2016—2021年广西教育事业统计报表。

2. 义务教育阶段巩固率稳步提高

2016—2021年，广西义务教育阶段巩固率分别为93.40%、94.00%、95.00%、95.20%、96.00%、96.50%。2017—2021年，广西义务教育阶段巩固率分别比上年提高了0.60个百分点、1.00个百分点、0.20个百分点、0.80个百分点、0.50个百分点。2021年与2016年相比，广西义务教育阶段巩固率提高了3.10个百分点，得到了很大提升。详见图3.9。

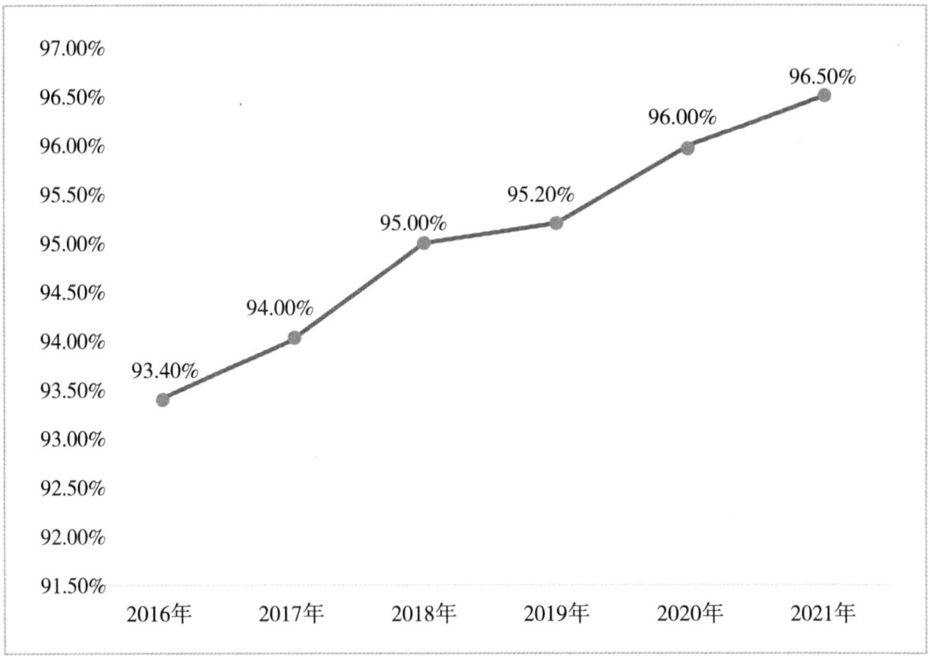


**图3.9　2016—2021年广西义务教育阶段巩固率**

数据来源：2016—2021年广西教育事业统计报表。

3.普通小学大幅消除大班额

广西坚持分类指导、多措并举，通过大力推进“全面改薄”工作，实施“双千计划”，推进义务教育薄弱环节改善与能力提升工作，实施教育现代化推进工程等，加强教师队伍建设，规范学校办学、招生、编班等工作的管理，推进学区制管理改革等，有效缓解了大班额问题。

2021年，广西各地市普通小学56人及以上班额的班数居前三位的是来宾市、钦州市、玉林市，分别为419个、267个和241个。2021年与2020年相比，除贺州市外，广西各地市普通小学56人及以上班额的班数均在减少，其中班数减少量居前三位的是来宾市、钦州市、桂林市，分别减少252个、186个、161个；减少率居前三位的是北海市、梧州和河池市，分别减少100.00%、56.97%和55.04%。详见表3.11。

**表3.11　2016—2021年广西各地市普通小学56人及以上班额的班数**

单位:个

| 地区 | 2016年 | 2017年 | 2018年 | 2019年 | 2020年 | 2021年 |
| --- | --- | --- | --- | --- | --- | --- |
| 南宁市 | 1624 | 1414 | 959 | 550 | 318 | 175 |
| 柳州市 | 1020 | 1009 | 830 | 546 | 250 | 126 |
| 桂林市 | 1606 | 1670 | 1392 | 753 | 359 | 198 |
| 梧州市 | 1127 | 1026 | 670 | 465 | 165 | 71 |
| 北海市 | 632 | 549 | 305 | 199 | 70 | 0 |
| 防城港市 | 648 | 651 | 660 | 446 | 139 | 89 |
| 钦州市 | 1370 | 1406 | 1312 | 955 | 453 | 267 |
| 贵港市 | 1016 | 835 | 487 | 255 | 120 | 114 |
| 玉林市 | 3059 | 3465 | 3049 | 1322 | 329 | 241 |
| 百色市 | 1838 | 395 | 483 | 167 | 128 | 58 |
| 贺州市 | 320 | 121 | 100 | 45 | 27 | 27 |
| 河池市 | 1190 | 1015 | 741 | 407 | 129 | 58 |
| 来宾市 | 749 | 801 | 696 | 597 | 671 | 419 |
| 崇左市 | 725 | 666 | 453 | 239 | 166 | 117 |

数据来源：2016—2021年广西教育事业统计报表。

2021年，广西城区普通小学56人及以上班额的班数最多，为1065个，比镇区多256个，比农村多979个。城区、镇区、农村普通小学56人及以上班额的班数占总班额的比例分别为54.34%、41.28%、4.39%。与2016年相比，2021年广西普通小学56人及以上班额的班数，城区减少4704个、镇区减少8059个、农村减少2201个，下降率分别为81.54%、90.88%、96.24%，总体减少14964个。2016—2021年，广西城区、镇区、农村普通小学56人及以上班额的班数年均下降率分别为28.67%、38.05%、48.11%，总体年均下降率为35.02%。详见表3.12。

**表3.12　2016—2021年广西城乡普通小学56人及以上班额的班数**

单位:个

| 地区 | 2016年 | 2017年 | 2018年 | 2019年 | 2020年 | 2021年 |
|---|---|---|---|---|---|---|
| 城区 | 5769 | 5379 | 4453 | 2923 | 1838 | 1065 |
| 镇区 | 8868 | 7793 | 6357 | 3450 | 1313 | 809 |
| 农村 | 2287 | 1851 | 1327 | 573 | 173 | 86 |
| 合计 | 16924 | 15023 | 12137 | 6946 | 3324 | 1960 |

数据来源：2016—2021年广西教育事业统计报表。

下一步，应继续推进义务教育学校标准化建设，改善办学条件，不断消除大班额。在巩固基本均衡发展成果的基础上，稳步推进县域义务教育优质均衡发展。实施义务教育质量提升行动计划，促进新优质学校发展，不断扩大优质教育资源覆盖面。

## 三、广西义务教育发展存在的问题

### （一）城乡中小学教师资源配置结构性失衡

广西统筹推进城乡义务教育一体化改革发展，教育资源配置更加注重向薄弱地区、薄弱学校倾斜，进一步缩小城乡差距、校际差距，推进教育公平。截至2021年，广西111个县（市、区）中，基本实现义务教育均衡发展的地区已全部通过自治区督导评估。但是城乡差距依旧存在，城乡差距的缩小仍然是工作的重点。

1.普通小学教师配置的城乡差距依旧明显

近年来广西根据区域的不同、城乡的差距、校际的类别，坚持分类施策，通过采取加大投入力度“新建一批”，创新办学机制“帮扶一批”，多样化发展“提升一批”，有序增加招生计划“扩容一批”，推进城乡师资队伍均衡发展。广西加强教师编制管理，将更多教师资源向农村学校倾斜。2016年、2020年，先后2次完成全区中小学教职工编制核定工作，分别新增编制总量控制数6.57万个、5.75万个，但是城乡教师配置目前仍存在差距。

与2016年相比，2021年广西农村普通小学专任教师增加了1574人，增长率为1.44%；镇区普通小学专任教师增加了27027人，城区普通小学专任教师增加了31940人，增长率分别为35.23%和69.17%。与2020年相比，2021年广西农村普通小学专任教师增加了702人，增长率为0.64%；镇区普通小学专任教师增加了2920人，城区普通小学专任教师增加了7743人，增长率分别为2.90%和11.00%。详见图3.10。相较于城镇而言，农村难以吸引和留住教师。随着学生数量的增长，农村教师短缺的问题越来越突出。

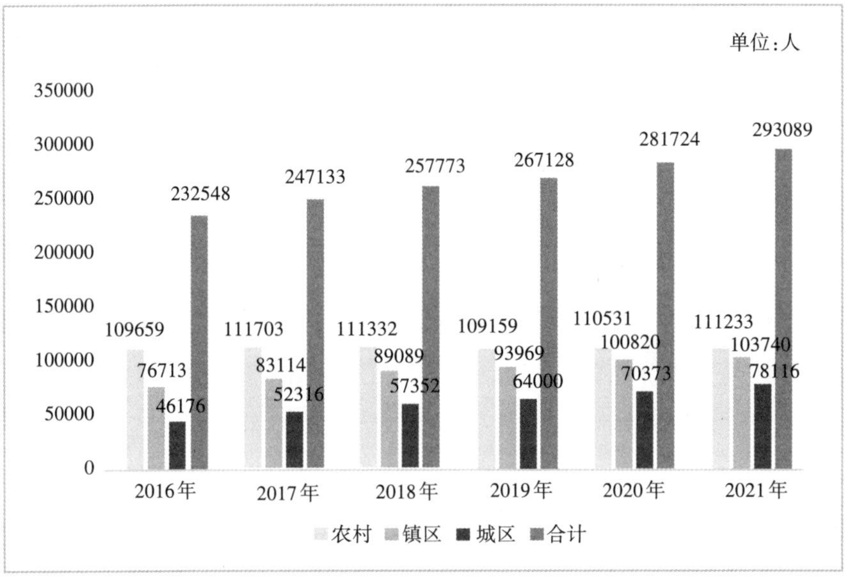


**图3.10　2016—2021年广西城乡普通小学专任教师数**

数据来源：2016—2021年广西教育事业统计报表。

从学历结构方面分析，总体上高学历（即本科生和研究生学历，下同）的专任教师在城镇普通小学中所占比重远高于农村。2016—2021年，广西城镇普通小学中高学历的专任教师占比稳定上升，师资水平稳步提升。相比之下，广西农村普通小学高学历的专任教师占比虽然也有一定提升，但上升的幅度不大。与2016年相比，2021年广西农村普通小学研究生学历的专任教师占比有所下降，专科及以下学历的专任教师占比也在下降。详见表3.13。通过表3.13中的数据可以看出，在教师学历结构方面，广西农村普通小学与城镇普通小学差距较大，农村普通小学优质师资相对而言比较匮乏。

### 表3.13　2016—2021年广西城乡普通小学专任教师学历结构

单位：%

| 学历 | 2016年 | | 2017年 | | 2018年 | | 2019年 | | 2020年 | | 2021年 | |
|---|---|---|---|---|---|---|---|---|---|---|---|---|
| | 城镇 | 农村 | 城镇 | 农村 | 城镇 | 农村 | 城镇 | 农村 | 城镇 | 农村 | 城镇 | 农村 |
| 研究生 | 0.59 | 0.10 | 0.63 | 0.08 | 0.67 | 0.08 | 0.65 | 0.09 | 0.66 | 0.08 | 0.64 | 0.06 |
| 本科 | 45.84 | 27.77 | 49.50 | 30.41 | 52.56 | 33.10 | 55.62 | 35.21 | 59.38 | 38.85 | 62.90 | 42.24 |
| 专科 | 47.85 | 57.37 | 44.91 | 57.16 | 43.06 | 56.97 | 40.62 | 56.43 | 37.88 | 54.19 | 34.67 | 51.97 |
| 高中及以下 | 5.72 | 14.75 | 4.96 | 12.35 | 3.72 | 9.85 | 3.11 | 8.27 | 2.07 | 6.88 | 1.80 | 5.73 |

数据来源：2016—2021年广西教育事业统计报表。

从学科结构方面分析，2016—2021年广西城镇与农村的普通小学专任教师学科结构均在不断完善。语文、数学2个学科的专任教师在城乡普通小学中比重整体均呈下降趋势，艺术、科学、音乐、体育等学科教师比重总体均呈上升趋势。但和城镇普通小学专任教师学科结构相比，农村普通小学专任教师学科结构失衡较严重，农村普通小学中科学、美术等学科专任教师所占比重与城镇普通小学相比仍存在较大差距，如2021年科学专任教师在城镇普通小学中的占比为4.33%，而在农村普通小学中的占比仅为1.58%，这说明城乡小学之间存在教师学科结构不均衡且差距较大的问题，学科结构仍需不断调整。详见表3.14。

### 表3.14　2016—2021年广西城乡普通小学专任教师学科结构

单位：%

| 学科 | 2016年 | | 2017年 | | 2018年 | | 2019年 | | 2020年 | | 2021年 | |
|---|---|---|---|---|---|---|---|---|---|---|---|---|
| | 城镇 | 农村 | 城镇 | 农村 | 城镇 | 农村 | 城镇 | 农村 | 城镇 | 农村 | 城镇 | 农村 |
| 社会 | 2.52 | 1.48 | 2.58 | 1.80 | 2.60 | 2.04 | 2.66 | 2.02 | 2.47 | 2.08 | 2.66 | 2.71 |
| 语文 | 41.06 | 50.31 | 40.04 | 48.05 | 39.42 | 46.58 | 39.18 | 44.88 | 38.99 | 44.47 | 38.35 | 43.35 |
| 数学 | 34.30 | 39.57 | 33.42 | 38.20 | 32.80 | 37.16 | 32.23 | 35.77 | 32.66 | 35.66 | 32.19 | 35.42 |
| 外语 | 5.61 | 3.18 | 5.95 | 3.89 | 6.21 | 4.59 | 6.40 | 4.99 | 6.64 | 5.41 | 6.98 | 6.22 |
| 体育 | 4.88 | 1.54 | 5.33 | 2.37 | 5.62 | 2.68 | 5.67 | 2.73 | 5.71 | 2.68 | 6.10 | 3.43 |
| 科学 | 1.95 | 0.65 | 2.36 | 1.16 | 2.58 | 1.42 | 2.52 | 1.35 | 2.39 | 1.33 | 4.33 | 1.58 |
| 艺术 | 0.52 | 0.22 | 0.49 | 0.30 | 0.54 | 0.40 | 0.52 | 0.48 | 0.48 | 0.49 | 0.49 | 0.68 |

续表

单位:%

| 学科 | 2016年 | | 2017年 | | 2018年 | | 2019年 | | 2020年 | | 2021年 | |
|---|---|---|---|---|---|---|---|---|---|---|---|---|
| | 城镇 | 农村 | 城镇 | 农村 | 城镇 | 农村 | 城镇 | 农村 | 城镇 | 农村 | 城镇 | 农村 |
| 音乐 | 2.76 | 0.79 | 3.04 | 1.27 | 3.19 | 1.55 | 3.28 | 1.53 | 3.25 | 1.43 | 3.49 | 1.82 |
| 美术 | 2.43 | 0.68 | 2.68 | 1.07 | 2.87 | 1.34 | 2.94 | 1.29 | 2.95 | 1.20 | 3.19 | 1.59 |
| 综合实践 | 1.90 | 0.60 | 2.30 | 1.06 | 2.40 | 1.44 | 3.06 | 4.31 | 2.99 | 4.57 | 2.78 | 2.59 |
| 其他 | 0.92 | 0.38 | 0.84 | 0.32 | 0.84 | 0.29 | 0.70 | 0.24 | 0.79 | 0.24 | 0.73 | 0.23 |
| 本学年不授课 | 1.16 | 0.61 | 0.98 | 0.52 | 0.92 | 0.52 | 0.83 | 0.42 | 0.67 | 0.45 | 0.64 | 0.38 |

数据来源：2016—2021年广西教育事业统计报表。

2.城镇普通初中专任教师资源总体优于农村

与2016年相比，2021年广西农村普通初中专任教师减少了419人，下降率为2.22%；镇区普通初中专任教师增加了16729人，城区普通初中专任教师增加了17555人，增长率分别为21.76%和63.45%。与2020年相比，2021年广西农村普通初中专任教师增加了437人，增长率为2.42%；镇区普通初中专任教师增加了252人，城区普通初中专任教师增加了4600人，增长率分别为0.27%和11.32%。整体而言，农村与城镇普通初中专任教师数差距仍较大。详见图3.11。

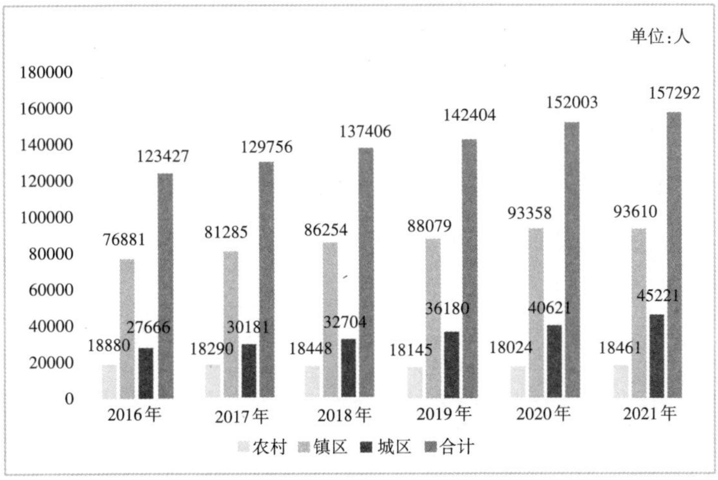


**图3.11　2016—2021年广西城乡普通初中专任教师数**

数据来源：2016—2021年广西教育事业统计报表。

在学历结构方面，广西城镇普通初中高学历的专任教师所占比重远高于农村。2016—2021年，城镇与农村普通初中研究生、本科学历的专任教师数量稳定上升，师资水平得到提升；但是高学历的专任教师在农村普通初中的占比与城镇普通初中的占比仍存在较大差距，主要是由于地理位置、经济水平等因素影响，农村对高学历的专任教师缺乏吸引力。总的来说，城乡普通初中教师在学历结构方面还是存在显著差异，城镇优于农村。详见表3.15。

**表3.15　2016—2021年广西城乡普通初中专任教师学历结构**

单位：%

| 学历 | 2016年 | | 2017年 | | 2018年 | | 2019年 | | 2020年 | | 2021年 | |
|---|---|---|---|---|---|---|---|---|---|---|---|---|
| | 城镇 | 农村 | 城镇 | 农村 | 城镇 | 农村 | 城镇 | 农村 | 城镇 | 农村 | 城镇 | 农村 |
| 研究生 | 1.24 | 0.26 | 1.35 | 0.32 | 1.43 | 0.39 | 1.54 | 0.41 | 1.61 | 0.43 | 1.65 | 0.95 |
| 本科 | 79.05 | 71.88 | 80.39 | 74.24 | 81.60 | 74.99 | 82.52 | 75.76 | 83.51 | 77.77 | 84.75 | 79.24 |
| 专科 | 19.27 | 27.10 | 17.93 | 24.89 | 16.72 | 24.20 | 15.72 | 23.43 | 14.68 | 21.49 | 13.39 | 20.10 |
| 高中及以下 | 0.44 | 0.76 | 0.33 | 0.55 | 0.25 | 0.42 | 0.21 | 0.40 | 0.20 | 0.31 | 0.20 | 0.18 |

数据来源：2016—2021年广西教育事业统计报表。

3.城乡中小学县级及以上骨干教师人数仍然存在较大差距

2018—2021年，广西城乡中小学县级及以上骨干教师数量均在不断增加，但骨干教师主要聚集在城区、镇区，农村与城区、镇区还有较大的差距。2021年，城区、镇区、农村中小学县级及以上骨干教师的占比分别为33.73%、45.27%、21.00%。与2020年相比，2021年广西城乡中小学县级及以上骨干教师增加了23625人，增长了37.77%；与2018年相比，2021年广西城乡中小学县级及以上骨干教师增加了33916人，增长了64.91%。详见图3.12。

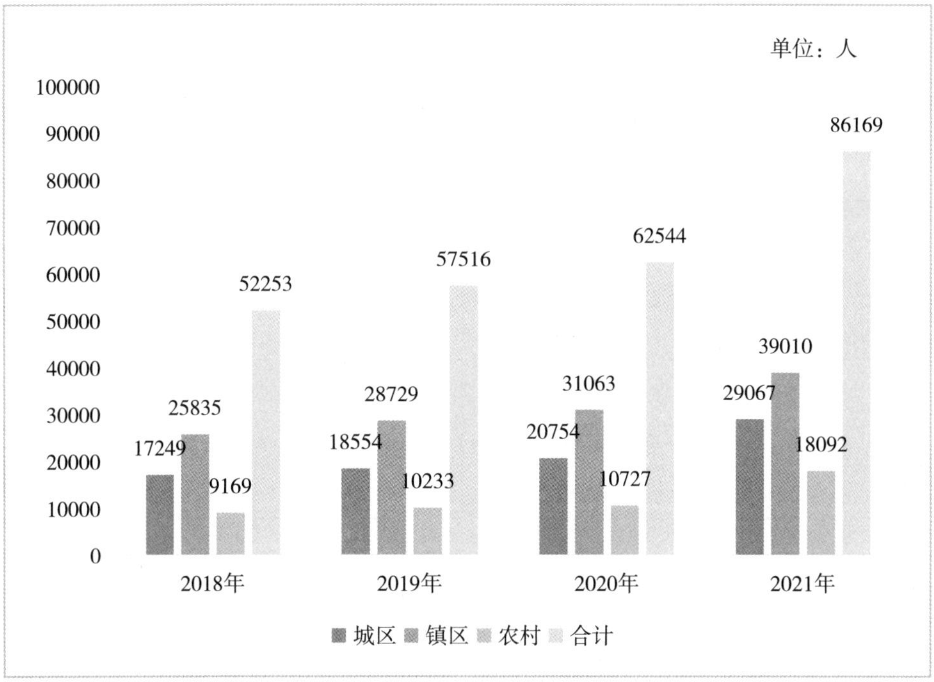


**图3.12　2018—2021年广西城乡中小学县级及以上骨干教师人数**

数据来源：2018—2021年广西教育事业统计报表。

## （二）生师比总体仍较高

2021年广西普通小学生师比为17.60，高于全国平均水平。全国除港澳台地区外，普通小学生师比居前三位的3个省（自治区、直辖市）分别是广东、湖南和山东，生师比分别为21.10、19.69和18.43；居后三位的3个省（自治区、直辖市）是吉林、黑龙江和内蒙古，生师比分别为11.03、11.60、13.09。其中普通小学生师比最高的广东与最低的吉林相差10.07。广西普通小学生师比比相邻的贵州高0.25，比广东低3.50，比云南高1.38。详见表3.16。

**表3.16 2021年广西与全国及其他省（自治区、直辖市）普通小学生师比比较**

| 地区 | 普通小学生师比 | 地区 | 普通小学生师比 |
|---|---|---|---|
| 全国 | 16.33 | 山东 | 18.43 |
| 广西 | 17.60 | 河南 | 17.32 |
| 北京 | 13.92 | 湖北 | 18.29 |
| 天津 | 15.26 | 湖南 | 19.69 |
| 河北 | 16.59 | 广东 | 21.10 |
| 山西 | 13.56 | 海南 | 16.99 |
| 内蒙古 | 13.09 | 重庆 | 14.87 |
| 辽宁 | 14.03 | 四川 | 18.02 |
| 吉林 | 11.03 | 贵州 | 17.35 |
| 黑龙江 | 11.60 | 云南 | 16.22 |
| 上海 | 14.10 | 西藏 | 14.40 |
| 江苏 | 16.31 | 陕西 | 16.48 |
| 浙江 | 16.80 | 甘肃 | 14.51 |
| 安徽 | 17.42 | 青海 | 18.18 |
| 福建 | 17.79 | 宁夏 | 18.16 |
| 江西 | 16.14 | 新疆 | 17.90 |

数据来源：2021年全国教育事业发展简明统计分析。

2021年广西普通初中生师比为14.61，低于全国平均水平。全国除港澳台地区外，普通初中生师比居前三位的3个省（自治区、直辖市）是广西、江西、贵州，分别为14.61、14.33、13.87；居后三位的3个省（自治区、直辖市）是北京、吉林、黑龙江，分别为8.87、8.99、9.77。广西普通初中生师比比相邻的贵州高0.74，比广东高0.99，比云南高1.41。详见表3.17。

**表3.17　2021年广西与全国及其他省（自治区、直辖市）普通初中生师比比较**

| 地区 | 普通初中生师比 | 地区 | 普通初中生师比 |
|---|---|---|---|
| 全国 | 12.64 | 山东 | 12.28 |
| 广西 | 14.61 | 河南 | 13.66 |
| 北京 | 8.87 | 湖北 | 12.58 |
| 天津 | 11.21 | 湖南 | 13.16 |
| 河北 | 13.39 | 广东 | 13.62 |
| 山西 | 10.28 | 海南 | 13.35 |
| 内蒙古 | 10.57 | 重庆 | 13.20 |
| 辽宁 | 9.94 | 四川 | 12.49 |
| 吉林 | 8.99 | 贵州 | 13.87 |
| 黑龙江 | 9.77 | 云南 | 13.20 |
| 上海 | 10.80 | 西藏 | 11.55 |
| 江苏 | 11.85 | 陕西 | 11.55 |
| 浙江 | 12.24 | 甘肃 | 10.75 |
| 安徽 | 13.50 | 青海 | 13.09 |
| 福建 | 13.54 | 宁夏 | 13.60 |
| 江西 | 14.33 | 新疆 | 12.45 |

数据来源：2021年全国教育事业发展简明统计分析。

### （三）城乡中小学办学条件差距仍旧明显

2019—2021年，广西普通小学综合办学条件逐年改善。与2019年相比，2021年广西城镇、农村普通小学的图书数分别增加了10283429册、1074322册，分别增长了11.40%、1.74%；城镇、农村普通小学的仪器设备值分别增加了274655.98万元、42372.27万元，分别增长了61.02%、11.54%。2021年与2020年相比，除了农村普通小学的学校占地面积和校舍建筑面积有所下降外，城镇、农村普通小学的其他各项指标均有所上升。其中：城镇普通小学的学校占地面积、校舍建筑面积、图书数、仪器设备值分别增加了654608.68平方米、8711161.74平方米、4174107册、224237.38万元，增长率分别为

1.47%、3.98%、4.33%、44.80%；农村普通小学的图书数和仪器设备值分别增加了455146册、20163.46万元，增长率分别为0.73%、5.18%。2021年城镇普通小学除学校占地面积比农村少20265314.48平方米外，校舍建筑面积、图书数、仪器设备值均远超农村，分别超2014793.40平方米、37617477册、315214.34万元，城乡差距依然存在。详见表3.18。

表3.18　2019—2021年广西城乡普通小学校办学条件比较

| 类别 | 地区 | 2019年 | 2020年 | 2021年 |
|---|---|---|---|---|
| 学校占地面积/平方米 | 城镇 | 42861247.55 | 44406000.67 | 45060609.35 |
| | 农村 | 67962076.84 | 66991725.53 | 65325923.83 |
| 校舍建筑面积/平方米 | 城镇 | 20399016.28 | 21911227.57 | 22782389.31 |
| | 农村 | 20725569.26 | 20902978.75 | 20767595.91 |
| 图书数/册 | 城镇 | 90240688 | 96350010 | 100524117 |
| | 农村 | 61832318 | 62451494 | 62906640 |
| 仪器设备值/万元 | 城镇 | 450092.63 | 500511.23 | 724748.61 |
| | 农村 | 367162 | 389370.81 | 409534.27 |

数据来源：2021年全国教育事业发展简明统计分析。

## 四、广西义务教育发展的政策建议

### （一）加大财政拨款力度，保障教育资源有序共享

强化自治区人民政府的责任，确定自治区级以下各级政府分担资金责任，落实中央安排的转移支付和地方各级政府的资金投入，增加自治区级以上财政对农村义务教育的转移支付，尤其关注欠发达地区，不断加大义务教育经费投入，改善广西义务教育学校办学条件。此外，县级政府应合理安排专项资金，促进学校间的优质教育资源有序共享。由地方政府梳理中心学校与同乡教学点的管理关系，保证教学点获得充足的教育经费，在校际资源共享中处于平等地位。

### （二）加强城乡师资队伍建设，提升教师队伍整体素质

一是大力培养优秀的教育人才并完善配置机制，吸引更多的优秀人才加入到教育工作者队伍中。开展分类分层专业培训，针对各级各类教师提高培训的针对性和精确度。通过培养、培训等方式加强教师人才队伍建设，既要保证他们有过硬的业务能力，又要激发他们作为教育工作者的崇高使命感。

二是实施农村师范生培养计划。应该根据农村教育发展趋势，实施全科公费教师培养计划，解决农村师资紧缺问题；扩充艺术学科力量，重点补充体育、科学、心理学等紧缺学科教师；地方政府与区内外本科师范院校应签订委托培养计划，提高师资学历层次，吸引本科师范院校优秀毕业生特别是本土人才到农村学校任教，落实农村从教政策。

三是加强定向公费培养。各地要加强面向农村学校的师范生委托培养院校建设，高校和政府、学生签订三方协议，采取定向招生、定向培养、定向就业等方式，精准培养本土化农村教师。面向农村幼儿园、小学的师范生委托培养以地方专科、本科师范院校为主，面向农村中学的师范生委托培养以地方本科师范院校为主，鼓励支持师范院校为农村高中培养教育硕士。鼓励师范院校协同县级政府，参与当地中小学教育教学实践指导，建立农村教育实践基地，构建三方共建、共管、共享机制，确保教育质量。

### （三）促进优质教育资源共享，缩小城乡教育资源差距

义务教育优质均衡发展的基础是教育资源的均衡配置。教育资源共享可以跨越学校的边界，解决农村教育资源相对短缺的困境，从而达到节约成本和提高质量的目的。教育资源共享的实质是通过扩大优质资源的覆盖范围，促进教育公平，提高教学质量。从长远来看，教育资源共享将在各地的教育改革实践中得到广泛应用。

应明确县级政府和教育部门在校际资源共享中的责任。县级政府可采取以下措施促进学校之间的均衡发展：建设学区一体化，共同筹划使用经费，购买学校设备，促进学校之间的教师交流。此外，还可制订学校发展计划，为校际资源共享提供支持。教育部门可以通过定期督学考核，促进校际教师之间开展学术交流和公开评课等活动。

### （四）优化义务教育均衡发展评估制度，促进义务教育优质均衡发展

义务教育优质均衡发展的考核评估制度犹如一根无形的指挥棒，为各级

地方政府、教育主管部门，各中小学校及广大教师提供了行动指南。在新时期，要深入推进广西义务教育优质均衡发展，就迫切需要对当前的义务教育均衡发展评估制度进行优化和完善。

一是完善课程体系。各中小学要在遵循适龄学生身心发展规律的基础上，依据课程标准合理开设课程，让学生有时间培养个人的兴趣爱好和参加社会活动，从而促进学生个人综合素质全面发展。

二是持续深入推进教育教学改革，引进先进的教学方式。在“互联网+”背景下，学生获取知识信息的手段越来越多元，传统的教学方法和手段已不能满足学生学习的需求，因此提倡中小学课堂根据不同学科特点采取参与式、探索式等教学方式，有效调动学生参与课堂的积极性，引导学生养成积极学习和独立思考的良好习惯。

三是健全义务教育优质均衡发展质量督导制度。面对义务教育发展中的突出问题，政府要加强教育行政部门与学校办学的问责机制，并将“评”的权利让渡给学校和社会，建立健全政府教育督导评估、学校自我评估诊断与社会第三方评估相结合的评估制度。

广西教育研究院　黄兰妹　颜国英　陈运影
广西民族大学　赵潇潇　任美英

# 第四章　高中教育：构建优质特色发展新格局

## 一、前言

普通高中教育在国民教育体系当中起着承上启下的关键作用，是国民教育体系的重要组成部分，在学校教育制度中处于枢纽地位。普通高中教育直接关系到一个国家国民教育的质量和国民素质，其发展状况也是一个国家综合实力和教育发展水平的重要标志。切实办好普通高中教育，能有效保证劳动力受教育水平和国民科学文化素养的整体提升，总体上提升国家的创新能力和综合竞争力。为贯彻落实全国教育大会精神，加快推动普通高中教育多样化有特色发展，加快推进教育现代化，促进教育高质量发展，全面推动科教振兴，为高等教育创新发展提供潜力和后劲，为全区经济社会高质量发展奠定坚实基础，广西要着力深化育人关键环节和重点领域改革。

2021年印发的《国家中长期教育改革和发展规划纲要（2010—2020年）》明确提出："推动普通高中多样化发展。促进办学体制多样化，扩大优质资源。推进培养模式多样化，满足不同潜质学生的发展需要。探索发现和培养创新人才的途径。"2019年印发的《国务院办公厅关于新时代推进普通高中育人方式改革的指导意见》指出："深化育人关键环节和重点领域改革，坚决扭转片面应试教育倾向，切实提高育人水平。……到2022年，德智体美劳全面培养体系进一步完善，立德树人落实机制进一步健全。普通高中新课程新教材全面实施，适应学生全面而有个性发展的教育教学改革深入推进，选课走班教学管理机制基本完善，科学的教育评价和考试招生制度基本建立，师资和办学条件得到有效保障，普通高中多样化有特色发展的格局基本形成。"2021年教育部等九部门印发的《"十四五"县域普通高中发展提升行动计划》指出：要提高教育教学质量，深化课程教学改革，形成具有鲜明县域特色的普通高中育人模式。2021年全国教育大会提出要丰富教育资源供给。

鼓励高中阶段学校多样化发展，全面加强县域普通高中建设。

为全面贯彻党的教育方针，认真落实国务院的决策部署，2021年自治区人民政府印发《广西教育提质振兴三年行动计划（2021—2023年）》，文件指出：实施教育“十大计划”（新时代立德树人计划、学前教育优质普惠发展计划、义务教育优质均衡发展计划、普通高中特色多样化发展计划、职业教育提质培优计划、高等教育振兴发展计划、强师惠师计划、教育开放合作提升计划、“互联网+教育”行动计划、教育服务能力提升计划），推进普通高中优质特色发展，建立健全县域普通高中育人质量提升保障机制，整体提升普通高中育人质量。2021年印发的《广西教育事业发展“十四五”规划》明确指出“促进高中阶段教育多样化有特色发展”“提升普通高中育人水平”。2021年印发的《广西壮族自治区普通高中学生综合素质评价实施办法（修订）》指出：要以有利于学生全面健康发展为出发点，注重对学生综合素质的考察，关注个体差异，突出学生发展和变化过程，转变以考试成绩为唯一标准评价学生的做法，推动学校切实转变育人方式，促进学生全面而有个性地发展。2021年印发的《广西壮族自治区普通高中新课程实施方案》明确指出：“落实立德树人根本任务，发展素质教育，促进课程、教材、教学、考试、评价等有机衔接，引导普通高中高质量、多样化、有特色发展，促进学生全面而有个性地发展，培养德智体美劳全面发展的社会主义建设者和接班人。”

办好人民满意的教育，是建设新时代中国特色社会主义壮美广西的基础工程。党的十八大以来，广西坚持把教育事业作为推动各项事业发展的重要抓手，聚焦人民群众关切的难点、热点、堵点问题，打出了一套教育综合改革“组合拳”，全面深化改革，力推高质量发展，推动普通高中多样化特色办学，高中教育普及水平实现历史性跨越。2021年广西普通高中教育的毛入学率达56.18%，普通高中教育的综合实力和整体水平跃上新台阶，教育面貌发生格局性变化，已经进入到以内涵发展、提高质量为重点的新发展阶段。

## 二、广西普通高中教育发展取得的成就

《广西教育事业发展“十四五”规划》提出优化普通高中布局结构、推动普通高中育人方式改革、推动普通高中多样化特色化发展的要求，总体上看，广西普通高中教育基本上按这一要求稳定发展，普及水平实现历史性跨越，

教育资源大幅增加，教育质量稳步提升，师资力量不断强化，这些都为形成高中教育优质特色发展的格局打下了坚实的基础。

## （一）教育规模不断扩大

2016—2021年，广西普通高中教育规模总体呈上升趋势，招生数量不断增长，校均规模逐步提升，教育普及程度持续提高。

### 1.招生规模稳步扩大，毛入学率持续提升

2016—2021年，广西普通高中在校生数、招生数、毕业生数均呈稳步增长趋势，普通高中毛入学率持续提升且超额完成了自治区制定的战略目标。

与2020年相比，2021年广西普通高中在校生数、招生数和毕业生数均有所上升，分别增加60651人、18389人、16394人，增长率分别为5.27%、4.50%、4.87%。与2016年相比，2021年广西普通高中在校生数、招生数和毕业生数均有所上升，分别增加293209人、88602人、84538人，增长率分别为31.91%、26.18%、31.49%。2017—2021年，广西普通高中招生数增长率分别为3.61%、4.94%、7.12%、3.67%、4.50%，招生规模上升趋势明显。详见表4.1。

**表4.1　2016—2021年广西普通高中发展规模**

单位:人

| 指标 | 2016年 | 2017年 | 2018年 | 2019年 | 2020年 | 2021年 |
|---|---|---|---|---|---|---|
| 在校生数 | 918939 | 974811 | 1035827 | 1091029 | 1151497 | 1212148 |
| 招生数 | 338497 | 350724 | 368036 | 394233 | 408710 | 427099 |
| 毕业生数 | 268465 | 281761 | 295808 | 326975 | 336609 | 353003 |

数据来源：2016—2021年广西教育事业统计报表。

2016—2021年，广西普通高中毛入学率分别为50.54%、51.43%、53.42%、54.82%、54.75%和56.18%，全国普通高中毛入学率分别为50.75%、51.21%、52.39%、51.91%、52.90%、59.41%。由以上数据可以看出，2017—2020年广西普通高中毛入学率一直高于全国平均水平。虽然2021年广西普通高中毛入学率为56.18%，但与全国平均水平相比仍相差较大。详见图4.1。

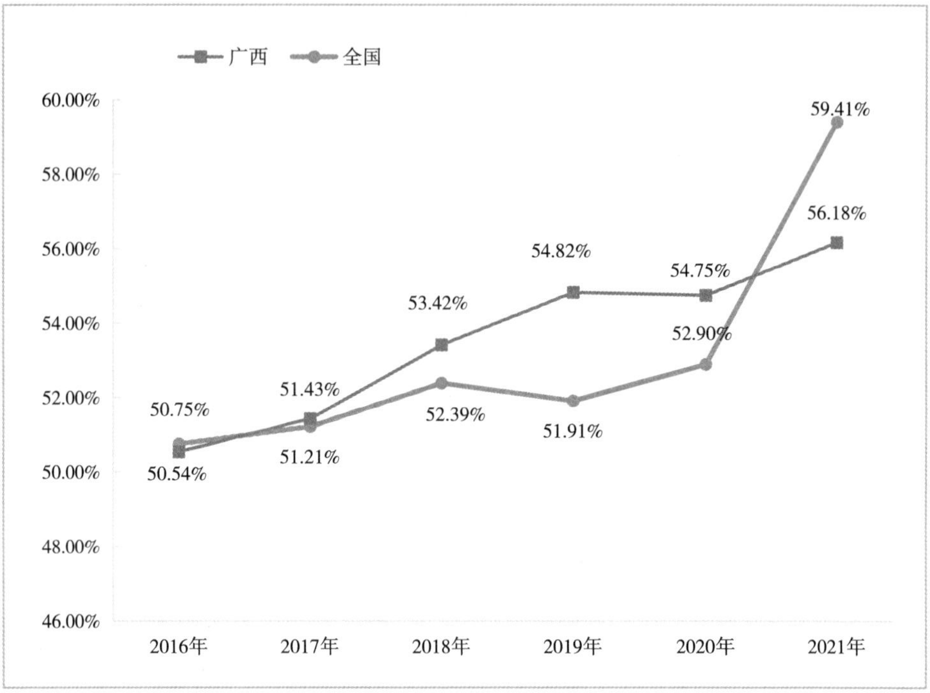


图4.1　2016—2021年广西和全国普通高中毛入学率

数据来源：2016—2021年广西教育事业统计报表。

2.学校数量整体呈增长趋势

从表4.2的数据可以看出，2016年、2020年和2021年广西普通高中学校数虽然有波动，但总体呈上升趋势。与2016年相比，2021年全区普通高中学校数增加了71所，各地市普通高中学校数均有所增加，其中增加最多的是桂林市，增加了11所。

与2020年相比，2021年全区普通高中学校数增加了22所，各地市中增加最多的是百色市，增加了6所；玉林市的普通高中学校数有所下降，减少了2所。详见表4.2。

表4.2　2021年全区及各地市普通高中学校数与2020年、2016年比较

单位:所

| 地区 | 2016年 | 2020年 | 2021年 |
|---|---|---|---|
| 全区 | 450 | 499 | 521 |
| 南宁市 | 81 | 83 | 84 |

续表

单位：所

| 地区 | 2016年 | 2020年 | 2021年 |
|---|---|---|---|
| 柳州市 | 24 | 25 | 26 |
| 桂林市 | 54 | 61 | 65 |
| 梧州市 | 23 | 29 | 32 |
| 北海市 | 25 | 29 | 29 |
| 防城港市 | 6 | 9 | 10 |
| 钦州市 | 31 | 36 | 37 |
| 贵港市 | 55 | 57 | 57 |
| 玉林市 | 55 | 62 | 60 |
| 百色市 | 24 | 28 | 34 |
| 贺州市 | 14 | 15 | 17 |
| 河池市 | 24 | 25 | 25 |
| 来宾市 | 22 | 23 | 26 |
| 崇左市 | 12 | 17 | 19 |

数据来源：2016—2021年广西教育事业统计报表。

比较2016年、2020年和2021年的数据可以看出，广西普通高中学校数虽然有波动，但始终保持总体增长的趋势，这与广西大力实施普通高中突破发展工程有密切关系。

### （二）师资力量持续增强

2018年印发的《中共广西壮族自治区委员会　广西壮族自治区人民政府关于全面深化新时代教师队伍建设改革的实施意见》指出：要聚焦教师工作难点重点，优化顶层设计，坚持改革创新，破解发展瓶颈，把管理体制改革与机制创新作为突破口，把提高教师地位待遇作为真招实招，增强教师职业吸引力。要提高教师培养层次，为高中阶段教育学校侧重培养专业突出、底蕴深厚的研究生学历层次的教师。在现有编制总量内，优化编制结构，向教师队伍倾斜。优化经费投入结构，优先支持教师队伍建设最薄弱、最紧迫的领域，重点用于按规定提高教师待遇保障，提升教师专业素质能力。普通高中教师队伍水平与教育教学质量密切相关。2021年广西普通高中教师的学历结构和职称结构得到了很大改善，教师队伍正朝着高学历化、高职称化方向发展，广西普通高中师资力量得到了明显提升。

1.专任教师数量持续增加，生师比明显改善

与2020年相比，2021年广西各地市普通高中专任教师数都出现了明显增长，其中增长最多的是贵港市，增加了1003人；其次是玉林市和南宁市，分别增加了741人和701人。增幅最大的是贵港市，为12.29%；增幅低于5.00%的城市有北海市、梧州市、来宾市，分别为3.67%、2.69%、1.54%。详见图4.2。

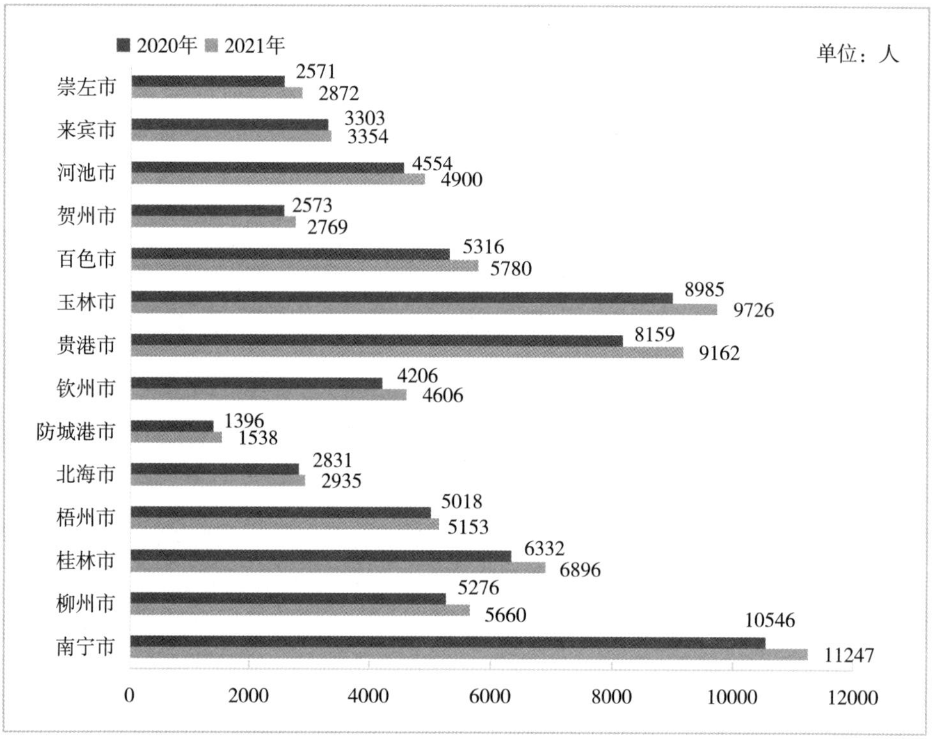


**图4.2　2020—2021年广西各地市普通高中专任教师数**

数据来源：2020—2021年广西教育事业统计报表。

广西普通高中生师比从2020年的16.20下降到2021年的15.82。生师比明显下降的原因主要是广西进一步加强师资队伍建设，普通高中大力引进人才，使得专任教师数的增长速度高于普通高中在校生数的增长速度。从各地市来看，2021年普通高中生师比最高的是河池市，为17.87；最低的是防城港市，为13.62。与2020年相比，2021年生师比改善较为明显的是贵港市、防城港市和崇左市，分别下降了1.30、1.18和0.93。生师比改善不大的是来宾市、桂

林市和梧州市，分别上升了0.09、0.12和0.57。其余8个地市的生师比均得到了不同程度的改善。详见图4.3。

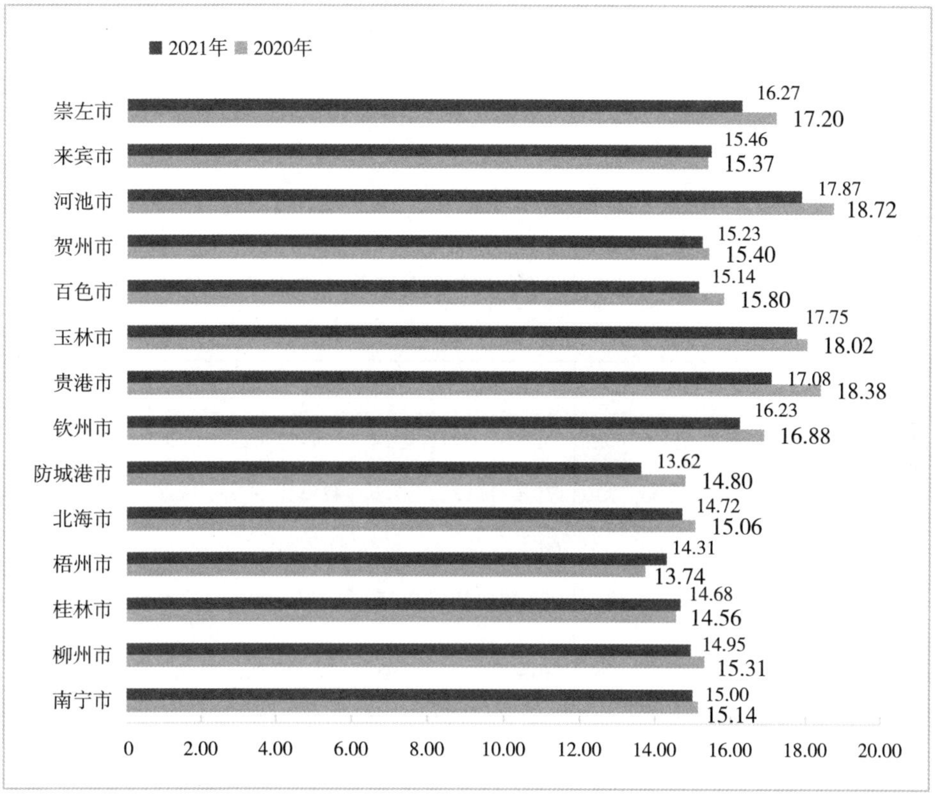


**图4.3　2020—2021年广西各地市普通高中生师比**

数据来源：2020—2021年广西教育事业统计报表。

从以上数据分析可知，2021年广西普通高中专任教师数量得到了提升，生师比也得到了改善。广西实施的拓展教师补充渠道、加大普通高中教师公开招聘力度等措施对此起到了关键作用。

2.教师队伍质量持续提升

（1）学历层次

与2020年相比，2021年广西普通高中研究生学历的专任教师增长率为4.77%，本科学历的专任教师增长率为7.92%，专科学历的专任教师增长率为11.06%，高中及以下学历的专任教师增长率为125.00%。与2016年相比，2021年广西普通高中专任教师学历有大幅提高，其中研究生学历的专任教师增长率为40.51%，本科学历的专任教师增长率为44.80%，专科学历的专任教师增长率为6.64%，而高中及以下学历的专任教师下降率为21.74%。

与2020年相比，2021年全国普通高中研究生学历的专任教师增长率为13.32%，本科学历的专任教师增长率为3.86%，专科学历的专任教师增长率为1.16%，高中及以下学历的专任教师增长率为77.05%。与2016年相比，2021年全国普通高中研究生学历的专任教师增长率为82.49%，本科学历的专任教师增长率为12.41%，专科学历的专任教师下降率为33.87%，高中及以下学历的专任教师下降率为36.41%。详见表4.3。

**表4.3　2016—2021年全国与广西普通高中专任教师学历层次**

单位:人

| 学历 | 2016年 | | 2017年 | | 2018年 | | 2019年 | | 2020年 | | 2021年 | |
|---|---|---|---|---|---|---|---|---|---|---|---|---|
| | 全国 | 广西 | 全国 | 广西 | 全国 | 广西 | 全国 | 广西 | 全国 | 广西 | 全国 | 广西 |
| 研究生 | 137689 | 3421 | 158550 | 3726 | 177968 | 3988 | 197002 | 4242 | 221734 | 4588 | 251269 | 4807 |
| 本科 | 1559619 | 48570 | 1582588 | 50945 | 1605873 | 54254 | 1636615 | 57613 | 1688101 | 65168 | 1753185 | 70327 |
| 专科 | 35338 | 1356 | 32175 | 1291 | 28229 | 1255 | 25257 | 1202 | 23101 | 1302 | 23370 | 1446 |
| 高中及以下 | 813 | 23 | 640 | 26 | 514 | 23 | 368 | 34 | 292 | 8 | 517 | 18 |

数据来源：2016—2021年广西教育事业数据分析、教育部发展规划司公布的数据。

《中华人民共和国教师法》规定，高中阶段教育的教师应具备本科及以上学历。广西普通高中具有本科及以上学历的专任教师的比重越来越大，说明广西普通高中学历合格的专任教师比例逐年提高，学历结构不断优化。全国普通高中学历合格的专任教师比例也在逐年提高，且比例越来越高，说明全国普通高中专任教师学历层次也在不断优化。2016—2021年，广西普通高中本科及以上学历的专任教师增长率均高于全国平均水平，且2020年的增长率远高于全国平均水平，这说明广西专任教师质量有很大提升，教师队伍建设成果显著。详见图4.4。

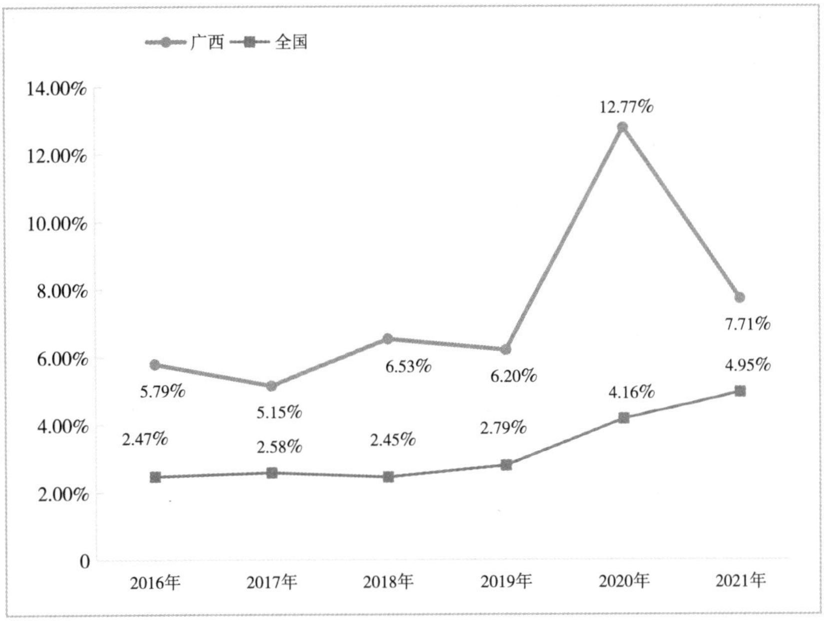


**图4.4　2016—2021年广西与全国普通高中本科及以上学历的专任教师数增长率**

数据来源：2016—2021年广西教育事业数据分析、中华人民共和国教育部发展规划司公布的数据。

（2）年龄结构

与2020年相比，2021年广西普通高中专任教师中，24岁及以下的人数增加了1686人，增长率为22.22%；25—29岁的人数增加了1568人，增长率为12.03%；30—54岁的人数增加了1193人，增长率为2.52%；55岁及以上的人数增加了1101人，增长率为36.55%。与2016年相比，2021年广西普通高中专任教师中，24岁及以下的人数增加了6784人，增长率为272.34%；25—29岁的人数增加了6099人，增长率为71.77%；30—54岁的人数增加了7364人，增长率为17.85%；55岁及以上的人数增加了2981人，增长率为263.34%。从全国平均值普通高中专任教师年龄结构来看，与2020年相比，2021年24岁及以下的人数增加了523人，增长率为16.06%；25—29岁的人数增加了830人，增长率为9.84%；30—54岁的人数增加了800人，增长率为1.70%；55岁及以上的人数增加了915人，增长率为25.28%。与2016年相比，2021年24岁及以下的专任教师人数增加了1833人，增长率为94.19%；25—29岁的人数增加了1065人，增长率为12.99%；30—54岁的人数增加了3311人，增长率为7.43%；55岁及以上的人数增加了3303人，增长率为268.32%。详见表4.4。

表4.4　2016—2021年广西和全国平均值普通高中专任教师年龄结构

单位：人

| 年龄 | 地区 | 2016年 | 2017年 | 2018年 | 2019年 | 2020年 | 2021年 |
|---|---|---|---|---|---|---|---|
| 24岁及以下 | 广西 | 2491 | 3272 | 4061 | 4968 | 7589 | 9275 |
| | 全国 | 1946 | 2178 | 2336 | 2621 | 3256 | 3779 |
| 25—29岁 | 广西 | 8498 | 9042 | 10154 | 11027 | 13029 | 14597 |
| | 全国 | 8200 | 8091 | 8089 | 8074 | 8435 | 9265 |
| 30—54岁 | 广西 | 41249 | 42341 | 43598 | 44879 | 47420 | 48613 |
| | 全国 | 44541 | 45407 | 45854 | 46451 | 47052 | 47852 |
| 55岁及以上 | 广西 | 1132 | 1333 | 1707 | 2217 | 3012 | 4113 |
| | 全国 | 1231 | 1548 | 2192 | 2830 | 3619 | 4534 |

数据来源：2016—2021年广西教育事业数据分析、教育部发展规划司公布的数据。

从年龄结构可以看出，2016—2021年广西24岁及以下的专任教师人数和25—29岁的专任教师人数均高于全国平均值，可见这几年广西积极引进和培养优秀教师的工作取得了卓越成效。

2016—2021年，广西普通高中专任教师年龄结构比中，24岁及以下和25—29岁的专任教师所占比例逐年提升；30—54岁的专任教师所占比例略有下降，但依旧是教师队伍中的主力军；55岁及以上的专任教师所占比例也略有提升。2016—2021年，全国普通高中专任教师年龄结构比中，25—29岁以下的专任教师所占比例先减后增，2016—2019年逐年递减，2019—2021年有所提升；30—54岁的专任教师所占比例总体呈下降的趋势；55岁及以上的专任教师所占比例略有提升。详见图4.5、图4.6。

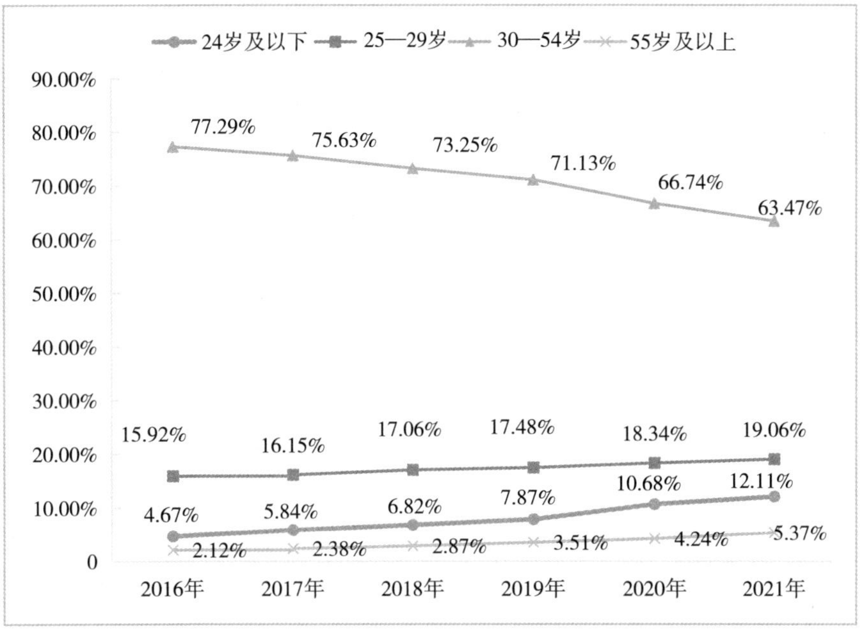


**图4.5　2016—2021年广西普通高中专任教师年龄结构比**

数据来源：2016—2021年广西教育数据分析。

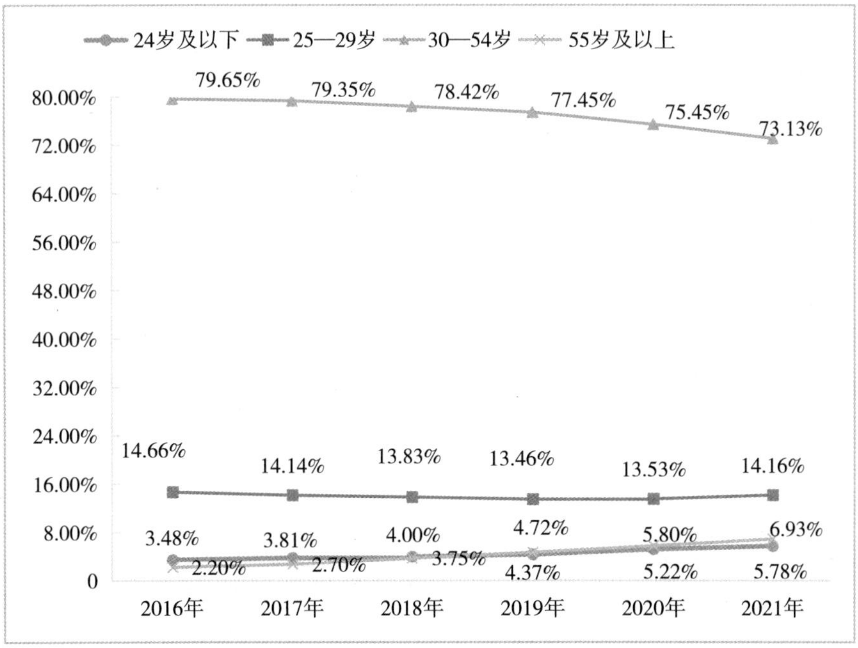


**图4.6　2016—2021年全国普通高中专任教师年龄结构比**

数据来源：教育部发展规划司公布的数据。

从图4.5可以看出，广西普通高中的专任教师年龄结构趋于合理，中青年教师成为主力军。这对于提高广西普通高中专任教师质量，增加教师队伍活力，以及提高教师的创造性都大有裨益。从图4.5、4.6可以看出，2019—2021年，29岁及以下、30—54岁和55岁及以上的年龄段中，广西普通高中专任教师人数的变化趋势与全国平均水平基本相同，但广西24岁及以下和25—29岁专任教师比例长期高于全国平均水平。2021年，广西普通高中专任教师队伍中，24岁及以下的教师比例高出全国平均水平6.33个百分点，25—29岁专任教师的比例高出全国平均水平4.90个百分点。这说明广西专任教师年龄结构得到优化，教师队伍日趋年轻，更具活力和创新力。

### （三）办学条件日益改善

1.基础办学条件显著改善

《广西壮族自治区普通高中教育发展“十四五”规划》提出推动普通高中办学条件达标、实施普通高中突破发展工程的任务。《广西教育提质振兴三年行动计划（2021—2023年）》提出加快扩大普通高中教育资源，继续优化普通高中布局的要求。《广西教育现代化2035》也提出了加强学校建设，改善办学条件的要求。2016—2021年，广西普通高中办学条件不断改善，办学水平全面提升。从生均校舍面积、生均图书数、生均仪器设备值、每百名学生拥有的教学用计算机数这4个指标看，广西普通高中办学条件得到了很大改善。与2020年相比，2021年广西普通高中生均校舍面积增加了0.67平方米，增长率为3.58%；生均图书数增加了0.40册，增长率为1.12%；生均仪器设备值增加了311.96元，增长率为12.09%；每百名学生拥有的教学用计算机数增加了5.87台，增长率为50.91%。与2019年相比，2021年广西普通高中生均校舍面积增加了1.40平方米，增长率为7.80%；生均图书数增加了2.78册，增长率为8.36%；生均仪器设备值增加了480.37元，增长率为19.92%；每百名学生拥有的教学用计算机数增加了7.05台，增长率为68.12%。详见表4.5。

**表4.5　2019—2021年广西普通高中办学条件**

| 指标 | 2019年 | 2020年 | 2021年 |
|---|---|---|---|
| 生均校舍面积/平方米 | 17.96 | 18.69 | 19.36 |
| 生均图书数/册 | 33.26 | 35.64 | 36.04 |
| 生均仪器设备值/元 | 2411.37 | 2579.78 | 2891.74 |

续表

| 指标 | 2019年 | 2020年 | 2021年 |
|---|---|---|---|
| 每百名学生拥有的教学用计算机数/台 | 10.35 | 11.53 | 17.40 |

数据来源：2019—2021年广西教育事业发展简明统计分析。

2019—2021年广西普通高中办学条件持续得到改善，促进了广西普通高中教育的发展，为广西构建普通高中优质特色发展的格局打下了坚实的基础。

2. 大班额比例持续下降

《广西壮族自治区消除普通高中学校大班额专项规划（2020—2022年）》指出以解决普通高中大班额为抓手，全力支持推进普通高中建设，支持实施普通高中突破发展工程和普通高中百校建设大会战，明确各市、县的目标任务和完成时限，要求全力加大普通高中建设投入，有序推进普通高中建设。2016—2021年，广西普通高中56人及以上大班额数分别为10517个、11112个、11850个、11883个、7545个和3249个，呈现先上升后下降的趋势。与2020年相比，2021年广西普通高中56人及以上大班额数减少了4296个，下降率为56.94%。与2019年相比，2021年广西普通高中56人及以上大班额数减少了8634个，下降率为72.66%。详见图4.7。

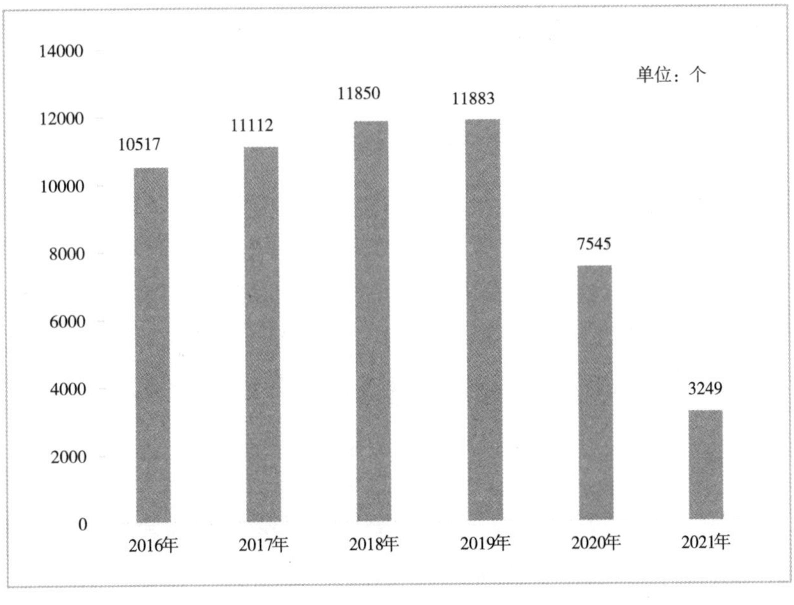


**图4.7　2016—2021年广西普通高中56人及以上大班额数**

数据来源：2016—2021年广西教育数据分析。

班额的优化是提高教学质量的关键。2016—2021年广西普通高中56人及以上大班额数呈先上升后下降的趋势，说明广西普通高中班额不断优化，有助于普通高中提高教学质量。

2019—2021年，广西普通高中56人及以上大班额数占比分别为66.48%、37.28%、14.51%，占比下降趋势明显。同时期全国普通高中56人及以上大班额数占比分别为23.98%、11.30%、4.81%，总体呈下降趋势。与2020年相比，2021年广西普通高中56人及以上大班额数占比减少了22.77个百分点，全国普通高中56人及以上大班额数占比减少了6.49个百分点。与2019年相比，2021年广西普通高中56人及以上大班额数占比减少了51.97个百分点，全国普通高中56人及以上大班额数占比减少了19.17个百分点。详见图4.8。

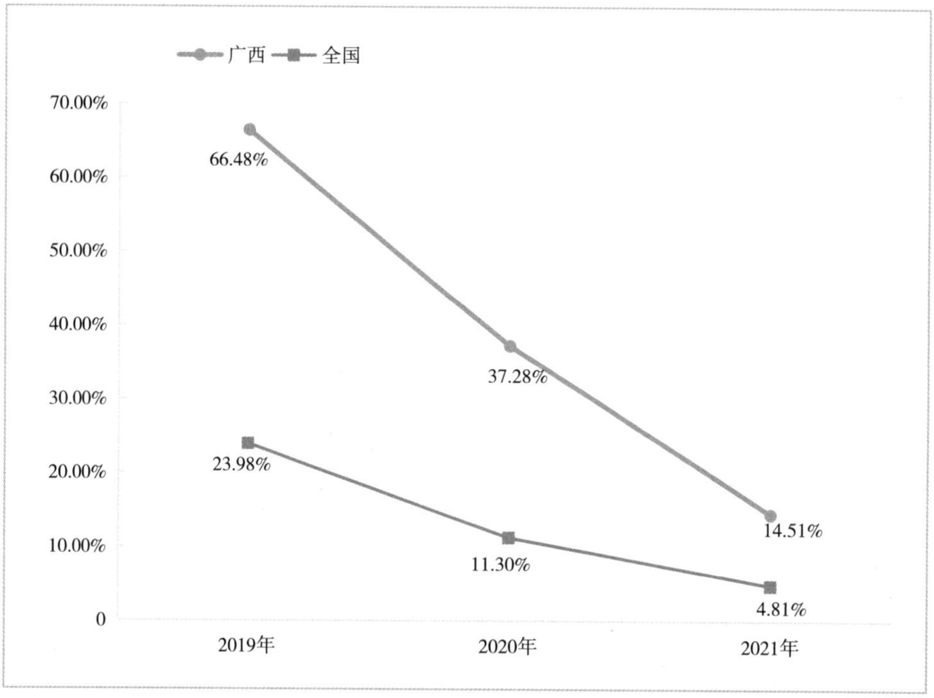


**图4.8　2019—2021年广西和全国普通高中56人及以上大班额数占比**

数据来源：2019—2021年广西教育事业统计数据。

由此可见，与全国相比，广西普通高中56人及以上大班额数占比下降更为明显，说明广西推进消除普通高中大班额工作总体上取得了积极成效，实现了大班额数大幅下降。

3. 仪器设备配置规模持续增长

与2020年相比，2021年广西普通高中各仪器设备达标校数均有所增加，其中，体育运动场（馆）面积、体育器械配备、音乐器材配备、美术器材配备、理科实验仪器达标的校数分别增加了29所、40所、37所、36所、41所，增长率分别为6.87%、9.20%、8.71%、8.39%、9.49%。与2019年相比，2021年广西普通高中体育运动场（馆）面积、体育器械配备、音乐器材配备、美术器材配备、理科实验仪器达标的校数分别增加了53所、65所、59所、55所、55所，增长率分别为13.32%、15.85%、14.64%、13.41%、13.16%。详见图4.9。

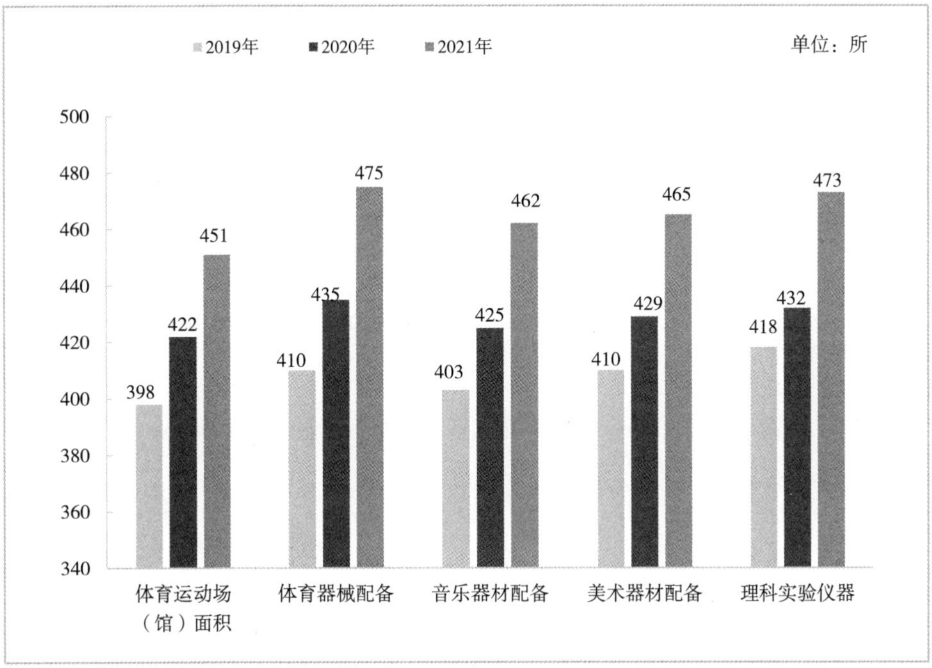


**图4.9　2019—2021年广西普通高中各仪器设备达标校数**

数据来源：2019—2021年广西教育事业发展简明统计分析。

与2020年相比，2021年全国普通高中各仪器设备达标校数均有所增加，其中，体育运动场（馆）面积、体育器械配备、音乐器材配备、美术器材配备、理科实验仪器达标的校数分别增加了416所、463所、458所、475所、434所，增长率分别为3.14%、3.42%、3.41%、3.53%、3.21%。与2019年相比，2021年全国普通高中体育运动场（馆）面积、体育器械配备、音乐器材配备、美术器材配备、理科实验仪器达标的校数分别增加了867所、847所、868所、884所、840所，增长率分别为6.78%、6.44%、6.67%、6.78%、6.41%。详见图4.10。

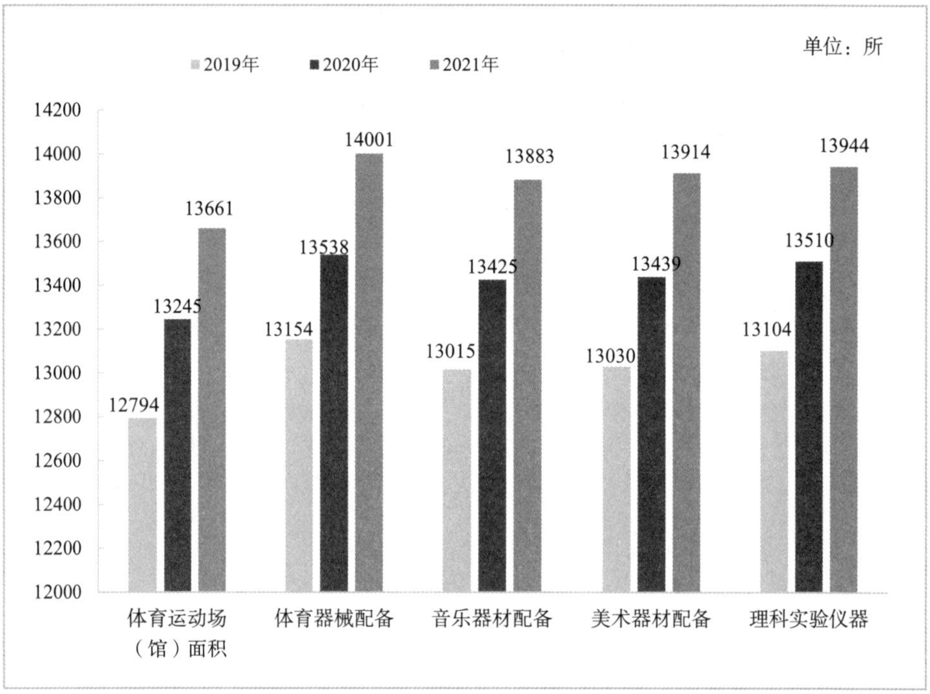


**图4.10　2019—2021年全国普通高中各仪器设备达标校数**

数据来源：2019—2021年全国教育统计数据。

由以上分析可以看出，2019—2021年广西普通高中仪器设备配置不断改善且增长率明显高于全国平均水平，这为培养创新人才、提高学生综合素质提供了有力支撑，为推进普通高中优质特色发展创造了有利条件。

4.教育教学质量稳步提升，多样特色发展逐步推进

《广西壮族自治区示范性普通高中建设实施方案》提出按照“谁办、谁建、谁管”的原则，由市、县政府负责实施示范性普通高中建设，要求各地政府努力增加财政投入，设立示范性普通高中建设专项资金，多渠道筹措建设经费。同时，自治区教育厅成立广西示范性普通高中建设领导小组，协调、指导各地政府和教育主管部门加强示范性普通高中建设，明确了各市、县在建设示范性普通高中的职责。

2021年广西示范性普通高中有156所，比2016年增加了3所；星级特色

高中数量有39所，比2016年增加了29所。与2020年相比，2021年广西星级特色高中增加了19所。详见图4.11。

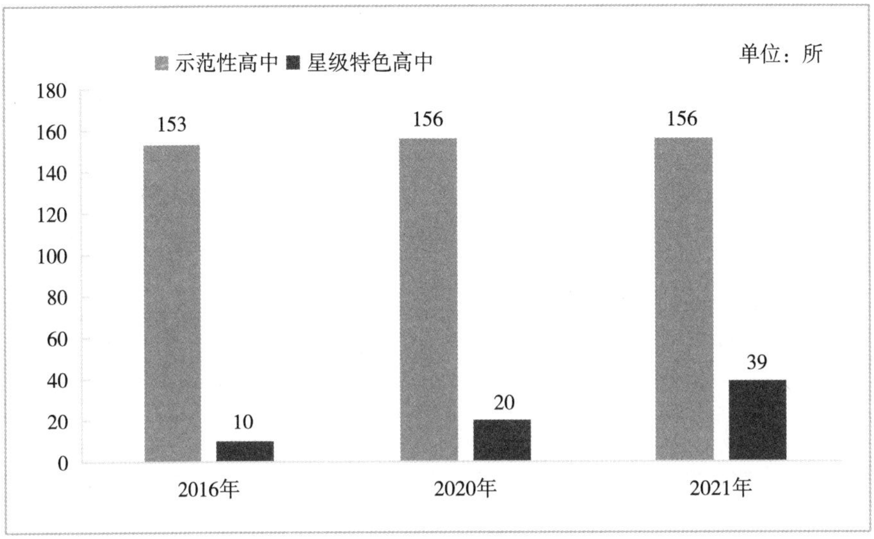


**图4.11　2021年与2020年、2016年广西示范性普通高中、星级特色高中数比较**

数据来源：广西壮族自治区教育厅政府信息公开。

由上述分析可知，2016年以来，广西持续加大对示范性普通高中和星级特色高中建设的支持力度，推动了普通高中教育质量进一步提高和特色多样发展，不断提升人民群众对普通高中教育的满意度。

## 三、广西普通高中教育发展面临的问题

经过“十三五”时期的探索发展，广西普通高中教育已取得了较大成就，但仍存在着诸如教育资源存量总体不足、教育资源配置不均衡、优质特色发展支持不足等问题。

### （一）教育资源存量总体不足

广西普通高中教育资源存量总体不足，与全国平均水平相比还存在较大差距，这直接制约了广西普通高中优质特色发展新格局的推进。

在教育资源配置方面，2021年广西普通高中生师比为15.82，生均用地面积为34.00平方米，生均仪器设备值为2891.74元，每百名学生拥有的教学用

计算机数为17.40台，56人及以上大班额数占比为14.51%；同时期全国普通高中生师比为13.10，生均用地面积为44.78平方米，生均仪器设备值为4967.55元，每百名学生拥有的教学用计算机数为26.58台，56人及以上大班额数占比为4.81%。广西普通高中教育资源配置远不及全国平均水平，具体表现在：广西普通高中生师比比全国平均水平高出20.76%；生均用地面积与全国平均水平相差10.78平方米；生均仪器设备值比全国平均水平低2075.81元，差距比较明显；每百名学生拥有的教学用计算机数比全国平均水平低9.18台，差距较大，说明广西的教育信息化水平与全国平均水平还有一段距离；广西普通高中56人及以上大班额数占比明显高于全国平均水平，说明广西班额设置仍须进一步优化。详见表4.6。

**表4.6　2021年广西与全国普通高中教育资源配置情况比较**

| 地区 | 生师比 | 生均用地面积/平方米 | 生均仪器设备值/元 | 每百名学生拥有的教学用计算机数/台 | 56人及以上大班额数占比 |
|---|---|---|---|---|---|
| 广西 | 15.82 | 34.00 | 2891.74 | 17.40 | 14.51% |
| 全国 | 13.10 | 44.78 | 4967.55 | 26.58 | 4.81% |

数据来源：教育部发展规划司公布的数据、2021广西教育事业发展简明统计分析、2021年广西教育数据分析。

在教育经费配置方面，广西普通高中和全国平均水平相差较大。具体表现在：2021年，广西普通高中生均一般公共预算教育事业费支出在全国居第30位，比全国平均水平低6169.14元；广西普通高中生均一般公共预算公用经费支出在全国居第30位，比全国平均水平低1325.10元，差距比较明显。广西需加大教育经费投入，尽快缩小与全国平均水平的差距。详见图4.12。

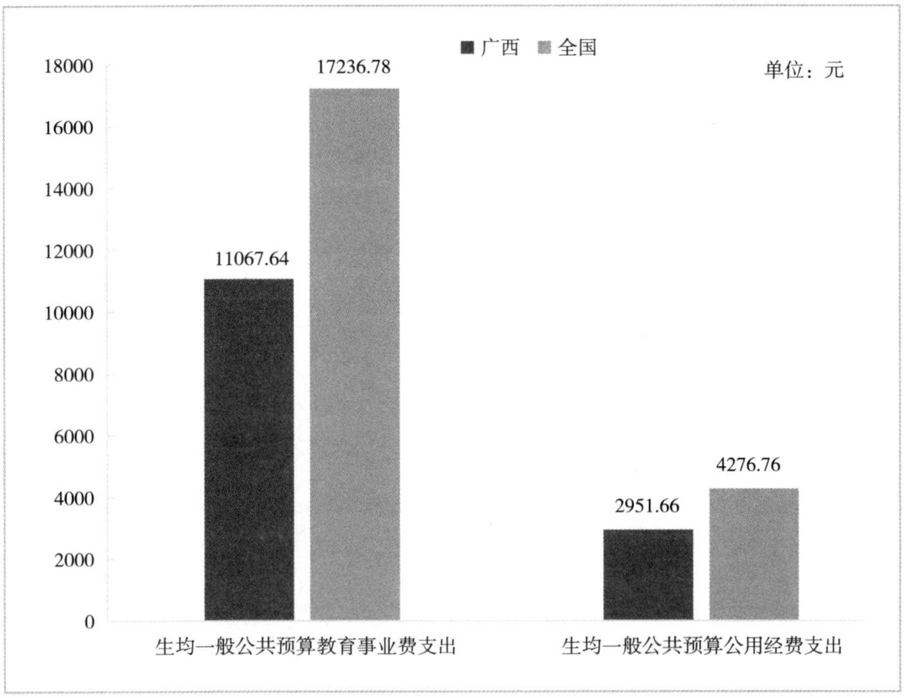


**图4.12　2021年广西与全国普通高中生均一般公共预算教育事业费支出和生均一般公共预算公用经费支出情况**

数据来源：2021年广西教育数据分析。

## （二）教育资源配置不均衡

### 1.广西各地市之间普通高中教育资源配置不均衡

总体来说，广西区内普通高中在教育资源配置方面不均衡，各地市之间教育资源配置差距较大。下面通过2021年广西14个地市普通高中校均规模、学校数、生均校舍面积和生均固定资产总值4个指标来对广西各地市普通高中办学条件配置状况予以说明。

**表4.7　2021年广西各地市普通高中教育资源配置情况**

| 地区 | 校均规模/人 | 学校数/所 | 生均校舍面积/平方米 | 生均固定资产总值/元 |
|---|---|---|---|---|
| 南宁市 | 2008.08 | 84 | 22.57 | 83604.23 |
| 柳州市 | 3255.50 | 26 | 18.72 | 84610.91 |
| 桂林市 | 1557.71 | 65 | 25.92 | 88323.66 |
| 梧州市 | 2304.50 | 32 | 18.84 | 58020.37 |

续表

| 地区 | 校均规模/人 | 学校数/所 | 生均校舍面积/平方米 | 生均固定资产总值/元 |
|---|---|---|---|---|
| 北海市 | 1490.24 | 29 | 24.98 | 88526.66 |
| 防城港市 | 2094.10 | 10 | 21.36 | 73005.31 |
| 钦州市 | 2020.89 | 37 | 22.71 | 81248.01 |
| 贵港市 | 2745.02 | 57 | 16.69 | 54485.60 |
| 玉林市 | 2877.27 | 60 | 14.18 | 47229.06 |
| 百色市 | 2573.35 | 34 | 21.09 | 69213.83 |
| 贺州市 | 2480.88 | 17 | 19.98 | 71222.98 |
| 河池市 | 3501.72 | 25 | 14.36 | 44930.76 |
| 来宾市 | 1994.08 | 26 | 19.12 | 58085.23 |
| 崇左市 | 2460.00 | 19 | 17.96 | 59542.88 |

数据来源：2021年广西教育事业数据分析。

2021年广西普通高中校均规模最大的是河池市，最小的是北海市，两者相差2011.48人；学校数最高的是南宁市，最低的是防城港市，两者相差74所。这2个指标反映了广西各地市学校承载学生的负荷不同，说明广西各地市学校及学生人均享受到的教育资源有所差异。

基础设施方面，国家规定高中生均校舍面积不低于6.4平方米。由表4.7可知，2021年广西各地市的生均校舍面积均已达标，但各地市存在较大差距，最高的桂林市与最低的玉林市相差11.75平方米。生均固定资产总值也存在非常大的差距，最高的北海市与最低的河池市之间相差43595.90元。可见，在基础设施建设方面，广西部分地区仍较落后，教育资源配置存在失衡现象。

2.广西城乡之间普通高中教育资源配置不均衡

2021年，广西城区、镇区和农村的普通高中校舍面积分别为1212.96万平方米、1060.69万平方米和72.83万平方米，图书数分别为21444003册、21426681册和812311册，仪器设备值分别为215743.95元、123928.56元和10849.46元，数字终端数分别为113456台、93412台、4034台。由此可以看出在普通高中办学条件方面，广西城乡之间的差距仍然存在。2021年广西城区、镇区普通高中在校舍面积、图书数、仪器设备值和数字终端数这4个方面均远超农村。详见表4.8。

**表4.8　2021年广西城乡普通高中办学条件比较**

| 指标 | 城区 | 镇区 | 农村 |
| --- | --- | --- | --- |
| 校舍面积/万平方米 | 1212.96 | 1060.69 | 72.83 |
| 图书数/册 | 21444003 | 21426681 | 812311 |
| 仪器设备值/元 | 215743.95 | 123928.56 | 10849.46 |
| 数字终端数/台 | 113456 | 93412 | 4034 |

数据来源：2021年广西教育事业统计报表。

3.广西各地市之间普通高中教育经费配置不均衡

2021年，广西普通高中生均教育经费支出最高的是柳州市，最低的是玉林市，两者相差9731.02元；从生均公用经费支出上看，最高的柳州市比最低的钦州市多4969.43元；生均预算内教育事业费支出最高的是柳州市，最低的是玉林市，两者相差7906.76元；从生均预算内公用经费支出上看，最高的柳州市与最低的贵港市相差3611.83元。全区教育经费配置的数据反映出广西各地市普通高中教育经费配置不均衡，各地市对普通高中教育的投入存在较大差距。详见表4.9。

**表4.9　2021年广西各地市普通高中生均教育经费配置情况**

单位:元

| 地区 | 生均教育经费支出 | 生均公用经费支出 | 生均预算内教育事业费支出 | 生均预算内公用经费支出 |
| --- | --- | --- | --- | --- |
| 南宁市 | 19768.99 | 4732.22 | 12461.99 | 3242.71 |
| 柳州市 | 21067.83 | 7371.96 | 16385.69 | 5491.48 |
| 桂林市 | 16390.17 | 5243.88 | 12501.49 | 3895.39 |
| 梧州市 | 14579.87 | 6238.63 | 9715.71 | 2974.33 |
| 北海市 | 15878.80 | 2744.13 | 13057.60 | 2247.14 |
| 防城港市 | 17880.24 | 4422.51 | 15353.58 | 3575.74 |
| 钦州市 | 11485.75 | 2402.53 | 9162.14 | 1910.80 |
| 贵港市 | 13046.96 | 2955.10 | 9550.72 | 1879.65 |
| 玉林市 | 11336.81 | 3215.43 | 8478.93 | 2177.78 |
| 百色市 | 14492.42 | 4989.77 | 11993.34 | 3666.87 |

续表

单位:元

| 地区 | 生均教育经费支出 | 生均公用经费支出 | 生均预算内教育事业费支出 | 生均预算内公用经费支出 |
|---|---|---|---|---|
| 贺州市 | 11758.06 | 3004.31 | 8777.40 | 2239.70 |
| 河池市 | 12591.46 | 3265.34 | 9892.84 | 2513.96 |
| 来宾市 | 15187.29 | 3497.34 | 11568.94 | 2979.05 |
| 崇左市 | 12196.01 | 3050.95 | 9666.76 | 2507.78 |

数据来源：2021年广西教育事业数据分析。

以上一系列数据都反映出广西各地市之间普通高中存在教育资源配置不均衡的情况，南宁、柳州、桂林等市的教育资源较丰富，这种配置失衡的现象造成广西各地市之间普通高中教育质量的差距。

4.广西城乡之间普通高中教育经费配置不均衡

2021年，广西城镇与农村普通高中生均一般公共预算教育事业费支出分别为11067.64元、9629.96元，两者相差1437.68元；广西城镇与农村普通高中生均一般公共预算公用经费支出分别为2951.66元、2472.83元，两者相差478.83元。广西城乡之间普通高中教育生均经费支出仍然存在差距。详见图4.13。

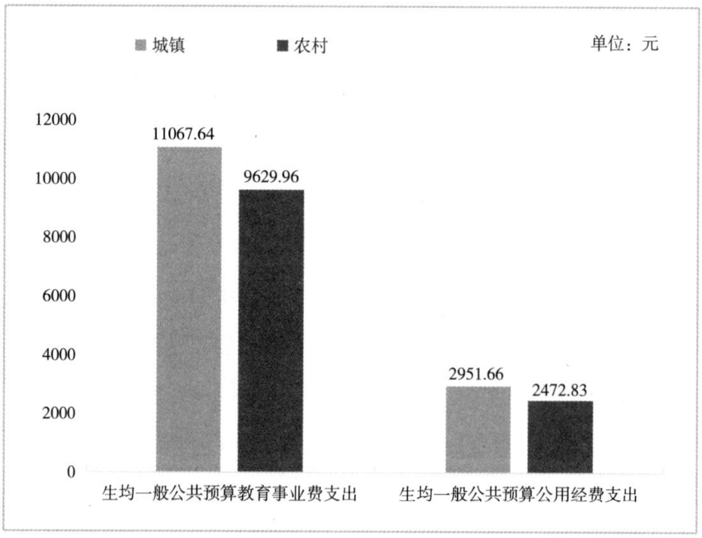


**图4.13　2021年广西普通高中城镇与农村生均一般公共预算教育事业费支出和生均一般公共预算公用经费支出情况**

数据来源：2021年广西教育事业统计报表。

## （三）普通高中教育优质特色发展支持不足

### 1.优质教育资源分布不均

广西示范性普通高中分布呈现出“北多南少”的特点。2021年，广西示范性普通高中占全市普通高中数量的比重由高到低依次为柳州市、河池市、崇左市、百色市、防城港市、贺州市、南宁市、来宾市、桂林市、梧州市、贵港市、玉林市、钦州市和北海市，占比分别为61.54%、52.00%、42.11%、41.18%、40.00%、35.29%、30.95%、30.77%、29.23%、25.00%、22.81%、18.33%、16.21%和13.79%。教育资源分布失衡，优质教育获取难度不均。不同城市考生考入示范性普通高中的难度各异。以玉林市为例，2021年玉林市人口为581.85万人，居广西第二位，但其示范性普通高中仅有11所，占比为18.33%，数量甚至低于人口为341.79万人的河池市的13所（占比为52.00%）。详见图4.14。

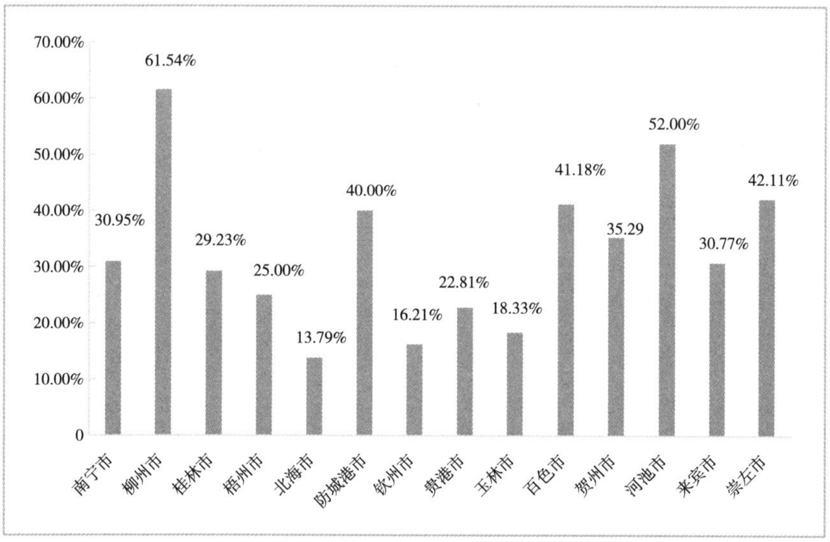


**图4.14　2021年广西各地市示范性普通高中数量占比**

数据来源：广西壮族自治区教育厅政府信息公开。

据图4.14可以看出，柳州市示范性普通高中占全市普通高中数量的比重达61.54%，比占比最低的北海市高47.75个百分点，广西区内示范性普通高中存在优质教育资源分布失衡的现象。这导致了广西各地市受教育者受到优质教育的机会不均。优质资源的失衡在一定程度上会影响广西各地市协同均衡发展。

2.普通高中教育师资队伍水平有待提高

近年来，广西各地市纷纷采取加强培训等措施进一步加强教师队伍建设，积极拓宽人才引进渠道，扩充教师队伍，但高职称、高学历教师仍然缺乏，不能为广西普通高中优质特色发展提供足够的支持。2021年全国普通高中教师学历为研究生的人数为251269人，在全国普通高中教师学历结构中占比为12.39%。2021年广西普通高中教师学历为研究生的人数为4807人，在广西普通高中教师学历结构中占比仅为6.28%，排名全国第29位。详见表4.10。

**表4.10　2021年全国及各省（自治区、直辖市）普通高中教师研究生学历人数及占比**

| 地区 | 研究生学历人数/人 | 占比 | 地区 | 研究生学历人数/人 | 占比 |
|---|---|---|---|---|---|
| 全国 | 251269 | 12.39% | 山东 | 21853 | 14.02% |
| 广西 | 4807 | 6.28% | 河南 | 19600 | 11.93% |
| 北京 | 8195 | 37.60% | 湖北 | 7796 | 10.83% |
| 天津 | 3400 | 19.86% | 湖南 | 8201 | 8.62% |
| 河北 | 13498 | 10.79% | 广东 | 25705 | 16.33% |
| 山西 | 8766 | 13.48% | 海南 | 1342 | 8.84% |
| 内蒙古 | 7121 | 18.13% | 重庆 | 5094 | 12.04% |
| 辽宁 | 6790 | 12.63% | 四川 | 9948 | 9.33% |
| 吉林 | 4505 | 13.11% | 贵州 | 4571 | 6.48% |
| 黑龙江 | 4595 | 10.41% | 云南 | 4374 | 5.83% |
| 上海 | 6064 | 31.27% | 西藏 | 429 | 6.82% |
| 江苏 | 23659 | 20.91% | 陕西 | 8420 | 14.79% |
| 浙江 | 11822 | 15.49% | 甘肃 | 5285 | 11.17% |
| 安徽 | 7704 | 8.93% | 青海 | 808 | 7.54% |
| 福建 | 5657 | 10.32% | 宁夏 | 1391 | 11.52% |
| 江西 | 7503 | 10.40% | 新疆 | 2366 | 5.72% |

2021年广西普通高中副高级及以上职称教师人数为14743人，占比为19.25%；全国普通高中副高级及以上职称教师人数为551406人，占比为27.19%。由此可以看出广西普通高中高级职称教师占比与全国平均水平相比仍有较大差距。详见图4.15。

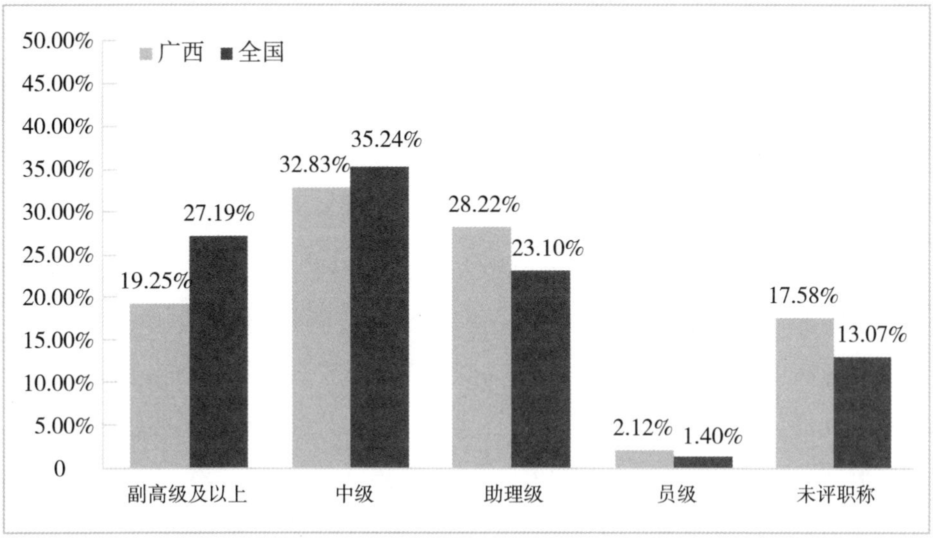


**图4.15　2021年广西和全国普通高中高级职称教师占比**

数据来源：2021年广西教育数据分析。

## （四）学校特色发展课程数量不足

目前，广西普通高中教育在教育理念、人才培养模式、课程设置等方面仍存在不足。教育部倡导要全面发展素质教育，因此广西要始终坚持“五育”并举，加大对德智体美育的重视程度。2021年，全区普通高中课程设置有思想品德（政治）、语文、数学、英语、物理、化学、生物、历史、地理、信息技术、通用技术、体育与健康、音乐、美术、综合实践活动课程以及其他课程。在此以各类课程专任教师数占总专任教师数的比例来衡量该类课程的受重视程度。2021年，全区普通高中各类课程中，思想品德类课程专任教师占专任教师总数的比例为6.70%，文化类课程专任教师占比为74.81%，体育类课程专任教师占比为5.13%，艺术类课程专任教师占比为4.36%，实践类课程专任教师占比为0.08%。可见，广西普通高中教育仍是以文化类课教育为主，体育类、艺术类、实践类课程较少，这在一定程度上影响了广西推进普通高中多样化和特色办学。

## 四、政策建议

### （一）充分发挥政府主导作用，完善教育经费保障制度

根据国家办学条件基本标准和教育教学基本需要，制定并逐步提高区域内普通高中生均经费基本标准和生均财政拨款基本标准，保障学校办学经费有稳定的来源和增长。实行以政府投入为主、受教育者合理分担、其他多种渠道筹措的经费投入机制，政府积极吸纳行业企业及其他社会力量共同投入发展普通高中教育。全面落实普通高中教育各项投入政策。适当安排城市教育费附加部分资金用于城镇普通高中建设，制定公办普通高中生均公用经费财政拨款标准并建立稳定增长机制。

自治区层面和各地市要积极建立系统、科学的普通高中教育财政生均拨款机制，形成长期、稳定的教育经费来源渠道。要明确和落实各级政府的具体财政投入主体责任，构建政府间合理的成本分担机制，为普通高中教育经费投入提供制度性保障。为了促进区内各地市普通高中教育均衡发展，应加大区级统筹力度，试行区直管县级的教育财政管理制度，确保乡镇政府获得足够的教育资源来发展本级普通高中教育，提高普通高中教育质量。在自治区层面要完善教育财政转移支付制度，扩大一般性转移支付的比例，避免“一刀切”的行政指令影响各地市依照自身特点发展教育的自主性，保证地方政府筹措及使用普通高中教育事业经费的自主权，以便因地制宜发展各地市普通高中教育，推动各地市普通高中多样化和特色化发展。同时辅助以专项转移支付，例如设立民族地区及边境地区普通高中建设发展专项资金，以确保区内普通高中教育资源均衡配置，实现各地市普通高中教育均衡发展。

### （二）优化教育资源配置结构，力促优质特色均衡发展

在普通高中教育基础薄弱的地区加快建设更多的优质学校。一是根据经济社会发展规划、人口变化预测、教育承载力等，统筹优化配置各地市城乡普通高中教育资源。目前，广西人口向北部湾城市群集聚效应明显，应加大教育资源倾斜力度，平衡广西南北之间示范性普通高中数量，在北部湾地区扶持和建立一批有特色的优质普通高中。二是职称晋升和绩效工资分配向一般高中特别是农村地区高中倾斜，进一步推动校际的师资流动。地方政府可以利用示范性普通高中的优秀教师资源，通过教师之间的相互流动实现同一区域内师资力量的共享，帮助薄弱学校提高教育质量。

### （三）加大教师队伍建设力度，培养高素质教师队伍

教师是立教之本、兴教之源，是教育高质量发展的第一资源。为促进普通高中优质发展，要全面提升教师队伍水平，推动教育高质量发展。

第一，要按照“师德为先、骨干带动、全员提升”的思路，着力提升教师队伍素质。要落实各级教师培训经费投入制度，整合、优化教师培训资源，健全教师培训管理制度。第二，应根据《广西壮族自治区中小学教职工编制标准实施办法》规定重新核定教师编制，不挤占、挪用、截留教师编制，杜绝教职工在编不在岗、随意抽调借调教师等行为。同时在采取有效措施配足专任教师的前提下，努力做好编制调剂工作，实行教师编制动态管理，积极盘活编制存量。第三，不断加强骨干教师队伍建设，全面打造优质教师队伍，提高全区普通高中教师总体质量。第四，要提高普通高中中级、高级教师岗位比例，扩大中高级教师人数。

### （四）深化普通高中教育改革，提升办学质量

深化育人重点领域和关键环节改革，坚决扭转片面应试教育倾向，切实提高育人水平，为学生适应社会生活、接受高等教育和未来职业发展打好基础，努力培养德智体美劳全面发展的社会主义建设者和接班人。

深化普通高中课程改革，加强选修课课程建设，拓展校内课程的广度和深度，增强课程的适宜性，为学生提供更多选择，构建多元开放、具有学校特色、适合每个学生发展的学校课程体系，使学生实现个性化发展。

推进教育评价改革。一是改革学校评价标准。要强化评价导向作用，树立正确的业绩观和科学的教育质量观，不以高考成绩或升学率片面评价学校，坚决克服“唯升学”“唯分数”倾向。二是改革教师评价标准。要坚持把师德师风作为第一标准，突出教育教学实绩，强化做好学生工作。三是改革学生评价标准。树立科学成才观念，完善德育评价，强化体育评价，改进美育评价，加强劳动教育评价，严格学业标准。

广西教育研究院　黄兰妹　姚怡超　陈运影

广西民族大学　虞腊梅　秦丹

# 第五章　中职教育：步入提质培优关键期

## 一、前言

中等职业教育作为我国国民教育体系和人力资源开发的重要组成部分，对拓宽就业渠道和输出专业对口型人才有着举足轻重的作用。习近平总书记指出："职业教育是国民教育体系和人力资源开发的重要组成部分，是广大青年打开通往成功成才大门的重要途径，肩负着培养多样化人才、传承技术技能、促进就业创业的重要职责。"

2019年国务院印发《国家职业教育改革实施方案》，一方面肯定了职业教育在新发展阶段中的重要作用，另一方面指出职业教育现阶段还存在着体系建设不完善、基地建设不健全、人才培养质量水平待提高等问题，给出了建立"双元"育人的指导意见。2020年教育部等九部门印发《职业教育提质培优行动计划（2020—2023年）》，要求强化省级政府统筹，构建政府、行业企业、学校协同推进职业教育高质量发展的新机制。2021年，中共中央办公厅、国务院办公厅印发《关于推动现代职业教育高质量发展的意见》，指出到2025年，职业教育类型特色更加鲜明，现代职业教育体系基本建成，技能型社会建设全面推进等。

根据2021年全区教育工作会议精神和广西"十四五"规划，结合《广西教育提质振兴三年行动计划（2021—2023年）》，广西主要从3个方面来促进中等职业教育实现提质培优：一是改善办学条件，建设120所自治区示范性中等职业学校，增强教育服务和融入新发展格局的能力；二是健全产教融合发展机制，以政府统筹管理、社会多元办学为主，各地市结合自身发展实际采取措施，解决各地区教育发展不平衡的问题；三是提高人才培养水平，建设一批高水平、高素质的教师团队，限制开设就业率过低、与社会需求不相匹配的专业，深入开展现代学徒制试点工作；四是完善终身学习制度，建设50个高技能人才示范职业培训基地，保持职业学校年培训人次与全日制在校生规模大体相当。

通过实施一系列推进中等职业教育加速发展的相关政策，截至2021年，广西具有招生资格的中等职业学校有230所，在校生数为690913人，招生数为272341人，毕业生数为188153人，教职工总数为27724人（其中专任教师数为21606人），“双师型”教师人数为6891人，师资队伍不断完善，专业设置上更强调符合区域性发展、市场的需求，对朝阳产业、重点产业、品牌产业进行前瞻性判断，开设特色专业教学，教育规模总体上稳步扩大。

2016—2021年，广西中等职业教育仍面临发展不均衡、区域差异明显等问题，产业结构调整和就业门槛提高的客观影响给中等职业教育带来招生难与就业难的双重压力。可见广西中等职业教育的发展虽得到了地方政府的高度重视，但是在某些方面仍然存在不足。本章从教育经费、师资配置、办学条件、专业设置等角度出发，阐述现阶段广西中等职业教育的发展现状，并对深入推进中等职业教育提质培优所面临的机遇和挑战进行分析，为促进广西中等职业教育的发展提出切实可行的政策建议。

## 二、广西中等职业教育发展取得的成就

当前，广西中等职业教育在规模结构、专业设置和人才团队上都达到了新的高度。在规模结构上，各地市立足“提质培优”的新使命，积极调整中等职业学校的布局结构，不断优化区域结构，建设了多所自治区级以上示范性中等职业学校，实现招生人数显著增长，努力向中等职业学校在校生人数与普通高中在校人数大体相当迈进，推进中等职业教育与普通高中教育协调发展；在专业设置上，更加注重服务地方经济社会发展，使学生能有多样化选择；在教师队伍上，实现了教职工人数平稳增长，生师比不断优化，同时积极加大培养“双师型”教师，教师的专业素养较2020年有明显提升。

### （一）教育规模稳中有进

2021年，广西中等职业教育具有招生资格的学校数有230所，与2020年相比没有变化；招生数较2020年增加了1673人，增长率为0.62%；在校生数为690913人，较2020年减少了8977人，下降率为1.28%。2019—2021年，广

西中等职业学校招生数逐年增长，分别比上年增加11447人、11277人、1673人，增长率分别为4.62%、4.35%、0.62%。详见图5.1。

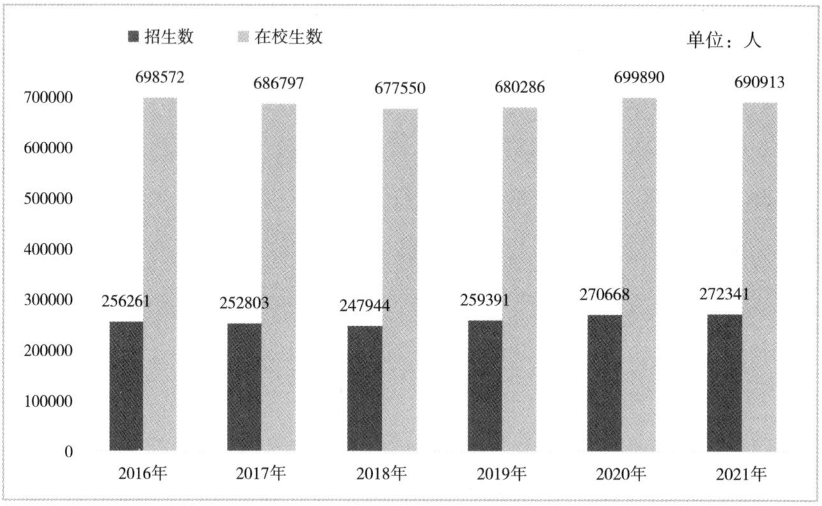


**图5.1　2016—2021年广西中等职业学校招生数与在校生数**

数据来源：2016—2021年广西教育事业统计报表。

## （二）师资队伍不断完善

2021年，广西中等职业学校的教师结构趋于合理，数量相对充足。2016—2021年，广西中等职业学校教职工总数维持在27000人左右；专任教师数从2019年开始逐年增加，分别比上年增加了119人、124人、1052人，增长率分别为0.59%、0.61%、5.12%。从2019年起，随着专任教师数的增加，“双师型”教师数也在增加，分别比上年增加了510人、495人、55人，增长率分别为8.75%、7.81%和0.80%。详见图5.2。

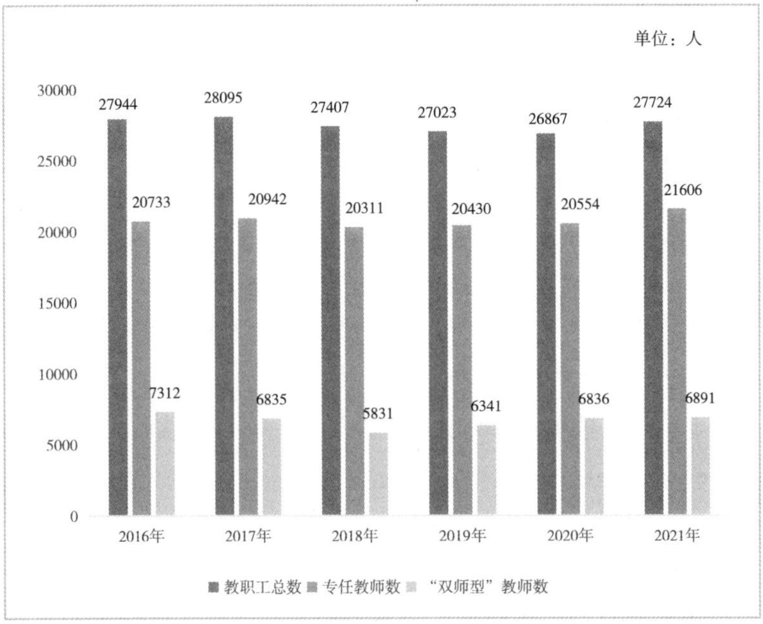


**图5.2　2016—2021年广西中等职业学校教职工总数、专任教师数与“双师型”教师数**

数据来源：2016—2021年广西教育事业统计报表。

2016—2021年，2021年广西中等职业学校的生师比最优，为31.98，较2020年生师比下降了2.07，下降率为6.08%。专任教师本科及以上学历人数的比例呈逐年增长趋势，从2016年的89.27%稳步增长到2021年的91.79%；2017—2021年，专任教师本科及以上学历人数的比例较上年分别增长了0.21%、0.73%、1.03%、0.36%、0.46%。高级职称专任教师人数的比例从2016年的18.01%上升到2021年的18.30%，增长了0.29个百分点。详见表5.1。

**表5.1　2016—2021年广西中等职业学校教师队伍情况**

| 指标 | 2016年 | 2017年 | 2018年 | 2019年 | 2020年 | 2021年 |
|---|---|---|---|---|---|---|
| 生师比 | 33.69 | 32.80 | 33.36 | 33.30 | 34.05 | 31.98 |
| 专任教师本科及以上学历比例 | 89.27% | 89.46% | 90.11% | 91.04% | 91.37% | 91.79% |
| 高级职称专任教师比例 | 18.01% | 17.61% | 17.50% | 17.86% | 18.32% | 18.30% |

数据来源：2016—2021年广西教育事业统计报表。

## （三）招生结构逐渐优化

中等职业教育应以市场就业为导向，培养“订单式”的人才，这样对企业、校方和学生三方都有益。受社会需求变化和产业结构调整影响，学生专业的选择方向发生了较大变化，财经商贸与旅游类、医药卫生类招生人数出现较大增长。与2020年相比，2021年广西中等职业学校各专业招生人数中，增加量最大的是财经商贸与旅游类，增加率为25666人，增长率为72.02%；增长率最高的是资源环境类，增长率为431.25%；减少量最大的是加工制造类，减少了8951人，下降率为26.14%。与2016年相比，2021年广西中等职业学校各专业招生人数增加量最大的仍然是财经商贸与旅游类，增加了27706人；增长率最高的是资源环境类，增长率为905.38%；减少量最大的是加工制造类，减少了14652人，下降率为36.68%。详见表5.2。

**表5.2　2016—2021年广西中等职业学校各专业招生人数**

单位:人

| 专业 | 2016年 | 2017年 | 2018年 | 2019年 | 2020年 | 2021年 |
|---|---|---|---|---|---|---|
| 财经商贸与旅游类 | 33596 | 33617 | 35866 | 34717 | 35636 | 61302 |
| 信息技术类 | 41575 | 41283 | 37959 | 39502 | 39489 | 47479 |
| 交通运输类 | 41933 | 40197 | 38570 | 39202 | 41112 | 43558 |
| 加工制造类 | 39946 | 35118 | 31625 | 33258 | 34245 | 25294 |
| 医药卫生类 | 21663 | 19392 | 20176 | 22413 | 23994 | 24684 |
| 师范类 | 21988 | 21887 | 20531 | 20922 | 21853 | 24305 |
| 文化艺术与体育类 | 11171 | 12249 | 13521 | 13783 | 13509 | 14246 |
| 农林牧渔类 | 13345 | 14441 | 12352 | 11489 | 10239 | 10896 |
| 土木水利类 | 6307 | 6408 | 6970 | 8115 | 8808 | 8581 |
| 社会公共事业类 | 2369 | 1835 | 2380 | 3224 | 4158 | 4510 |
| 资源环境类 | 93 | 70 | 91 | 155 | 176 | 935 |
| 能源与新能源类 | 258 | 261 | 695 | 365 | 164 | 341 |
| 其他 | 714 | 2076 | 3447 | 3472 | 6346 | 6210 |

数据来源：2016—2021年广西教育事业统计报表。

2017年印发的《广西壮族自治区人民政府办公厅关于中等职业学校布局调整和专业结构化的指导意见》要求“原则上连续三年年均招生规模不足30人、与区域产业不匹配、办学水平低、就业质量差的专业必须退出”。按照广西“加快培养理工农医类、涉海类、师范类等急需紧缺专业人才”的思路，2018年起广西中等职业学校医药卫生类和师范类专业的招生人数持续增长，医药卫生类招生人数从2016年的21663人增长至2021年的24684人，师范类专业则从2016年的21988人增长至2021年的24305人。

2021年广西中等职业学校招生人数最多的专业为财经商贸与旅游类，占招生总人数的22.51%；招生人数最少的为能源与新能源类，占比为0.13%。详见图5.3。

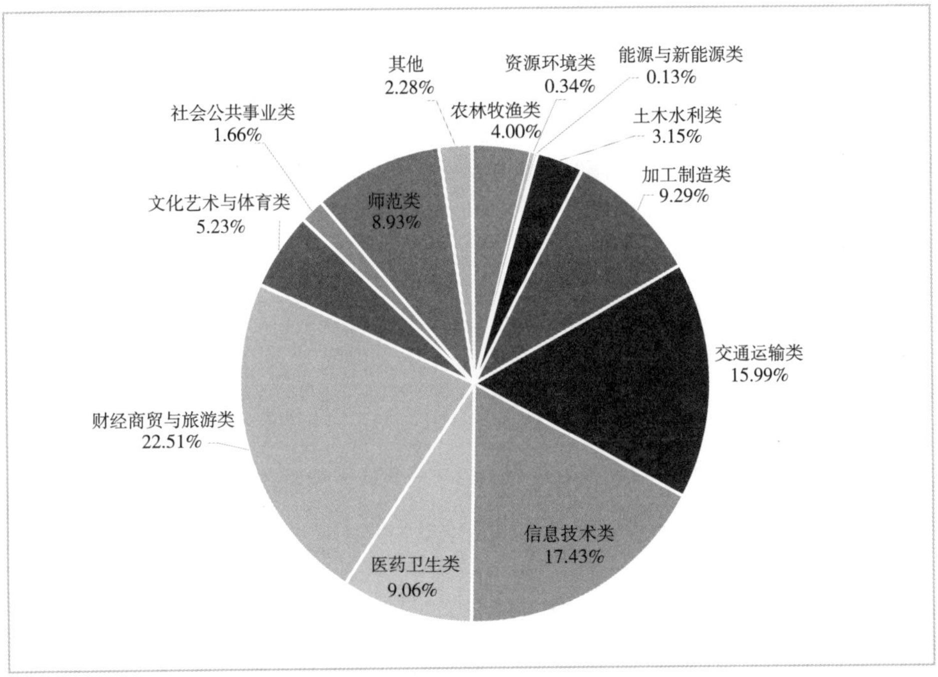


**图5.3　2021年广西中等职业学校专业大类招生人数占比**

数据来源：2021年广西教育事业统计报表。

### （四）经费投入增加

2016—2021年，广西中等职业教育国家财政性收入中，2018年、2019年、2021年分别比上年增加了12692.60万元、105896.30万元、37931.30万元，增长率分别为2.02%、16.53%、5.13%；2017年、2020年分别比上年减少了6504.70万元、6786.80万元。与2016年相比，2021年广西中等职业教育国家财政性收入增加了143228.70万元，增长率为22.57%。2016—2021年，广西中等职业教育国家财政性收入的年均增长率为4.15%。详见图5.4。

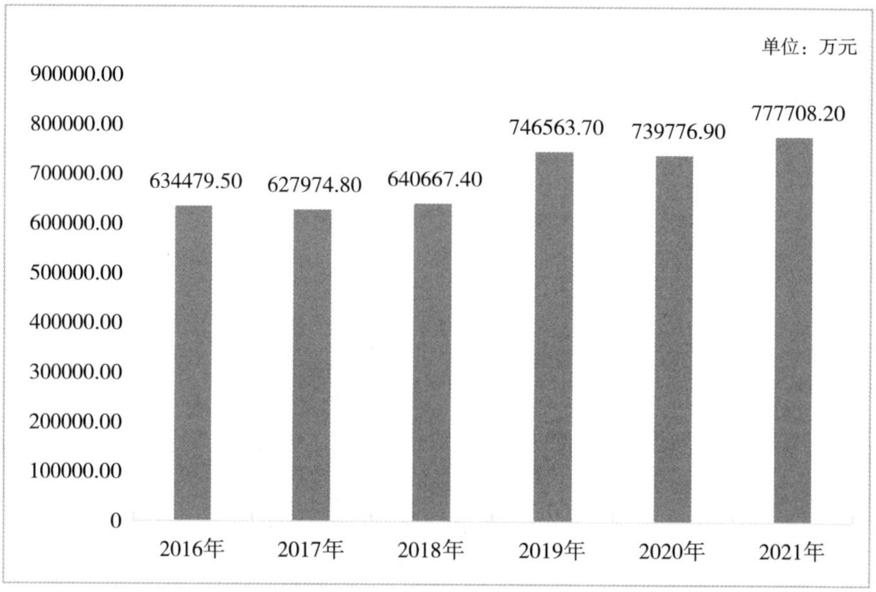


**图5.4　2016—2021年广西中等职业教育国家财政性收入情况**

数据来源：2021年广西教育经费统计报表、2016—2020年中国教育经费统计年鉴。

与2020年相比，2021年广西中等职业教育生均一般公共预算教育事业费支出和生均一般公共预算公用经费支出都有所增加，分别增加了470.66元和551.21元，增长率分别为4.79%和12.91%。与2016年相比，2021年广西中等职业教育生均一般公共预算教育事业费支出增加了533.69元，增长率为5.47%；生均一般公共预算公用经费支出增加了315.38元，增长率为7.00%。详见图5.5。

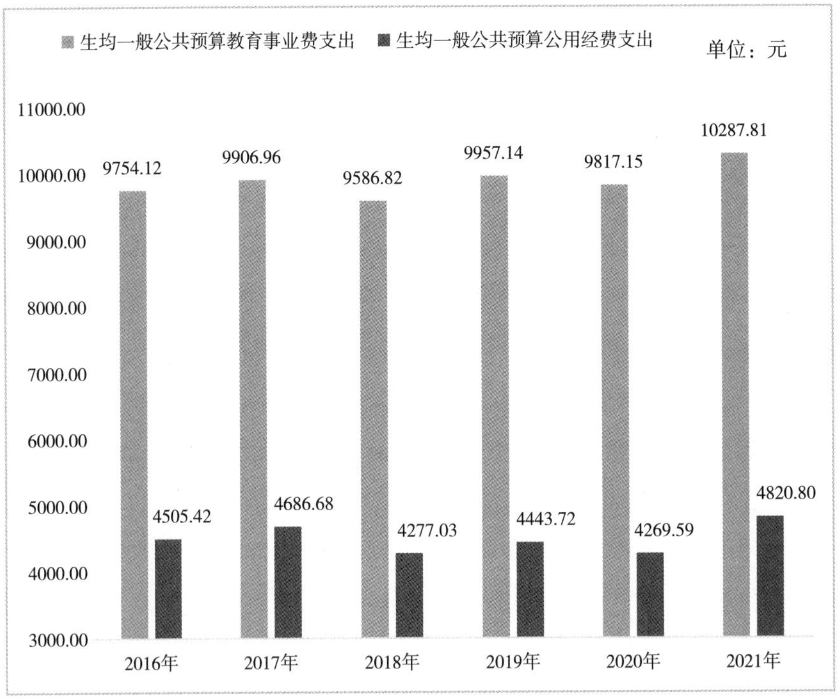


**图5.5　2016—2021年广西中等职业教育生均一般公共预算教育事业费支出和生均一般公共预算公用经费支出情况**

数据来源：2016—2021年广西教育事业统计报表。

### （五）民办中等职业学校规模扩大

2012年财政部、国家发展改革委、教育部、人力资源社会保障部联合下发的《关于扩大中等职业教育免学费政策范围　进一步完善国家助学金制度的意见》指出，“对在职业教育行政管理部门依法批准、符合国家标准的民办中等职业学校就读的一、二年级符合学费政策条件的学生，按照当地同类型同专业公办中等职业学校免除学费标准给予补助”，这促进了民办中等职业学校学生规模增长。2021年广西民办中等职业学校规模不断扩大，较2020年增加了3所；2021年民办中等职业学校的在校生数、招生数和毕业生数分别为94919人、42337人和27947人，与2020年相比也有所增加。在师资力量上，2021年广西民办中等职业学校教职工总数较2020年有较大增长，总量为4121人，增加了788人，增长率为23.64%；同时专任教师数也有较大增长，总量为3056人，较2020年增加了680人，增长率为28.62%。详见表5.3。

表5.3 2016—2021年广西民办中等职业学校数和学生情况、教师情况

| 指标 | 2016年 | 2017年 | 2018年 | 2019年 | 2020年 | 2021年 |
|---|---|---|---|---|---|---|
| 学校数/所 | 69 | 64 | 58 | 61 | 59 | 62 |
| 在校生数/人 | 68276 | 72946 | 85559 | 88214 | 90622 | 94919 |
| 招生数/人 | 28313 | 29337 | 33980 | 36974 | 36449 | 42337 |
| 毕业生数/人 | 23232 | 20687 | 19151 | 28295 | 26460 | 27947 |
| 校均规模/人 | 989.51 | 1139.78 | 1475.16 | 1446.13 | 1535.97 | 1530.95 |
| 教职工总数/人 | 3384 | 3171 | 3230 | 3213 | 3333 | 4121 |
| 专任教师数/人 | 2250 | 2085 | 2051 | 2186 | 2376 | 3056 |

数据来源：2016—2021年广西教育事业统计报表。

2021年广西民办中等职业学校中获得正高级职称的教师数量较2020年增加了3人，获得高级职称（包括正高级和副高级）的教师占专任教师总数的5.60%。

## 三、广西中等职业教育发展中存在的不足

### （一）办学条件不足

1.生均经费投入不足

据2020年、2021年教育部、国家统计局、财政部关于全国教育经费执行情况的统计公告显示，2021年中等职业教育生均一般公共预算教育事业费支出与2020年相比实现正增长的省（自治区、直辖市）有19个，占全国31个省（自治区、直辖市）的61.29%。广西中等职业教育生均一般公共预算教育事业费支出比全国平均水平低5610.81元，比最高的北京低60226.88元，比最低的贵州高2389.37元，在全国居第29位，这一排名与2020年相同。

2021年广西中等职业教育生均一般公共预算公用经费支出比全国平均水平低1045.40元，比最高的北京低19831.76元，比最低的贵州高2096.69元，在全国居第24位；2020年广西中等职业教育生均一般公共预算公用经费支出在全国居第28位。由此可看出2021年广西在中等职业教育公用经费投入方面有所增加。详见表5.4。

表5.4　2020—2021年全国及各省（自治区、直辖市）中等职业教育生均一般公共预算教育事业费支出和生均一般公共预算公用经费支出情况

单位：元

| 地区 | 生均一般公共预算教育事业费支出 | | 生均一般公共预算公用经费支出 | |
|---|---|---|---|---|
| | 2020年 | 2021年 | 2020年 | 2021年 |
| 全国 | 15625.03 | 15898.62 | 5489.56 | 5866.20 |
| 广西 | 9817.15 | 10287.81 | 4269.59 | 4820.80 |
| 北京 | 68451.66 | 70514.69 | 22601.06 | 24652.56 |
| 天津 | 23422.83 | 25777.60 | 4237.02 | 5843.72 |
| 河北 | 15616.98 | 15128.93 | 4589.28 | 4794.90 |
| 山西 | 17802.56 | 17128.13 | 6819.23 | 6930.95 |
| 内蒙古 | 21021.61 | 22197.50 | 7382.99 | 8953.68 |
| 辽宁 | 15479.02 | 15620.94 | 4651.57 | 4792.80 |
| 吉林 | 23239.53 | 22389.70 | 7273.13 | 6990.65 |
| 黑龙江 | 20020.73 | 21639.59 | 5539.41 | 6387.65 |
| 上海 | 37337.85 | 40581.93 | 11504.66 | 15137.41 |
| 江苏 | 19928.07 | 19934.67 | 5942.57 | 6076.15 |
| 浙江 | 24204.22 | 24437.66 | 7766.13 | 7552.52 |
| 安徽 | 13173.47 | 13999.70 | 5779.57 | 6494.63 |
| 福建 | 16741.55 | 15846.55 | 5911.72 | 5692.45 |
| 江西 | 14254.08 | 13769.15 | 7352.61 | 7433.57 |
| 山东 | 16707.52 | 16648.49 | 5226.97 | 5465.81 |
| 河南 | 8827.44 | 8530.45 | 3598.03 | 3494.84 |
| 湖北 | 16193.00 | 16173.78 | 7152.34 | 7158.26 |
| 湖南 | 12429.85 | 13192.57 | 4289.20 | 4760.49 |
| 广东 | 18908.31 | 19757.65 | 5783.03 | 6650.64 |
| 海南 | 12977.33 | 12970.68 | 5860.72 | 6580.72 |
| 重庆 | 12879.80 | 13174.48 | 5615.13 | 5973.33 |
| 四川 | 13137.15 | 13320.85 | 4778.64 | 5120.00 |

续表 单位：元

| 地区 | 生均一般公共预算教育事业费支出 | | 生均一般公共预算公用经费支出 | |
|---|---|---|---|---|
| | 2020年 | 2021年 | 2020年 | 2021年 |
| 贵州 | 7977.93 | 7898.44 | 3046.92 | 2724.11 |
| 云南 | 12308.71 | 12434.41 | 4412.64 | 4456.66 |
| 西藏 | 31006.09 | 40775.57 | 8773.02 | 16950.60 |
| 陕西 | 13498.43 | 13495.16 | 4769.26 | 4723.87 |
| 甘肃 | 16279.74 | 17745.68 | 5542.30 | 7026.18 |
| 青海 | 18391.65 | 18170.47 | 9904.55 | 9226.96 |
| 宁夏 | 15890.81 | 18537.37 | 8654.58 | 11532.46 |
| 新疆 | 14627.97 | 16482.14 | 5513.87 | 6983.15 |

数据来源：2020、2021年教育部、国家统计局、财政部关于全国教育经费执行情况统计公告。

可见，虽然新冠疫情对各地的冲击都是巨大的，但仍然有部分省（自治区、直辖市）顶着压力，力保教育经费的投入。广西中等职业教育经费投入虽不及全国平均水平，但仍保持排名大体不变。广西沉着应对新冠疫情的挑战，坚持教育优先发展的原则不动摇，统筹疫情防控和经济社会的发展，努力缩小与全国平均水平的差距。

广西“十四五”规划纲要强调，建立和完善各级各类教育生均财政公用经费拨款标准动态调整机制。2021年全区生均一般公共预算教育事业费支出的平均值为10287.81元，低于这一平均值的市有5个，从低到高分别是梧州市、钦州市、百色市、玉林市和贺州市。与2020年相比，2021年生均一般公共预算教育事业费支出增长的地市有7个，增长额最大的是来宾市，增加了2401.03元，增长率为24.98%。2021年各地市生均一般公共预算教育事业费支出对比，投入最高的崇左市比投入最低的梧州市多了12387.44元。2021年全区生均一般公共预算公用经费支出的平均值为4820.80元，低于这一平均值的地市有7个，由低到高分别是梧州市、钦州市、百色市、贺州市、贵港市、桂林市和玉林市。与2020年相比，2021年生均一般公共预算公用经费支出增长的地市有12个，其中增长额居前三位的为防城港市、柳州市和来宾市，分别增加了1897.14元、1794.12元和1693.25元；增长率居前三位的是钦州市、来宾市和防城港市，分别是48.66%、47.25%和46.20%。各地市生均一般公共预算公用经费支出对比，2021年投入最高的柳州市比投入最低的梧州市多了5009.98元。详见表5.5。

**表5.5　2020—2021年全区及各地市中等职业教育生均一般公共预算教育事业费支出和生均一般公共预算公用经费支出情况**

单位:元

| 地区 | 生均一般公共预算教育事业费支出 | | 生均一般公共预算公用经费支出 | |
|---|---|---|---|---|
| | 2020年 | 2021年 | 2020年 | 2021年 |
| 全区 | 9817.15 | 10287.81 | 4269.59 | 4820.80 |
| 南宁市 | 10284.42 | 10927.00 | 4525.25 | 4999.61 |
| 柳州市 | 13293.93 | 14204.75 | 5994.24 | 7788.36 |
| 桂林市 | 11993.75 | 11907.02 | 3996.99 | 4269.26 |
| 梧州市 | 6944.01 | 5921.51 | 2613.97 | 2778.38 |
| 北海市 | 10835.79 | 11439.44 | 4030.36 | 5423.80 |
| 防城港市 | 8722.56 | 10841.14 | 4106.21 | 6003.34 |
| 钦州市 | 6668.23 | 7843.21 | 1972.02 | 2931.63 |
| 贵港市 | 9073.36 | 11232.42 | 3168.56 | 3971.69 |
| 玉林市 | 8566.68 | 9431.48 | 3655.59 | 4441.55 |
| 百色市 | 8673.65 | 9098.30 | 3080.96 | 3387.10 |
| 贺州市 | 10889.35 | 9549.12 | 3779.77 | 3401.93 |
| 河池市 | 12823.04 | 12579.24 | 4686.09 | 5103.59 |
| 来宾市 | 9611.83 | 12012.86 | 3583,74 | 5276.99 |
| 崇左市 | 19320.98 | 18308.95 | 6000.01 | 5979.73 |

数据来源：2020—2021年广西教育经费统计报表。

2.生均资源投入不足

2017—2021年，从生均仪器设备值、每百名学生拥有的教学用计算机数、生均校舍面积3个指标看，广西中等职业教育与全国平均水平相比仍存在较大差距。与2020年相比，2021年广西中等职业教育生均仪器设备值增加了0.04元，增长率为6.25%，与全国平均水平的差距为0.10元；每百名学生拥有的教学用计算机数增加了1.03台，增长率为6.72%，与全国平均水平的差距为3.31台；生均校舍面积增长了0.02平方米，增长率为0.67%，与全国平均水平的差距为1.27平方米。详见表5.6。

**表5.6　2017—2021年广西中等职业教育办学条件与全国的比较**

| 年份 | 生均仪器设备值/元 | | 每百名学生拥有的教学用计算机数/台 | | 生均校舍面积/平方米 | |
|---|---|---|---|---|---|---|
| | 广西 | 全国 | 广西 | 全国 | 广西 | 全国 |
| 2017年 | 0.52 | 0.62 | 14.92 | 21.38 | 3.00 | 4.20 |
| 2018年 | 0.59 | 0.70 | 15.34 | 22.68 | 3.29 | 4.34 |
| 2019年 | 0.63 | 0.74 | 15.86 | 23.10 | 3.04 | 4.38 |
| 2020年 | 0.64 | 0.76 | 15.33 | 22.65 | 2.97 | 4.29 |
| 2021年 | 0.68 | 0.78 | 16.36 | 19.67 | 2.99 | 4.26 |

数据来源：2017—2021年中国教育统计年鉴、2017—2021年广西教育事业统计报表。

由上述分析可知，目前广西的中等职业教育办学条件与全国平均水平相比存在一定差距。从每位学生享有的教学资源来看，与全国平均水平相比也存在不小的差距。

### （二）办学能力有待提高

1.各地市生师比普遍较高

2021年广西各地市中等职业学校生师比最高的是防城港市，为53.35，最低的是桂林市，为23.64，两者相差29.71。2021年全区中等职业学校的生师比为31.98，有7个地市低于这一数值，从低到高分别是桂林市、河池市、北海市、崇左市、柳州市、来宾市和贺州市。详见图5.6。

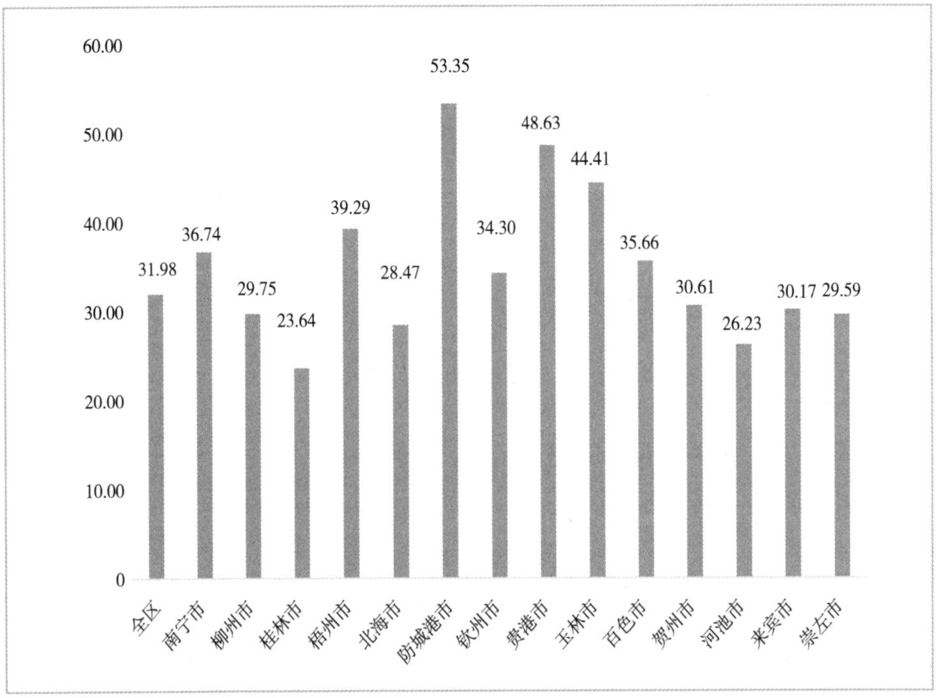


**图5.6　2021年全区及各地市中等职业学校生师比情况**

数据来源：2021年广西教育事业统计报表。

环境、地理位置、产业结构、机制体制等因素，会导致中等职业教育的发展存在着一定的区域差异。结合基础设施、经费投入和师资力量等方面的情况，可以看出广西各地市中，柳州市和崇左市的中等职业教育发展较好，各项指标均高于全区平均水平。相比之下，来宾市的中等职业教育发展稍显滞后，无论是经济方面的投入还是人力方面的投入都低于全区平均水平。除来宾市外，贺州市、桂林市和百色市也需要加大中等职业教育方面的投入。

2.各地市校均规模较高

与2020年相比，2021年广西各地市中等职业教育校均规模下降的一共有7个，分别是贺州市、桂林市、玉林市、钦州市、河池市、百色市和梧州市。增幅最大的为柳州市，增加了1073.41人，增长率为31.48%；降幅最大的为贺州市，减少了522.84人，下降率为23.16%。详见表5.7。

**表5.7　2020—2021年全区及各地市中等职业教育校均规模**

单位：人

| 地区 | 2020年 | 2021年 |
|---|---|---|
| 全区 | 3043.00 | 3003.97 |
| 南宁市 | 3152.90 | 3382.24 |
| 柳州市 | 3409.59 | 4483.00 |
| 桂林市 | 2304.05 | 1820.63 |
| 梧州市 | 3273.87 | 3264.75 |
| 北海市 | 3786.14 | 4085.17 |
| 防城港市 | 3615.67 | 3912.33 |
| 钦州市 | 5490.89 | 5029.25 |
| 贵港市 | 5095.50 | 5344.80 |
| 玉林市 | 3879.17 | 3406.06 |
| 百色市 | 2380.27 | 2012.95 |
| 贺州市 | 2257.67 | 1734.83 |
| 河池市 | 2636.87 | 2227.53 |
| 来宾市 | 2149.90 | 2666.00 |
| 崇左市 | 1207.73 | 1438.46 |

数据来源：2020—2021年广西教育事业统计报表。

3.中等职业教育与普通高中教育发展不均衡

2004年印发的《教育部等七部门关于进一步加强职业教育工作的若干意见》明确提出中等职业教育与普通高中教育的比例应保持大体相当，在有条件的地方职业教育所占比例应该更高一些。2010年印发的《国家中长期教育改革和发展规划纲要（2010—2020年）》提出“到2020年，形成适应经济发展方式转变和产业结构调整要求、体现终身教育理念、中等和高等职业教育协调发展的现代职业教育体系”。2014年印发的《国务院关于加快发展现代职业教育的决定》提出“总体保持中等职业学校和普通高中招生规模大体相当”。2019年国务院印发的《国家职业教育改革实施方案》提出“保持高中阶段教育职普比大体相当”。从这些文件可以看出保持中等职业教育招生人数与普通高中教育招生人数大体相当仍然是现在比较稳定的政策导向。

2021年广西中等职业教育共有学校230所，与2020年相同；普通高中教育共有学校521所，是中等职业教育的2.27倍。2021年广西中等职业教育在校生数为690913人，普通高中教育在校生数为1212148人，普通高中教育的在校生数约为中等职业教育在校生数的1.75倍。2021年广西普通高中教育毕业生数为中等职业教育毕业生数的1.88倍；校均规模上，广西中等职业教育比普通高中教育的要略高。详见表5.8。

**表5.8　2016—2021年广西中等职业教育与普通高中教育的发展规模**

| 指标 | | 2016年 | 2017年 | 2018年 | 2019年 | 2020年 | 2021年 |
|---|---|---|---|---|---|---|---|
| 学校数/所 | 中等职业教育 | 276 | 271 | 249 | 248 | 230 | 230 |
| | 普通高中教育 | 450 | 460 | 468 | 490 | 499 | 521 |
| 在校生数/人 | 中等职业教育 | 698572 | 686797 | 677550 | 680286 | 699890 | 690913 |
| | 普通高中教育 | 918939 | 974811 | 1035827 | 1091029 | 1151497 | 1212148 |
| 招生数/人 | 中等职业教育 | 256261 | 252803 | 247944 | 259391 | 270668 | 272341 |
| | 普通高中教育 | 338497 | 350724 | 368036 | 394233 | 408710 | 427099 |
| 毕业生数/人 | 中等职业教育 | 224426 | 199722 | 185663 | 196423 | 191496 | 188153 |
| | 普通高中教育 | 268465 | 281761 | 295808 | 326975 | 336609 | 353003 |
| 校均规模/人 | 中等职业教育 | 2531.06 | 2534.31 | 2721.08 | 2743.09 | 3043 | 3003.97 |
| | 普通高中教育 | 2042.09 | 2119.15 | 2213.31 | 2226.59 | 2307.61 | 2326.58 |

数据来源：2016—2021年广西教育事业统计报表。

根据广西教育事业统计报表的数据计算，广西中等职业教育与普通高中教育招生人数占高中阶段教育招生总人数的比例如图5.7所示。2016—2021年广西中等职业教育与普通高中教育的招生比维持在4∶6上下，且中等职业教育的招生占比从2016年的43.09%下降到2021年的38.94%，中等职业教育与普通高中教育发展的比例亟待进一步调整。

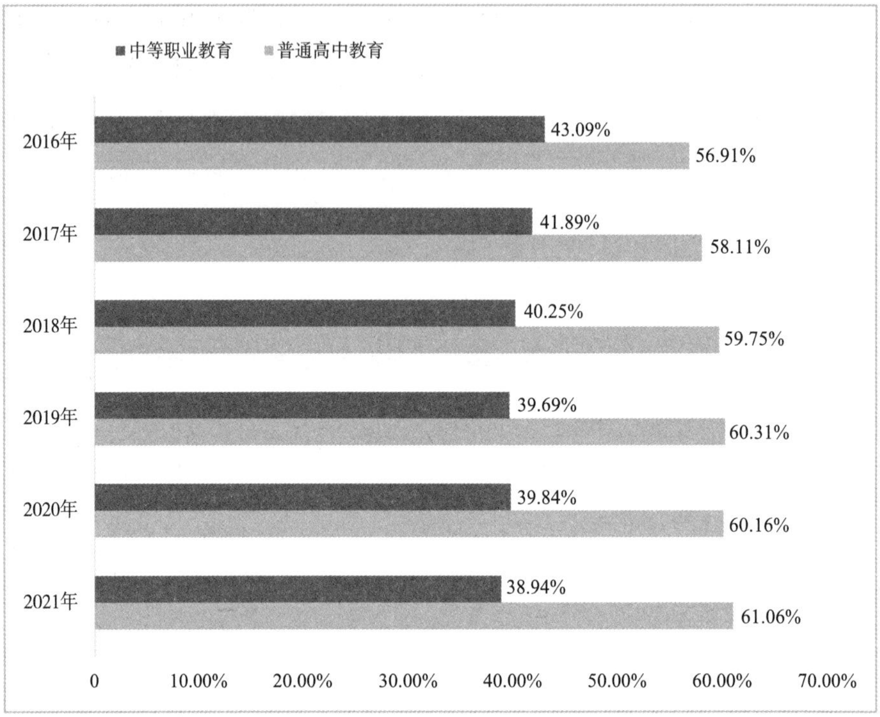


**图5.7　2016—2021年广西中等职业教育与普通高中教育招生占比情况**

数据来源：2016—2021年广西教育事业统计报表。

由表5.9可知，2021年全国中等职业教育与普通高中教育招生比为1∶1.81，像北京市这样教育投入名列前茅的地区中等职业教育与普通高中教育招生比仍处于较高的水平，为1∶3.82，中等职业教育与普通高中教育招生比较高的地区还有吉林、黑龙江等。不少地区实际没有达到严格意义上的“职普相当”，其中广西的中等职业教育与普通高中教育招生比与全国其他地区相比更接近于1∶1，广西中等职业教育的发展相对较好。

**表5.9　2021年全国及各省（自治区、直辖市）中等职业教育和普通高中教育招生情况**

| 地区 | 招生数/人 | | 职普招生比 | 地区 | 招生数/人 | | 职普招生比 |
|---|---|---|---|---|---|---|---|
| | 中等职业教育 | 普通高中教育 | | | 中等职业教育 | 普通高中教育 | |
| 全国 | 4889890 | 9049538 | 1∶1.81 | 北京 | 16495 | 62263 | 1∶3.82 |
| 广西 | 272341 | 427099 | 1∶1.51 | 天津 | 28441 | 64707 | 1∶2.32 |

续表

| 地区 | 招生数/人 | | 职普招生比 | 地区 | 招生数/人 | | 职普招生比 |
|---|---|---|---|---|---|---|---|
| | 中等职业教育 | 普通高中教育 | | | 中等职业教育 | 普通高中教育 | |
| 河北 | 356058 | 585863 | 1：1.63 | 湖北 | 152845 | 329871 | 1：2.06 |
| 山西 | 118933 | 235639 | 1：2.01 | 湖南 | 282461 | 480904 | 1：1.81 |
| 内蒙古 | 67352 | 138161 | 1：2.11 | 广东 | 335993 | 705236 | 1：2.14 |
| 辽宁 | 93188 | 205136 | 1：2.18 | 海南 | 48238 | 68311 | 1：1.35 |
| 吉林 | 48777 | 150919 | 1：3.39 | 重庆 | 136767 | 217560 | 1：1.64 |
| 黑龙江 | 61788 | 190854 | 1：3.25 | 四川 | 352894 | 489874 | 1：1.41 |
| 上海 | 38730 | 60462 | 1：1.51 | 贵州 | 157849 | 331022 | 1：2.27 |
| 江苏 | 235154 | 449416 | 1：1.88 | 云南 | 175398 | 356676 | 1：1.36 |
| 浙江 | 182920 | 284764 | 1：1.35 | 西藏 | 14585 | 26656 | 1：1.81 |
| 安徽 | 298376 | 390969 | 1：1.19 | 陕西 | 107041 | 212548 | 1：1.99 |
| 福建 | 139845 | 245357 | 1：1.76 | 甘肃 | 81384 | 171813 | 1：2.11 |
| 江西 | 204856 | 397179 | 1：2.17 | 青海 | 32924 | 44908 | 1：1.36 |
| 山东 | 293603 | 628796 | 1：2.14 | 宁夏 | 26444 | 56778 | 1：2.15 |
| 河南 | 442530 | 851108 | 1：1.91 | 新疆 | 85658 | 165734 | 1：1.93 |

数据来源：2022年中国统计年鉴。

### （三）办学质量有待提高

1.教育巩固率不高

2021年广西中等职业教育招生数为272341人，较2020年增加1673人；毕业生数为188153人，较2020年减少3343人。2019—2021年，广西中等职业教育招生数分别比上年增加了11447人、11277人和1673人，增长率分别为4.62%、4.35%和0.62%。2016—2021年，广西中等职业教育的毕业生数与招生数之间存在较大差异。详见图5.8。

**图5.8　2016—2021年广西中等职业教育招生数与毕业生数**

数据来源：2016—2021年广西教育事业统计报表。

对比2017—2021年广西中等职业教育招生数与毕业生数增长率情况，可以发现2017年和2018年招生数和毕业生数连续2年出现负增长，2019年招生数和毕业生数双双实现正增长，2020年和2021年招生数的增长速度开始减缓，总体保持正增长的势头，但毕业生数却再次出现了负增长。2021年广西中等职业教育招生数增长率为0.62%，较2020年的增长率下降了3.73个百分点。详见表5.10。

**表5.10　2017—2021年广西中等职业教育招生数与毕业生数增长率**

| 指标 | 2017年 | 2018年 | 2019年 | 2020年 | 2021年 |
|---|---|---|---|---|---|
| 招生数增长率 | -1.35% | -1.92% | 4.62% | 4.35% | 0.62% |
| 毕业生数增长率 | -11.01% | -7.04% | 5.80% | -2.51% | -1.75% |

数据来源：2017—2021年广西教育事业统计报表。

2.专业对口率不高影响就业情况

从2021年广西各地市中等职业教育的就业率可以看出，各地市中等职业教育的就业率均在90.00%以上。从已公布的升学率和专业对口率看，广西中等职业教育的升学率呈现两极分化的情况，升学率最高的是柳州市，为

77.80%，而升学率最低的北海市只有33.39%。在专业对口率上，有部分地市出现专业对口率较低、本地毕业生人才流失的情况。中等职业教育的专业设置出现偏差会导致专业对口率降低。详见表5.11。

**表5.11　2021年广西各地市中等职业教育就业率、升学率、专业对口率情况**

| 地区 | 就业率 | 升学率 | 专业对口率 |
|---|---|---|---|
| 南宁市 | 98.04% | 72.77% | 82.23% |
| 柳州市 | 97.76% | 77.80% | 90.97% |
| 桂林市 | 96.58% | 77.35% | 91.12% |
| 梧州市 | 94.74% | 44.95% | 45.31% |
| 北海市 | 94.18% | 33.39% | 80.08% |
| 防城港市 | 100.00% | 58.70% | 93.00% |
| 钦州市 | 98.98% | 70.33% | 73.32% |
| 贵港市 | 96.40% | 53.36% | 84.17% |
| 玉林市 | 93.89% | 51.49% | — |
| 百色市 | 95.69% | 58.99% | 90.00% |
| 贺州市 | 93.50% | — | — |
| 河池市 | 97.10% | — | 81.50% |
| 来宾市 | 98.00% | — | 87.00% |
| 崇左市 | 99.20% | — | 85.09% |

数据来源：各地市2021年中等职业教育质量报告书。

从广西中等职业教育招生结构和毕业生从业结构来看，无论是招生方向还是毕业生从业方向都偏向于第三产业，其次是第二产业，最后是第一产业。详见图5.9。

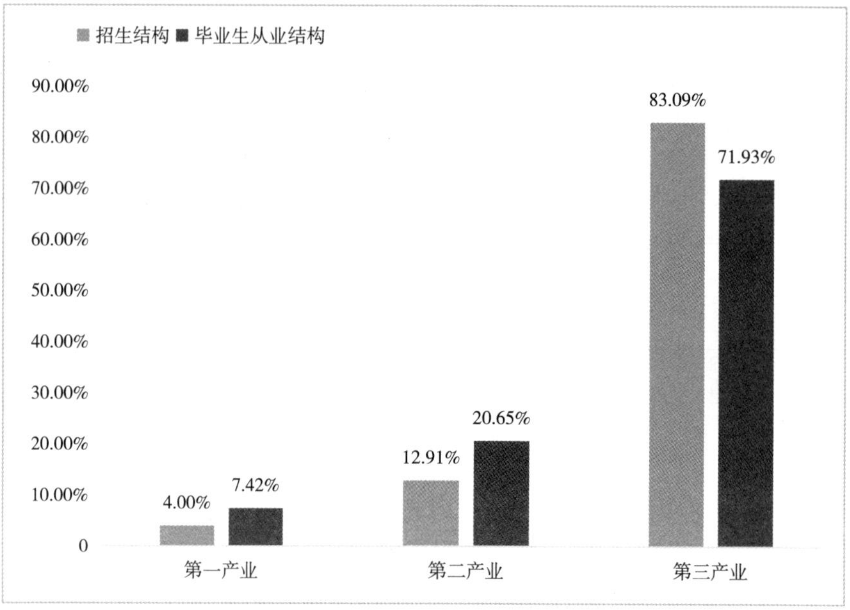


**图5.9　2021年广西中等职业教育招生结构和毕业生从业结构比较**

数据来源：2021年广西统计年鉴、2021年广西教育事业统计报表。

《2021年广西人才网人才供求分析报告》显示，第一产业用人单位占比为3.12%，需求人数占比为2.91%；第二产业用人单位占比为37.57%，需求人数占比为29.86%；第三产业用人单位占比为59.32%，需求人数占比为67.22%。

## 四、广西中等职业教育发展的对策和建议

根据广西“十四五”规划纲要，结合广西中等职业教育发展出现的问题，提出以下对策和建议。

### （一）优化经费投入，改善办学条件

第一，调整和优化中等职业教育经费使用效益。一方面集中区域办学的优势，统筹合理运用各类教育资源，促进区域内中等职业教育均衡发展。各级管理岗位可以统筹合并，提高管理效能，将有限的编制资源充实到一线教育岗位。另一方面，构建一套完整的区域教育评价体系、指标体系、政绩考核体系。根据评判体系，年初制定当年发展目标，年末总结经费落实情况，严格统计经费落实情况，发展较好的地区总结经验进行推广，发展不到位的地方加以调整，做到协同发展，共同进步。

第二，建立更加完善的管理制度。将中等职业教育经费全面纳入公共财政预算管理中，各项财政拨款要统一管理、有迹可循，避免出现公款私用、专款他用等现象，将每笔经费用于正确的地方，保证教育经费投入的力度。加大经费监管力度，保证财务管理体系公开、透明。

第三，引入社会资本，注重教育资源的分配与调控。教育均衡发展，补齐短板是其中的关键。要加大对农村地区、基础薄弱学校的资源倾斜，同时要避免经费投入出现“重硬轻软”的现象，即过于注重硬件设施的改善，而忽略对提高教师待遇、加强教师培训等的投入。

第四，增加中等职业教育学生入学补助。许多中等职业学校的学生在入学后发现学费支出与日后期望收益不匹配，认为中等职业教育不能给自己带来预期的回报，从而产生了辍学的想法。应对有学习能力、渴望继续学习的学生给予适当的学费减免和奖学金奖励，提高学生的学习积极性，让更多学生能顺利完成学业。

### （二）加强政策引导，提升办学能力

第一，建立更加完善的奖励机制。通过对有专业证书、有课题申报的教师给予奖励等方式，增强教师的获得感，从而留住人才，减少人员的流动。根据事业编制总量，落实学校实名制和非实名制的编制政策，严格控制非实名制编制教师的数量，加大落实特岗教师选聘计划，利用定向免费教师培养计划吸引优秀的教师加入中等职业教育团队，不断充实“双师型”教师队伍。经过组织遴选，选出德高望重的名校长，在名校长的带领下，吸引更多“双师型”教师到中等职业学校教书育人。同时也可以开展“以赛促教”“巡回讲学”等活动，组建竞赛团队，促进教师不断加强学习，从而提升教育资源相对薄弱地区学校的教学水平，促进区域优化。可以综合调剂教师资源，让教师合理交叉任课，这样不仅可以优化师资配置，而且可以促进教师专业发展。

第二，加大中等职业教育的正面宣传力度。中等职业教育想要更好地发展，就需要进一步提高社会对其的认可度。一些家长存在认知偏差，固执地认为中等职业教育是“被淘汰者的教育”，认为没有办法进入高等院校学习就是社会分层的开始，这种偏见形成了对“普职分流”的恐慌，从而使得中考、高考的竞争越发激烈。要进一步宣传“普职融合”的理念，使家长认识到不同的学校结构不是严格的“层次教育”，教育的方式也不应拘泥于职业教育或学历教育。

第三，注重中等职业教育内涵式发展。改革开放以来，我国经济发展水平不断提高，三大产业结构占比趋于优化。随着产业结构发生调整，我国的人才需求从资源和劳动密集型人才转变为技术密集型人才。为适应形势发展变化的需要，中等职业教育就要提高自己的竞争力和不可替代性。在机械化、电子化高度发展的当下，数字经济与实体经济融合发展，已渐渐将制造业从“向规模要效率”转向“向层次要突破”。要提高中等职业教育的办学质量，为社会输送更优质的专业人才。

### （三）推进产教融合，提高办学质量

第一，促进产教融合，加强校企合作。校企合作不是企业或者学校任何一方的责任，而是需要双方合力才能达成。对于企业而言，可以向建立合作关系的中等职业学校开放自己的工业园，直接“送教入企”。这样不仅可以节省一笔建设经费，还可以减少企业招人入岗后培训的人力、物力成本。对于学校而言，“引企入校”的方式可以让学校更清晰地了解企业的用人需求，更有针对性地开展教学工作。学校和企业共同开设一些切合岗位需求的课程，实行学徒师傅与学位老师的“双导师”制，可避免出现产需脱节的情况；对于学生而言，可通过实践获得一手经验，深入了解企业生产经营的模式，提高自身的岗位适应能力。当前，我国的就业形势依旧严峻，中等职业学校更应着眼市场的需求，大力加强与企业的联系，建立互惠互利的长期合作关系，助力毕业生通过实习提高就业能力。

第二，提高办学质量，让学生获得货真价实的技能教育。当前的中等职业教育一定程度上存在低质化、普高化的问题，中等职业学校不能很好地按照职业技能人才培养要求设置专业和课程，而是“赶潮流”“追热点”设置专业。在学生入学后前期只讲一些基础的书本知识，导致学生兴趣不高，后期为节省办学经费，不开或少开实训课，学生所学技能与社会需求脱节。这样会导致学生产生读书还不如早点打工的想法。为了改变这一局面，中等职业学校应多开设有助于提高学生就业能力的课程。

第三，积极引导学生参加各种职业技能考试。鼓励学生考取汽车运用与维修、工业机器人操作与运维、电子商务数据分析、集成电路开发与测试、网络安全运维、智能财税等技能职业证书。学校也可开设考证特色课程，帮助学生更好地考取职业证书。

第四，构建优质数字资源共建共享体系。中等职业学校除了要注重就业

技能教育，也要鼓励学生继续深造。从中等职业教育生均图书量和生均仪器设备值等可以看出，中等职业教育的教育资源还比较缺乏，因此可考虑建立信息化智慧校园，建立丰富的教育资源库，实现优质教育资源共享。

当前社会对中等职业教育仍存在偏见，要想实现中等职业教育破局出圈发展，在努力纠正偏见的基础上，还要提升中等职业教育的办学质量，赢得社会的认可。

广西教育研究院　吴玉龙　陈一鑫

广西财经学院　王彤

广西民族大学　张超越　黄嘉文

# 第六章 高等教育：振兴发展新征程

## 一、前言

国家“十四五”规划纲要指出未来我国的高等教育要向高质量发展，推进高等教育分类管理和高等学校综合改革，构建更加多元的高等教育体系，高等教育毛入学率提高到60.00%。2021年，中共中央办公厅、国务院办公厅印发《关于新时代振兴中西部高等教育的意见》，明确提出要实施新时代振兴中西部高等教育攻坚行动，全面提升中西部高等教育发展水平，为中西部人民群众提供更多优质高等教育资源，有力支撑中西部经济振兴、文化振兴、教育振兴、人才振兴。西部高等教育的全面振兴，关乎经济社会发展、国家安全稳定、民族团结和多元文化融合等重大战略和核心利益。推进高校治理创新既是实现国家治理体系治理能力现代化的根本要求，也是新时代高等教育深化综合改革、实现高质量内涵式发展的现实需要。面对新的形势和使命，要深入理解西部高等教育振兴与高校治理创新对实施高校治理体系和治理能力现代化、推进西部地区经济社会和高等教育均衡发展的重要意义，为广西高等教育高质量发展提供坚实政策支持和科学方向指引。2021年10月，自治区人民政府印发了《广西教育事业“十四五”发展规划》，提出了“十四五”期间广西高等教育发展的一系列目标，这一系列目标均与国家“十四五”规划纲要相契合。具体包括继续实施广西高校一流学科建设项目，分层次支持建设60个左右高水平学科，落实国家一流本科专业和课程建设“双万计划”，加强一流本科课程建设，实施新增博士、硕士学位授予单位和学位授权点立项建设项目，实施研究生教育质量保障体系建设项目等。可见，2021年是广西在整合现有高等教育资源的基础上开启振兴发展新征程的关键之年。

2016—2021年，广西高等教育发展迅速，高等教育大众化水平进一步提高。2021年广西高等教育毛入学率为52.40%，比2016年高19.10个百分点，超额完成了广西高等教育“十三五”期间制定的毛入学率达40.00%的目标。近年来，广西高等教育师资力量不断壮大，2021年广西高校专任教师总数为56582人，其中博士研究生为9192人、硕士研究生为27505人，广西高等教育教师数量明显增加，质量明显提高。2021年高等教育经费的投入也比之前的年份有所增加，这为广西高等教育高质量发展奠定了基础。

“十四五”时期是我国开启全面建设社会主义现代化国家新征程、向第二个百年奋斗目标进军的第一个五年，也是广西奋力建设新时代中国特色社会主义壮美广西的关键时期。广西高等教育发展亟待围绕构建高质量高等教育体系，走一条教育治理能力现代化、教育资源优质化、教育模式多样化的特色发展之路，推动广西高等教育向普及化阶段转型升级，开启振兴发展新征程。

## 二、广西高等教育发展取得的成就

### （一）教育规模

1.广西普通高校数量稳步上升

广西普通高校数在2016—2021年整体呈上升趋势，但各类高校增加幅度各不相同。其中高职高专学校数增幅大于本科教育学校数和研究生教育学校数。2016—2021年，广西本科教育学校数由2016年的36所增至2021年的38所，年均增长率为1.09%；广西高职高专学校数也在不断增长，由2016年的37所增至2021年的47所，年均增长率为4.90%；广西研究生教育学校数由2016年的13所增至2021年的14所，年均增长率为1.49%。详见图6.1。

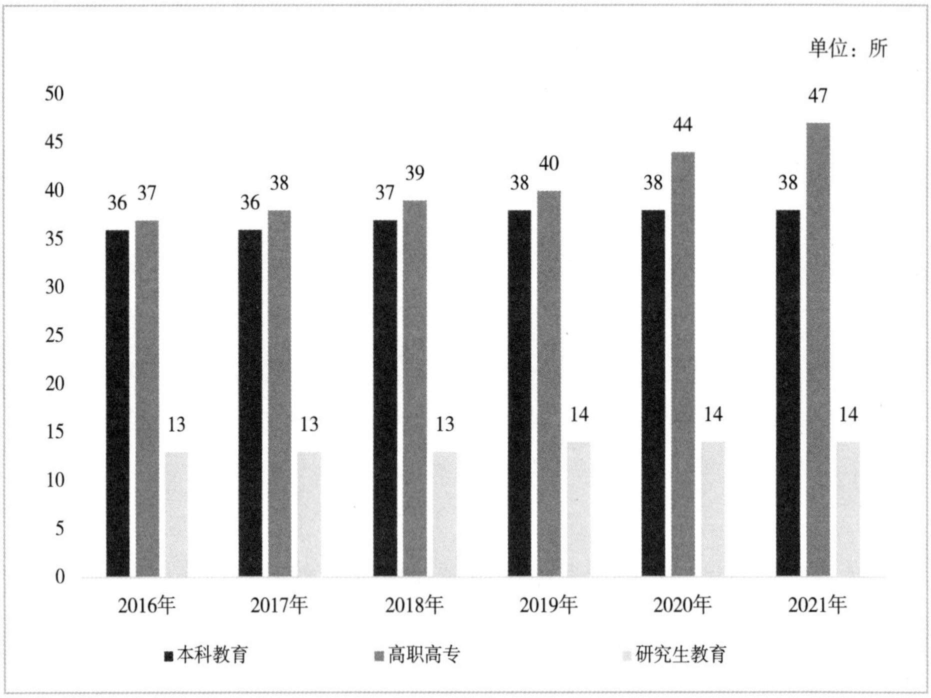


**图6.1　2016—2021年广西普通高校各层次学校数**

数据来源：2016—2021年广西教育事业统计报表。

2.广西普通高校在校学生数量持续增长

广西高等教育规模不断扩大直观体现在学生数量上。2016—2021年，广西普通高校的学生数量逐年增加，层次结构有所变化。

广西普通高校在校生总人数稳步增长，其中研究生在校生数量增长最快，专科生次之，本科生增长最慢。2016—2021年，广西普通高校在校生总人数从837995人增加到1376848人，年均增长率为10.44%。其中：专科生在校人数从387333人增加到732158人，年均增长率为13.58%；本科生在校人数从422949人增加到588884人，年均增长率为6.84%；研究生在校人数从27713人增加到55806人，年均增长率为15.03%。详见图6.2。

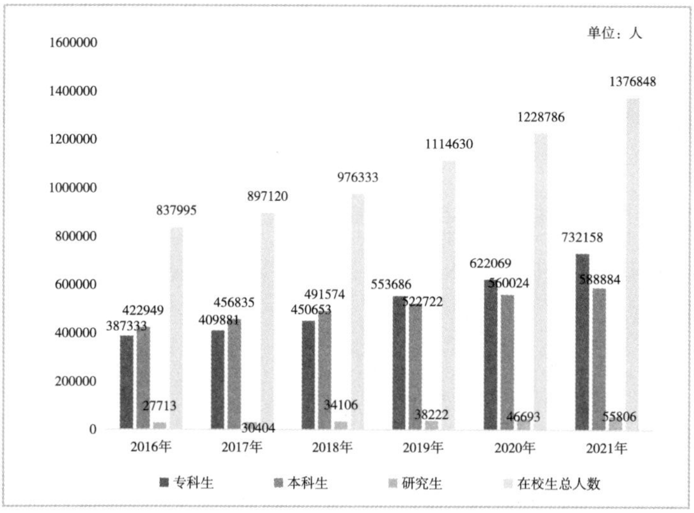


**图6.2　2016—2021年广西普通高校各层次学生在校生数**

数据来源：2016—2021年广西教育事业统计报表。

广西普通高校各层次学生在校生数所占比例总体稳定。2016—2021年，研究生在校生数所占比例稳步增长，从3.31%增长到4.05%；本科生在校生数所占比例除2016—2017年从50.47%增加到50.92%外，其他年份都呈下降趋势；专科生在校生数所占比例呈稳步增长趋势，从46.22%增长到53.18%。详见图6.3。

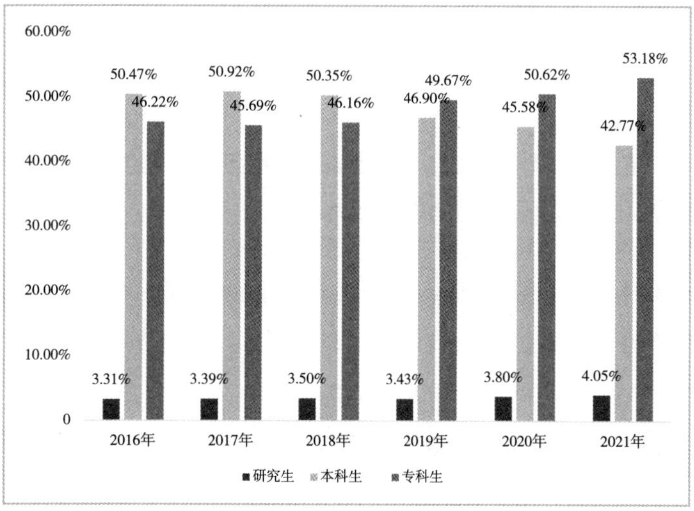


**图6.3　2016—2021年广西普通高校各层次学生在校生数所占比例**

数据来源：2016—2021年广西教育事业统计报表。

3.广西普通高校招生数量不断增长

广西普通高校招生数不断增长，其中研究生招生人数增长最快，专科生次之，本科生增长最慢。2016—2021年，广西普通高校招生总人数从269562人增加到459280人，年均增长率为11.25%。其中：专科生招生数从138585人增加到272644人，年均增长率为14.49%；本科生招生数从120592人增加到165082人，年均增长率为6.48%；研究生招生数从10025人增加到21554人，年均增长率为16.54%。详见图6.4。

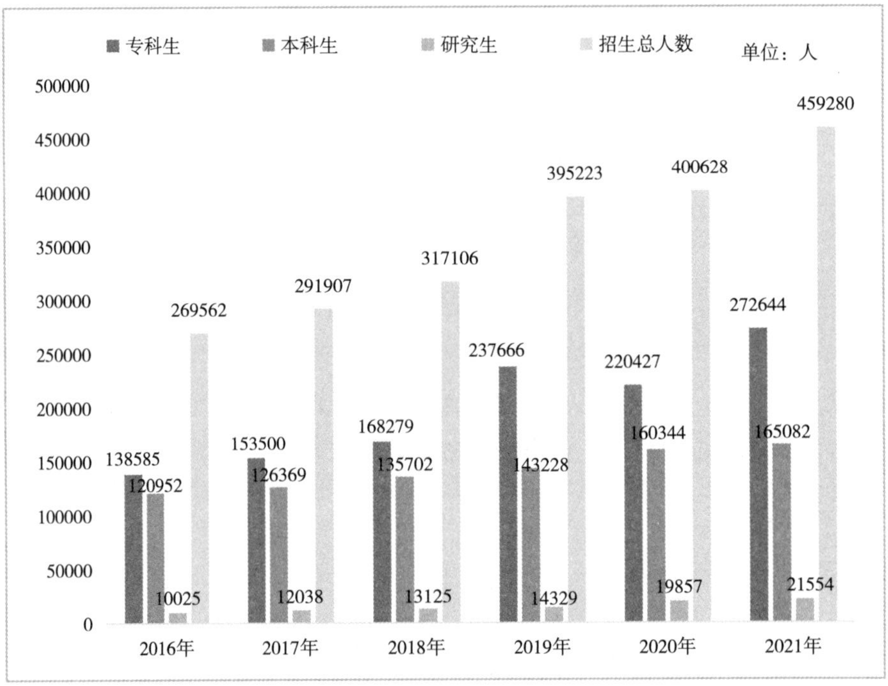


**图6.4　2016—2021年广西普通高校各层次学生招生数**

数据来源：2016—2021年广西教育事业统计报表。

2016—2021年，广西普通高校各层次学生招生数所占比例总体稳定。研究生招生数所占比例总体呈上升趋势，从3.72%增长到4.69%；本科生招生数所占比例除2019—2020年从36.24%增加到40.02%外，其他年份都呈现下降趋势；专科生招生数所占比例呈稳步增长趋势，从51.41%增长到59.36%。详见图6.5。

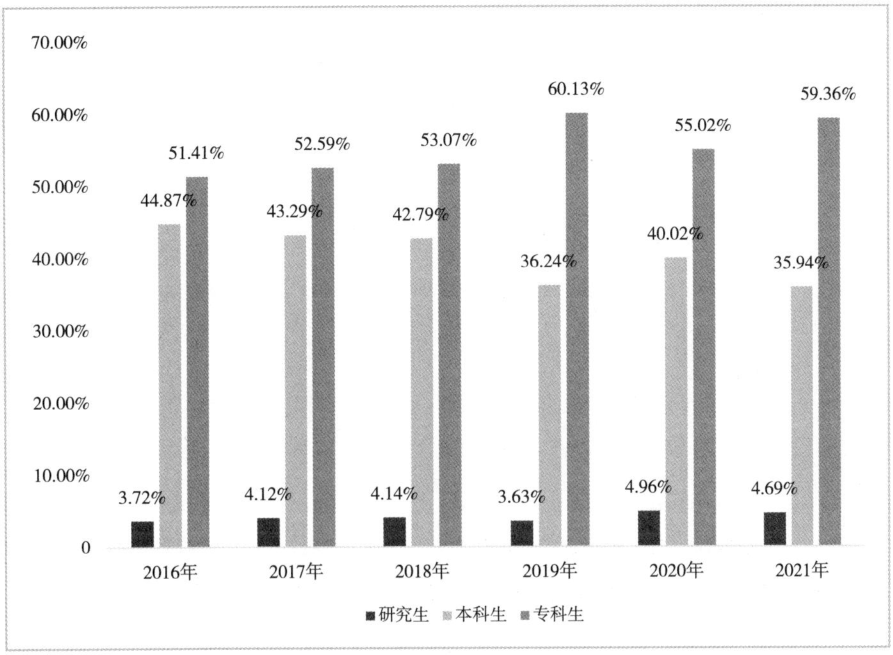


**图6.5　2016—2021年广西普通高校各层次学生招生数所占比例**

数据来源：2016—2021年广西教育事业统计报表。

4.广西普通高校毕业生数量稳步增长

广西普通高校毕业生数总体也呈稳步增长趋势，其中本科生毕业生数增长最快，专科生次之，研究生增长最慢。2016—2021年，广西普通高校毕业生数从198281人增加到298024人，年均增长率为8.49%。其中：专科生毕业生数从106924人增加到156959人，年均增长率为7.98%；本科生毕业生数从82517人增加到129050人，年均增长率为9.36%；研究生毕业生数从8840人增加到12015人，年均增长率为6.33%。详见图6.6。

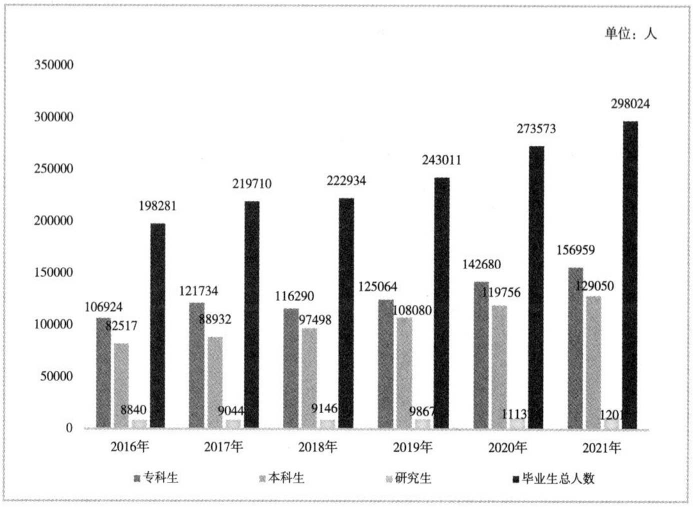


**图6.6 2016—2021年广西普通高校各层次学生毕业数**

数据来源：2016—2021年广西教育事业统计报表。

2016—2021年，广西普通高校各层次学生毕业生数所占比例总体稳定。本科生毕业生数所占比例总体呈增长趋势，从41.62%增长到43.30%；专科生毕业生数所占比例除2017—2018年从55.41%下降到52.16%、2018—2019年从52.16%下降到51.46%外，其他年份都呈现增长趋势；研究生毕业生数所占比例呈下降趋势，从4.46.%下降到4.03%。详见图6.7。

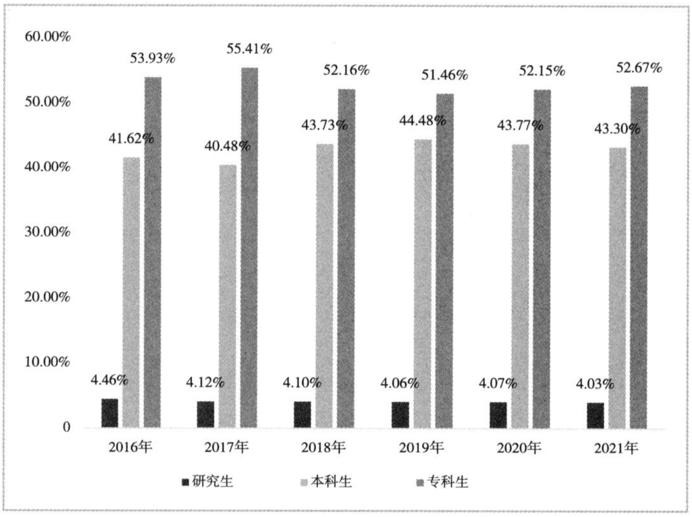


**图6.7 2016—2021年广西普通高校各层次学生毕业生数所占比例**

数据来源：2016—2021年广西教育事业统计报表。

## （二）师资力量

1.广西普通高校教师数量不断增加

2016—2021年，广西普通高校本科院校教职工总数、专任教师数总体呈上升趋势。教职工总数从2016年的46671人增加到2021年的53239人，增长率为14.07%；专任教师数从2016年的28330人增加到2021年的37161人，增长率为31.17%。2016—2021年，广西普通高校本科院校教职工总数年均增长率为2.67%，专任教师数年均增长率为5.58%。详见图6.8。

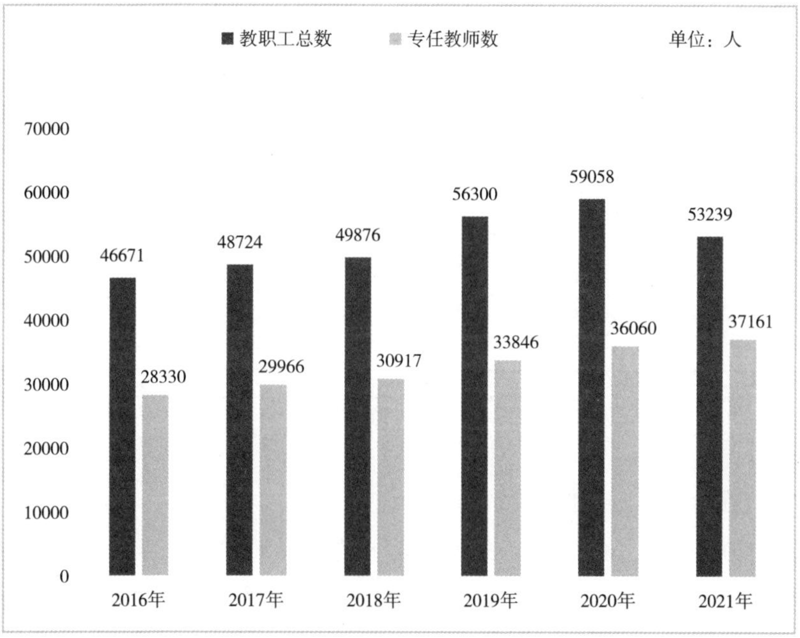


**图6.8　2016—2021年广西普通高校本科院校教职工总数、专任教师数**

数据来源：2016—2021年广西教育事业统计报表。

2.普通高校专任教师学历层次不断提高

2016—2021年，广西普通高校专任教师的学历层次总体呈上升趋势。2017—2021年，博士研究生学历的专任教师人数同比分别增长18.02%、10.31%、18.41%、12.07%、3.84%；硕士研究生学历的专任教师人数有增有减，变动幅度依次为7.29%、5.23%、6.62%、10.80%、−29.55%；本科学历的专任教师人数有增有减，变动幅度依次为3.66%、2.22%、5.20%、8.25%、−60.84%；专科及以下学历的教师人数有增有减，变动幅度依次为−6.25%、−14.17%、6.80%、−20.23%、−83.48%。与2020年相比，2021年广西普通高校专任教师学历层次有所提高。其中：博士研究生学历的专任教师增加了330人，增长率为3.84%；硕士研究生学历的专任教师减少了7407人，减少率为29.55%；本科学历的专任教师减少了11850人，减少率为60.84%；专科及以下学历的专任教师减少了293人，减少率为83.48%。与2016年相比，2021年博士研究生学历、硕士研究生学历、本科学历、专科及以下学历的专任教师人数有增有减，变动幅度依次为79.39%、-6.04%、-52.75%、-88.67%。详见表6.1。

**表6.1　2016—2021年广西普通高校专任教师各学历人数**

单位：人

| 学历 | 2016年 | 2017年 | 2018年 | 2019年 | 2020年 | 2021年 |
|---|---|---|---|---|---|---|
| 博士研究生 | 4978 | 5875 | 6481 | 7674 | 8600 | 8930 |
| 硕士研究生 | 18791 | 20161 | 21216 | 22621 | 25063 | 17656 |
| 本科 | 16140 | 16730 | 17102 | 17991 | 19476 | 7626 |
| 专科及以下 | 512 | 480 | 412 | 440 | 351 | 58 |

数据来源：2016—2021年广西教育事业统计报表。

3.普通高校专任教师年龄结构逐步优化

与2020年相比，2021年广西普通高校专任教师中，各年龄段的专任教师人数均有所减少，29岁及以下的减少了4670人，30—34岁的减少了4019人，35—39岁的减少了4028人，40—44岁的减少了1769人，45—49岁的减少了1691人，50—54岁的减少了1376人，55—59岁的减少了827人，60—64岁的减少了593人，65岁及以上的减少了247人，下降率分别为57.96%、40.19%、35.78%、20.84%、27.58%、29.76%、21.67%、76.71%、72.01%。详见图6.9。

虽然总体上专任教师人数有所减少，但是2021年广西普通高校专任教师年龄结构比2020年更加合理。2021年29岁及以下、30—34岁、60—64岁、65岁及以上的专任教师数占专任教师总数的比重均下降，分别下降了5.18个百分点、1.24个百分点、0.92个百分点、0.36个百分点。而35—39岁、40—44岁、45—49岁、50—54岁、55—59岁的专任教师数占专任教师总数的比重均上升，分别上升了0.04个百分点、3.74个百分点、1.50个百分点、0.83个百分点、1.58个百分点。

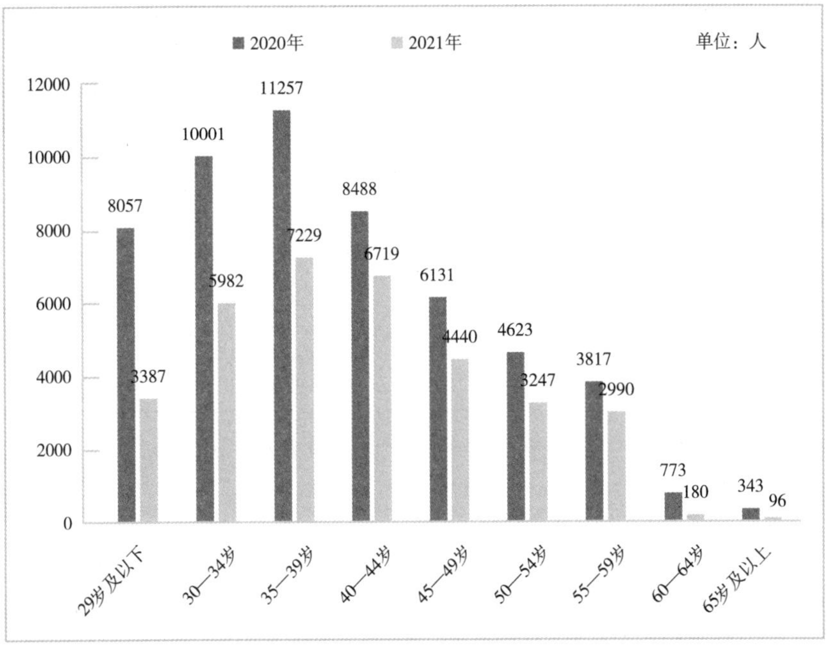


**图6.9　2020—2021年广西普通高校专任教师年龄结构**

数据来源：2020—2021年广西教育事业统计报表。

4.普通高校专任教师职称结构层次不断改善

2016—2021年，广西普通高校专任教师职称结构层次不断改善，正高级职称、副高级职称、中级职称、未定职称的专任教师总体上呈增长趋势。2017—2021年，正高级职称的专任教师同比分别增长6.55%、4.34%、9.07%、7.10%、3.37%，副高级职称的专任教师同比分别增长7.91%、5.03%、6.30%、6.52%、4.97%，中级职称的专任教师同比分别增长5.35%、3.50%、3.69%、6.12%、8.70%，初级职称的专任教师有增有减，同比分别增长-0.29%、-6.68%、-3.30%、11.99%、0.73%，未定职称的专任教师同比分别增长15.06%、12.82%、24.77%、23.12%、8.10%。与2016年相比，2021年广西普通高校正高级职称、副高级职称、中级职称、初级职称、未定职称的专任教师均有所增加，分别增加了1511人、3724人、4991人、51人、6285人。与2020年相比，2021年广西普通高校正高级职称、副高级职称、中级职称、初级职称、未定职称的专任教师都有所增加，分别增加了193人、684人、1713人、25人、878人。详见表6.2。

**表6.2　2016—2021年广西普通高校专任教师职称结构**

单位:人

| 职称 | 2016年 | 2017年 | 2018年 | 2019年 | 2020年 | 2021年 |
|---|---|---|---|---|---|---|
| 正高级 | 4412 | 4701 | 4905 | 5350 | 5730 | 5923 |
| 副高级 | 10733 | 11582 | 12164 | 12930 | 13773 | 14457 |
| 中级 | 16416 | 17294 | 17899 | 18559 | 19694 | 21407 |
| 初级 | 3421 | 3411 | 3183 | 3078 | 3447 | 3472 |
| 未定职称 | 5439 | 6258 | 7060 | 8809 | 10846 | 11724 |

数据来源：2020—2021年广西教育事业统计报表。

## （三）办学条件

随着社会不断发展进步，广西普通高校的办学条件也在不断改善。学校的占地面积，教学用计算机数，多媒体教室数，教学、科研仪器设备值，图书数均大规模增加。与2016年相比，2021年广西普通高校占地面积增加了3338.90万平方米，增长率为73.31%；教学用计算机数增加了138240台，增长率为49.77%；多媒体教室数增加了5433个，增长率为71.31%；教学、科研仪器设备值增加了880761.03万元，增长率为94.22%；图书数增加了2225.80万册，增长率为36.12%。详见表6.3。

**表6.3　2016—2021年广西普通高校学校资产情况**

| 指标 | 2016年 | 2017年 | 2018年 | 2019年 | 2020年 | 2021年 |
|---|---|---|---|---|---|---|
| 占地面积/万平方米 | 4554.47 | 5106.06 | 5222.69 | 5643.76 | 6947.75 | 7893.37 |
| 教学用计算机数/台 | 277735 | 257086 | 275722 | 357319 | 388654 | 415975 |
| 多媒体教室数/个 | 7605 | 8633 | 9672 | 10871 | 11786 | 13028 |
| 教学、科研仪器设备值/万元 | 934760.30 | 1071319.76 | 1244552.66 | 1401854.82 | 1606968.28 | 1815521.33 |
| 图书数/万册 | 6162.56 | 6568.81 | 6857.70 | 7458.90 | 8007.02 | 8388.36 |

数据来源：2016—2021年教育部官网。

2017—2021年，广西普通高校国家财政性收入均有所增长，分别比上年增加了283496万元、130437万元、356948万元、300675万元、160791万元，增长率分别为25.57%、9.37%、23.44%、16.00%、7.37%。与2016年相比，2021年广西普通高校国家财政性收入增长率为111.13%，增加了1232347万元。2016—2021年，广西普通高校国家财政性收入年均增长率为16.12%。详见图6.10。

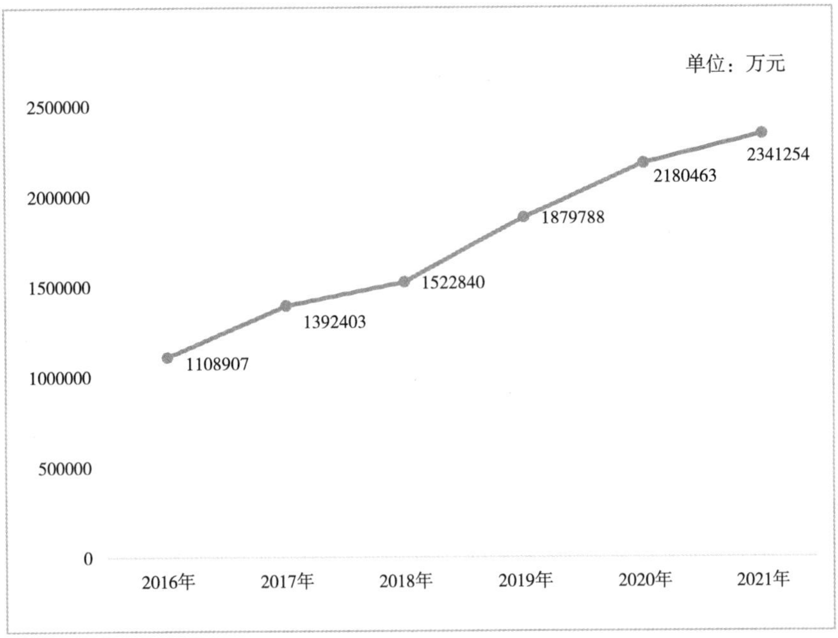


**图6.10　2016—2021年广西普通高校国家财政性收入情况**

数据来源：2016—2021年广西教育事业统计报表。

## （四）办学层次

### 1.高等教育办学结构不断优化

2021年，广西共有普通高校85所。其中：普通本科学校36所，占广西普通高校总数的42.35%；本科层次职业学校2所，占广西普通高校总数的2.35%；高等职业学校41所，占广西普通高校总数的48.24%；高等专科学校6所，占广西普通高校总数的7.06%。详见图6.11。2021年，全区遴选认定50个示范性现代产业学院，推动4所独立学院转设，新设4所高职院校，调整5所区市共管高校管理体制，高等教育办学层次进一步优化。

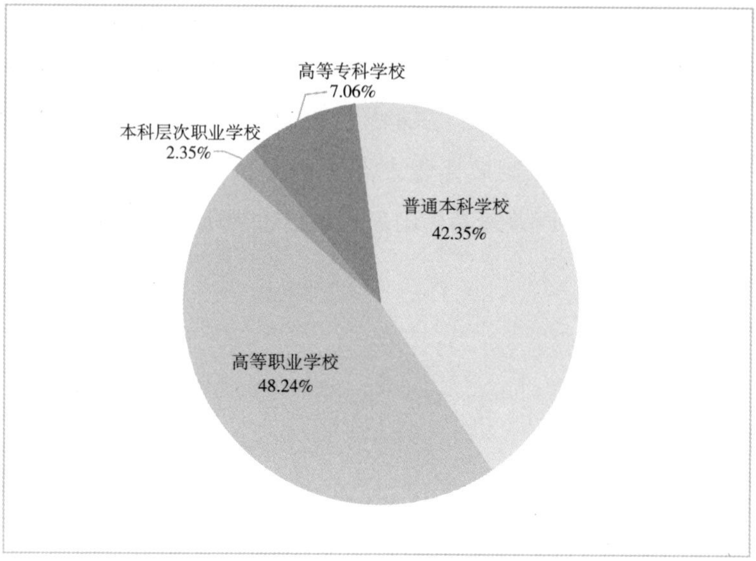


**图6.11　2021年广西普通高校层次结构**

2.“双一流”建设水平不断提高

“双一流”建设体现国家高等教育发展战略从重点建设到协同创新的政策跨越，是对“985”“211”工程的历史性跨越。党的十八届五中全会将世界一流大学和一流学科建设纳入经济社会发展全局。广西面对地区社会经济、教育、人才的竞争，也着力推进区内高等教育发展。广西大学是广西高校的领头羊，是广西唯一的“双一流”建设高校和部区合建高校，其土木工程学科入选世界一流学科建设行列。截至2021年底，广西大学有19个学科进入ESI（基本科学指标数据库），学科全球排名前1%。

在教育部公布的2020年度国家级本科专业建设名单上，广西有16所高校共60个专业点入选。广西重点支持了34个一流学科项目、25个一流学科（培育）项目。广西高等教育在学科建设方面取得了不俗的成绩，在教师队伍建设上取得的成绩也同样亮眼。2021年广西大学王双飞教授当选为中国工程院院士，同年广西新增8名教师入选教育部“长江学者奖励计划”。广西高校的“双一流”建设水平正在不断提高。

3.普通高校国际化水平不断提高

广西一直以来与东盟维持着紧密的合作关系，2020—2021年共举办了3届中国—东盟职业教育联展暨论坛。每年来广西留学的学生超过1万人，同时有近1400名专任教师、约2.2万名大学生到国外研修深造和交流学习。截至2020年，广西高校累计获批32个中外合作办学项目和机构，其中本科层次18个、专科层次14个。广西高校在东盟国家新建1所孔子学院、6个孔子课堂。10余所广西高校赴境外开办分校或培训基地，被国（境）外采用的专业教学标准41个、课程标准196个。广西高校依托各级各类中国—东盟人才培训中心（基地）、境外教学点等开展培训逾1.3万人。

### （五）社会服务水平

#### 1.普通高校毕业生就业情况不断改善

2021年，广西普通高校毕业生共有30.09万人（其中，研究生1.05万人、本科生12.77万人、专科生16.27万人），比2020年增加了2.69万人，增长率为9.92%。截至2021年9月1日，研究生初次毕业就业0.94万人，本科生初次毕业就业10.59万人，专科生初次毕业就业13.95万人。详见图6.12。

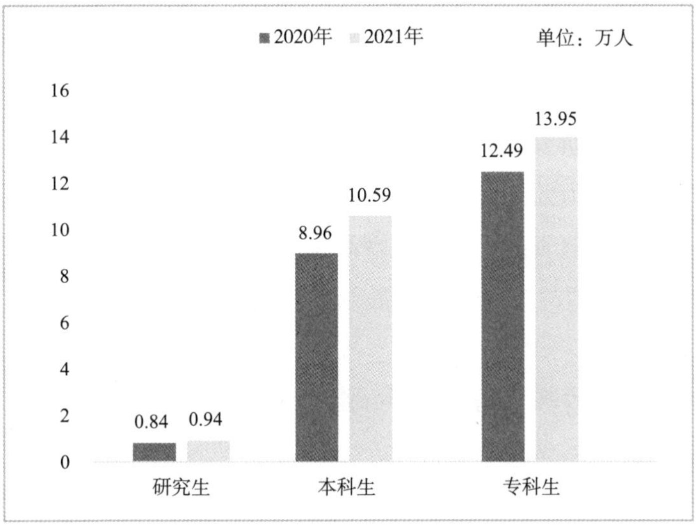


**图6.12　2020—2021年广西普通高校各层次学生初次毕业就业人数**

数据来源：广西2020—2021届普通高校毕业生就业质量年度报告。

广西2021届高校毕业生初次毕业去向落实率（简称落实率）为84.66%，其中研究生落实率为89.45%，本科生落实率为82.91%，专科生落实率为85.72%。

#### 2.校企合作能力不断加强

校企合作是企业和高等院校在满足各自不同利益的基础上，寻求共同发展的一种工作机制。与企业合作是应用型大学的重要办学形式和发展趋势。利用校企合作推动创新创业，既是学校拓宽就业渠道的主动尝试，也是教育更好服务学生群体的方式。广西大学正处在全力推进“土木工程”世界一流学科整改建设和学校新一轮“双一流”建设的新发展阶段，在这个关键时期，广西大学与平陆运河集团有限公司签订战略合作协议，实现校企合作。参与平陆运河这个世纪性工程，对广西大学的学科建设、人才培养、科学研究、社会服务能力都将起到重要推进作用。同时广西大学也将汇聚六大学科群的力量，充分发挥土木建筑工程学院、资源环境与材料学院、海洋学院、机械工程学院、电气工程学院、计算机与电子信息学院、经济学院、工商管理学院、公共管理学院、法学院、艺术学院等11个学院的学科优势，全面参与平陆运河工程项目建设，共同促进运河经济发展，依托世纪性工程的建设作贡献、出成果、育人才。由于传媒类企业人才需求与传媒学院的人才培养目标契合度很高，广西职业技术学院传媒学院与广西壮悦广告传媒有限公司等10家企业进行了合作。此次合作校企双方以打造数字产业学院品牌为抓手，在人才培养、师资队伍建设、校外实训基地建设等项目上加大合作力度，持续深入交流，共同助推校企合作。

广西大学和广西职业技术学院不断深化校企合作是广西各个高校在现阶段提高校企合作能力的缩影，各个高校和企业正在不断探索校企合作的新路径，整合高校和企业资源，努力实现高校和企业双赢的局面。由于高校和企业的积极推进，广西高校校企合作能力近年来日益增强。

## 三、广西高等教育存在的问题

### （一）高校专业结构设置不合理，科教、产教融合有待进一步深化

1.高等教育专业设置需进一步完善

广西普通高校现设12个学科。2021年广西普通高校中工学、管理学和艺术学学科的招生数与在校生数是最多的，工学在校生数为167637人，占在校生总人数的28.99%；管理学在校生数为98937人，占在校生总人数的17.11%；艺术学在校生数为76969人，占在校生总人数的13.31%。其余9个学科的在校生数共占40.59%，其中教育学在校生数仅占5.73%，经济学在校生数仅占3.83%，而农学、历史学、哲学在校生数占比均不到1%。人才集中于第三产业，这一学科分布结构进一步加剧了广西人才分布不均的现象。详见表6.4。

**表6.4　2021年广西普通高校各学科在校生情况**

| 学科 | 在校生数/人 | 占在校生数总人数的比例 |
| --- | --- | --- |
| 工学 | 167637 | 28.99% |
| 管理学 | 98937 | 17.11% |
| 艺术学 | 76969 | 13.31% |
| 文学 | 63385 | 10.96% |
| 医学 | 54500 | 9.43% |
| 理学 | 35661 | 6.17% |
| 教育学 | 33160 | 5.73% |
| 经济学 | 22156 | 3.83% |
| 法学 | 18093 | 3.13% |
| 农学 | 4707 | 0.81% |
| 历史学 | 2523 | 0.44% |
| 哲学 | 502 | 0.09% |

数据来源：2021年广西教育事业统计报表。

2.科教融合有待加强

2020年广西高校研发经费支出为1370239万元，在全国居22位，比最高的广东低27651610万元。可见在科技创新经费投入方面，广西高校不占优势。广西高校在2020年一共发表科技论文27754篇，在全国居21位；有效发明专利共3693个，在全国居18位。广西高校的科教融合有待加强。详见表6.5。

**表6.5　2020年全国高校科教融合情况**

| 地区 | 指标 | | | 地区 | 指标 | | |
| --- | --- | --- | --- | --- | --- | --- | --- |
| | 发表科技论文/篇 | 有效发明专利/个 | 研发经费支出/万元 | | 发表科技论文/篇 | 有效发明专利/个 | 研发经费支出/万元 |
| 广西 | 27754 | 3693 | 1370239 | 河北 | 34938 | 3114 | 5703924 |
| 北京 | 126570 | 16578 | 3135144 | 山西 | 26231 | 1939 | 1862448 |
| 天津 | 34443 | 5293 | 2512635 | 内蒙古 | 13677 | 549 | 1547744 |

续表

| 地区 | 指标 | | | 地区 | 指标 | | |
|---|---|---|---|---|---|---|---|
| | 发表科技论文/篇 | 有效发明专利/个 | 研发经费支出/万元 | | 发表科技论文/篇 | 有效发明专利/个 | 研发经费支出/万元 |
| 辽宁 | 57833 | 5830 | 3672792 | 广东 | 120957 | 14980 | 29021849 |
| 吉林 | 37098 | 3504 | 858433 | 海南 | 5588 | 428 | 141545 |
| 黑龙江 | 43556 | 5096 | 887690 | 重庆 | 37183 | 6113 | 4245267 |
| 上海 | 100327 | 12099 | 6983293 | 四川 | 78864 | 6132 | 4801710 |
| 江苏 | 146721 | 30303 | 27166319 | 贵州 | 21372 | 1033 | 1210567 |
| 浙江 | 60978 | 14456 | 15916604 | 云南 | 22477 | 1585 | 1764956 |
| 安徽 | 44636 | 7538 | 7391200 | 西藏 | 1126 | 21 | 24788 |
| 福建 | 29919 | 4162 | 7716634 | 陕西 | 76509 | 12083 | 3196867 |
| 江西 | 27881 | 2552 | 3978466 | 甘肃 | 17521 | 900 | 642848 |
| 山东 | 80430 | 10092 | 15653402 | 青海 | 3848 | 150 | 138488 |
| 河南 | 52537 | 5830 | 7640132 | 宁夏 | 6021 | 247 | 517577 |
| 湖北 | 81914 | 10475 | 7235941 | 新疆 | 11648 | 721 | 541819 |
| 湖南 | 63375 | 7116 | 7661149 | | | | |

数据来源：2020年中国科技统计年鉴。

## （二）高等教育经费投入总量不足，经费来源结构单一

1.高等教育经费投入总量仍显不足

虽然近年来广西对高等教育的经费投入不断增加，但是投入力度与全国其他地区相比仍存在一定差距。2021年，广西普通高校生均一般公共预算教育事业费支出与中南五省（本文指河南、湖北、湖南、广东、海南）相比最低，居第6位；在西南六省（本文指广西、四川、云南、贵州、重庆、西藏）中最低，居第6位；在中南五省和西南六省11个省区中，居第11位。与2020年相比，2021年广西普通高校生均一般公共预算教育事业费支出增长额与中南五省相比居第2位，在西南六省中居第3位。2021年，广西普通高校生均一般公共预算公用经费支出与中南五省相比居第3位，在西南六省中居第3位，在中南五省和西南六省11个省区中居第5位。2021年与2020年相比，广西普通高校生均一般公共预算公用经费支出增长额在西南六省中居第2位。详见表6.6。

**表6.6　2020—2021年广西与全国部分地区普通高校生均一般公共预算教育事业费支出和生均一般公共预算公用经费支出情况**

单位:元

| 地区 | 生均一般公共预算教育事业费支出 | | | 生均一般公共预算公用经费支出 | | |
|---|---|---|---|---|---|---|
| | 2020年 | 2021年 | 变化率 | 2020年 | 2021年 | 变化率 |
| 广西 | 13176.18 | 13628.91 | 3.44% | 7469.82 | 8048.52 | 7.75% |
| 河南 | 13967.90 | 14646.45 | 4.86% | 6631.36 | 7169.60 | 8.12% |
| 湖北 | 18267.05 | 18499.83 | 1.27% | 7113.14 | 7515.83 | 5.66% |
| 湖南 | 14674.97 | 14182.18 | −3.36% | 4472.65 | 4390.62 | −1.83% |
| 广东 | 29113.08 | 28340.89 | −2.65% | 10740.73 | 11279.33 | 5.01% |
| 海南 | 30029.48 | 24502.07 | −18.41% | 18094.01 | 13204.64 | −27.02% |
| 四川 | 17090.08 | 18116.99 | 6.01% | 5912.22 | 6258.12 | 5.85% |
| 云南 | 16083.77 | 16239.19 | 0.97% | 5674.55 | 5994.85 | 5.64% |
| 贵州 | 18169.06 | 20005.38 | 10.11% | 7077.95 | 9861.12 | 39.32% |
| 重庆 | 15340.12 | 15758.20 | 2.73% | 7078.35 | 7400.21 | 4.55% |
| 西藏 | 65990.31 | 58342.44 | −11.59% | 30787.20 | 26532.64 | −13.82% |

数据来源：2020—2021年广西教育事业统计报表。

2.高等教育经费来源结构单一

我国高等教育经费主要由国家财政性教育经费、民办学校中举办者投入、社会捐赠经费、事业收入、其他教育经费等5部分组成。2021年广西高等教育经费中国家财政性教育经费为1184.05亿元，占广西区内投入教育经费总额的82.41%；事业收入为225.06亿元，占广西区内投入教育经费总额的15.66%；其他教育经费为18.57亿元，占广西区内投入教育经费总额的1.29%；民办学校中举办者投入为7.73亿元，占广西区内投入教育经费总额的0.54%；社会捐赠经费为1.36亿元，占广西区内投入教育经费总额的0.09%。广西高等教育经费主要来源国家财政性教育经费和事业收入，其他渠道教育经费占比较小，且资金来源并不畅通，高等教育经费来源渠道单一。详见图6.13。

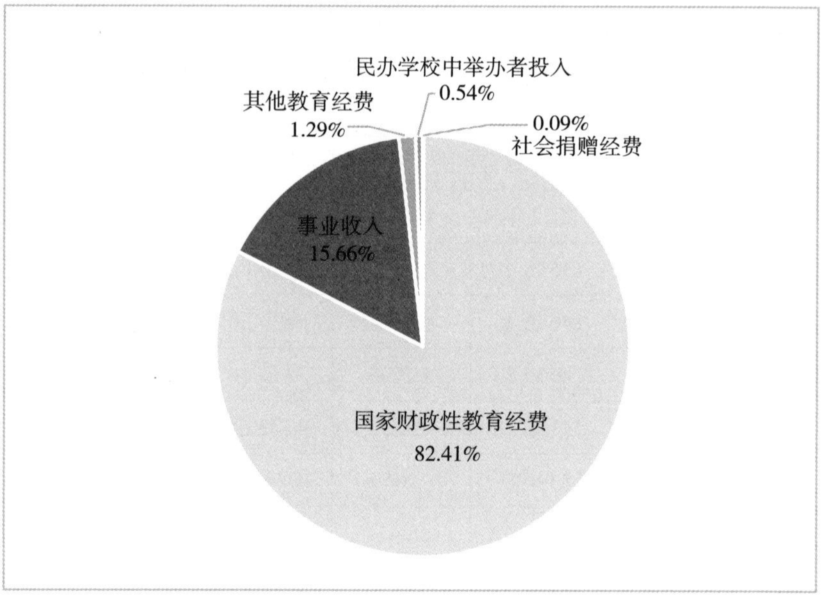


**图6.13　2021年广西高等教育经费来源占比**

数据来源：2021年广西教育事业统计报表。

3.生均经费呈现波动下降趋势

2016—2021年广西普通高校生均一般公共预算教育事业费支出呈波动下降的趋势。2016年广西普通高校生均一般公共预算教育事业费支出为14374.16元，2021年为13628.91元；与2016年相比，2021年广西普通高校生均一般公共预算教育事业费支出减少了745.25元，下降率为5.18%。2016—2021年广西普通高校生均一般公共预算教育事业费支出的年均增长率为-1.06%。2016—2021年广西普通高校生均一般公共预算公用经费支出同样呈波动下降的趋势。2016年广西普通高校生均一般公共预算公用经费支出为8395.30元，2021年为8048.52元；与2016年相比，2021年广西普通高校生均一般公共预算公用经费支出减少了346.78元，下降率为4.13%。2016—2021年广西普通高校生均一般公共预算公用经费的年均增长率为-0.84%。详见图6.14。

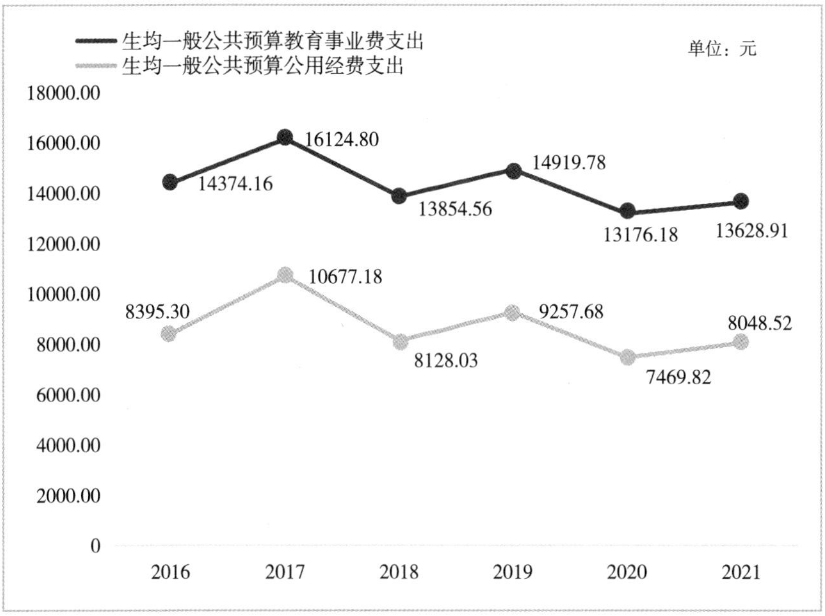


**图6.14　2016—2021年广西普通高校生均一般公共预算教育事业费支出和生均一般公共预算公用经费支出情况**

数据来源：2016—2021年广西教育事业统计报表。

### （三）高等教育资源分布不均，区内高等教育资源差异大

截至2021年广西有普通高校85所，其中本科院校38所、专科院校47所。上述院校分布于全区14个地市，其中南宁有高等院校35所，占广西普通高校总数的41.18%；桂林市有高等院校12所，占广西普通高校总数的14.12%。而广西人口排名第二的玉林市只有2所高等院校。本科院校主要集中在南宁市和桂林市，分别为15所和9所，其他地市的本科院校大致都是1到2所，而2021年防城港市和贵港市没有本科院校。专科院校主要分布在南宁、桂林、柳州、崇左等市，而贺州市截至2021年都没有设立专科院校。详见表6.7。

**表6.7　2021年广西各地市各类高校布局情况**

| 地区 | 本科院校数/所 | 专科院校数/所 | 人口数/万人 | 每所学校服务的人口数/万人 |
|---|---|---|---|---|
| 南宁市 | 15 | 20 | 875.25 | 25.01 |
| 桂林市 | 9 | 3 | 493.74 | 41.15 |
| 崇左市 | 2 | 6 | 209.13 | 26.14 |

续表

| 地区 | 本科院校数/所 | 专科院校数/所 | 人口数/万人 | 每所学校服务的人口数/万人 |
|---|---|---|---|---|
| 柳州市 | 2 | 4 | 416.31 | 69.39 |
| 百色市 | 2 | 3 | 357.60 | 71.52 |
| 北海市 | 2 | 2 | 185.56 | 46.39 |
| 钦州市 | 1 | 2 | 330.64 | 110.21 |
| 梧州市 | 1 | 2 | 282.45 | 94.15 |
| 玉林市 | 1 | 1 | 580.41 | 290.21 |
| 河池市 | 1 | 1 | 342.23 | 171.12 |
| 来宾市 | 1 | 1 | 207.72 | 103.86 |
| 贺州市 | 1 | 0 | 201.49 | 201.49 |
| 防城港市 | 0 | 1 | 104.74 | — |
| 贵港市 | 0 | 1 | 432.17 | — |

数据来源：2021年广西教育事业统计报表。

在教育经费方面，广西14个地市教育经费配置不均衡的问题仍然突出。2021年，广西普通高校生均教育经费支出最高的是防城港市，最低的是来宾市，两者相差78410.94元；从生均公用经费支出上看，最高的防城港市比最低的来宾市多50290.49元。生均预算内教育事业费支出最高的是防城港市，最低的是贺州市，两者相差165446.6元；从生均预算内公用经费支出上看，最高的防城港市与最低的百色市相差100867.59元。各地市对普通高校教育的投入情况存在较大差异（贵港市数据缺失不参与比较）。详见表6.8。

**表6.8　2021年广西各地市普通高校教育经费配置情况比较**

单位:元

| 地区 | 生均教育经费支出 | 生均公用经费支出 | 生均预算内教育事业费支出 | 生均预算内公用经费支出 |
|---|---|---|---|---|
| 南宁市 | 24393.84 | 10224.03 | 15936.22 | 9878.07 |
| 柳州市 | 27783.98 | 15183.00 | 10884.33 | 5294.85 |
| 桂林市 | 33799.68 | 19832.42 | 24918.26 | 15714.70 |
| 梧州市 | 21488.37 | 10772.51 | 10682.10 | 5177.75 |

续表 单位：元

| 地区 | 生均教育经费支出 | 生均公用经费支出 | 生均预算内教育事业费支出 | 生均预算内公用经费支出 |
|---|---|---|---|---|
| 北海市 | 26120.41 | 13833.96 | 18569.05 | 13000.97 |
| 防城港市 | 94831.67 | 55539.69 | 173232.26 | 103507.76 |
| 钦州市 | 27203.04 | 9562.01 | 22532.37 | 9531.36 |
| 贵港市 | — | — | — | — |
| 玉林市 | 36161.93 | 21570.34 | 15365.19 | 6981.04 |
| 百色市 | 21056.54 | 8480.06 | 10645.94 | 2640.17 |
| 贺州市 | 19604.79 | 10851.26 | 7785.66 | 2759.83 |
| 河池市 | 26887.44 | 14580.36 | 12958.11 | 4976.51 |
| 来宾市 | 16420.73 | 5249.20 | 11573.47 | 4247.54 |
| 崇左市 | 24393.84 | 10224.03 | 15936.22 | 9878.07 |

数据来源：2021年广西教育事业统计报表。

## （四）高等教育质量不高，高校竞争力不足

### 1.广西高校科研能力有待提高

学校的科研能力关系到该校教育质量，其中高校实验室数量和水平对学校科研水平有着重要影响。广西的高校要进行高质量的科学研究就要依托各类科研创新平台和国家重点实验室。截至2021年，广西有高校国家重点实验室2个、国家工程研究中心1个，国家实验室、国家工程实验室、国家工程技术研究中心均无。广西科研创新平台以及国家重点实验室数量稀缺，不利于广西高校进行科学研究，导致广西高校在科学研究方面难以取得突破。相比于其他省（自治区、直辖市），广西高校的科研能力仍有很大的进步空间。详见表6.9。

**表6.9　2021年国家重点实验室分布情况**

单位:个

| 地区 | 国家重点实验室个数 | 地区 | 国家重点实验室个数 | 地区 | 国家重点实验室个数 |
|---|---|---|---|---|---|
| 北京 | 79 | 辽宁 | 8 | 贵州 | 2 |
| 上海 | 32 | 甘肃 | 7 | 云南 | 2 |
| 江苏 | 20 | 天津 | 6 | 河北 | 1 |
| 湖北 | 17 | 湖南 | 5 | 安徽 | 1 |
| 陕西 | 13 | 重庆 | 5 | 河南 | 1 |
| 广东 | 11 | 黑龙江 | 4 | 广西 | 2 |
| 吉林 | 10 | 福建 | 4 | 新疆 | 1 |
| 浙江 | 9 | 山东 | 3 | | |
| 四川 | 9 | 山西 | 2 | | |

数据来源：2021年国家重点实验室年度报告。

2.广西高校在国内的竞争力不强

广西大学、广西师范大学、广西医科大学、广西民族大学、桂林电子科技大学、桂林理工大学、广西中医药大学、南宁师范大学属于广西重点规划建设的8所普通高校。这8所高校，只有广西大学和广西师范大学位于全国前200名的位次，其他大学排名均位于200名以后。大学排名是一个学校综合实力的体现，由此可见广西高校在全国范围内综合实力不强，竞争力有待提高。详见表6.10。

**表6.10　2021年广西8所普通高校在全国的排名情况**

| 学校 | 排名 | 学校 | 排名 |
|---|---|---|---|
| 广西大学 | 118 | 广西医科大学 | 206 |
| 广西师范大学 | 191 | 广西民族大学 | 335 |
| 桂林电子科技大学 | 207 | 广西中医药大学 | 455 |
| 桂林理工大学 | 261 | 南宁师范大学 | 413 |

数据来源：2021年全国大学排行榜。

## （五）高等教育国际化水平不高

1.来广西留学的学生数量不多且学生结构不合理

随着我国对外开放的不断深入和教育质量的不断提高，来华留学生数量也在不断攀升。2021年来华留学生数量突破了44万人次，而2021年来广西留学的学生仅为5207人次，相比庞大的来华留学生数量，来广西留学的学生相对较少。

来广西留学的主要是以本科留学生为主，硕士留学生和博士留学生的数量较少。2021年来广西留学的本科生人数为4420人，占来广西留学总人数的84.89%；来广西留学的硕士生人数为573人，占来广西留学总人数的11.00%；来广西留学的博士生人数为214人，占来广西留学总人数的4.11%。详见图6.15。

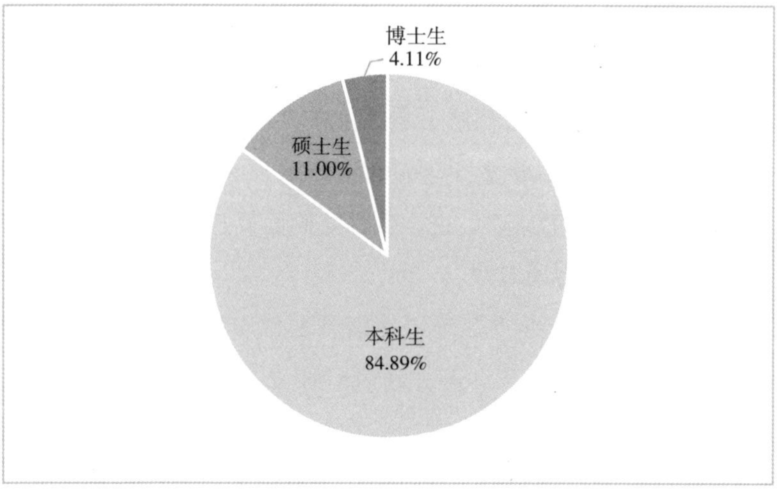


**图6.15　2021年来广西留学的学生学历占比**

数据来源：2021年广西教育事业统计报。

2.广西高校国际影响力不足

广西地处我国西南，靠近东南亚，与东南亚经济文化交流频繁。东南亚的留学生数量占来广西留学总人数的50.00%以上，其他地区来广西留学的学生数量占比较少。广西高校留学生结构单一，广西高校的影响力主要集中在东南亚地区，对其他地区影响力不大。详见表6.11。

在西南交通大学发布的中国大学国际化水平最新排名中，广西大学在全国高校排名中位列102位。可见广西高校的国际影响力相比其他省（自治区、直辖市）仍有待提高。

表6.11　2021年来广西留学的学生情况

单位：人

| 留学生来自的地区 | 毕（结）业生数 | 授予学位数 | 招生数 | 在校生数 |
|---|---|---|---|---|
| 亚洲 | 920 | 828 | 815 | 4496 |
| 非洲 | 247 | 185 | 91 | 586 |
| 欧洲 | 10 | 4 | 50 | 103 |
| 北美洲 | 3 | 2 | 6 | 12 |
| 南美洲 | 0 | 0 | 1 | 6 |
| 大洋洲 | 0 | 0 | 0 | 4 |

数据来源：2021年广西教育事业统计报表。

3.广西高校国际交流与合作能力有待提高

根据国家自然科学基金委员会的数据显示，2021年广西高校承担国际（地区）交流与合作项目仅1项。这一数据从侧面反映出广西高校在科学研究方面与国际的交流合作规模过小。

根据教育部中外合作办学监督工作信息平台的数据显示，截至2021年，广西有1个中外合作办学机构、22个中外合作办学项目。中南五省中，广东有13个中外合作办学机构、27个中外合作办学项目；湖北有7个中外合作办学机构、68个中外合作办学项目；海南有7个中外合作办学机构、8个中外合作办学项目；湖南有2个中外合作办学机构、38个中外合作办学项目；河南有1个中外合作办学机构、24个中外合作办学项目。与中南五省相比，广西中外合作办学机构数与中外合作办学项目数都处于靠后水平。广西高校国际交流与合作能力需要提高。详见图6.16。

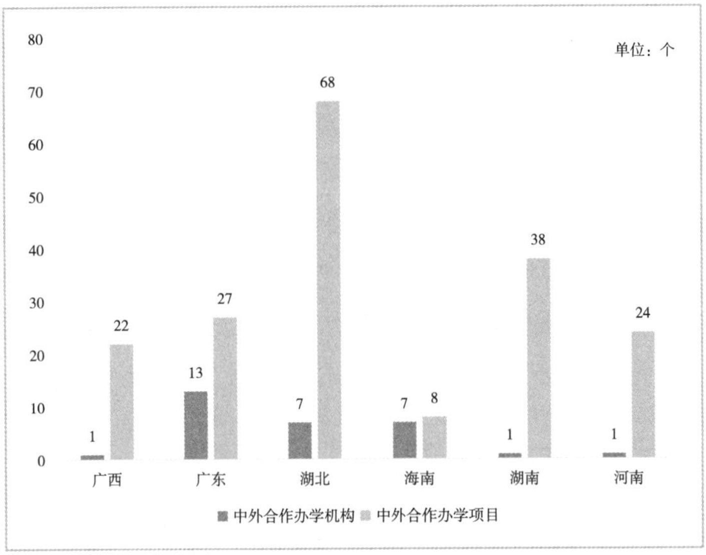


**图6.16　2021年广西与中南五省中外合作办学机构和中外合作办学项目数**

数据来源：教育部中外合作办学监管工作信息平台。

## （六）生师比呈上升趋势

2021年、2020年广西普通高校的生师比分别为20.42、19.87，2021年比2020年上升了0.55。2016年广西普通高校的生师比为17.78，2021年与2016年相比上升了2.64。自2016年起，广西普通高校教育生师比总体呈上升趋势，其中2016—2017年保持不变，2017—2021年上升趋势明显。详见图6.17。

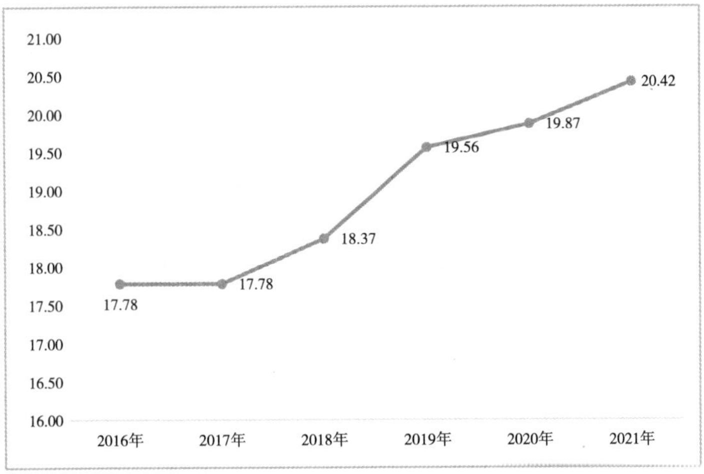


**图6.17　2016—2021年广西普通高校生师比情况**

数据来源：2016—2021年中国统计年鉴。

## 四、政策建议

### （一）优化高校专业结构布局，提升科教、产教融合水平

1.协同广西经济发展，优化高校专业布局

广西地域辽阔，各地市经济发展水平以及经济发展特点不同，高校要根据区内经济发展需求调整专业招生计划。广西应增加区内急需专业招生数，培养一批与区内经济发展相适应的专业人才，同时也要着眼未来，与高校联动培养新材料、新能源、节能环保、海洋经济、生物医学、新能源汽车、生物农学等战略性新兴产业人才。

以柳州市、桂林市为例。柳州市是广西著名的工业城市，具有较为完备的工业体系，柳州的高校应根据当地实际培养汽车、钢铁、冶金等方面与柳州工业体系相适应的人才。而桂林市是全国著名的旅游城市，旅游是桂林市经济发展的重要支撑，在发展好广西师范大学、桂林理工大学等普通本科高校的同时，桂林市也可大力发展旅游职业教育，为当地的旅游业输送更多的专业人才。

2.联动多方力量，深化产教融合

产教融合的进一步深化，需要联动多方力量。政府需要加强顶层设计和制度创新，扫清在实施产教融合过程中的制度障碍，将产教融合融入广西经济发展的各个方面。围绕“在传统优势专业、先进制造业、新一代信息技术、物联网经济、高性能新材料、生态环保、优势特色农学、海洋资源开发利用、大健康产业等精心领域打造九张在全国具有竞争力的创新名片”的战略目标，加快推进各个专业学科的建设与产业转型升级的对接。充分发挥企业在产教融合中的重要作用，拓宽企业参与产教融合的途径。引导具有高技术水平、较强实践性的优秀企业与高等院校进行深入的校企合作。企业和高等院校共同研究专业设置、共同设计人才培养方案、共同开发课程、共同组建教学团队、共同建设实训实习平台、共同制定人才培养标准，结合企业对人才的需求开展教学。加快高等院校在治理结构方面的改革，推动学校内部治理优化。

### （二）改善高校空间布局，整合区内高等教育资源

1.以政策为保障，整合地方高等教育资源

由于广西高等教育资源有限，政府在高等教育的优化布局中应发挥主要作用，将有限的高等教育资源高效整合利用。广西要以“十四五”规划纲要为指引，结合广西各地的高校教育资源，根据各地的经济发展水平、科技发展水平、产业发展情况等，形成具有地方特色的高等教育布局，使高等教育资源在各地得以更好地利用。

2.以中心城市为依托，进一步聚集优质高等教育资源

南宁市和桂林市是广西重点发展城市，前者是广西的政治、经济、文化、交通中心，后者则是著名的旅游城市。放眼广西，南宁市和桂林市的综合实力较高，两者能够为高等教育的发展提供雄厚的经济基础、良好的文化氛围以及丰富的人才资源。

南宁市是广西高校数量最多的城市，高校涵盖的学科包括人文、理工、医药、财经等，具有较强的学科优势。广西大学作为广西区内唯一的“211”高校也位于南宁市内，对于发展高质量的高等教育具有引领作用。2021年，南宁市内有15所本科院校、20所专科院校，高等教育资源丰富且全面。基于此，南宁市应该发挥自身教育资源优势，借鉴上海市“产学研”三区联动。所谓的“产学研”三区联动就是高校与企业共建产业科技园，实现人才在高校与企业间互通，更好地实现高校的教育资源与社会经济发展的良性互动。

桂林市的高校数量在广西仅次于南宁市，2021年有9所本科院校、3所专科院校。广西师范大学是广西重点大学，为广西各级各类学校输送了大量优质的师资力量。桂林电子科技大学由工业和信息化部与广西壮族自治区人民政府共建，是广西一流学科重点建设高校。桂林理工大学是中西部高校基础能力建设工程、广西一流学科重点建设高校，为广西输送了大量的理工科人才。这些高校要发挥自身的区位优势以及教育优势，不断集聚更多优质的教育资源，在广西北部以桂林市为中心辐射广西各地市，不断促进教育与经济的融合。

3.以跨地域为突破口，建设合作办学体系

广西的经济发展不平衡，高等教育资源集中于经济发达地区，因此高等教育形成了一定的聚集规模。高等教育一旦形成聚集规模，在发展一段时间之后教育资源就会饱和，饱和地区的教育资源会自动向不饱和地区转移，转

移的资源包括师资力量、科学技术等。高等教育资源转移有利于帮助资源不饱和地区学习先进的教学模式和管理经验，提高办学质量，促进高等教育均衡发展。

近年来桂林理工大学、桂林航天工业学院、广西科技师范学院等纷纷在异地建设新校区。异地办学能充分整合当地优势资源，使高校教育资源在当地得到最大程度利用。

### （三）提高高等教育教学质量，增强广西高校吸引力

1.推进“双一流”建设，加快学科发展

面向2035年，广西提出了加快实现教育现代化的部署，在高等教育领域重点聚焦落实立德树人、提高教育质量、促进教育公平和强化师资保障等。要想提高高等教育教学质量，推进广西高校“双一流”建设势在必行。“双一流”建设对广西高校来说是重大的责任与机遇，广西高校在运行过程中，要始终以争创一流为目标。各大高校要找准自身定位，提高综合实力，突出特色发展，实现由点到面整体发展。

2.提高高校教师专业素养

教师的专业知识储备、传授知识的水平对教育发展起着不可忽视的作用，高校教师素养的提升对高等教育的教学质量提高有着重要的作用。广西高校在招聘教师时要注重教师的专业知识水平，要招聘一批有才干、有实力的专业教师。各高校要重视教师的教学水平培训，不断提高教师队伍专业水平。

### （四）加大高等教育经费投入，提高经费使用效率

1.增加高等教育财政投入，争取更多中央财政支持

政府拨付的国家财政性教育经费是广西高等教育经费的主要来源之一，《中华人民共和国教育法》明确规定“国家建立以财政拨款为主、其他多种渠道筹措教育经费为辅的体制”。目前广西教育经费在逐年提高，但是与全国平均水平相比，依旧较低。只有不断提高教育经费，才能使广西高校不断加强科研能力和水平，促进广西地区发展，这就要求政府必须持续加大高等教育经费投入力度。

党中央始终心系中西部，希望帮助中西部本科高校实现更好的发展，国家“十四五”规划纲要提出要提升中西部本科高校办学条件。广西地处我国的西南部，高校办学条件要差于东部地区，因此在不断拨款支持本区高等教育的同时，广西要积极向中央财政寻求支持。

2.加强对高等教育财政经费的监督

教育经费的合理运用离不开公众对于财政经费的监督，对财政经费的监督离不开一个公开透明的环境。要通过强化对财务的监督，加强国家财务制度建设，完善财务系统，从而提升高等教育经费管理水平。

3.拓宽高等教育经费来源渠道

高等教育经费的来源主要依靠国家财政性教育经费以及事业收入，渠道较为单一。广西需要拓宽高等教育经费来源渠道，推动多渠道筹集教育经费体制的形成。高校要摆脱只靠政府拨款的旧有观念，借鉴国内外高校教育经费筹集的经验，在政府拨款的基础上合理利用教育经费。建立社会资金的引入机制，募集社会资金，提高学校的办学条件。鼓励学校利用现有的教学资源、科研资源开展一些科技服务、技术培训等活动，提高学校的创收能力，为学校获取教育经费开拓更多的渠道。

### （五）提高高等教育教师的国际化水平

广西提高高等教育教师的国际化水平需要将引进海外高素质人才和选派教师海外进修相结合。一方面，在实施原有的广西高校引进海外高层次人才“百人计划”的基础上，继续加大海外高层次人才引进力度；另一方面，实施多层次多形式的海外进修项目，形成学历进修与非学历进修双头并进趋势。继续在现有的国家公派出国留学项目、西部地区人才培养特别项目、广西高校优秀教师出国留学深造项目、广西高等学校千名中青年骨干教师培育计划的基础上，向国家留学基金管理委员会积极争取新增公派留学项目和国外政府奖学金名额，如国家建设高水平大学公派研究生项目、联合国粮农组织准专业官员和访问专家项目等。多措并举，完善各高校教师国内外访学进修制度。

广西教育研究院　旷乾　莫东霞

广西财经学院　刘红宇

广西民族大学　喻雯璠　楼俊晶

# 第二部分　专题报告

# 专题报告一　广西学前教育资源配置效率研究

**摘要：**优化学前教育资源配置，提高资源配置效率对学前教育普及普惠发展、实现“幼有所育”具有重要的战略意义。党的十九大以来，社会经济由高速发展转向高质量发展促进了我国学前教育事业均衡发展水平大幅提升，但是学前教育仍然是我国教育体系中最薄弱的环节，学前教育资源短缺、投入不足、区域发展不均衡、供需结构失衡、资源配置效率低和“入园难，入园贵”等问题依然突出。如何在学前教育资源有限的情况下，优化资源配置，提高资源利用效率，是学前教育走向均衡、公平、协调和优质发展的关键。

本文以广西学前教育资源为研究对象，采用对比分析法梳理广西学前教育资源配置现状，构建广西学前教育资源配置效率评价指标体系，利用DEA（数据包络分析）模型对2015—2020年广西学前资源配置效率作静态测算，并运用Malmquist指数进一步分析学前教育资源配置效率动态演化趋势，最后采用Tobit回归分析模型探究影响广西学前教育资源配置效率的因素。

研究结果表明：(1) 广西学前教育规模不断扩大，普及普惠水平稳步提升，但各地市在学前教育资源投入和产出方面存在明显差距，教育资源配置失衡问题依旧突出；(2) 广西学前教育资源配置整体效率不高，且呈下降趋势；(3) 学前教育管理水平与投入规模发展不协调；(4) 学前教育资源配置效率水平分布不均衡，存在地区差异；(5) 地区经济发展水平、城镇化建设和教育经费投入对广西学前教育资源配置效率都有影响，人口发展和师资力量对学前教育资源配置效率具有明显的促进作用，学前教育规模对学前教育资源配置效率无显著作用。应从理念、投入和管理三个层面优化学前教育资源投入结构，完善资源配置效率评价机制，提高学前教育资源管理水平，促进广西学前教育资源配置效率整体提升，推动学前教育优质均衡发展。

**关键词：**学前教育；教育资源配置效率；Malmquis指数；DEA-Tobit

# 一、绪论

## （一）研究背景与意义

1.研究背景

学前教育是我国基础教育系统的重要组成部分，是学校教育的开端，对幼儿身心健康发展和提高国民素质具有重要的影响[①]。学前教育的办学问题关系着中国亿万学前儿童的健康成长，关乎千家万户的切身利益，决定着中华民族的未来。党的十九大报告把“优先发展教育事业”列为新时期七项民生问题之首，提出要办好学前教育。为深入贯彻落实党的十九届五中全会“完善普惠性学前教育保障机制”的部署要求，教育部等九部门印发的《“十四五”学前教育发展提升行动计划》明确提出：要把健全覆盖城乡、布局合理、公益普惠的学前教育公共服务体系等作为“十四五”期间我国学前教育发展的主要目标。2020年全国教育事业发展统计公报显示，截至2020年，我国幼儿园总数达29.17万所，比2010年增加1.05万所；在园幼儿为4818.26万人，比2010年增加104.38万人；学前三年毛入园率为85.20%，比2010年高出1.80个百分点。毛入园率的显著提升，标志着我国学前教育事业的快速发展。但在我国各级各类教育发展中，学前教育仍然是最薄弱的环节，面临着教育资源投入不足、供需结构失衡、区域发展不均衡、资源配置效率低和“入园难，入园贵”等问题[②]。因此，合理配置学前教育资源、提高教育资源利用有效性、实现效益最大化是我国学前教育发展过程中亟待解决的问题，对完善普惠性学前教育保障机制具有重要意义。

广西作为西部地区的重要省区，教育事业发展相对落后，学前教育发展同样存在资源短缺、资源配置效率低和区域发展不均衡等问题。截至2020年，广西共有幼儿园13662所，14个地市幼儿园数量极差为974所，园均规模极差为110.41人；在生均教育经费方面，广西14个地市学前教育生均一般公共预算教育事业费支出极差为6329.86元，生均一般公共预算公用经费支出极

① 蔡文伯，达选莹.我国学前教育生均经费投入的省域差异与成因［J］.当代教育论坛，2022（1）：1-10.

② 冯婉桢，吴建涛.城镇化与我国学前教育资源宏观配置效率研究［J］.教育研究，2016（3）：84-91.

差为2725.16元，各地市之间学前教育生均教育经费差异较大，存在学前教育经费分配不均问题；在师资方面，广西14个地市学前教育专任教师数量极差为13985人，各地市师资力量悬殊。广西的经济条件比较薄弱，对学前教育资源的投入远不及东部发达地区。因此，在学前教育资源投入有限的情况下，研究广西学前教育资源配置的效率状况，分析学前教育资源利用中存在的问题，进而提出提高广西学前教育资源配置效率的对策建议，满足人们对学前教育的需求就显得极为重要。

2.研究意义

（1）理论意义

教育资源配置一直是教育学界和社会各界关注的焦点问题。本文基于学前教育资源配置效率的理论基础与研究方法，在梳理广西学前教育资源配置现状的基础上，构建学前教育资源配置效率评价指标体系，测度广西学前教育资源配置效率，并探讨其影响因素，形成"投入—产出—效率—机制"的研究逻辑，进一步丰富了教育资源配置的理论体系研究。

（2）实践意义

开展广西学前教育资源配置效率研究，是对广西学前教育研究领域的一种拓展和补充。本文基于对广西学前教育资源投入及产出现状的梳理，通过构建学前教育资源配置评价指标体系，运用DEA模型和Malmquis指数相结合的方法对广西学前教育资源配置效率进行静态和动态测算，并采用Tobit回归方法探讨其影响因素，提出提升学前教育资源配置效率对策建议，为广西各级政府及教育行政部门整合学前教育资源、充分利用学前教育资源、推动实现教育资源共享提供理论基础与决策依据，有助于促进广西学前教育资源配置良性发展。

## （二）国内外研究现状

1.国外研究现状

通过梳理国外相关文献资料，发现国外学者主要是对高等教育和义务教育的教育资源配置及其效率进行研究，针对学前教育领域的研究较为缺乏。关于学前教育领域的研究成果也主要集中在学前教育发展方面。

（1）关于教育资源配置的研究

国外学者对教育资源配置进行的研究始于美国经济学家弗里德曼，经过60多年的发展，现已形成相对完备的理论体系。在教育资源配置模式上，有的学者认为欧洲大学主要是根据大学教育教学的绩效评价来配置教育资源，这种配置方式是欧洲大学配置教育资源的主要方式。究其根源，是因为欧洲大学的教育教学、课程建设和科研等方面的经费主要是依靠政府的投入，而政府投入是以大学教学的绩效评价作为衡量标准。因此，欧洲大学就争相提升自身的办学能力以提高办学绩效，从而获取更多的政府投入发展教育事业①。然而，政府投入主导的教育资源配置模式存在很大的问题，这是因为不同地区的经济社会发展状况不同，其对教育人力资源配置、物力资源配置和财力资源配置的能力存在不同，使得不同地区学校的办学水平存在巨大的差异，单靠政府根据办学绩效来配置教育资源难以满足人们对教育服务的需求。因此，需要引入市场参与教育资源配置，通过政府和市场相结合的方式促进学前教育资源合理配置。

在教育资源配置的有效性研究上，有的学者认为，在教育资源配置过程中，引入市场竞争机制来引导市场竞争主体，可以有效促进教育资源合理、均衡配置，提高教育公平性。国外学者研究发现，通过“择校”、“教育券”制度和“特许学校”等改革教育资源的市场配置方式，不仅能有效解决由政府垄断教育资源而导致公立学校教育资源配置效率低下的问题，还可以大幅提升公立学校和私立学校在组织结构、学校运行和教学工作等方面的效率，完善学校内部管理，提高办学质量②。但不能忽视的是，市场竞争机制的引入，虽然可以推进公立中小学学校自治、资源配置和规范性发展等问题，促进公立学校完善教育管理结构，提高教育资源利用效率，但容易扩大学校与学校之间的发展差距，使得学校不得不将有限的教育资源投入到市场运作中，这容易造成校际的恶性竞争。

（2）关于学前教育发展的研究

国外学者对学前教育发展的研究主要集中在学前教育立法和学前教育均衡发展。在学前教育立法研究方面，国外学前教育法治建设成效明显，各国在基于保障教育公平的基础上建立独具特色的学前教育立法保障。例如法国

① 杰夫·惠迪，萨莉·鲍尔，大卫·哈尔平.教育中的放权与择校学校、政府和市场［M］.马忠虎，译.北京：教育科学出版社，2003：9.

② 约翰·E.丘伯，泰力·M.默.政治、市场和学校［M］.蒋衡，等译.北京：教育科学出版社，2013：30-53.

的宪法就明确规定学前教育具有免费性、义务性和公共性，要对贫困地区特殊儿童群体进行法律法规的保障，保证其平等受教育权[①]；美国学前教育的立法，从保障学前儿童的基本生存逐渐过渡到重视学前儿童的受教育权，经历了“福利”“扶弱”和“普惠”三个阶段，追求“普惠”与“高效”的目标现已成为美国学前教育立法变革的趋势[②]；英国、俄国等国也借助学前教育立法对学前儿童平等受教育权予以保障，通过制定和实施学前教育法律法规，形成依法促教、依法治教的格局[③]。在学前教育均衡发展方面，国外许多国家主要是通过学前教育“弱势补偿”方案对贫困地区人群、弱势群体进行补偿教育和教育援助来促进学前教育全面均衡发展。例如美国的“开端计划”（Head Start Project）、英国的“确保开端”（Sure Start）、德国的学前儿童家庭援助项目和印度的“整体性儿童发展服务”（ICDS）项目等，目的均在于扩大弱势儿童群体的受教育机会，促进本国学前教育均衡发展[④]。

（3）关于教育资源配置效率的研究

在市场经济体制下，教育资源配置效率一直以来都是国外教育学界研究的热点和社会各界关注的焦点。早在20世纪60年代，国外学者就已经对教育资源配置效率开展了比较全面的研究，研究的内容大多数集中在高等教育领域、职业教育领域和基础教育领域，而学前教育领域的研究较缺乏，且教育资源配置效率最初的研究主要集中于定性研究。随着运筹学、经济学等领域相继出现了DEA评价模型，国外学者开始对教育资源配置效率进行定量研究。美国运筹学家查恩斯等较早采用数据包络方法测度学校办学效率，研究发现了各级各类学校在办学效率上存在一定的差异，尤其是小学的办学效率亟待提升。黛博拉等从学校层面出发，采用面板数据对比分析了学生的学习成绩与学校预算分配之间的关系，结果发现，合理的学校预算分配对学生的学业

① 郭丽.法国学前教育的发展特色及其启示［J］.现代教育科学，2012（8）：61-62，120.

② 钱雨.美国学前教育立法的发展、经验与启示［J］.湖南师范大学教育科学学报，2020（3）：16-23.

③ 胡海建，李晖.应用学前教育管理学［M］.武汉：华中科技大学出版社，2017：26-27.

④ 李秀芳.国外学前教育均衡发展策略初探［J］.继续教育研究，2009（9）：106-108.

成就具有显著的促进作用。梅里安·库铂以公立高校和私立高校为研究对象，利用DEA模型分别评价两者的办学效率并进行比较分析，研究结果显示，公立高校的总体办学效率明显高于私立高校的总体办学效率。

2.国内研究现状

国内学者关于教育资源配置的研究成果颇丰，但已有研究大多数集中在高等教育和义务教育领域，对学前教育资源配置的研究关注不够，针对学前教育资源配置效率的研究相对较少。通过梳理相关文献，国内学者对教育资源配置的研究主要集中在以下方面：

（1）关于教育资源配置的研究

国内学者从多个角度对教育资源配置进行研究，取得了丰富的研究成果。研究内容主要集中在教育资源配置的实质、方式和路径优化上。

教育资源配置实质研究。有的学者认为，教育资源配置的实质与核心就是使教育资源投入要素从低效益的环节流向高效益的环节，把教育资源配置到基础条件较好、办学效益较高、富有生机与活力的地方和学校，使其达到合理分配和组合，提高教育资源利用效率[①]。有的学者则认为，教育资源配置的实质就是优化教育资源配置，其内容是在各级各类学校、地区和群体之间合理配置教育资源，减少资源的浪费以实现教育资源充分而有效地使用[②]。而有的学者则指出，教育资源配置的实质就是教育资源配置方式的转变，其本质上是一种制度变迁，是社会公共选择的结果，不是某个人和某个政府主观意志的结果，而是社会上各种利益集团力量对比形成的结果[③]。

教育资源配置方式研究。从教育经济学的角度看，教育资源配置主要有计划和市场两种配置方式[④]。计划型教育资源配置就是指政府通过运用政治、行政、学术等迅速合理调配教育资源投入到各级各类教育发展当中，促进教

① 梁广山.优化教育资源配置提高办学经济效益［J］.教育与经济，1996（3）：1-3.

② 张传萍.义务教育资源配置标准研究［M］.武汉：武汉大学出版社，2013：27.

③ 杜育红.试析教育资源配置方式的转变［J］.辽宁高等教育研究，1997（5）：33-36.

④ 王寰安.教育资源配置的竞争机制研究［J］.中国教育学刊，2008（12）：28-31.

育事业发展[①]；市场型教育资源配置就是指通过引入市场机制对各级各类教育领域的教育资源进行合理的分配和使用[②]。从新中国成立至20世纪90年代初，我国实行计划经济体制，教育资源配置主要以计划为主，20世纪90年代以后，为适应社会主义市场经济体制，我国推动了教育体制深化改革，开始引入市场机制参与教育资源的配置，形成了计划和市场相结合的教育资源配置方式，弥补了教育资源计划配置信息失灵、教育资源配置脱离教育实际需求和抑制学校办学积极性等问题。在城乡二元结构体制下，我国教育发展不均衡，教育资源配置效率低下问题突出，现有的教育资源配置方式需要进一步优化。王善迈教授就从改革教育资源配置体制角度创新教育财政拨款思路，认为应该从体制上保证政府对教育的财政拨款，提高教育资源配置的效率，加快教育事业持续健康发展[③]。

教育资源配置路径优化研究。有学者指出教育资源配置失衡的根源在于受到教育行政化和官僚化体制的制约。因此，需要切实转变政府在教育资源配置中的职能，通过简政放权，逐步在教育领域去行政化和官僚化，赋予学校更大的办学自主权[④]。在社会主义市场经济体制下，优化教育资源配置就需要在教育资源配置的政策上有所调整，包括改革教育公共财政投入机制，确立国家投入的战略地位；在各级各类教育中建立分层办学模式[⑤]；增加社会要素，建立多元投资渠道；增加市场要素，完善市场体系等[⑥]。在学校内部，为了能够合理有效配置教育资源，学校应该建立完善的工作机制，具体包括激

---

① 张亚丽.效率视角下义务教育资源配置研究：基于贵州省毕节市的个案调查［M］.成都：西南交通大学出版社，2018：22.

② 胡晓兰.教育资源配置的市场化改革研究：政府购买公共服务的分析视角［D］.沈阳：沈阳师范大学，2017：14.

③ 王善迈.改革教育财政拨款体制提高教育资源配置效率［J］.教育与经济，1994（4）：16-19.

④ 方华.教育去行政化：让学校回归教育本位［J］.中小学管理，2015（10）：34-36.

⑤ 孙桂芝."新教改"与公共教育资源配置：问题与对策［J］.浙江社会科学，2010（5）：106-112.

⑥ 江小惠.试论我国高等教育资源配置在市场经济中的变革及抉择［J］.江苏理工大学学报，1996（1）：71-77.

励机制、考评机制、竞争机制、创新机制和约束机制等①。在优化区域教育资源配置上，必须以科学发展观为指导，坚持教育事业全面、协调、可持续发展，可以通过构建区域一体化的教育公共服务体系，促进区域教育资源均衡配置，还要搭建公共信息交流平台，加快实现区域信息教育资源的整合与共享②-③。

（2）关于学前教育资源配置的研究

国内学者对学前教育资源配置的研究较少，现有的研究成果也主要集中在配置现状、机制构建和策略等三个方面：

在现状研究上，学者主要通过问卷和访谈法，在明晰学前教育资源配置现状的基础上，梳理学前教育资源配置存在的问题。例如，有学者在评估我国学前教育发展时发现，我国学前教育资源配置存在以下问题：一是民办幼儿园在我国学前教育体系中占据主导地位，公办幼儿园比重较低，公办幼儿园和民办幼儿园并重发展的格局尚未形成，“入园难”问题主要表现为入公办幼儿园难，优质价廉的公办幼儿园数量严重不足，难以满足人民群众对优质幼儿园教育服务的需求。二是普惠性学前教育资源短缺加剧了各地区学前教育的发展差异，特别是欠发达地区非普惠性民办幼儿园占比较高导致“入园贵”的问题还未得到根本解决④。何婷婷采用访谈和问卷调查等方式对湖北宜城市学前教育资源配置进行调查分析，结果发现该县学前教育资源配置存在以下问题：一是县城区师资力量明显优于乡镇；二是城乡差距逐步扩大；三是民办幼儿园出现极化现象，办学质量难以保证⑤。

在机制构建研究方面，有学者认为，政府作为教育公共财政的投入者、

① 郝庆堂，王华春，赵文利，等.浅谈我国市场经济条件下的教育资源配置机制［J］.辽宁高等教育研究，1997（5）：28-32.

② 吕春勇.优化资源配置供给：促进区域教育优质均衡发展［J］.现代教育，2017（5）：13-15.

③ 陈艳丽，张禄，李江顺.教育资源配置均衡化实证研究：以滇西北民族地区城乡接合部为例［J］.教育教学论坛，2021（9）：47-50.

④ 刘焱.学前一年教育纳入义务教育的条件保障研究［M］.北京：北京师范大学出版社，2015：90-109.

⑤ 何婷婷.县域学前教育资源配置的公平研究：以湖北省宜城市为例［D］.武汉：华中师范大学，2013：26-42.

学前教育政策制定者和执行者以及学前教育市场的监管者，是影响学前教育资源配置的主要力量，应该主导学前教育事业的发展，充分发挥其在学前教育资源配置中的关键性作用[①]。例如，蔡迎旗就曾指出，政府作为学前教育事业的主导者，不仅不能减少学前教育投入或者撤资，而且更应该积极发动广大非政府力量参与学前教育管理，形成政府力量和非政府力量携手共办、共同支持和管理学前教育的良好格局[②]。在社会主义市场经济条件下，市场对学前教育资源配置效率发挥着至关重要的作用。有的学者研究发现，我国学前教育资源配置出现市场化的倾向，学前教育投入和办学主体从一元变化到多元，学前教育配置也走向由单一的政府投资、管理，走向政府、社会和家庭共同投资、共同管理的道路[③]，应该积极探索"市场参与+政府主导"的学前教育公共财政投资模式，实现政府和市场机制的耦合[④]。

在策略研究方面，在学前教育资源投入有限的情况下，通过资源优化配置促进学前教育均衡发展，提高资源配置的整体效率和社会效益，是我国学前教育发展过程中需要解决的关键问题。针对这一问题，大多数学者认为可从以下方面采取措施：一是政府要继续扩大对学前教育的投入，促进教师的正常流动，最大程度实现优质师资在城乡和幼儿园之间的共享，通过多种途径提高学前教育教师的薪资待遇，改善幼师的工作条件和生活环境[⑤]。二是将学前教育纳入义务教育管理的范畴，通过建立多元化的学前教育投资模式，改革幼儿园办园管理体制，扩大优质普惠性学前教育资源[⑥]；三是通过坚持政

① 周文龙，李玲，刘一波. 学前教育现代化战略与路径研究：基于学龄人口预测［J］. 中国电化教育，2020（5）：80–87.

② 蔡迎旗. 幼儿教育财政投入与政策［M］. 北京：教育科学出版，2007：85–87.

③ 王海英. 常识的颠覆：学前教育市场化改革的社会学研究［M］. 桂林：广西师范大学出版社，2010：11.

④ 杜燕红. 新型城镇化进程中学前教育资源配置的战略研究［J］. 河南社会科学，2018（12）：116–120.

⑤ 万湘桂. 县域学前教育师资配置问题与思考：基于湖南省8区县调查的分析［J］. 社会科学，2015（10）：73–80.

⑥ 廖浩然，田汉族，彭世华，等. 我国幼儿教育非均衡发展现状与对策析［J］. 学前教育研究，2008（2）：17–22.

府主导、完善农村学前教育监督管理机制、保障学前教育教师进修培训权利、提高农村幼师薪酬待遇等策略来优化农村学前教师资源配置，促进城乡学前教育均衡发展①。

（3）关于教育资源配置效率的研究

我国对教育资源配置效率的评价及其影响因素的研究始于20世纪末，且关注度正日益提高。在研究方法上，我国大多数学者采用DEA方法对教育资源配置效率进行评价。也有学者尝试运用多学科交叉融合的方法研究教育资源配置效率问题。例如，方超等人采用随机前沿生产函数与空间计量经济学相结合的方法，从空间分布的视角评价我国学前教育经费投入资源配置效率，得出学前教育财政性补助经费和学前教育事业性收入的提高均能明显促进学前教育资源配置效率的提升②。该研究既强调了资源配置的时序变化过程，又考虑了资源配置的空间分布特征，是传统教育资源配置问题研究的拓展。游丽等人采用超效率DEA-Malmquist方法连续动态测评我国31个省级行政单位的高等教育资源配置效率，发现高等教育资源配置效率逐步提升且不存在明显的区域差异③。还有的学者则采用Bootstrap-DEA方法测评高校科研效率并进行差异分析④。

在研究内容上，已有相关研究成果涉及各级各类教育资源配置效率问题。例如，蔡文伯等基于DEA评价模型和Malmquist指数法对中国高教育资源配置效率进行研究，结果显示，中国高等教育资源配置效率处于较低水平，规模效率不足是降低中国西部地区高等教育资源配置整体效率的主要原因⑤。金双

① 于冬青，张永慧，王晓阳.农村学前教师资源配置现状及相关建议：基于十二省份的调研数据［J］.教育理论与实践，2017（26）：34-37.

② 方超，沈豪，熊筱燕.我国学前教育经费投入资源配置效率评价：基于空间计量经济学的实证检验［J］.学前教育研究，2018（8）：3-16.

③ 游丽，孔庆鹏.“双一流”背景下我国高等教育资源配置效率测评及影响因素研究：基于超效率DEA-Malmquist方法和Tobit模型［J］.教育与经济，2021（6）：30-37.

④ 刘巍，宫舒文.基于Bootstrap-DEA区域高校科研效率测算及差异分析［J］.统计与决策，2018（1）：100-102.

⑤ 蔡文伯，黄晋生.高质量发展视域下我国高等教育资源的配置效率研究［J］.黑龙江高教研究，2019（8）：79-84.

华等采用DEA方法测评我国普通高中教育资源配置效率，发现我国高中教育资源配置效率总体上良好，但呈逐年下降趋势，且存在明显的省际差异①。张梅玲基于DEA评价方法研究江西义务教育资源配置效率，发现江西省义务教育资源配置效率总体水平良好，但部分地区资源利用效率较低②。龚敏采用Bootstrap-DEA模型评价我国31个省级行政单位的学前教育资源配置效率情况，结果发现，我国学前教育资源配置效率稳步提高，资源投入要素组合越来越合理，但是地区间的效率差距很大③。

在影响因素上，已有相关研究认为教育资源配置效率影响因素主要有外部因素和内部因素。外部因素主要有经济发展、人口发展和城镇化建设等。内部因素主要有教育经费投入、教育发展规模、办学条件和资源配置结构等。如江长洲等运用Super-SBM和Tobit回归方法对西藏11所中等职业学校资源配置效率影响因素进行分析时，发现地方经济发展水平、城镇化率、人口出生率和产业结构对中等职业教育资源配置效率有显著的影响④。陈蓉晖等通过DEA和Tobit模型探讨我国31个省级行政单位的农村学前教育资源配置效率影响因素时，发现班级规模是影响我国学前教育资源配置效率的主要因素⑤。陈慧玲运用DEA-Tobit模型分析我国各地区学前教育资源配置效率影响因素时发现，地区城市化率、班级规模和教育资源配置结构都对学前教育资源配置效率有不同程度的影响⑥。

---

① 金双华，杨艺.普通高中教育资源配置效率研究［J］.现代教育管理，2021（1）：53-60.

② 张梅玲.义务教育资源配置效率研究：以江西省为例［D］.南昌：江西师范大学，2021：55.

③ 龚敏.我国学前教育资源配置效率评价与优化：从Bootstrap-DEA到逆DEA模型的研究［D］.重庆：西南大学，2019：57.

④ 江长州，陈志敏.基于Super-SBM的西藏中等职业教育资源配置效率及影响因素分析［J］.西藏大学学报（社会科学版），2021（3）：216-222.

⑤ 陈蓉晖，赖晓倩.优质均衡视域下农村学前教育资源配置效率及差异分析［J］.教育发展研究，2021（C2）：23-33.

⑥ 陈慧玲.我国学前教育资源配置效率研究［D］.长沙：湖南农业大学，2018：39.

3.文献评述

综观已有相关研究成果可以发现，DEA方法在研究教育资源配置效率上较为成熟，各级各类教育资源配置效率问题都有涉及，成果较为丰富。但在学前教育资源配置效率研究上仍存在以下不足：一是现有的教育资源配置效率的研究成果更多是关注高等教育和义务教育领域，专门针对学前教育资源配置效率的研究略显不足。二是对学前教育缺乏实证研究。已有的研究成果多是对学前教育资源配置状况进行总结性、定性的描述，缺乏结合实际数据进行实证研究分析，且部分实证研究主要是对学前教育资源配置效率进行一个静态的评价，缺乏对历年来学前教育资源配置效率的动态评估。三是现有研究主要是针对全国层面或者东部发达地区学前教育资源配置效率，对西部地区尤其是广西的研究不足。针对目前研究存在的不足，在借鉴国内相关研究的基础上，本文以2015—2020年广西14个地市学前教育资源作为研究对象，运用DEA模型与Malmquist指数相结合的方法对广西学前教育资源配置效率进行实证分析，最后通过Tobit回归分析模型深入探讨影响广西学前教育资源配置效率的关键因素，以期为优化广西学前教育资源配置、提升教育资源配置效率提供合理的对策建议。

## （三）研究内容、方法与技术路线

1.研究内容

为实现研究的预期目标，本文将从以下几个部分展开系统分析：

第一部分为绪论。主要阐述本研究的背景和意义，明确文章的写作方法和写作思路。通过对国内外研究现状进行梳理分析和评述，总结学前教育资源配置效率研究的不足，同时借鉴学者研究的思想和方法为文章写作奠定基础，并提出本研究的创新之处。

第二部分为核心概念界定及理论基础。主要对学前教育、教育资源和教育资源配置的内涵和内容进行阐述界定，对公共产品理论和资源配置理论进行研究。

第三部分为广西学前教育资源配置现状分析。基于2015—2020年广西教育事业统计报表的相关数据，从广西学前教育基本情况、投入现状和产出状况三个方面分析广西学前教育资源配置现状，明晰广西学前教育资源配置具有的优势及存在的问题，为下文测评广西学前教育资源配置效率提供现实依据。

第四部分为广西学前教育资源配置效率测评结果及分析。首先，通过构建广西学前教育资源配置效率评价指标体系，采用DEA方法测算2015—2020年广西学前教育资源配置的综合技术效率、纯技术效率以及规模效率，并进行静态分析；其次，运用Malmquist指数测算广西学前教育资源配置的全要素生产率，分析广西学前教育资源配置效率动态变化过程；最后，结合静态和动态的评价结果，总结归纳广西学前教育资源配置效率存在的问题。

第五部分为广西学前教育资源配置效率影响因素探究。主要从外部环境（主要包括经济发展水平、城镇化建设和人口发展）和内部环境（主要包括学前教育经费投入、学前教育规模和师资力量）两个方面分析影响学前教育资源配置效率的因素，然后通过构建影响因素指标体系，采用Tobit回归分析方法对影响广西学前教育资源配置效率的因素进行分析。

第六部分为提升广西学前教育资源配置效率的对策建议。针对广西学前教育资源配置的现状和学前教育资源配置效率存在的问题及影响因素，有针对性地提出提高广西学前教育资源配置效率的对策建议。

2.研究方法

（1）文献研究法

本文通过多种渠道获取与本研究相关的文献资料和数据，重点分析教育资源配置领域研究现状及存在的问题，确定广西学前教育资源配置效率的研究思路和方向。

（2）比较分析法

在分析广西学前教育资源配置现状的基础上，基于统计数据，对比分析同一年不同地市和同一地市或整个广西不同年份的学前教育资源配置情况。基于实证得出的结果，对比分析同一年份不同地市和同一地市或者整个广西不同年份的学前教育资源配置综合技术效率、纯技术效率和规模效率和全要素生产率。

（3）实证分析法

采用DEA评价方法测算出广西学前教育资源配置的综合技术效率、纯技术效率和规模效率，并采用Malmquist指数计算广西学前教育资源配置全要素生产率，再构建Tobit回归分析方法探究广西学前教育资源配置效率的影响因素。

3.技术路线

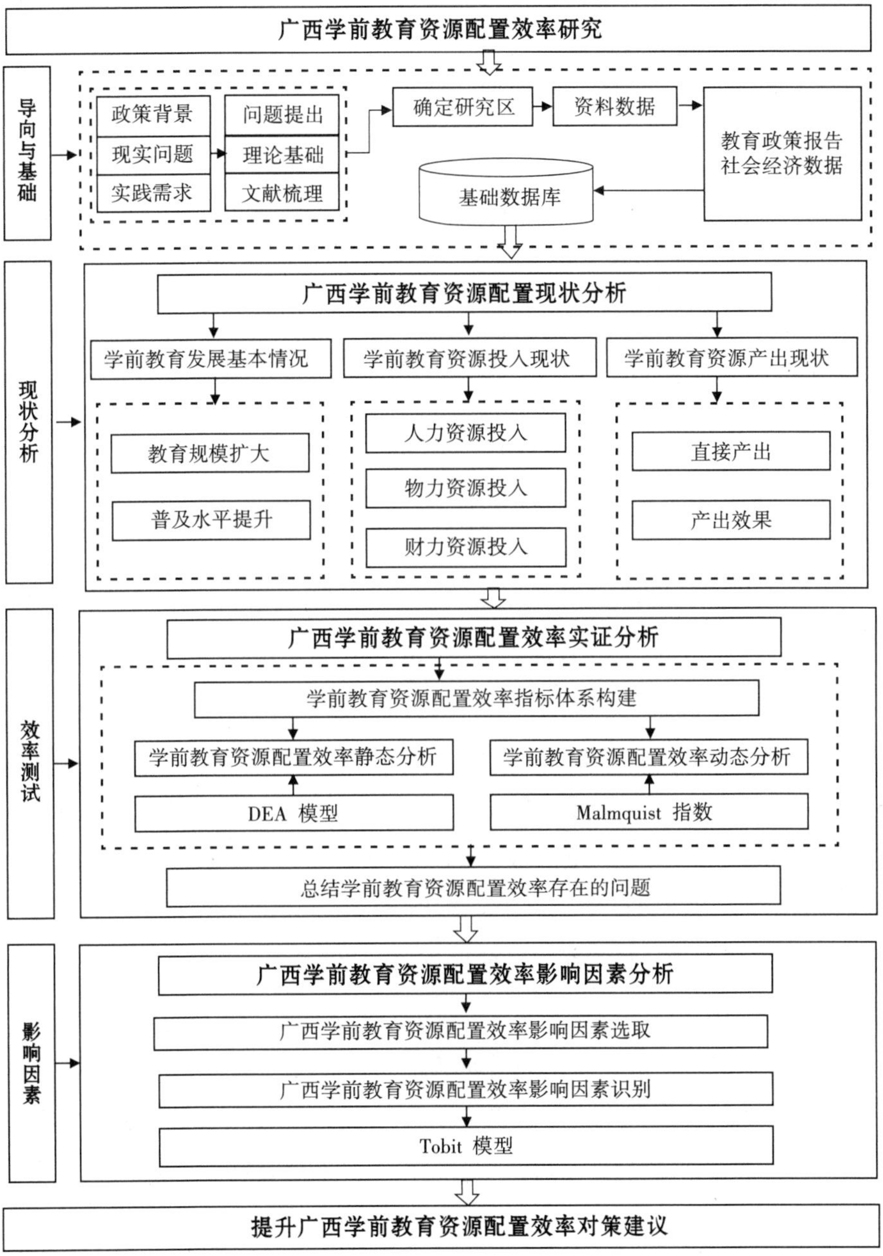


**图1.1 技术路线图**

（四）创新之处

本文以广西学前教育资源作为研究对象，从学前教育投入产出角度测评广西学前教育资源配置效率，创新之处有以下两点：

从研究视角来看，已有研究成果主要从我国整体层面、东部发达省份或单个市（县）视角对学前教育资源配置效率进行研究，缺乏对西部地区学前教育资源配置效率进行研究。因此，本文以广西学前教育资源为对象，从投入产出角度测评学前教育资源配置效率，分析广西学前教育资源配置存在的问题，有针对性地提出提升广西学前教育资源配置效率的对策建议。

在研究方法上，以往文献主要是采用DEA评价模型对学前教育资源配置效率进行静态评价，本文则采用DEA模型与Malmquis指数相结合的方式，从静态和动态的角度评价广西学前教育资源配置效率情况与变化趋势，再结合Tobit回归方法探讨广西学前教育资源配置效率的影响因素。

## 二、概念界定及理论基础

### （一）核心概念界定

1.学前教育

“学前教育”指的是儿童进入小学之前所接受的教育，亦称幼儿教育，是整个教育系统的基础和开端[①]。根据年龄段的不同，学前教育有广义和狭义之分。广义的学前教育指的是0—6岁儿童所接受的教育，而狭义的学前教育指的是3—6岁儿童所接受的教育[②]。教育部2016年发布的《幼儿园工作规程》明确规定：“幼儿园是对3周岁以上学龄前幼儿实施保育和教育的机构。”“幼儿园适龄幼儿一般为3周岁至6周岁。”因此，本文探讨的学前教育指的是3—6周岁学前儿童在幼儿机构所接受的保育和教育活动的统称。

2.教育资源

根据《教育大辞典》中对教育资源的解释，教育资源有狭义和广义两种含义。狭义的教育资源是指教育办学条件，广义的教育资源则是指教育经济条件[③]。本文对教育资源的界定采用的是广义，即指教育经济条件，指的是一

① 朱宗顺，陈文华.学前教育学［M］.北京：北京师范大学出版社，2012：9.

② 蔡迎旗.幼儿教育财政投入与政策［M］.北京：教育科学出版，2007：5.

③ 顾明远.教育大辞典（增订合编本）［M］.上海：上海教育出版社，1998：799.

个国家或地区为了实现教育目的，促进教育事业持续健康发展所投入的人力、物力和财力资源的总称[①]。教育人力资源是指在教育过程中所包含的全部人力的总和，包括专任教师、行政辅导人员以及学生等。教育财力资源是指在教育领域中所涉及的各种经费的投入与支出，也是人员和物资的货币表现，例如政府的财政投入、教师的工资报酬以及学生的学费等。教育物力资源是指在教育领域中所使用或者消耗的各种物资资源，比如固定资产、校舍、教学信息设备和图书资料等。

3.教育资源配置

所谓“教育资源配置”，是指将有限的人、财、物三种教育资源通过计划和市场的方式在各级各类教育之间进行科学合理的分配，使投入的教育资源得到充分利用，以满足社会各界对教育的需求[②]。根据教育资源配置的主体和范围，可将其分为宏观教育资源配置和微观教育资源配置两个层面。宏观教育资源配置是指通过国家的宏观调控，将有限的教育资源合理配置到各级各类教育中，使教育资源流向效益最大化的教育机构；微观教育资源配置是指如何将总量既定的教育资源在各级各类教育主体（学校、个人和家庭）之间进行合理配置，以实现教育资源利用最大化[③]。可见，两个层面的资源配置都是以“教育效率”为追求目标，即实现教育资源效用最大化。王善迈教授认为：“教育效率是指教育投入直接成本与产出直接成本之比，亦称为教育资源利用效率或者教育投资效率。”[④]

### （二）相关研究理论基础

1.公共产品理论

瑞典经济学家林达尔于1919年提出分摊的成本与边际收益成比例的公共物品均衡模型，即所谓的“林达尔均衡”，成为公共产品理论最早重要成果之

① 范先佐.教育经济学［M］.北京：人民教育出版，1999：260.

② 范先佐.论教育资源的合理配置与教育体制改革的关系［J］.教育与经济，1997（3）：7-15.

③ 刘亚荣，张兴.发展民族教育与教育资源的综合利用［J］.民族教育研究，1998（1）：10-13.

④ 王善迈.教育投入与产出研究［M］.石家庄市：河北教育出版社，1996：188-190.

一，产生了公共产品的雏形[①]。随着福利经济学的发展，人们对公共产品理论的认识进一步深入，其中最具影响力的是美国经济学家萨缪尔森对公共产品的界定，他认为，公共产品是指任何一个人对某种产品的消费都不会导致其他人对该产品消费的减少的产品。他最先指出了公共产品具有消费的非竞争性和受益的非排他性两个基本特征。消费的非竞争性是指任何一个消费者在使用某种公共产品时不会影响其他人对该产品消费的数量和质量；受益的非排他性是指人们在享用某种产品或者服务时，无法将其他人排除在这种产品或服务的受益范围之外[②]。根据公共产品的基本特征，可将其划分为纯公共产品和准公共产品。纯公共产品必须同时具备非竞争性和非排他性两个特征，准公共产品既具有纯公共产品的某些特征，同时兼具私人产品的某些特性，因此它是介于私人产品与纯公共产品之间的一种公共产品[③]。由于市场自身存在自发性、盲目性和滞后性，在某些领域，市场很难达到最有效状态。尤其是对于公共产品来说，如果完全由市场提供的话，就很容易造成垄断，影响供给。

本文借鉴公共产品理论的原因在于：从学前教育产品属性来看，其被纳入准公共产品的范畴[④]。政府作为学前教育服务的主要供给者和调控方，其职能定位及职责履行对学前教育资源配置的合理性和优化具有重要作用。政府对学前教育所需要的办学资源要予以保障，保障有充足的投入、合适的经费、稳定的师资、标准的教学设施等，同时也要引入市场机制，形成政府和市场共同调配学前教育资源，提高资源利用效率。

2.资源配置理论

萨缪尔森认为，“资源具有稀缺性，使得人们不得不在各种有限的商品中进行选择”[⑤]，所以需要对有限的资源进行合理配置以满足人们的需求。由此可见资源配置的核心问题就是在资源稀缺性上如何合理有效利用资源以获得

① 孙泽生，等.公共物品供给与政策研究［M］.北京：中国财政经济出版社，2017：3–4.

② 聂永有.公共经济学（微课版）［M］.北京：清华大学出版社，2021：35.

③ 郑万军.公共经济学［M］.北京：北京大学出版社，2015：55.

④ 王善迈.教育服务不应产业化［J］.求是，2000（1）：52–53.

⑤ 保罗·萨缪尔森，威廉·诺德豪斯·经济学（第十九版）［M］.萧琛，译.北京：商务印书馆，2013：30.

更好的效益。针对这一问题，意大利经济学家帕累托最先提出了资源配置最佳状态的衡量标准，即“帕累托最优”。实现“帕累托最优”的过程需要经历“帕累托改进”，即在一种特定的资源配置状态中，在没有使任何人的环境变差的情况下，通过优化现有的资源配置能够让至少一个人达到更好的水平，那么这种资源就实现了最优配置，所以，“帕累托改进”就是实现资源配置最优的一个过程①，而当一种资源配置不存在“帕累托改进”的时候，这种资源配置就达到了“帕累托最优”状态，即资源实现了最佳配置②。

在学前教育领域，教育资源的稀缺性与人民群众对学前教育服务需求的无限性始终是学前教育改革中存在的主要矛盾，也是学前教育资源配置的前提。本文对资源配置理论的借鉴主要是基于以下考虑：一是广西学前教育资源投入有限，需要通过优化资源配置满足人们对学前教育优质服务的需求；二是广西学前教育资源配置存在不均衡、配置效率低的问题，需要改进。“帕累托最优”被用来衡量资源配置是否达到最佳状态，本文所采用的DEA方法正是基于帕累托最优原理的基础上，根据评价对象的投入和产出情况，以实现资源利用效益最大化作为资源配置效率的评判标准，即追求“帕累托最优”，符合本研究的目的。

## 三、广西学前教育资源配置现状分析

广西一直以来都十分重视学前教育发展，积极推进学前教育改革，取得了显著的成就。但是作为西部欠发达省区，广西难免会存在教育资源投入不足或地区教育资源配置不均衡等问题。本部分通过对广西学前教育发展整体情况、学前教育投入和产出的现状及发展趋势进行分析，明晰广西学前教育资源配置具备的优势和存在的问题，为后面构建广西学前教育资源配置效率评价指标体系，进行学前教育资源配置效率测评和影响因素分析提供现实依据。

① 何忠伟，郑春慧.微观经济学［M］.北京：中国商务出版社，2019：268−269.

② 高鸿业.西方经济学（微观部分·第八版）［M］.北京：中国人民大学出版社，2021：330−31.

## （一）广西学前教育发展基本情况

1.学前教育规模不断扩大

为了推进学前教育的改革和发展，广西先后出台三期学前教育行动计划（第一期为2011—2013年，第二期为2014—2016年，第三期为2017—2020年）、实施集团办园等一系列学前教育政策措施，积极扩大学前教育供给，学前教育规模不断扩大。

从学前教育幼儿园数量来看，2015年以来，广西学前教育幼儿园数量不断增多，已由2015年的10397所增加到2020年的13662所，增加了3265所，增长率为31.40%，幼儿园数量的增加折射出广西学前教育发展呈现快速增长的变化态势。从在园幼儿数来看，广西在园幼儿数保持稳步增长，由2015年的2069015人增加到2020年的2266184人，增加了197169人，增长率为9.53%。从园均规模来看，由于幼儿园增速高于在园幼儿增速，广西学前教育园均规模呈下降趋势，由2015年的199.00人下降到2020年的165.87人，降幅为16.65%。详见表1.1。

**表1.1　2015—2020年广西学前教育规模情况**

| 年份 | 幼儿园数/所 | 在园幼儿数/人 | 园均规模/人 |
|---|---|---|---|
| 2015年 | 10397 | 2069015 | 199.00 |
| 2016年 | 11013 | 2096356 | 190.35 |
| 2017年 | 11787 | 2139862 | 181.54 |
| 2018年 | 12544 | 2197977 | 175.22 |
| 2019年 | 13112 | 2167734 | 165.32 |
| 2020年 | 13662 | 2266184 | 165.87 |

数据来源：2015—2020年广西教育事业统计报表。

2.学前教育普及普惠水平持续提升

近年来，广西积极实施学前教育普惠性民生工程，积极扩大普惠性学前教育资源供给，学前教育普及惠普水平不断提升。截至2020年，广西学前教育毛入园率为90.00%，比2015年的74.70%提高了15.3个百分点。从普惠性幼儿园覆盖率来看，广西学前教育惠普性幼儿园覆盖率持续提升，尤其在2020年，普惠性幼儿园覆盖率快速提高，覆盖率已达88.83%，比2016年提高

21.57个百分点，并高于全国（84.74%）4.09个百分点，表明广西学前教育改革成效显著，学前教育“入园难”“入园贵”问题得到有效缓解。详见图1.2。

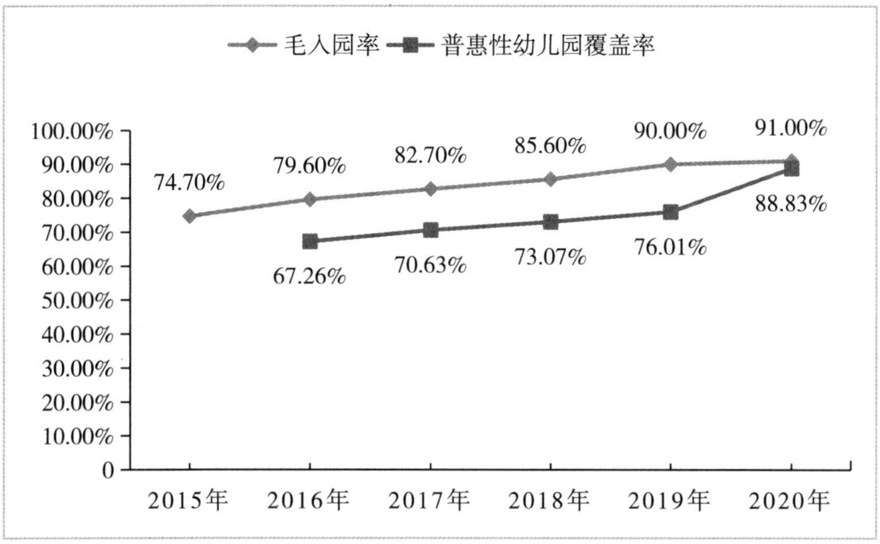


**图1.2　2015—2020年广西学前教育毛入园率和普惠性幼儿园覆盖率**

注：广西普惠性幼儿园覆盖率从2016年开始统计，因此本研究只计算了2016—2020年的普惠性幼儿园覆盖率。

数据来源：根据2015—2020年广西教育事业统计报表计算所得。

## （二）广西学前教育资源投入现状

### 1.人力资源投入累计增长，但配置不均衡

学前教育人力资源投入是指保证教育活动顺利开展而投入的各种人员的总称，主要包括幼儿园园长、专任教师、保育人员、卫生保健人员和工勤人员等，其中专任教师作为学前教育活动的主要承担者和实施者，对教育活动具有主导作用。近年来，广西学前教育发展步伐不断加快，学前教育师资投入也不断增加，但是地区之间配置不均衡问题依旧突出。

（1）教师数量投入

2015—2020年，广西学前教育教职工人数和专任教师数整体呈增长趋势，教职工总数由2015年的126788人增加到2020年的199406人，增加了72618人，增长率为57.28%。其中专任教师由2015的68407人增加到2020年的102591人，增加了34184人，增长率为49.97%。从专任教师占教职工总数的比例来看，2015年广西学前教育专任教师占教职工总数的比例为53.95%，

2020年该比例为51.45%，下降了2.50个百分点。详见图1.3。其原因可能在于教育部2013年印发的《幼儿园教职工配备标准（暂行）》明确要求“全日制幼儿园每班配备2名专任教师和1名保育员，或配备3名专任教师”。广西学前教育的保育人员数量不断增加，已从2013年的17309人增加到2020年的46958人，占教职工总数的比例由2013年的18.38%增加到2020年23.55%。非专任教师的比重提高了，这就使得专任教师占教职工总数的比例下降。

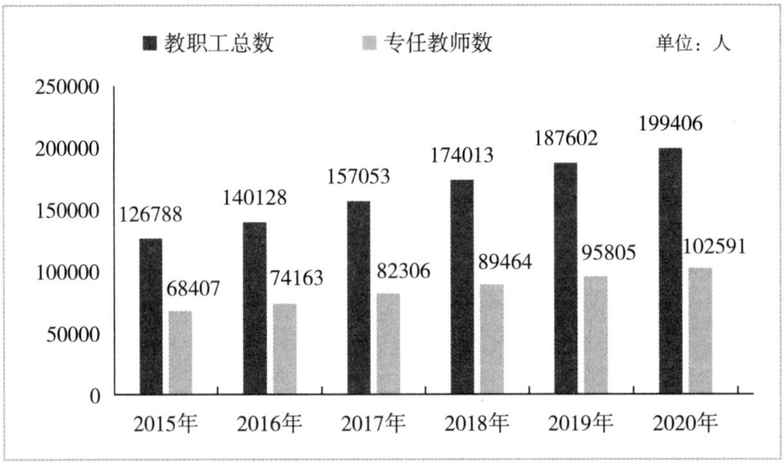


**图1.3　2015—2020年广西学前教育教职工总数、专任教师数**

数据来源：2015—2020年广西教育事业统计报表。

生师比在一定程度上可以反映教师配置是否合理。生师比应当维持在一个合理的比例，过大说明教育人力资源不足，过小会造成人力资源浪费。

2015—2020年广西学前教育生师比呈下降趋势，从2015年的32.25下降到2020年的23.63，下降8.62，说明这5年广西学前教育专任师资配置状况得到很大改善。但与全国相比，广西学前教育生师比依旧比较高。根据全国教育事业统计公报的数据计算出2020年全国学前教育的生师比为16.54，比广西低7.09。在学前教育快速发展、规模扩大的同时，广西幼儿园师资力量仍有待提高。详见图1.4。

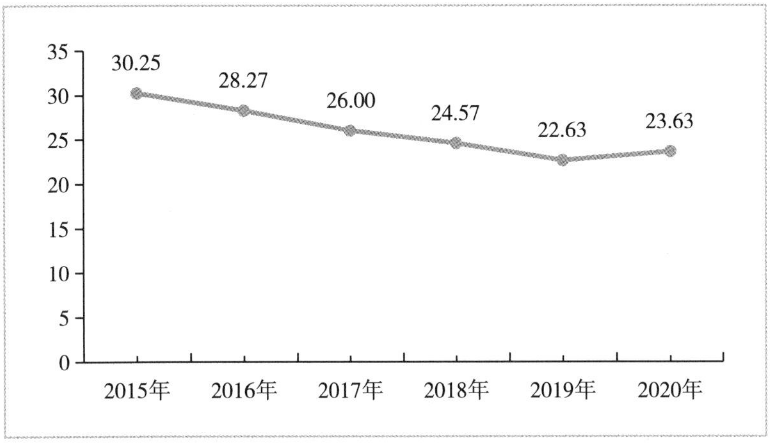


**图1.4　2015—2020年广西学前教育生师比**

数据来源：根据2015—2020年广西教育事业统计报表计算所得。

（2）专任教师学历、职称结构

教师是教育的中坚力量，有高质量的教师队伍才能有高质量的教育。2021年5月印发的《教育部　财政部关于实施中小学幼儿园教师国家级培训计划（2021—2025年）的通知》中明确提出了“实行分层分类精准培训”。本节主要通过分析广西学前教育专任教师的学历结构和职称结构，了解当前广西学前教育专任教师质量整体情况。

2015—2020年，广西学前教育专任教师中，大专及以上学历专任教师人数和比例呈增长趋势，人数从2015年的45770人增加到2020年的77360人，增加了31590人，增长率为69.02%；大专及以上学历专任教师占专任教师总人数的比重由2015年的66.91%增长到2020年的75.41%，提高了8.50个百分点。高中及以下学历专任教师人数虽然不断增加，但是占专任教师总数的比例逐渐减小，反映出广西学前教育专任教师学历水平不断提高，学历结构进一步改善。详见表1.2。

**表1.2　2015—2020年广西学前教育专任教师学历情况**

| 年份 | 总人数/人 | 大专及以上/人 | 占比 | 高中及以上/人 | 占比 |
|---|---|---|---|---|---|
| 2015年 | 68407 | 45770 | 66.91% | 22637 | 33.09% |
| 2016年 | 74163 | 51222 | 69.07% | 22941 | 30.93% |
| 2017年 | 82306 | 57313 | 69.63% | 24993 | 30.37% |

续表

| 年份 | 总人数/人 | 大专及以上/人 | 占比 | 高中及以上/人 | 占比 |
|---|---|---|---|---|---|
| 2018年 | 89464 | 63652 | 71.15% | 25812 | 28.85% |
| 2019年 | 95805 | 69871 | 72.93% | 25934 | 27.07% |
| 2020年 | 102591 | 77360 | 75.41% | 25321 | 24.68% |

数据来源：2015—2020年广西教育事业统计报表。

在职称结构方面，相比2015年，2020年广西学前教育中级及以上职称专任教师人数有所增加，但是占专任教师总数的比例却下降了，占比由2015年的6.30%下降到4.59%，下降了1.71个百分点。2018年中级及以上职称专任教师占教师总数的比例最低，仅为3.44%。此外，员级至助理级职称教师占专任教师总数的比例也下降了，占比由2015年的11.01%下降到2020年的9.20%，下降1.81个百分点；而未评职称的教师占专任教师总数的比例却提高了，占比由2015年的82.68%提高到2020年的86.21%，上升3.53个百分点。从职称结构总体上看，2015—2020年广西学前教育未评职称教师占专任教师总数的比例超过80.00%，远高于中级及以上和员级至助理级职称专任教师的比例。可见，广西学前教育专任教师职称结构水平整体偏低，且中高级职称教师占专任教师的比重还在不断下降。因此，提升广西学前教育专任教师职称水平，完善专任教师职称结构应是学前教育教师培养和发展的重点工作。详见表1.3。

**表1.3　2015—2020年广西学前教育专任教师职称结构情况**

| 年份 | 总人数/人 | 中级及以上/人 | 占比 | 员级至助理级/人 | 占比 | 未评职称/人 | 占比 |
|---|---|---|---|---|---|---|---|
| 2015年 | 68407 | 4313 | 6.30% | 7535 | 11.01 | 56559 | 82.68% |
| 2016年 | 74163 | 4249 | 5.73% | 7414 | 10.00 | 62500 | 84.27% |
| 2017年 | 82306 | 3447 | 4.19% | 7702 | 9.36 | 71157 | 86.45% |
| 2018年 | 89464 | 3079 | 3.44 | 8623 | 9.64% | 77762 | 86.92% |
| 2019年 | 95805 | 4675 | 4.88 | 7854 | 8.20% | 83276 | 86.92% |
| 2020年 | 102591 | 4712 | 4.59 | 9435 | 9.20% | 88444 | 86.21% |

数据来源：根据2015—2020年广西教育事业统计报表计算所得。

（3）各地市师资配置不均衡

由于广西各地市社会经济发展水平不同，学前教育师资配置失衡现象明显。从学前教育专任教师来看，2020年南宁市学前教育专任教师人数最多，为16690人，专任教师人数最少的是防城港市，仅有2705人，两者相差13985人。从专任教师学历及职称来看，2020年广西学前教育大专及以上学历专任教师占教师总数比例最高的是南宁市，为81.81%，比例最低的是贺州市，为64.96%，两者相差16.85个百分点；中级以上职称专任教师占教师总数的比例最高的是钦州市，为8.30%，比例最低的是玉林市，为3.63%，两者相差4.67个百分点。从生师比来看，2020年广西学前教育生师比最大的是梧州市，为28.70，生师比最小的是防城港市，为17.85，两者相差10.85。由此可见，广西学前教育师资配置呈现南高西低的现象，处于不均衡的状态，原因主要是桂南地区尤其是作为广西首府的南宁，经济发展水平明显高于桂西地区，自然吸引了更多优秀的教师。详见表1.4。

**表1.4　2020年广西各地市学前教育师资配置情况**

| 地区 | 专任教师/人 | 大专及以上学历专任教师占比 | 中级及以上职称专任教师占比 | 生师比 |
|---|---|---|---|---|
| 南宁市 | 16690 | 81.81% | 6.46% | 19.54 |
| 柳州市 | 7985 | 77.55% | 6.97% | 19.21 |
| 桂林市 | 9372 | 81.19% | 8.26% | 20.68 |
| 梧州市 | 4963 | 74.65% | 6.11% | 28.70 |
| 北海市 | 4051 | 81.68% | 6.69% | 19.87 |
| 防城港市 | 2705 | 77.52% | 4.77% | 17.85 |
| 钦州市 | 2948 | 79.65% | 8.30% | 21.40 |
| 贵港市 | 8955 | 80.85% | 4.40% | 22.62 |
| 玉林市 | 14334 | 65.15% | 3.63% | 23.47 |
| 百色市 | 9030 | 77.54% | 5.53% | 19.65 |
| 贺州市 | 4737 | 64.96% | 5.78% | 21.97 |
| 河池市 | 7328 | 73.05% | 5.77% | 22.43 |
| 来宾市 | 4644 | 68.67% | 5.74% | 20.52 |
| 崇左市 | 4849 | 66.94% | 7.01% | 18.54 |

数据来源：根据2020年广西教育事业统计报表计算得出。

2.物力资源投入持续增长，存在地区差异

学前教育的物力资源投入主要是指对幼儿园固定资产的投入，一般指幼儿园的学校占地面积、校舍面积、图书数等。物力资源的投入可以改善幼儿园的基础设施条件，提供优质的育儿环境。本节选取学校占地面积、校舍面积和图书数来反映广西学前教育物力资源的配置情况，发现广西学前物力资源投入逐年增加，但是存在地区差异。

（1）学前教育学校占地面积、校舍面积和图书数投入

2015—2020年，广西学前教育学校占地面积、校舍面积和图书数均呈快速增长趋势。学校占地面积从2015年的11295350平方米增加到2020年的21357424平方米，增长率为89.08%；校舍面积从2015年的8637117平方米增加到2020年的16359068平方米，增长率为89.40%；图书数从2015年的7353036册增加到2020年的13907655册，增长率为89.14%。由此可见，随着人口的增长，学前教育规模的扩大，广西学前教育学校占地面积、校舍面积和图书数随之增长，幼儿园的办学条件得到改善。详见表1.5。

**表1.5　2015—2020年广西学前教育学校占地面积、校舍面积和图书数**

| 年份 | 学校占地面积/平方米 | 校舍面积/平方米 | 图书数/册 |
|---|---|---|---|
| 2015年 | 11295350 | 8637117 | 7353036 |
| 2016年 | 12534990 | 9848141 | 8318867 |
| 2017年 | 14312078 | 11174048 | 9314345 |
| 2018年 | 16591393 | 12692208 | 10995941 |
| 2019年 | 18632004 | 14303294 | 13922580 |
| 2020年 | 21357424 | 16359068 | 13907655 |

数据来源：2015—2020年广西教育事业统计报表。

从生均情况来看，广西学前教育生均学校占地面积和生均校舍面积总体呈线性增长的趋势。生均学校占地面积由2015年的5.46平方米增加到2020年的9.42平方米，生均校舍面积由2015年的4.17平方米增加到7.22平方米。广西学前教育生均图书数总体呈波动增长趋势，由2015年的3.55册增加到2020年的6.14册，增长率为72.96%，其中2019年学前教育生均图书数的增幅最大。详见表1.6。虽然广西学前教育生均学校占地面积、生均校舍面积和生均

图书数都在增长，但是与广东等发达地区仍有很大的差距。以2020年为例，广东学前教育的生均学校占地面积、生均校舍面积和生均图书数分别为11.61平方米、9.33平方米和11.41册，明显高于广西学前教育生均拥有量，广西学前教育的基础建设投入仍有很大的提升空间。

**表1.6　2015—2020年广西学前教育生均学校占地面积、生均校舍面积和生均图书数**

| 年份 | 生均学校占地面积/平方米 | 生均校舍面积/平方米 | 生均图书数/册 |
|---|---|---|---|
| 2015 | 5.46 | 4.17 | 3.55 |
| 2016 | 5.98 | 4.70 | 3.97 |
| 2017 | 6.69 | 5.22 | 4.35 |
| 2018 | 7.55 | 5.77 | 5.00 |
| 2019 | 8.06 | 6.60 | 6.42 |
| 2020 | 9.42 | 7.22 | 6.14 |

数据来源：根据2015—2020年广西教育事业统计报表计算得出。

（2）各地市学前教育生均学校占地面积、校舍面积和图书数差距

受广西各地市占地面积和人口数量的影响，单从学校占地面积、校舍面积和图书数不能看出更多的问题，需要通过各地市的生均情况来对比分析，找出各地市学前教育物力资源配置的差距。

截至2020年，广西各地市学前教育生均学校占地面积最大的是崇左市，为16.82平方米，最小的是钦州市，为4.08平方米，两者相差12.74平方米；生均校舍面积最大的是防城港市，为9.15平方米，最小的是钦州市，为3.71平方米，两者相差5.44平方米；生均图书数最多的是崇左市，为8.95册，最少的是钦州市，为3.55册，两者相差5.40册。由此可以发现，广西各地市存在校舍面积等资源配置不均衡的问题，原因在于各地市受占地面积以及当地人口数量与人口流动等的影响，有些地区适龄幼儿人数减少，在园幼儿数随之减少，则校舍等资源配置就会比较充足，例如崇左市。而钦州市作为北部湾经济区的城市之一和陆海新通道的重要节点，将迎来重大的发展机遇，有更多的人口流入，慢慢地其适龄儿童数量和在园幼儿数量也会相应增加，生均校舍等资源就会较少。详见表1.7。

表1.7　2020年广西各地市学前教育生均学校占地面积、生均校舍面积和生均图书数

| 地区 | 生均学校占地面积/平方米 | 生均校舍面积/平方米 | 生均图书数/册 |
|---|---|---|---|
| 南宁市 | 9.59 | 7.05 | 7.33 |
| 柳州市 | 9.81 | 6.97 | 5.28 |
| 桂林市 | 10.84 | 8.13 | 7.09 |
| 梧州市 | 5.69 | 5.61 | 4.72 |
| 北海市 | 9.62 | 7.25 | 5.59 |
| 防城港市 | 9.31 | 9.15 | 8.07 |
| 钦州市 | 4.08 | 3.71 | 3.55 |
| 贵港市 | 9.96 | 7.64 | 5.48 |
| 玉林市 | 7.55 | 7.29 | 4.49 |
| 百色市 | 10.57 | 7.77 | 7.75 |
| 贺州市 | 10.95 | 7.81 | 6.19 |
| 河池市 | 9.49 | 7.47 | 5.08 |
| 来宾市 | 13.93 | 8.57 | 5.36 |
| 崇左市 | 16.82 | 8.81 | 8.95 |

3.财力资源投入不足，地区差距明显

财力资源是指投入到学前教育领域各种经费的总和，它是保证学前教育活动顺利开展的先决条件。近几年来，广西学前教育经费投入虽然逐年上涨，但是与全国相比仍旧不足，与广西各级基础教育相比依旧较低，且地区差距十分明显。

（1）广西学前教育经费投入

2015—2020年广西学前教育经费投入逐年上涨，但生均经费投入却低于全国平均水平。从广西学前教育生均一般公共预算教育事业费来看，除2020年下降外，其余年份均有所增加，由2015年的2714.60元上升到2020年的3984.98元，增加了1270.38元，增长率为46.80%。但广西学前教育生均一般公共预算教育事业费低于全国水平，且差值逐渐增大，从2015年的2014.20元增加到2020年的4660.12元。广西生均一般公共预算公用经费支出也在逐

年增加，但是总体低于全国平均水平，且与全国的差距在不断扩大，两者的差值由2015年的328.38元增加到2020年1217.83元。由此可见，虽然广西学前教育经费投入力度不断增加，但是受经济发展水平的影响，教育经费投入仍然不足，生均经费与全国存在较大差距，且差距还在进一步加大。详见表1.8。

**表1.8　2015—2020年广西学前教育生均一般公共预算教育事业费支出和生均一般公共预算公用经费支出与全国比较**

单位：元

| 年份 | 生均一般公共预算教育事业费支出 | | | 生均一般公共预算公用经费支出 | | |
|---|---|---|---|---|---|---|
| | 广西 | 全国 | 差值 | 广西 | 全国 | 差值 |
| 2015年 | 2714.60 | 4728.80 | 2014.20 | 1540.21 | 1868.59 | 328.38 |
| 2016年 | 3034.84 | 5505.56 | 2470.72 | 1667.11 | 2131.04 | 463.93 |
| 2017年 | 3260.54 | 6183.97 | 2923.43 | 1696.68 | 2226.39 | 529.71 |
| 2018年 | 3469.69 | 6896.20 | 3426.51 | 1697.25 | 2431.70 | 734.45 |
| 2019年 | 4077.46 | 7884.00 | 3806.54 | 2046.17 | 3945.10 | 1898.93 |
| 2020年 | 3984.98 | 8645.10 | 4660.12 | 1832.39 | 3050.22 | 1217.83 |

从各级基础教育生均经费来看，广西学前教育生均一般公共预算教育事业费支出和生均一般公共预算公用经费支出均低于其他层级教育。以2020年为例，广西学前教育生均一般公共预算教育事业费支出最低，为3984.98元，初中生均一般公共预算教育事业费支出最高，为11164.02元，学前教育生均一般公共预算教育事业费支出只占初中的35.69%，只占小学的46.22%。学前教育的生均一般公共预算公用经费支出同样最低，为1832.39元，与最高的中职教育相差2437.20元，与小学相差460.21元，说明在广西基础教育经费投入中，学前教育经费投入严重不足，教育系统内部经费配置失衡现象明显。详见图1.5。

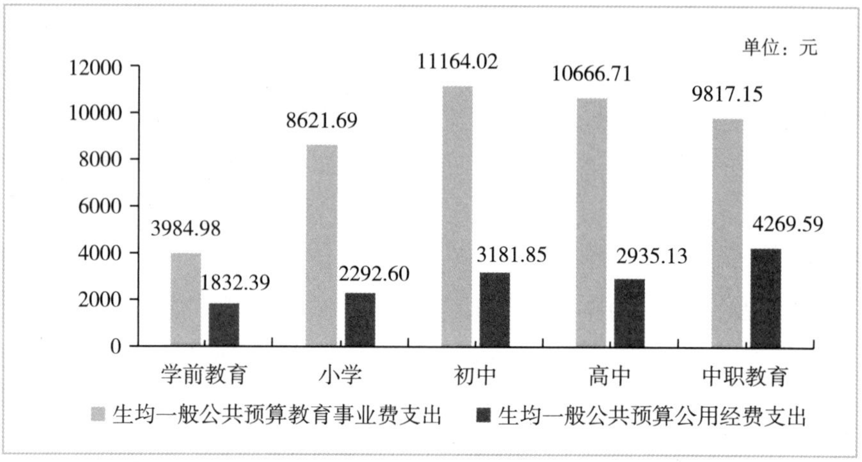


**图1.5　2020年广西各级基础教育生均一般公共预算教育事业费支出和生均一般公共预算公用经费支出情况**

数据来源：2020年广西教育事业统计报表。

（2）各地市学前教育经费投入差异

广西各地市学前教育生均一般公共预算教育事业费支出和生均一般公共预算公用经费支出差异较大。2020年，学前教育生均一般公共预算教育事业费支出最高的是防城港市，为8394.01元，与最低的钦州市相差7081.31元；学前教育生均一般公共预算公用经费支出最高的是来宾市，为3811.72元，与最低的贵港市相差3210.44元。而2020年钦州市和贵港市的生产总值在广西排名第五和第六，不难发现，虽然钦州市和贵港市这2个城市经济条件相对较好，但是对学前教育经费的投入明显不如其他地区。详见表1.9。

**表1.9　2020年广西各地市学前教育生均一般公共预算教育事业费支出和生均一般公共预算公用经费支出情况**

单位:元

| 地区 | 生均一般公共预算教育事业费支出 | 生均一般公共预算公用经费支出 |
|---|---|---|
| 南宁市 | 5671.52 | 2821.58 |
| 柳州市 | 5745.58 | 2865.21 |
| 桂林市 | 3872.55 | 1422.17 |
| 梧州市 | 2941.72 | 1940.98 |
| 北海市 | 4231.30 | 1167.99 |

续表

单位：元

| 地区 | 生均一般公共预算教育事业费支出 | 生均一般公共预算公用经费支出 |
|---|---|---|
| 防城港市 | 8394.01 | 3560.79 |
| 钦州市 | 1312.70 | 704.76 |
| 贵港市 | 1601.23 | 601.28 |
| 玉林市 | 2184.13 | 1171.38 |
| 百色市 | 7241.90 | 3398.36 |
| 贺州市 | 3981.68 | 2083.81 |
| 河池市 | 3609.15 | 1966.15 |
| 来宾市 | 7740.35 | 3811.72 |
| 崇左市 | 4944.86 | 948.30 |

数据来源：2020年广西教育事业统计报表。

### （三）广西学前教育资源产出状况

1. 直接产出波动变化，各地差距大

毕业幼儿数是学前教育最直观的产出。总体上来看，2015—2020年广西学前教育毕业幼儿数呈波动变化。具体表现为广西学前教育毕业幼儿数2015—2016年上升，2017年下降，2018年上升，2019—2020年下降。从地区来看，广西14个地市的毕业幼儿数差距明显。在广西14个地市学前教育毕业幼儿数中，排在前三的分别是玉林市、南宁市和贵港市，其中，玉林市所有年份的毕业幼儿数均超过10万人，南宁市和贵港市除2017年外，其余年份的毕业幼儿数也都超过10万人，而防城港市、北海市和来宾市的毕业幼儿数较少，其中毕业幼儿数最少的是防城港市。2020年毕业幼儿数最多的玉林市是最少的防城港市的8倍多。详见表1.10。

**表1.10　2015—2020年全区及各地市学前教育毕业幼儿数**

单位：人

| 地区 | 2015年 | 2016年 | 2017年 | 2018年 | 2019年 | 2020年 |
|---|---|---|---|---|---|---|
| 全区 | 831458 | 835943 | 811151 | 979585 | 925940 | 893096 |
| 南宁市 | 100311 | 101233 | 99268 | 166018 | 133713 | 122026 |
| 柳州市 | 42270 | 44781 | 44872 | 56797 | 54021 | 57253 |

续表 单位:人

| 地区 | 2015年 | 2016年 | 2017年 | 2018年 | 2019年 | 2020年 |
| --- | --- | --- | --- | --- | --- | --- |
| 桂林市 | 59719 | 61955 | 61445 | 67993 | 68089 | 69564 |
| 梧州市 | 59025 | 58555 | 59402 | 71600 | 67075 | 64271 |
| 北海市 | 29689 | 27824 | 27980 | 29296 | 29589 | 29180 |
| 防城港市 | 12277 | 12543 | 13633 | 14190 | 14845 | 16856 |
| 钦州市 | 71452 | 72414 | 73878 | 76484 | 79789 | 71766 |
| 贵港市 | 105207 | 107210 | 97508 | 105348 | 102355 | 101591 |
| 玉林市 | 129400 | 136247 | 127957 | 151319 | 147567 | 136864 |
| 百色市 | 58209 | 58900 | 54855 | 65991 | 60803 | 63425 |
| 贺州市 | 46955 | 35904 | 36768 | 46888 | 42978 | 40428 |
| 河池市 | 63138 | 60825 | 57286 | 63903 | 62251 | 56885 |
| 来宾市 | 26754 | 28474 | 28879 | 31876 | 30956 | 31616 |
| 崇左市 | 27052 | 29078 | 27420 | 31882 | 31909 | 31371 |

数据来源：2015—2020年广西教育事业统计报表。

2.受过学前教育的比例明显上升，地区差距逐渐缩小

教育部印发的《中国教育监测与评价统计指标体系（2020年版）》明确指出，学前教育毛入园率反映了国家及各地为适龄儿童提供学前教育入学机会的总体水平，可作为教育机会类指标。2015—2020年，广西小学招生中受过学前教育的比例呈波动上升趋势，由2015年的97.32%上升到2020年的99.17%，上升了1.85个百分点。从区域差异来看，2015—2020年，各地市小学招生中受过学前教育比例的差距从2015年的13.91个百分点下降到2020年的4.00个百分点。在2020年，除防城港市和河池市外，其他地市小学招生中受过学前教育的比例都超过了99.00%。教育部明确提出：到2020年，全国学前三年毛入园率达到85.00%。为了实现这一目标，广西积极扩大学前教育资源供给，加快学前教育事业发展。截至2020年，广西学前教育三年毛入园率达91.00%，超额实现了教育部规定的目标，全区人民受教育机会逐渐增大，教育公平程度不断提高，广西各地市小学招生中受过学前教育的比例逐渐增大，地区差距不断缩小。详见表1.11。

表1.11　2015—2020年全区及各地市小学招生中接受过学前教育的比例

| 地区 | 2015年 | 2016年 | 2017年 | 2018年 | 2019年 | 2020年 |
|---|---|---|---|---|---|---|
| 全区 | 97.32% | 98.11% | 98.47% | 98.95% | 98.58% | 99.17% |
| 南宁市 | 99.68% | 99.70% | 99.89% | 99.87% | 99.89% | 99.85% |
| 柳州市 | 93.21% | 94.09% | 96.45% | 97.12% | 97.62% | 99.63% |
| 桂林市 | 99.14% | 99.83% | 99.84% | 99.12% | 98.46% | 99.63% |
| 梧州市 | 96.33% | 96.34% | 97.78% | 98.34% | 96.12% | 96.46% |
| 北海市 | 99.85% | 99.06% | 99.58% | 99.15% | 98.27% | 99.91% |
| 防城港市 | 85.94% | 89.02% | 90.44% | 94.83% | 95.42% | 95.91% |
| 钦州市 | 99.82% | 99.19% | 99.77% | 99.79% | 99.26% | 99.82% |
| 贵港市 | 99.73% | 99.64% | 98.38% | 99.15% | 98.76% | 99.80% |
| 玉林市 | 99.10% | 98.59% | 98.87% | 99.79% | 99.33% | 99.77% |
| 百色市 | 98.29% | 98.89% | 98.72% | 99.29% | 99.74% | 99.72% |
| 贺州市 | 91.84% | 95.22% | 97.01% | 99.00% | 98.53% | 98.76% |
| 河池市 | 92.80% | 97.38% | 95.96% | 96.26% | 95.77% | 96.24% |
| 来宾市 | 97.12% | 99.34% | 99.46% | 99.63% | 99.82% | 99.86% |
| 崇左市 | 94.51% | 96.29% | 99.31% | 99.61% | 99.25% | 99.89% |

数据来源：根据2015—2020年广西教育事业统计报表计算得出。

## 四、广西学前教育资源配置效率实证分析

本部分从构建广西学前教育资源配置的投入—产出评价体系出发，以2015—2020年广西14个地市学前教育资源为评价对象，采用DEA和Malmquist指数测算广西学前教育资源配置综合技术效率、纯技术效率、规模效率和全要素生产率，分析广西学前教育资源配置效率的总体水平、变化过程及存在的问题，力求对学前教育发展过程的资源配置与利用效率有全面深入的了解，为下文的对策建议提供依据。

## （一）效率评价方法

1.DEA评价方法

DEA评价方法是由美国运筹学家查恩斯、库铂和罗兹提出的，用来评价对多个投入和多个产出的决策单元效率的一种线性的非参数前沿效率分析方法，其研究的是相对效率。目前该方法成为评价多投入和多产出效率首选的方法，相对其他方法有突出的优点：一是不需要对评价系统的投入和产出指标进行无量纲化和权重确定，可以直接测定评价决策单元的投资效率；二是不需要事先对生产函数或者成本函数进行假设和参数估计，可以在较少的假设和信息的前提下对决策单元进行效率测度，运算简单且有效避免了因主观因素而导致的结果误差；三是通过对决策单元的投入和产出指标效率评价，可以得出综合技术效率、纯技术效率和规模效率，通过对比分析三者之间的差距可以明确决策单元在今后发展中应注重调整的方向；四是在样本量较少的情况下，采用该方法测评也能得出有效的结果。

DEA的决策单元一般是一个具有多种投入和多种产出的部门或者单位，被评价的对象通常是由多个决策单元组成的群体，通过对决策单元的投入和产出效果进行评价，明确有效的生产前沿面，然后根据决策单元评价结果值与有效生产前沿面的差距来评价决策单元是否处于有效状态。DEA方法主要测算综合技术效率（TE）、纯技术效率（PTE）和规模效率（SE），然后根据这三种效率值来评判决策单元的投入和产出的相对合理性和有效性。采用DEA方法进行效率评价时，主要有CCR和BCC两种基本模型。

（1）CCR模型

CCR模型假定规模报酬不变（CRS），一般适用于测算综合技术效率值。用来反映决策单元的总体技术效率状况，简称为综合技术效率，也称为总技术效率。在DEA模型中，CCR模型是最典型的，也是最基本的一种。CCR模型是在假设规模不变的前提下建立的，所以其效率值含有一定的规模效率成分，它是纯技术效率和规模效率有效性的综合分析，可以用来评判纯技术效率和规模效率是否同时有效。利用DEA进行效率评价时，我们先要假设有$n$个决策单元，并且每个决策单元都有$m$个投入指标和$s$个产出指标。现令$x_{ij}$表示第$j$个决策单元第$i$个投入指标的总量，其中$x_{ij}>0$；$y_{rj}$表示第$j$个决策单元第$r$个产出指标的总量，其中$y_{rj}>0$。此外，投入指标x和产出指标y权重系数分别为$v_i$和$\mathrm{u_i}$，其中$v_iu_i>0$，$i=1$，2，...$m$，$j=1$，2，...$n$，$r=1$，2，...$s$，由此得到

CRS模式下的CCR模型为：

$$CCR=\begin{cases}\min\left[\theta-\varepsilon(\sum_{i=1}^{m}s^{-}+\sum_{r=1}^{s}s^{+})\right]\\ s.t.\sum_{j=1}^{m}x_{ij}\lambda_{j}+s^{-}=\theta x_{jo},i=1,2,\ldots,m\\ \sum_{i=1`}^{m}y_{rj}\lambda_{j}-s^{+}=y_{ro},r=1,2,\ldots,s\\ \lambda_{i}\geq 0,j=1,2,\ldots,n,s^{+}\geq 0,s^{-}\geq 0\end{cases}$$

（公式1.1）

其中，$s^+$表示松弛变量，它指的是决策单元要达到最优配置时，还可以或还需要增加的产出量；$s^-$表示剩余变量，它指的是决策单元要达到最优配置时，还可以或需要减少的投入量；λ表示决策单元线性组合系数，θ表示决策单元的效率。当$\theta=1$、$s^+=0$、$s^-=0$时，则决策单元为DEA有效；当$\theta=1$、$s^+\neq 0$、$s^-\neq 0$时，则决策单元为弱DEA有效；当$\theta<1$时，则决策单元为DEA无效。

（2）BCC模型

BCC模型是基于可变规模收益（VRS）的前提下，测算出的技术效率不含有规模效率成分，为“纯技术效率”。BBC模型改进扩展了CCR模型，它考虑到了在可变规模报酬情况，即当部分决策单元不是以最优的规模运行时，规模效率会影响其技术效率的测算。因此，在CCR模型的基础上加锥形约束条件：

$$\sum\lambda j=1,2,\ldots n$$

（公式1.2）

则可以得出VRS模式下的BCC模型为：

$$BCC=\begin{cases}\min\left[\theta-\varepsilon(\sum_{i=1}^{m}s^{-}+\sum_{r=1}^{s}s^{+})\right]\\ s.t.\sum_{j=1}^{m}x_{ij}\lambda_{j}+s^{-}=\theta x_{jo},i=1,2,\ldots,m\\ \sum_{i=1`}^{m}y_{rj}\lambda_{j}-s^{+}=y_{ro},r=1,2,\ldots,s\\ \sum\lambda j=1,2,\ldots n\\ \lambda_{i}\geq 0,j=1,2,\ldots,n,s^{+}\geq 0,s^{-}\geq 0\end{cases}$$

（公式1.3）

当满足且仅满足$\theta=1$时，则决策单元为弱DEA有效；当$\theta=1$、$s^+=0$、$s^-=0$时，则决策单元为DEA有效，决策单元为弱DEA有效；当$\theta<1$时，则决策单元为DEA无效。

在CCR模型和BCC模型分别计算得出的“综合技术效率”和“纯技术效

率”的基础上可以进一步计算得出决策单元的规模效率，具体公式如下：

$$规模效率=\frac{综合技术效率}{纯技术效率} \quad （公式1.4）$$

2. Malmquist指数分析

Malmquist指数分析是由瑞典经济学家斯通·马尔奎斯特在1953年提出来的，后来卡夫等学者在1994年将其与DEA模型相结合，才使该方法得以广泛使用[①]。Malmquist指数分析法主要是用来评价决策单元效率的动态变化过程，其具体公式如下：

$$TFPch = Mi(x_{t+1}, y_{t+1}, x_t, y_t) = \left[\frac{D_i^{t+1}(x_{t+1}, y_{t+1})}{D_i^t(x_t, y_t)} \times \frac{D_i^t(x_{t+1}, y_{t+1})}{D_i^{t+1}(x_t, y_t)}\right]^{1/2} \quad （公式1.5）$$

$$EFFch = \frac{D_i^{t+1}(x_{t+1}, y_{t+1})}{D_i^t(x_t, y_t)} \quad （公式1.6）$$

$$TECHch = \left[\frac{D_i^t(x_{t+1}, y_{t+1})}{D_i^{t+1}(x_t, y_t)} \times \frac{D_i^t(x_{t+1}, y_{t+1})}{D_i^{t+1}(x_{t+1}, y_{t+1})}\right]^{1/2} \quad （公式1.7）$$

$$TFPch=EFFch\times TECHch=PTEch\times SEch\times TECHch \quad （公式1.8）$$

上述公式中，（$x_t$，$y_t$）和（$x_{t+1}$，$y_{t+1}$）分别代表$t$时期和$t$+1时期决策单元的投入产出向量，*TFPch*为全要素生产率，*EFFch*为综合技术效率变化指数，*PTEch*为纯技术效率变化指数，*SEch*为规模效率变化指数，*TECHch*为技术进步指数。

## （二）评价指标体系构建与数据来源

1. 评价指标体系构建原则

要想科学地评价广西学前教育资源配置效率，评价指标体系的构建十分关键，直接影响评价结果的准确性。因此，本文在构建广西学前教育资源效率评价指标体系时遵循以下原则：

（1）可比性原则

在选择评价指标时，通过不同指标之间的相互对照，对比分析找出不同指标之间的共同点，进行优劣的评估，获取更加符合实际的关键性指标。同

① 韩素芬，王鑫斌. 基于Malmquist指数的京津冀创新效率动态演变趋势［J］. 工业技术经济，2021（10）：109-115.

时注意相关指标数据的时间、含义、统计标准、统计口径和适用范围等，以便能够从纵向和横向、时间和空间维度对指标进行对比分析，明确广西学前教育资源配置的总体情况和发展趋势。

（2）客观性原则

在指标选取和指标体系构建时，客观性是最基本的原则。广西学前教育资源配置效率评价指标体系中的指标数据获取应当是真实可靠的，能够客观反映学前教育资源利用的实际情况。客观性原则还表现在结合决策单元的实际情况，选取合理有效的指标，采用科学的评价方法对学前教育资源配置效率进行评价，只有这样才能确保最终评价结果的客观性，准确反映学前教育资源配置效率的实际情况。

（3）可操作性原则

在对学前教育资源配置效率进行评价时，需要对投入和产出的每个指标数据进行统计、计算和分析，这就要求指标数据具有可操作性，无法获取或者难以获取的指标数据都有可能导致评价结果不准确，无法实现评价的预期目标。同时，指标数据获取的来源应当是可靠的，而且可以进行测量，如果指标数据的来源不可靠，即便是合理的指标也应该剔除。

2.评价指标体系构建

关于学前教育资源配置效率评价的指标尚未有统一的标准，笔者在阅读相关文献的基础上梳理学前教育资源配置效率评价指标。详见表1.12。

**表1.12　部分文献对学前教育资源配置效率评价指标的选取**

| 学者 | 投入指标 | 产出指标 |
|---|---|---|
| 刘佳颖（2018） | 学前教育经费投入（包括人员经费、公用经费、专项经费）、年末校舍面积、年末固定资产总值、运动场地面积、教职工总数 | 在园幼儿数 |
| 龚敏（2019） | 生均教育经费支出、生均校舍建筑面积、生均图书数、高级教师比例、专任教师中具备专科以上学历比例 | 在园幼儿数、小学招生中受过学前教育的比例 |
| 李键江（2020） | 教育经费支出、生均教育经费支出、专任教师中具备专科以上学历比例、生均校舍面积、生均图书数 | 毕业幼儿数、小学招生中受过学前教育人数的比例 |

续表

| 学者 | 投入指标 | 产出指标 |
| --- | --- | --- |
| 陈蓉晖（2021） | 生均教育经费支出、专科以上学历专任教师比例、生均校舍面积、生均图书数 | 入园率、毕业幼儿数、小学招生中受过学前教育的比例 |

综上所述，本文在总结已有成果的基础上，根据指标选取原则和结合前文对广西学前教育资源投入产出的描述性分析，初步构建广西学前教育资源配置效率评价指标体系。详见表1.13。

**表1.13　学前教育资源配置效率评价指标体系**

| 一级指标 | 二级指标 | 三级指标 |
| --- | --- | --- |
| 投入指标 | 人力投入 | 专任教师数 |
| | | 专科以上学历教师占专任教师总数的比例 |
| | 物力投入 | 生均校舍面积 |
| | | 生均图书数 |
| | 财力投入 | 生均一般公共预算教育事业费支出 |
| | | 生均一般公共预算公用经费支出 |
| 产出指标 | 直接产出 | 毕业幼儿数 |
| | 产出效果 | 小学招生中受过学前教育的比例 |

（1）人力资源投入指标

在学前教育资源投入方面，教师无疑是最关键的投入。由于专任教师数量要与幼儿数量相匹配，因此选择专任教师的数量作为广西学前教育人力资源投入的一个指标；另一方面，除了要考虑专任教师的数量，还要考虑专任教师的质量，而高学历教师在一定程度上能够反映师资水平，因此选用大专及以上学历教师占专任教师总数的比例作为人力资源投入的另一个指标。

（2）物力资源投入指标

由于校舍是保证学前教育活动顺利开展的基础条件，而图书是获取知识的重要来源，因此选用学前教育生均校舍面积和生均图书数作为广西学前教育物力投入指标。

（3）财力资源投入指标

财力资源投入一般是指财政性教育经费。由于广西各地市幼儿园数量不同，不能单纯用教育经费的总投入作为学前教育投入指标，因此，本文选择生均一般公共预算教育事业费支出和生均一般公共预算公用经费支出作为广西学前教育财力资源投入指标。

（4）学前教育产出指标

教育的目的主要是为社会培养更好的人，本文在考虑学前教育产出指标时，主要考虑将人作为指标。而产出有直接产出和产出效果，直接产出一般有毕业幼儿数，产出效果一般有毛入园率、小学招生中受过学前教育的比例等。本文在考虑各地市数据可得性的基础上，选用毕业幼儿数和小学招生中接受过学前教育的比例作为学前教育的产出指标。

3.数据来源

经咨询广西教育相关行政部门，得知广西各地市学前教育资源配置效率部分相关指标数据从2015年开始统计，无法获取2015年之前的数据。因此，本文只选取2015—2020年的数据，所采用的数据均来源于2015—2020年广西教育事业统计报表。

## （三）广西学前教育资源配置效率静态分析

为了更加清楚广西学前教育资源配置的内在要义，把握广西学前教育资源利用态势，本文采用DEAP2.1软件测算2015—2020年广西14个地市学前教育资源配置的综合技术效率、纯技术效率和规模效率。

1.广西学前教育资源配置综合技术效率

综合技术效率是在规模报酬不变的CCR模型上评价决策单元资源利用的总效率，是纯技术效率和规模效率的综合分析，可以用来衡量学前教育资源配置投入要素是否达到了最优组合，教育资源是否存在浪费。综合技术效率等于1时，评价单元的投入产出是有效的，教育资源投入要素达到最佳组合；综合技术效率处于0.9—1（不含1）时，表示教育资源配置效率处于中等水平，教育资源存在一定程度的浪费；综合技术效率小于0.9时，表示教育资源配置效率处于较低水平，教育资源浪费较严重。其具体取值范围及含义详见表1.14。

**表1.14　综合技术效率取值及含义**

| 综合技术效率取值 | 含义 |
|---|---|
| TE=1 | 教育资源配置效率较高，教育资源投入要素达到最佳组合 |
| 0.9≤TE<1 | 资源配置效率处于中等水平，教育资源存在一定的浪费 |
| 0.9≤TE<1 | 资源配置效率处于较低水平，教育资源浪费严重 |

从总体上看，2015—2020年广西学前教育资源配置的综合技术效率呈波动变化，综合技术效率均值收敛于0.953，效率平均值在0.9以上的地市占14个地市的78.57%，反映出了广西学前教育资源配置效率仍存在投入冗余或资源利用效率低的问题，资源配置效率仍有一定的提升空间。从各地市来看，2015—2020年广西综合技术效率值存在地区差异。5年间综合技术效率值均为1的地市有6个，分别为防城港市、钦州市、贵港市、玉林市、贺州市和来宾市，占14个地市的42.86%，说明广西学前教育资源配置整体效率不高，全区仍有一半以上的地市学前教育资源投入要素没有达到最佳组合。综合技术效率平均值在0.9—1（不含1）的地市有5个，分别为梧州市、北海市、百色市、河池市和崇左市，占14个地市的35.71%。综合技术效率平均值在0.9以下的有南宁市、柳州市和桂林市，其中效率平均值最低的是桂林市，仅有0.839，说明这3个地市学前教育资源浪费现象较为严重。

从各地市综合效率值与全区平均值来看，2015—2020年综合技术效率值有效的地市分别有8个、7个、7个、9个、7个、7个，效率值低于全区平均值的地市分别有5个、6个、6个、5个、7个、7个。其中，2015—2016年综合技术效率值最低的是南宁市，2017—2018年综合技术效率值最低的是桂林市。在这些效率值低于全区平均水平的地市里，出现频率较高的有柳州市、桂林市、百色市、河池市、南宁市和北海市，其中南宁市、柳州市和桂林市等经济发展水平相对较好，但学前教育资源配置综合技术效率却不高，原因可能是这些地市对学前教育资源投入较多，使得学前教育资源过于集中而难以管理，从而更容易造成学前教育资源冗余或者浪费，进而降低学前教育资源配置效率①。对于百色市、崇左市等经济基础相对薄弱的地区来讲，由于学

① 龚敏.我国学前教育资源配置效率评价与优化：从Bootstrap-DEA到逆DEA模型的研究［D］.重庆：西南大学，2019：44.

前教育资源投入不足，学前教育的办学条件较差，从而影响学前教育的产出效果，导致学前教育资源配置效率低下。详见表1.15。

**表1.15 2015—2020年广西各地市学前教育资源配置综合技术效率（TE）**

| 地区 | 2015年 | 2016年 | 2017年 | 2018年 | 2019年 | 2020年 | 平均值 |
|---|---|---|---|---|---|---|---|
| 南宁市 | 0.853 | 0.848 | 0.857 | 1.000 | 0.915 | 0.916 | 0.898 |
| 柳州市 | 0.865 | 0.856 | 0.856 | 0.909 | 0.911 | 0.902 | 0.883 |
| 桂林市 | 0.863 | 0.852 | 0.819 | 0.821 | 0.827 | 0.850 | 0.839 |
| 梧州市 | 1.000 | 1.000 | 0.993 | 1.000 | 0.947 | 0.941 | 0.980 |
| 北海市 | 0.966 | 0.947 | 0.937 | 0.911 | 0.909 | 0.909 | 0.930 |
| 防城港市 | 1.000 | 1.000 | 1.000 | 1.000 | 1.000 | 1.000 | 1.000 |
| 钦州市 | 1.000 | 1.000 | 1.000 | 1.000 | 1.000 | 1.000 | 1.000 |
| 贵港市 | 1.000 | 1.000 | 1.000 | 1.000 | 1.000 | 1.000 | 1.000 |
| 玉林市 | 1.000 | 1.000 | 1.000 | 1.000 | 1.000 | 1.000 | 1.000 |
| 百色市 | 0.928 | 0.893 | 0.891 | 0.919 | 0.899 | 0.876 | 0.901 |
| 贺州市 | 1.000 | 1.000 | 1.000 | 1.000 | 1.000 | 1.000 | 1.000 |
| 河池市 | 0.903 | 0.906 | 0.906 | 0.922 | 0.909 | 0.919 | 0.911 |
| 来宾市 | 1.000 | 1.000 | 1.000 | 1.000 | 1.000 | 1.000 | 1.000 |
| 崇左市 | 1.000 | 0.993 | 1.000 | 1.000 | 1.000 | 1.000 | 0.999 |
| 平均值 | 0.956 | 0.950 | 0.947 | 0.963 | 0.951 | 0.951 | 0.953 |
| 有效地市/个 | 8 | 7 | 7 | 9 | 7 | 7 | 6 |

2.广西学前教育资源配置纯技术效率

纯技术效率是在规模报酬可变的BCC模型上评价决策单元在短期内规模一定的条件下，以最小的投入要素取得的最大产出，纯技术效率值越大表明该决策单元的投入要素利用率越高。纯技术效率值等于1时，表示教育资源投入要素使用效率达到最优；纯技术效率处于0.9—1（不含1）时，表示教育资源投入要素利用效率处于中等水平；纯技术效率小于0.9时，表示教育资源投入要素利用效率处于较低水平。透过纯技术效率可以看出广西学前教育资源配置效率在多大程度上是由技术无效造成的，该指标侧重反映的是当地政府的预算能力以及教育相关制度的运行效率及教育管理水平。其具体取值范围及含义详见表1.16。

**表1.16 纯技术效率取值及含义**

| 纯技术效率取值 | 含义 |
|---|---|
| PTE=1 | 教育资源投入要素利用效率达到最优 |
| 0.9≤PTE<1 | 教育资源投入要素利用效率处于中等水平 |
| PTE<0.9 | 教育资源投入要素利用效率处于较低水平 |

从整体上看，广西学前教育资源配置的纯技术效率具有一定的波动性，各年的均值收敛于0.971，教育资源投入的利用效率处于中等水平，仍有2.9%的资源投入存在浪费。从各地市2015—2020年学前教育资源配置效率的测算结果来看，纯技术效率值存在地区差异。5年间纯技术效率值都为1的有防城港市、钦州市、贵港市、玉林市、贺州市和来宾市等6个地市，占14个地市的42.86%，说明这6个地市的学前教育资源投入得到很好的利用，产出水平达到最佳状态。纯技效率平均值在0.9—1（不含1）的地市有8个，分别为南宁市、柳州市、桂林市、梧州市、北海市、百色市、河池市和崇左市，占14个地市的57.14%，其中纯技术效率均值最低的是桂林市。

从各地市的效率值与全区平均值比较来看，2015—2020年纯技术效率值有效的地市分别有9个、8个、9个、9个、9个、7个，效率值低于全区平均值的地市分别有5个、5个、4个、5个、4个、6个。其中，2015—2017年纯技术效率值最低的是柳州市，2017—2020年纯技术效率值最低的是桂林市。在这些纯技术效率值低于全区平均水平的地市里面，出现频率较高的有百色市、河池市、桂林市、柳州市、南宁市和北海市，说明这些地市学前教育投入的资源没有得到充分利用，学校应该进一步完善内部管理，调整学前教育资源配置结构，避免因学前教育管理无效而造成教育资源浪费①。详见表1.17。

① 贾轲轲.基于DEA方法的学前教育资源配置效率研究：以M县乡镇中心幼儿园为例［D］.昆明：云南师范大学，2020：47.

表1.17　2015—2020年广西各地市学前教育资源配置纯技术效率（PTE）

| 地区 | 2015年 | 2016年 | 2017年 | 2018年 | 2019年 | 2020年 | 平均值 |
|---|---|---|---|---|---|---|---|
| 南宁市 | 0.971 | 0.973 | 1.000 | 1.000 | 1.000 | 0.918 | 0.977 |
| 柳州市 | 0.893 | 0.901 | 0.887 | 0.932 | 0.920 | 0.916 | 0.908 |
| 桂林市 | 0.942 | 1.000 | 0.976 | 0.823 | 0.835 | 0.857 | 0.906 |
| 梧州市 | 1.000 | 1.000 | 0.997 | 1.000 | 0.977 | 0.977 | 0.992 |
| 北海市 | 1.000 | 0.952 | 1.000 | 0.918 | 0.918 | 0.919 | 0.951 |
| 防城港市 | 1.000 | 1.000 | 1.000 | 1.000 | 1.000 | 1.000 | 1.000 |
| 钦州市 | 1.000 | 1.000 | 1.000 | 1.000 | 1.000 | 1.000 | 1.000 |
| 贵港市 | 1.000 | 1.000 | 1.000 | 1.000 | 1.000 | 1.000 | 1.000 |
| 玉林市 | 1.000 | 1.000 | 1.000 | 1.000 | 1.000 | 1.000 | 1.000 |
| 百色市 | 0.928 | 0.893 | 0.893 | 0.923 | 1.000 | 0.891 | 0.921 |
| 贺州市 | 1.000 | 1.000 | 1.000 | 1.000 | 1.000 | 1.000 | 1.000 |
| 河池市 | 0.940 | 0.924 | 0.939 | 0.957 | 0.939 | 0.955 | 0.942 |
| 来宾市 | 1.000 | 1.000 | 1.000 | 1.000 | 1.000 | 1.000 | 1.000 |
| 崇左市 | 1.000 | 0.995 | 1.000 | 1.000 | 1.000 | 1.000 | 0.999 |
| 平均值 | 0.977 | 0.974 | 0.978 | 0.968 | 0.971 | 0.960 | 0.971 |
| 有效地市/个 | 9 | 8 | 9 | 9 | 9 | 7 | 6 |

3.广西学前教育资源配置规模效率

规模效率是在规模报酬可变的基础上计算的效率，它是综合技术效率与纯技术效率的比值，主要是用来衡量决策单元的实际教育规模是否达到最优状态。当规模效率值等于1时，表示该决策单元的教育资源配置规模处于最优水平，此时决策单元的规模报酬不变，即决策单元增加等比例的教育资源投入时，产出也会以同等比例增加；当规模效率值处于0.9—1（不含1）时，表示决策单元处于规模报酬变动的中等规模效率水平；当规模效率值小于1时，表示决策单元处于规模报酬变动中的低规模效率水平。其具体取值范围及含义详见表1.18。

表1.18　规模效率取值及含义

| 规模效率取值 | 含义 |
|---|---|
| SE=1 | 规模报酬不变的最佳规模效率水平 |
| 0.9≤SE<1 | 规模报酬变动的中等规模效率水平 |
| SE<0.9 | 规模报酬变动的低规模效率水平 |

从整体上看，2015—2020年广西学前教育资源配置的规模效率呈波动变化。5年间规模效率值均为1的地市有6个，分别为防城港市、钦州市、贵港市、玉林市、贺州市和来宾市，占14个地市的42.86%，表明这6个地市的教育规模达到最佳状态。规模效率平均值在0.9—1（不含1）的地市有8个，分别为南宁市、柳州市、桂林市、梧州市、北海市、百色市、河池市和崇左市，占14个地市的57.14%。再结合表1.15、表1.17的结果可以发现，南宁市和柳州市的学前教育配置规模效率明显高于纯技术效率，根据综合技术效率=纯技术效率×规模效率，可知学前教育管理不完善是造成这两个地区学前教育资源配置综合技术效率低下的主要原因。而桂林市、梧州市、北海市、百色市、河池市和崇左市的学前教育投入规模效率低于纯技术效率，由此可知学前教育投入规模不合理是导致这6个地市学前教育资源配置综合技术效率低的主要原因。

从各市规模效率值与全区平均水平比较来看，2015—2020年规模效率有效的地市分别有9个、8个、7个、9个、7个、7个，规模效率值低于全区平均水平的地市分别有5个、3个、5个、3个、4个、5个。5年间学前教育资源配置规模效率平均值低于全区平均水平的地市分别为南宁市、桂林市、北海市、百色市和河池市。其中，2015年规模效率值最低的是南宁市，2016—2017年规模效率值最低的是桂林市，2019年规模效率值最低的是百色市，2018年和2020年规模效率值最低的是河池市。详见表1.19。

表1.19　2015—2020年广西各地市学前教育资源配置规模效率（SE）

| 地区 | 2015年 | 2016年 | 2017年 | 2018年 | 2019年 | 2020年 | 全区平均值 |
|---|---|---|---|---|---|---|---|
| 南宁市 | 0.897 | 0.872 | 0.857 | 1.000 | 0.915 | 0.997 | 0.923 |
| 柳州市 | 0.969 | 0.949 | 0.966 | 0.975 | 0.990 | 0.985 | 0.972 |
| 桂林市 | 0.916 | 0.852 | 0.839 | 0.997 | 0.990 | 0.992 | 0.931 |

续表

| 地区 | 2015年 | 2016年 | 2017年 | 2018年 | 2019年 | 2020年 | 全区平均值 |
|---|---|---|---|---|---|---|---|
| 梧州市 | 1.000 | 1.000 | 0.997 | 1.000 | 0.969 | 0.963 | 0.988 |
| 北海市 | 0966 | 0.995 | 0.937 | 0.992 | 0.990 | 0.989 | 0.978 |
| 防城港市 | 1.000 | 1.000 | 1.000 | 1.000 | 1.000 | 1.000 | 1.000 |
| 钦州市 | 1.000 | 1.000 | 1.000 | 1.000 | 1.000 | 1.000 | 1.000 |
| 贵港市 | 1.000 | 1.000 | 1.000 | 1.000 | 1.000 | 1.000 | 1.000 |
| 玉林市 | 1.000 | 1.000 | 1.000 | 1.000 | 1.000 | 1.000 | 1.000 |
| 百色市 | 1.000 | 1.000 | 0.998 | 0.996 | 0.899 | 0.983 | 0.979 |
| 贺州市 | 1.000 | 1.000 | 1.000 | 1.000 | 1.000 | 1.000 | 1.000 |
| 河池市 | 0.961 | 0.981 | 0.965 | 0.963 | 0.968 | 0.963 | 0.967 |
| 来宾市 | 1.000 | 1.000 | 1.000 | 1.000 | 1.000 | 1.000 | 1.000 |
| 崇左市 | 1.000 | 0.996 | 1.000 | 1.000 | 1.000 | 1.000 | 0.999 |
| 平均值 | 0.978 | 0.975 | 0.968 | 0.995 | 0.980 | 0.991 | 0.981 |
| 有效地市/个 | 9 | 8 | 7 | 9 | 7 | 7 | 6 |

从规模报酬收益情况来看，2015—2020年规模报酬不变的地市有6个，分别是防城港市、钦州市、贵港市、玉林市、贺州市和来宾市，说明这些地市学前教育的投入规模达到最优状态。崇左市除2016年规模报酬递增外，其余年份的规模报酬也处于不变的状态，说明崇左市的学前教育投入规模处在一个比较良好的状态。柳州市规模报酬连续5年都处于递增的状态，表明其产出的增量大于投入的增量，继续加大该地区学前教育资源的投入可以获得更大的产出。南宁市2015—2017年规模报酬递减，2018年规模报酬不变，2019—2020年规模报酬递增，说明南宁市应适当加大学前教育投入规模，提高学前教育投入规模效率。桂林市和北海市规模报酬由递减转变成递增的状态，2017年及之前规模报酬都处于递减状态，继续加大学前教育投入之后，规模报酬连续3年递增，这两个地区继续加大学前教育的投入也能获得更好的产出效果。河池市规模报酬除2017年递减外，其余年份均处递增状态。而百色市出现了规模报酬不变转规模报酬递增再转规模报酬递减的趋势，这种情况下百色市应该合理调整学前教育投入规模，优化资源配置结构，避免因盲目加大学前教育资源投入而造成资源浪费。详见表1.20。

表1.20　2015—2020年广西各地市学前教育资源配置规模报酬情况

| 地区 | 2015年 | 2016年 | 2017年 | 2018年 | 2019年 | 2020年 |
|---|---|---|---|---|---|---|
| 南宁市 | ↓ | ↓ | ↓ | — | ↑ | ↑ |
| 柳州市 | ↑ | ↑ | ↑ | ↑ | ↑ | ↑ |
| 桂林市 | ↓ | ↓ | ↓ | ↑ | ↑ | ↑ |
| 梧州市 | — | — | ↑ | — | ↑ | ↑ |
| 北海市 | ↓ | ↓ | ↓ | ↑ | ↑ | ↑ |
| 防城港市 | — | — | — | — | — | — |
| 钦州市 | — | — | — | — | — | — |
| 贵港市 | — | — | — | — | — | — |
| 玉林市 | — | — | — | — | — | — |
| 百色市 | — | — | ↑ | ↑ | ↓ | ↓ |
| 贺州市 | — | — | — | — | — | — |
| 河池市 | ↑ | ↑ | ↓ | ↑ | ↑ | ↑ |
| 来宾市 | — | — | — | — | — | — |
| 崇左市 | — | ↑ | — | — | — | — |

注：“↑”表示规模报酬递增，“↓”表示规模报酬递减，“—”表示规模报酬不变。

## （四）广西学前教育资源配置效率动态分析

DEA模型仅能描述广西学前教育资源配置在t年的静态效率值，不能刻画效率值从t年到t+1年的动态变化趋势。基于此，本文利用Malmquist指数测算广西学前教育资源全要素生产率变动指数，分析学前教育资源配置效率的动态变化过程，以明确未来广西学前教育资源配置的调整方向。当全要素生产率变动指数大于1时，表示学前教育资源配置效率处于上升趋势；当全要素生产率变动指数等于1时，表示学前教育资源配置效率处于不变的状态；当全要素生产率变动指数小于1时，表示学前资源配置效率处于下降趋势。详见表1.21。

表1.21　全要素生产率变动指数取值及含义

| 全要素生产率变动指数取值 | 含义 |
| --- | --- |
| TFPch>1 | 学前教育资源配置效率上升 |
| TFPch=1 | 学前教育资源配置效率不变 |
| TFPch<1 | 学前教育资源配置效率下降 |

1.广西学前教育全要素生产率总体情况

从总体来看，2015—2020年广西学前教育资源配置效率整体呈下降趋势。5年间全要素生产率变动指数均值为0.853，与1相比年均下降了14.7%，其中，综合技术效率年均下降0.1%，技术进步年均下降14.6%，说明技术进步对全要素生产率的抑制作用相对较大，而综合技术效率对全要素生产率的抑制作用相对较小，所以，技术进步下降是导致全要素生产率下降的主要原因[①]。从变化时序角度来看，2015—2016年、2016—2017年、2017—2018年、2018—2019年、2019—2020年各时段的全要素生产率变动指数分别为0.592、0.898、0.966、0.928、0.946，与1相比分别下降了40.8%、10.2%、3.4%、7.2%、5.4%。其中，2015—2016年下降幅度最大，达40.8%，此时技术进步下降的幅度为40.5%，对应的综合技术效率仅下降1.2%，根据TFPch=EFFch×TECHch可以知道，2015—2016年全要素生产率大幅下降主要是由于技术进步出现较大幅下降导致的。2017—2018年全要素生产率下降幅度最小，仅为3.4%，此时技术进步下降了5.1%，对应的综合技术效率变化指数为1.017，与1相比增长了1.7%，表明2017—2018年全要素生产率的贡献度主要来自综合技术效率[②]。详见表1.22。

表1.22　2015—2020年广西学前教育Malmquist指数及其分解

| 年份 | EFFch | TECHch | PTEch | SEch | TFPch |
| --- | --- | --- | --- | --- | --- |
| 2015—2016年 | 0.994 | 0.595 | 0.998 | 0.996 | 0.592 |
| 2016—2017年 | 0.997 | 0.900 | 1.004 | 0.993 | 0.898 |

① 唐智彬，曾媛.中等职业教育资源配置效率测度与评估研究［J］.职业技术教育，2021（34）：25-31.

② 景琴玲，贯金荣.中国农业职业教育生产效率的统计评价［J］.统计与决策，2012（4）：115-118.

续表

| 年份 | EFFch | TECHch | PTEch | SEch | TFPch |
|---|---|---|---|---|---|
| 2017—2018年 | 1.017 | 0.949 | 0.989 | 1.028 | 0.966 |
| 2018—2019年 | 0.988 | 0.940 | 1.003 | 0.985 | 0.928 |
| 2019—2020年 | 1.000 | 0.946 | 0.989 | 1.012 | 0.946 |
| 均值 | 0.999 | 0.854 | 0.996 | 1.003 | 0.853 |

注："EFFch"表示综合技术效率变化指数，"TECHch"表示技术进步指数，"PTEch"表示纯技术效率变化指数，"SEch"表示规模效率变化指数，"TFPch"表示全要素生产率变动指数。

通过图1.6可以发现，技术进步指数变化趋势线与全要素生产率指数变化趋势线高度一致，说明技术进步变化是影响全要素生产率变化的主要原因。从综合技术效率变化趋势线和技术进步变化趋势线来看，5年间综合技术效率变化指数均高于技术进步指数，其中，2015—2016年两者差距最大，差值高达0.399，2016年开始两者的差距逐渐缩小，2018年以后，两者差值基本保持在0.05左右。这里值得一提的是，综合技术效率变化指数与技术进步指数差距缩小的原因主要是技术进步指数提高了，尤其是2016—2017年，技术进步指数大幅提升。

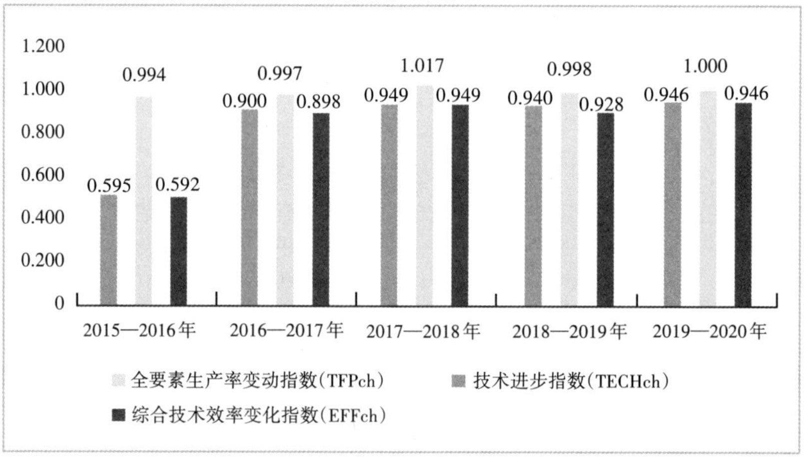


**图1.6 广西学前教育Malmquist指数及其分解**

2. 广西各地市学前教育全要素生产率差异

从整体来看，广西学前教育全要素生产率情况不太理想。2015—2020年

14个地市的全要素生产率均值都小于1，说明各地区学前教育资源配置效率均处于下降趋势。具体来看，全要素生产率变动指数高于全区水平的有桂林市、梧州市、北海市、防城港市、钦州市、百色市、贺州市、河池市和崇左市，其中，崇左市学前教育全要素生产率变动指数最高，效率指数值为0.900；全要素生产率变动指数低于全区水平的有南宁市、柳州市、贵港市、玉林市和来宾市，其中，贵港市的全要素生产率变动指数最低，效率指数值为0.733。从各地市下降幅度来看，崇左市学前教育全要素生产率下降幅度最小，降幅为10%；贵港市学前教育全要素生产率下降幅度最大，下降了26.7%，贵港市学前教育资源配置效率的下降幅度比崇左市高16.7个百分点。详见表1.23。

**表1.23　广西各地市学前教育Malmquist指数及其分解**

| 地区 | EFFch | TECHch | PTEch | SEch | TFPch |
|---|---|---|---|---|---|
| 南宁市 | 1.014 | 0.830 | 0.989 | 1.026 | 0.847 |
| 柳州市 | 1.008 | 0.845 | 1.005 | 1.003 | 0.852 |
| 桂林市 | 0.997 | 0.861 | 0.981 | 1.016 | 0.859 |
| 梧州市 | 0.988 | 0.900 | 0.995 | 0.993 | 0.889 |
| 北海市 | 0.988 | 0.890 | 0.983 | 1.005 | 0.879 |
| 防城港市 | 1.000 | 0.883 | 1.000 | 1.000 | 0.883 |
| 钦州市 | 1.000 | 0.862 | 1.000 | 1.000 | 0.862 |
| 贵港市 | 1.000 | 0.733 | 1.000 | 1.000 | 0.733 |
| 玉林市 | 1.000 | 0.829 | 1.000 | 1.000 | 0.829 |
| 百色市 | 0.989 | 0.889 | 0.992 | 0.997 | 0.879 |
| 贺州市 | 1.000 | 0.857 | 1.000 | 1.000 | 0.857 |
| 河池市 | 1.003 | 0.855 | 1.003 | 1.000 | 0.858 |
| 来宾市 | 1.000 | 0.820 | 1.000 | 1.000 | 0.820 |
| 崇左市 | 1.000 | 0.900 | 1.000 | 1.000 | 0.900 |
| 均值 | 0.999 | 0.854 | 0.996 | 1.003 | 0.853 |

注：“EFFch”表示综合技术效率变化指数，“TECHch”表示技术进步指数，“PTEch”表示纯技术效率变化指数，“SEch”表示规模效率变化指数，“TFPch”表示全要素生产率变动指数。

### （五）广西学前教育资源配置效率存在的问题

1.学前教育资源配置整体效率不高，且呈下降趋势

从广西14个地市学前教育资源配置效率整体情况来看，2015—2020年广西学前教育资源配置综合技术效率、纯技术效率和规模技术效率的均值分别为0.953、0.971和0.981，均小于1，处于非有效状态。14个地市5年间综合技术效率、纯技术效率和规模效率均为1的地市有6个，仅占14个地市的42.86%；效率均值在0.9以上的地市有11个，占14个地市的78.57%，说明广西学前教育资源配置效率整体不高，教育资源冗余或浪费的现象依然存在。从用Malmquist指数测算的学前教育全要素生产率变动指数来看，2015—2020年广西学前教育全要素生产率均值为0.853，下降了14.7%，说明广西学前教育资源配置效率呈下降趋势。

引发上述问题的原因可能在于广西学前教育经费投入不足和配置不合理。统计数据显示，2019年广西学前教育经费总投入占全国学前教育经费总投入的比重为2.48%，在全国排名第19位，与邻近的广东（10.97%）有巨大的差距。其中，学前教育财政性教育经费投入占广西学前教育经费总投入的比重为38.79%，在全国排名第25位，明显低于全国平均水平（48.92%）[①]。学前教育经费配置不合理主要表现为在广西各级各类教育经费投入中，学前教育经费投入比例偏低。广西教育行政部门统计的数据显示，2020年广西各级各类教育经费投入中，学前经费投入占全区教育经费总投入的比重为6.64%，比高等教育经费比重（23.09%）低16.45个百分点，比义务教育经费比重（52.31%）低45.67个百分点[②]。教育经费投入不足和配置不合理严重制约了广西学前教育各方面的发展，影响幼儿保教质量的提升。下一步，广西在投入教育经费发展教育事业时应当适当向学前教育倾斜。

2.学前教育管理水平与投入规模发展不协调

在广西各地市学前教育资源配置综合技术效率总体下降的前提下，纯技术效率和规模效率值变动失衡。总体上看，2015—2020年广西学前教育资源配置纯技术效率波动下降，从2015年的0.978下降到2020年的0.960，而规模效率从2015年的0.977上升到2020年的0.991。从具体年份来看，2017年广西

---

① 根据2020年中国教育经费统计年鉴计算得出。

② 根据2020年广西教育事业统计报表计算得出。

各地市学前教育资源配置纯技术效率均值上升到0.978，规模效率均值下降到0.968，综合技术效率均值下降到0.947，这一年综合技术效率的下降主要是规模效率下降引起的。2018年，纯技术效率均值下降到0.968，规模效率均值上升到0.995，综合技术效率均值上升到0.963，这一年综合技术效率的提高主要是规模效率上升引起的。2019年，纯技术效率均值上升到0.971，规模效率均值下降到0.980，综合技术效率均值下降到0.951，这一年综合技术效率的下降主要是规模效率下降引起的。2020年，纯技术效率均值下降到0.960，规模效率上升到0.991，而综合技术效率均值较2019年保持不变，说明纯技术效率下降幅度与规模效率上升幅度一样。综上所述，广西学前教育资源配置效率纯技术效率呈现“M”形下降趋势，而规模效率呈现“W”形上升趋势，说明广西学前教育管理与投入规模发展存在一定程度的不协调性，具体表现为学前教育管理滞后于投入规模发展。详见图1.7。

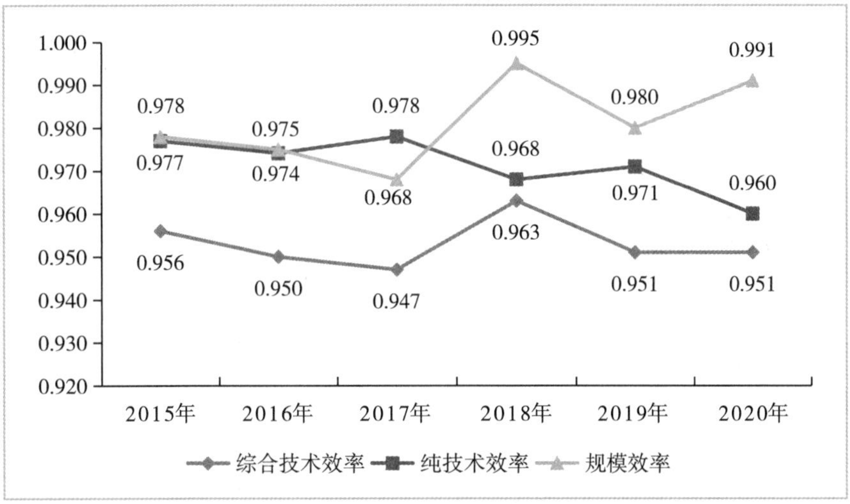


**图1.7　广西学前教育资源配置综合技术效率、纯技术效率、规模效率变化**

引发上述问题的可能原因是：全区学前教育资源投入不断扩大，使得学前教育规模效率不断提高，但是相应的学前教育运行制度、管理水平和学前教育资源配置结构的调控能力却没能及时跟上投入规模的发展，这就导致学前教育资源配置的纯技术效率不断下降[①]。长期以来，为了调整各地区学前教

① 龚敏.我国学前教育资源配置效率评价与优化：从Bootstrap-DEA到逆DEA模型的研究［D］.重庆：西南大学，2019：44-45.

育发展不均衡问题，广西积极实施学前教育资源扩容项目、普及普惠工程和农村学前教育资源投入倾斜政策等，学前教育规模不断扩大，学前教育发展得到了明显改善。然而，提高学前教育资源配置效率的有效途径并不只是扩大学前教育资源供给，学前教育资源配置的后续监督、管理以及资源的有效利用，对促进广西学前资源配置效率的提升同样起着至关重要的作用。因此，政府部门在加大教育资源供给解决资源短缺问题时更应当注重教育资源的利用效率。

3.各地区学前教育资源配置效率分布不均衡

根据DEA测算的结果发现，2015—2020年广西学前教育资源配置效率分布不均衡。学前教育资源配置效率值呈现稳定性的有防城港市、钦州市、贵港市、玉林市、贺州市和来宾市等6个地市，这6个地市的学前教育资源配置综合技术效率、纯技术效率和规模效率5年间一直处于较高状态，所有的效率值均为1，学前教育资源配置处于最优状态。学前教育资源配置效率值呈现差异性的有南宁市、柳州市、桂林市、梧州市、北海市、百色市、河池市和崇左市等8个地市，这8个地市的综合技术效率、纯技术效率和规模效率波动变化，其中，南宁市、柳州市、桂林市、北海市、百色市和河池市等6个地市5年间的综合技术效率、纯技术效率和规模效率均小于1，学前教育资源配置处于无效状态，资源配置效率低下。根据Malmquist测算的学前教育全要素生产率指数来看，2015—2020年全要素生产率最高的是崇左市（0.900），最低的是贵港市（0.733），两者相差0.167，各地市学前教育资源配置效率存在差距。

造成以上问题的原因可能在于：一是不同的地区对学前教育资源的使用能力不同，导致学前教育资源配置效率有所不同[①]；二是根据前文广西学前教育资源配置现状分析得知，学前教育资源的投入和产出具有巨大的地区差距，学前教育资源配置不均衡问题突出，导致广西学前教育资源配置效率分布不均衡。

① 孙玉伟.我国医疗卫生资源配置效率实证研究：基于DEA方法［D］.北京：首都经济贸易大学，2018：28.

## 五、广西学前教育资源配置效率影响因素分析

学前教育资源配置效率不仅受到地区经济发展水平、城镇化建设和人口发展等外部环境的影响，也受到学前教育经费投入、教育规模和师资力量等内部环境的影响，因此，要深入分析影响广西学前教育资源配置效率的各种内外因素，才能有针对性地提高广西学前教育资源配置效率。

### （一）影响因素理论分析和研究假设

1.外部环境对学前教育资源配置效率的影响

影响学前教育配置效率的外部环境，主要是地区经济发展、城镇化建设和人口发展三个方面。首先，地区经济发展与学前教育的发展存在很大的关联性[①]。一般来讲，经济发展水平越高的地区，对学前教育的重视程度越高，学前教育的资源投入就会越多，学前儿童的受教育机会就会越大，学前教育的产出效果就会越好；反之，经济发展水平越低的地区，对学前教育资源的投入相对较少，学前教育产出效果会较差[②]。

其次，城镇化发展必然会促进农村人口向城镇流动，并降低农村人口规模。因此，学前教育资源配置必须要适应地区城镇化带来的人口结构变化和规模发展，才能满足人们对学前教育的需求[③]。且随着城镇化进程加快，受教育者的范围越来越广，学前教育普及也越来越高。城镇化水平高的地区，对学前教育的基础设施、教师素质要求更高，投入力度也会更大，受过学前教育的人数更多，那么学前教育的产出效果会更好。相反，城镇化水平越低，对于学前教育的投入就会越少，其资源配置效率也会受到影响[④]。

最后，人口也是影响学前教育发展的重要因素。学前教育发展的质量、水平和规模很大程度上受到当地人口规模、结构和流动等的影响。人口规模

① 陈纯槿，范洁琼.我国学前教育综合发展水平的省际比较与分析［J］.学前教育研究，2018（12）：14-27.

② 陈慧玲.我国学前教育资源配置效率研究［D］.长沙：湖南农业大学，2018：46.

③ 杜燕红.新型城镇化进程中学前教育资源配置的战略研究［J］.河南社会科学，2018（12）：116-120.

④ 陈蓉晖，赖晓倩.优质均衡视域下农村学前教育资源配置效率及差异分析［J］.教育发展研究，2021（C2）：23-33.

越大的地区，学前教育的规模效应就越容易发挥，学前教育资源配置效率就越高①。基于上述分析，本文提出以下研究假设：

H1：地区经济发展水平对学前教育资源配置效率具有促进作用。

H2：城镇化建设对学前教育资源配置效率具有促进作用。

H3：人口发展对学前教育资源配置效率具有促进作用。

2.内部环境对学前教育资源配置效率的影响

从学前教育内部环境来看，教育经费投入、学前教育规模和师资力量三个方面都会影响学前教育资源配置效率的最终结果。在教育经费投入方面，长期以来，政府教育经费投入不足一直被认为是制约教育发展的主要原因，于是我国积极采取各种有效的措施，通过加大政府对教育经费的投入、制定倾斜政策等帮扶贫困边远地区发展教育事业，保证教育公平②。有学者指出学前教育经费投入的增加可以带来良好的产出效果，提升学前教育保教质量③。

在学前教育规模方面，学前教育规模会影响教育资源的投入，教育规模扩大时，就需要更多的资源投入才能保证教育质量的提升。教育部在2017年印发的《幼儿园办园行为督导评估办法》和在2020年印发的《县域学前教育普及普惠督导评估办法》均明确强调要把班级规模作为幼儿园保教质量的评估指标。有学者研究发现，减少幼儿园班级规模可以提升师生互动、提高保育质量、改进幼儿和教师的行为，进而影响学前教育的办学成效④。而且，合理的幼儿园班级规模也可以有效提升学前教育资源配置效率⑤。

在师资力量方面，教师是学前教育活动开展的主体，通过师生互动（知识传递、行为指导、情感指导等）影响儿童的成长，在学前教育质量提升中

---

① 张雪，袁连生，田志磊.地区学前教育发展水平及其影响因素分析［J］.教育发展研究，2012（20）：6-11.

② 成刚.更多的教育投入能带来更好的教育吗？［J］.北京师范大学学报（社会科学版），2019（2）：38-51.

③ 陈岳堂，陈慧玲.基于Dea-Tobit模型的我国学前教育资源配置效率研究［J］.现代教育管理，2018（5）：47-53.

④ 杨钋，刘永烨，梁净.幼儿园班级规模与儿童发展：来自县域追踪调查的证据［J］.北京大学教育评论，2020（3）：60-85，188-189.

⑤ 解晓乐.基于SBM模型的我国学前教育办学效率评价［D］.北京：北京理工大学，2016：52.

起着决定性作用[①]。有学者指出生师比是影响师生互动的关键指标，较低的生师比意味着幼儿个体可以获得更大的个性化保教机会和师生互动机会，进而提升学前教育质量[②]。基于上述分析，本文提出以下研究假设：

H4：学前教育规模对学前教育资源配置效率具有促进作用。

H5：教育经费投入对学前教育资源配置效率具有促进作用。

H6：师资力量对学前教育资源配置效率具有促进作用。

### （二）研究设计

1.变量选取

（1）被解释变量

将前文计算得出的广西学前教育资源配置的综合技术效率、纯技术效率和规模效率分别作为被解释变量。

（2）解释变量

通过前文影响因素理论分析和研究假设，再结合已有的研究成果，选择人均地区生产总值衡量地区经济发展水平[③]，城镇化率衡量城镇化建设水平[④]，人口出生率衡量人口发展情况[⑤]，园均规模衡量学前教育规模发展[⑥]，生均教育事业费衡量学前教育经费投入[⑦]，生师比衡量学前教育师资力量[⑧]，构建出

---

① 李丽，魏玉华，张长英.幼儿园教师关于教学活动中高质量师幼互动特征的内隐观分析［J］.学前教育研究，2017（10）：38-48.

② 叶平枝，张彩云.发达地区学前教育发展影响因素研究［J］.教育研究，2015（7）：23-33.

③ 李立国，赵阔，杜帆.经济增长视角下的高等教育层次结构变化［J］.教育研究，2022（2）：138-149.

④ 陈俊梁，史欢欢，林影，等.城镇化对经济增长影响的路径分析：基于长三角城市群的研究［J］.经济问题，2022（4）：49-57.

⑤ 容中逵，杜薇.新时代乡村学校建设与布局调整研究：论以人口出生率为基础的乡村学校布局调整问题［J］.教育发展研究，2021（24）：39-44.

⑥ 王胜青.基于VAR模型的学前教育发展规模影响因素研究：来自陇南市数据的实证分析［J］.数学的实践与认识，2018（4）：311-320.

⑦ 孙志军，郑磊."撤点并校"是否减少了教育资源投入［J］.教育研究，2021（11）：119-131.

⑧ 吕赛鸫，潘玉君，罗明东.城市群视角下云南义务教育师资空间格局特征研究［J］.云南师范大学学报（哲学社会科学版），2022（2）：139-148.

广西学前教育资源配置效率影响因素指标体系。详见表1.24。

**表1.24　广西学前教育资源配置效率影响因素指标体系**

| 类型 | 变量名称 | 指标选取 | 说明 |
|---|---|---|---|
| 被解释变量 | 综合技术效率 | — | 由DEA计算得出 |
| | 纯技术效率 | — | 由DEA计算得出 |
| | 规模效率 | — | 由DEA计算得出 |
| 解释变量 | 地区经济发展水平 | 人均地区生产总值 | 直接读取 |
| | 城镇化建设水平 | 城镇化率 | 常住城镇人口÷常住总人口 |
| | 人口发展情况 | 人口出生率 | 年内出生人口÷年均人口×1000‰ |
| | 学前教育规模 | 园均规模 | 在园幼儿人数÷幼儿园数量 |
| | 学前教育经费投入 | 生均教育事业费 | 直接读取 |
| | 师资力量 | 生师比 | 在园幼儿数÷专任教师总数×100% |

2.建立Tobit回归方法

Tobit回归模型是由美国经济学家詹姆斯·托宾于1958年最先提出来的，主要用于分析家庭耐用消费品的支出状况，该模型也被称为截尾回归模型或者删失回归模型。通常情况下，在对系数进行回归分析时，普通最小二乘法是学者们普遍采用的方法，但是由于DEA模型得到的效率值是处于0—1的离散数据，采用普通最小二乘法虽然常用且操作简单，但是在对离散型的数据进行回归时容易造成偏差[①]，而Tobit回归模型要求的取值也是0—1，与DEA模型相符合。因此，本文借鉴江长洲、迟景明等学者的研究，采用Tobit回归模型探讨广西学前教育资源配置效率的影响因素，其标准表达式如下：

$$\begin{cases} Y_i^* = \alpha + \beta X_i + \mu_i \\ Y_i = Y_i^*, \quad Y^* > 0 \\ Y_i = 0, \quad Y^* \leq 0 \end{cases} \qquad \text{（公式2.1）}$$

在上式中，$Y_i^*$为被解释变量即因变量，$X_i$为解释变量即自变量，$\beta$为自变

① 胡芳，刘鸿锋.民族省区高等教育财政经费支出效率评价：基于DEA-Malmquist和Tobit模型［J］.湘潭大学学报（哲学社会科学版），2022（1）：29-36.

量相关系数，$\mu_i$为随机干扰项。

结合上述影响因素指标的选取，构建广西学前教育资源配置效率影响因素Tobit回归模型如下：

$$Y_{it}=\alpha+\beta_1X_{1it}+\beta_2X_{2it}+\beta_3X_{3it}+\beta_4X_4+\beta_5X_{5it}+\beta_6X_{6it}+\mu_{it} \qquad \text{（公式2.2）}$$

$Y_{it}$分别表示广西学前教育资源配置的综合技术效率、纯技术效率和规模效率；$i$表示广西第i个市，（$i$=1，2，3...14）；$t$代表第$t$年（$t$=2015，2016，2017...2020）；$X_1$、$X_2$、$X_3$、$X_4$、$X_5$、$X_6$分别表示广西人均地区生产总值、城镇化率、人口出生率、园均规模、生均教育事业费和生师比；$\beta_1$、$\beta_2$、$\beta_3$、$\beta_4$、$\beta_5$、$\beta_6$分别表示$X_1$、$X_2$、$X_3$、$X_4$、$X_5$、$X_6$的回归系数；$\alpha$表示常数项；$\mu_{it}$为随机干扰项。

3.数据来源及处理

（1）数据来源

被解释变量的数据由前文DEA计算得出，而解释变量的所有数据均来源于2016—2020年中国城市统计年鉴、2016—2021年广西统计年鉴、2015—2020年中国教育经费执行统计公告和2015—2020年广西教育事业统计报表，并通过相关计算整理得出。

（2）数据处理

由于各变量的单位名称不一致，因此通过取对数的方式对各变量做无量纲化处理。而且我们利用Tobit回归模型采用的是面板数据，在实践研究中很容易出现遗漏变量，对结果产生非常大的影响。因此，为了使结果更加科学合理，在进行回归分析之前，需要对模型进行Hausman检验，判断该模型是随机效应模型还是固定效应模型。本文利用Stata16.0对该模型进行Hausman检验，计算得出“prob>chi2”=0.076，小于0.1，拒绝原假设，因此选用固定效应Tobit回归模型。

## （三）实证结果分析

运用Stata16.0软件，对广西学前教育资源配置效率影响因素进行Tobit回归，得到以下结果。详见表1.25。

表 1.25 Tobit 回归结果

| 变量 | 综合技术效率 | 纯技术效率 | 规模效率 |
|---|---|---|---|
| 人均地区生产总值 | -0.0172296 ** (-2.33) | -0.0112963* (-1.74) | -0.0099378** (-2.12) |
| 城镇化率 | -0.2875262** (-2.00) | -0.1607523 (-1.32) | -0.2060266** (-2.38) |
| 人口出生率 | 7.908759 * (2.79) | 6.917188 * (2.83) | 3.416211* (1.85) |
| 园均规模 | 0.0283242 (1.21) | 0.0294566 (1.31) | 0.0103866 (0.73) |
| 生均教育事业费 | -0.1713639 ** (-2.98) | -0.1481769 ** (-2.95) | -0.064011* (-1.71) |
| 生师比 | 0.0079878 ** (2.61) | 0.0059847 ** (2.48) | 0.0041715** (2.38) |
| 常数项 | 0.8968829 (6.22) | 0.8971985 (7.13) | 0.9845296 (10.13) |

注："*""**""***"分别表示10%、5%、1%；括号里面的数值表示t统计量。

根据模型检验结果表明：

人均地区生产总值与广西学前教育资源配置的综合技术效率、纯技术效率和规模效率均有显著的负相关关系，相关系数分别为-0.0172296、-0.0112963、-0.0099378，并在5%、10%、5%的水平下显著，表明地区经济发展水平并不能有效带动学前教育资源配置效率的提高，假设H1不成立。一般而言，经济发展水平较高的地区往往具备充足的学前教育资源，学前教育环境良好，因而其资源配置也更具优势①，但可能部分有关部门缺乏有效的管理机制，从而致使学前教育资源配置效率下降。

城镇化率对广西学前教育资源配置的纯技术效率无显著影响，但是与综合技术效率和规模效率具有显著的负相关关系，相关系数分别为-0.2875262、-0.2060266，均在5%的水平下通过显著性检验，说明城镇化建设对学前教育

① 李键江，花筝.我国学前教育资源配置效率现状及其对策研究［J］.基础教育，2020（1）：47-58.

资源配置效率产生抑制作用，假设H2不成立。主要是因为随着城镇化进程的不断加快，越来越多的农村人口不断涌入城市，尤其是向教育资源条件较好的地区集聚，使得这些地区的学前教育规模不断扩大，有可能导致学前教育资源的拥挤和不足[①]，而短期内幼儿园的办学条件和相关基础设施没能及时调整，致使致学前教育资源配置效率低。而且由于城乡二元结构体制的存在，城市聚集了大量的资金、技术和人才等优质资源，建设了大批公共服务项目，而农村靠自身已有的生产要素不仅要完成其他公共设施建设，还要创办各类教育项目，且用于建设学前教育发展的各项优质资源也集中在城市，严重影响了学前教育资源配置效率的全面提升[②]。

人口出生率与广西学前教育资源配置的综合技术效率、纯技术效率和规模效率均有着显著的正相关关系，相关系数分别为7.908759、6.917188 、3.416211，并在1%的水平下通过显著性检验，说明人口发展可以提升广西学前教育资源配置效率，符合原假设H3。原因可能在于人口是发展的强大动力，地方人口出生率提高，适龄学前儿童人数随之增加，闲置的学前教育资源也会根据幼儿人数的增加而被调整和配置，得到充分利用，从而提高教育资源配置效率[③]。

园均规模对广西学前教育资源的配置综合技术效率、纯技术效率、规模效率的相关系数分别为0.0283242、0.0294566、0.0103866，说明学前教育规模对广西学前教育资源配置效率有一定的正面影响，但是这种影响并不显著，假设H4不成立。因此，一味地扩大学前教育规模并不能有效促进教育资源配置效率的提高，应该把教育规模控制在一个合理的范围内[④]。

生均教育事业费对广西学前教育资源配置的综合技术效率、纯技术效率和规模效率都具有显著的负向相关关系，相关系数分别为–0.1713639、

① 石人炳.人口变动对教育的影响［M］.北京：中国经济出版社，2005：102.

② 陈晨.内蒙古自治区H市学前教育资源配置研究［D］.呼和浩特：内蒙古师范大学，2020.

③ 杨顺光，李玲，张兵娟，等."全面二孩"政策与学前教育资源配置：基于未来20年适龄人口的预测［J］.学前教育研究，2016（8）：3–13.

④ 冯婉桢.雁行发展与区域学前教育资源微观配置效率的提升研究［J］.基础教育，2018（1）：40–46.

-0.1481769、-0.064011，分别在5%、5%、1%的水平下显著，这意味着教育经费投入的增加并不能有效提高学前教育资源配置效率，假设H5不成立。原因可能在于学前财政教育投入是一种“倾斜式分配”体制，即大部分的财政经费投入到公办幼儿园，而与公办幼儿园并重发展的民办幼儿园几乎没有财政投入；另外，对于农村和偏远地区的儿童，政府支持更是难以惠及①。因此，在现有学前教育财政投入体制下，学前教育经费投入的增加反而降低了学前教育资源配置效率。

生师比对广西学前教育资源配置的综合技术效率、纯技术效率和规模效率都具有显著的促进作用，相关系数分别为0.0079878、0.0059847、0.0041715，并在5%的水平上显著，说明师资力量可以提高学前教育资源配置效率，假设H6成立。原因主要在于教师是学前教育教学活动的中坚力量，对学前教育质量起着决定性作用，为学前教育配置充足和专业化的幼师，可以明显提升学前教育产出效果②。

## 六、提升广西学前教育资源配置效率对策建议

针对广西学前教育资源配置效率存在的问题以及影响学前教育配置效率的因素，以下从理念、投入和管理三个层面提出优化广西教育资源配置、提高学前教育资源配置效率的对策建议。

### （一）理念层面：转变理念，均衡学前教育资源配置

1.强化学前教育资源公平配置发展理念

公平理念是指导新时代学前教育资源配置的首要基础理论。政府作为学前教育均衡发展的主导者，应大力宣传学前教育资源配置公平的重要性，并公平配置学前教育资源，从而促进学前教育优质均衡发展。因此，为缩小广西学前教育资源在城乡幼儿园之间的配置差异，政府部门在制定学前教育资源配置政策与方案时应充分遵循公平原则，牢固树立教育公平发展理念，并

① 蔡迎旗，冯晓霞.论中国幼儿教育财政投资体制的重构［J］.教育研究与实验，2006（2）：21-24.

② 庞丽娟.多元快速有效扩充我国学前教师队伍［J］.教育研究，2019（3）：12-15.

将其贯穿于整个教育事业发展的全过程。一方面，通过制度引导全社会更新教育理念，并运用政策、法规和行政等宏观调控手段，改变以往“按比例、按指标”的学前教育资源配置模式，在综合评估广西各地区学前教育现状和发展需求的基础上，推动优质教育资源向学前教育发展相对落后的地区倾斜。另一方面，政府应当结合地方经济发展速度、城镇化建设和人口规模发展等情况，加大学前教育办学投入。对于学前教育资源匮乏或办学条件落后的幼儿园，采取“精准帮扶、定向补偿”的方式扩大学前教育投入，提升学前教育发展水平。对于发展基础较好的幼儿园实施质量提升工程，着力打造区域内具有竞争优势的学前教育发展模式，形成“优质资源辐射引领、弱势资源对标攻坚”的学前教育良性互动模式，稳步推进学前教育资源均衡配置，加快广西学前教育事业发展。

2.确立科学的学前教育资源配备观念

科学的学前教育资源配备观念是幼儿园主要负责人进行有效教育资源配置的重要内在力量。在园长负责制的学前教育办学体制下，幼儿园园长和管理者拥有坚定立场和态度以及科学的学前教育资源配置观念，会大幅提升幼儿园教育资源配置的有效性和科学性。因此，幼儿园园长应当树立科学的学前教育资源配置观念，才能提高教育资源配置效率，提高办园质量和教学质量。一方面，幼儿园尤其是民办幼儿园的主要负责人，不能为了谋取利益而降低幼儿园的建设标准，应当充分认识并重视学前教育的公益性，在学前教育办学过程中主动承担起幼儿园肩负的社会责任。合理确定幼儿园的收费水平，配备符合国家标准的幼儿园师资力量和办学条件，营造符合学前儿童身心健康发展的校园环境。另一方面，处于经济发展水平较低地区、学前教育经费补贴不足的乡镇幼儿园要树立科学的学前教育资源配备观念，增强自身办学实力。通过优化人文环境，整合行政、社会和市场等多方渠道资源，改善办学条件，吸引优质师资加入教学团队，促进幼儿园提升办园质量。

3.树立差异化的学前教育资源供给意识

根据研究结果可知，广西各地市学前教育资源配置效率分布不均衡，存在明显的地区差异，尤其是南宁市、柳州市和桂林市等经济条件相对较好的地区，学前教育资源配置效率却明显低于其他地区。因此，自治区教育行政主管部门在加大全区学前教育资源投入时，应该具有差异化供给意识，在保证教育资源基本充足的同时，应该注重不同地市之间的均衡状况，实行差异化的策略，避免“一刀切”做法。一方面，对于教育资源供给不足而导致资源配置效率低的地区，例如崇左市，可通过加大教育资源的投入，在学前教育财政经费投入、优秀教师资源流动共享等方面给予一定帮扶。另一方面，对于学前教育资源供给相对充足，由于学前教育管理运行机制不够完善或学前教育资源配置结构欠合理而导致教育资源配置效率不高的地区，例如南宁市、柳州市和桂林市等，应该适当控制学前教育资源的供给量，重点优化学前教育资源的配置结构和空间布局，提高学前教育资源的管理水平。但要注意的是，控制教育资源供给应该适当，如果对学前教育资源的投入限制过大，容易造成恶性循环，教育资源投入不足很难保证学前教育质量，从而阻碍学前教育资源配置效率的提升。因此，广西在配置各市学前教育资源时，要兼顾学前教育资源在地区之间的均衡分配，才能有效促进学前教育资源配置整体效率的提升。

### （二）投入层面：多措并举，优化学前教育资源投入

#### 1.优化教师队伍，提高师资水平

教师对学前教育质量的提升起着关键作用，应积极优化教师队伍，提高师资水平，保证学前教育产出效果。第一，健全学前教育教师补充机制。建立地区教师编制动态调整机制，将可调配的其他层次教育教师编制资源向学前教育倾斜。结合地方实际核定并保证教育欠发达地区幼儿园教职工编制数量，采取“及时补充、动态调整”的方式重点解决幼儿园教师长期无编制的问题；规范幼儿园选聘教师的要求和程序，严格实行学前教育教师资格准入制度，提高教师持证上岗率；引导和监督民办幼儿园根据《幼儿园教职工配备标准（暂行）》配足配齐师资力量。第二，完善教师培训体系与交流学习互动机制，提高教师综合素质。按照普及学前三年教育和《广西中小学教师培训“十三五”规划》有关要求，合理确定举办学前教育专业的培养规模和层次。教育行政主管部门应发挥主导作用，从制度方面加大培训力度，如实施针对中小学幼儿园教师的“国培计划”“区培计划”等，加大对幼儿园园长、骨干教师进行培训；学前教育办学主体应发挥重要作用，促进政府、学校、行业和企业形成多元合作联盟，搭建学前教育教师产学合作平台，通过技能培训、学历提升、挂职锻炼等模式进行人才培养，切实提高幼儿园教师知识结构和业务能力。第三，积极采取有效措施稳定教师队伍。对于公办幼儿园，应通过学前教育财政拨款、专项经费补助等方式提升幼儿园教师工资

待遇，确保教师工资及时足额发放，保证非在编幼儿园教师与在编教师同工同酬；完善学前教育教师职称评聘机制，扩大学前教育教师中高级职称评定比例，激励教师提升职称水平，从而优化学前教育教师的职称结构，促进教师质量整体提升。对于民办幼儿园，应引导和监督其合理确定教职工的工资收入，依法为教师缴纳足额的社会保险和住房公积金，逐渐落实民办幼儿园教师在工资待遇、专业培训和职称评定等方面与公办幼儿园教师享有同等的地位。

2.健全经费投入机制，提高经费利用率

健全教育经费投入机制，提高学前教育经费利用率是广西解决学前教育经费投入不足问题的重要途径，具体可以从三个方面开展。第一，科学统筹，合理配置学前教育经费投入。明确各级政府和教育行政主管部门的职责，遵循教育公平理念，落实对学前教育的投入、监管、扶弱等责任，在编制年度教育事业财政预算时，按一定比例增加学前教育经费投入；严格执行学前教育财政预算，由教育行政主管部门统一管理和调拨；完善普惠性民办幼儿园补助配套财政扶持办法，逐步缩小各级各类幼儿园之间的办学条件差距，促进学前教育均衡发展。第二，完善学前教育经费投入与成本分摊机制。科学核定普惠性幼儿园办园成本，明确公共财政、幼儿园和家庭的成本分担比例，统筹制定学前教育财政补助政策，保障普惠性幼儿园高质量可持续发展；综合分析经济发展水平、群众可支配收入和办园成本等因素，动态调整公办幼儿园和普惠性民办幼儿园的收费标准和最高收费限价，制定合理的收费标准，切实保障低收入家庭儿童的入园率；制定和完善非营利性民办幼儿园收费管理办法，主动公开收费标准和依据，遏制过高收费和过度竞争等不良行为。第三，规范学前教育经费投入，完善资金监管机制。在政府层面，建立基金运用考核机制，以资源利用最大化作为标准，明确资金主体责任，建立问责机制，强化资金监管机制。在学校层面，科学合理制定预算编制，在使用经费时要严格按照经费预算方案开支，并加强经费使用管理和监督；提高幼儿园财务管理人员业务水平，确保开支报销工作无误，部门内还要互相监督，规范交接程序与内容，确保资金核对时能准确对上，加强学前教育资金管理制度建设；加强财务公开，并在学校内部组织设立监管小组，各部门同时参与，充分发挥共同监管作用。

3.优化学校布局，提高保教质量

教育行政主管部门应当会同统计、发展改革、财政和自然资源行政主管等部门，摸清各级各类幼儿园资产结构和产权情况，预测幼儿增长情况和入学需求，合理扩充幼儿园和校舍，优化幼儿园学校布局。第一，根据适龄入园人口变化情况动态优化各类幼儿园办学条件，避免在幼儿增长高峰或低谷时期盲目扩张和撤并幼儿园。第二，在条件允许的情况下，整合其他类型学校的闲置土地、校舍等资源扩充幼儿园资源，鼓励优质中学、大学依托已有教学资源新办普惠性幼儿园，支持非营利性人民团体等社会力量参与学前教育办学，多渠道解决学前教育高峰时带来的学校数量不足问题。第三，鼓励兴办农村幼儿园，就地解决入园难问题。提倡设立公办性质的村级幼儿园，尤其是在河池、百色等偏远农村地区和防城港、崇左市等边境地区，重点发挥好中心幼儿园对周边幼儿园的指导引领作用，提升乡村幼儿园办学水平和办学质量。第四，在新一轮国土空间规划中合理调整城乡幼儿园空间布局，将中小学富余的教育场地优先改建为幼儿园。

## （三）管理层面：科学统筹，提高学前教育管理水平

1.完善管理机制，促进教育管理水平与投入规模协调发展

研究结果发现，广西学前教育管理水平和学前教育投入规模发展存在一定程度的不协调性，具体表现为学前教育管理水平滞后于学前教育投入规模的发展。可以通过完善学前教育管理机制来促进学前教育管理水平与投入规模协调发展。第一，完善运行机制，规范集团化管理。广西在2014年就开展实施集团化办园试点工作，目前该办园模式已经成为推进广西学前教育区域优质教育资源共享，实现学前教育均衡发展的重要途径。因此，可以通过规范学前教育集团组建程序、构建学前教育联动发展模式、加强组织管理、在集团化内部建立考核评价机制等来完善集团化运行机制，规范集团管理，提高学前教育管理水平。第二，完善教育资源管理机制。加强各地区间学前教育的交流，以促进幼儿园更新各种教学信息设备和基础设施等来提高前教育资源利用效率。第三，完善幼儿园建设管理模式，规范幼儿园建设标准。针对城乡学前教育的发展状况，采取不同的模式对幼儿园进行建设和管理。在城市，采取小区配套建设移交模式，由新小区开发或旧小区改造的开发商按照标准建设好幼儿园，通过无偿或财政补助的方式移交给政府教育主管部门组织办园。在乡镇，主要是通过政府投资、社会力量共同参与的方式建设标

准化幼儿园，并逐步把乡镇民办幼儿园纳入公办幼儿园管理范畴，规范其建设标准。

2.建立评价机制，提高学前教育资源配置效率

目前广西还没有形成完整的学前教育资源配置效率评价体系，学前教育资源利用效率不高始终是教育资源配置过程中需要持续关注的问题，这不仅反映出原始教育财政体制和教育管理机制的弊端，也反映了缺乏完善的学前教育资源配置效率评价机制所带来的教育资源浪费问题。当前主要由上级行政部门对各级学前教育资源的使用情况进行监管，但是考评的内容较少涉及资源配置效率。因此，建立完善的学前教育资源配置效率评价机制十分有必要，需要进一步强化政府、幼儿园教育资源配置、使用效率的意识。一方面，设立资源利用监管部门，监督学前教育资源使用和配置效率状况，分别从教育资源的预算、分配、投入、管理、使用和评估这五个环节入手，提升教育资源利用效益。另一方面，加强有关部门的监管工作，评估学前教育资源配置效率，对配置效率不达到要求的，适当提出资源重新投入和分配意见，并建立台账监督整改，提高学前教育资源配置效率。同时，要结合评价结果和整改意见，通过合法程序监督教育资源预算结果，从源头上解决教育资源浪费的现象。总之，这一特殊职能部门必须在学前教育资源配置中做到配置前预测评估、配置中协调检查、配置后监督反馈，做好对资源配置及使用的预算、监管和评估工作，使教育部门和幼儿园能够很好配合，有效整合利用教育资源，提高学前教育资源配置效率。

3.监测出生人口，合理调整学前教育资源供给

2020年，广西出生人口为57万人，比2019年减少了9万人。人口出生率由2019年的13.31‰减少为2020年的11.36‰。出生人口的下降会引起适龄幼儿人数的减少，从而导致学前教育机构倒闭或被迫转型，进而带来大量从业人员和学前教育资源的闲置。如果学前儿童人数继续下降，消极的市场情绪会使得现有的普惠性幼儿园数量减少，而优质民办幼儿园供不应求，有可能会加剧学前教育缺口、教育资源配置不均衡等一系列问题。因此需要监测出生人口数量，根据人口的变动，合理调整学前教育资源供给。

## 七、结论与展望

### （一）结论

本文通过收集2015—2020年广西14个地市学前教育资源投入产出的相关数据，对广西各地市的学前教育资源配合现状作动态分析。采用DEA方法对2015—2020年广西学前资源配置效率作静态测算，并运用Malmquist指数进一步分析学前教育资源配置效率动态演化趋势，同时构建Tobit回归模型对广西学前教育资源配置效率的影响因素进行实证分析，得出结论如下：

广西学前教育规模不断扩大，普及普惠水平稳步提升，在人力、物力和财力投入等方面都有不同程度的增长，但是广西各地市在学前教育资源投入和产出方面存在明显的差距，教育资源配置失衡问题依旧突出。

广西学前教育资源配置整体效率不高，2015—2020年综合技术效率、纯技术效率和规模效率均为1的地市有6个，占全区14个地市的42.86%，仍然有一半以上的地市存在教育资源冗余或浪费的现象。且纯技术效率呈现“M”形下降趋势，而规模效率呈现“W”形上升趋势，学前教育制度和管理水平跟不上教育资源规模投入的发展，投入与管理不协调发展。利用Malmquist指进行测算，发现广西学前教育资源配置全要素生产率各年均值都小于1，资源配置效率存在负增长，而这种下降主要是由于技术水平降低导致；同时，各地市学前教育资源配置效率均存在不同程度的下降，且地市资源配置效率存在差异。

在影响因素方面，地区经济发展水平、城镇化建设和教育经费投入对广西学前教育资源配置效率都有影响，人口发展和师资力量对学前教育资源配置效率具有明显的促进作用。学前教育规模对学前教育资源配置效率无显著作用。

### （二）不足与展望

本研究通过构建广西学前教育资源配置评价指标体系，采用DEA模型和Malmquist指数测度广西学前教育资源综合技术效率、纯技术效率、规模效率和全要生产率等指数，从静态和动态2个方面分析2015—2020年广西学前教育资源配置效率现状和动态变化过程，并运用Tobit回归模型分析广西学前教育资源配置效率的影响因素。但还存在以下不足：一是由于数据限制，本文选取2015—2020年为研究时段，因此在分析广西学前教育资源配置效率动态变化过程中可能不够精确，笔者将会继续关注相关课题的研究动态，收集更加广泛年份的区间数据，以求研究结果更加准确科学，更全面真实地反映广西学前教育资源配置的现实状况和地区效率分布情况；二是在影响因素指标体系构建上，本文从社会、经济方面构建广西学前教育资源配置效率影响因素指标体系，并计量识别影响因子，但未揭示其影响过程。此外，教育资源配置效率是政府主导、市场参与配置模式共同作用的结果，因此，下一步还需要统筹考虑政策制度对学前教育资源配置效率的影响，并对学前教育资源配置效率评价指标进行更加详细的筛选以求效率结果更加全面。

## 参考文献


［1］胡海建，李晖.应用学前教育管理学［M］.武汉：华中科技大学出版社，2017.

［2］张传萍.义务教育资源配置标准研究［M］.武汉：武汉大学出版社，2013.

［3］刘焱.学前一年教育纳入义务教育的条件保障研究［M］.北京：北京师范大学出版社，2015.

［4］蔡迎旗.幼儿教育财政投入与政策［M］.北京：教育科学出版，2007.

［5］朱宗顺，陈文华.学前教育学［M］.北京：北京师范大学出版社，2012.

［6］范先佐.教育经济学［M］.北京：人民教育出版，1999.

［7］王善迈.教育投入与产出研究［M］.石家庄市：河北教育出版社，1996

［8］石人炳.人口变动对教育的影响［M］.北京：中国经济出版社，2005.

［9］张梅玲.义务教育资源配置效率研究：以江西省为例［D］.南昌：江西师范大学，2021.

［10］龚敏.我国学前教育资源配置效率评价与优化：从Bootstrap-DEA到

逆DEA模型的研究［D］.重庆：西南大学，2019.

［11］贾轲轲.基于DEA方法的学前教育资源配置效率研究：以M县乡镇中心幼儿园为例［D］.昆明：云南师范大学，2020.

［12］解晓乐.基于SBM模型的我国学前教育办学效率评价［D］.北京：北京理工大学，2016.

［13］蔡文伯，达选莹.我国学前教育生均经费投入的省域差异与成因［J］.当代教育论坛，2022（1）.

［14］冯婉桢，吴建涛.城镇化与我国学前教育资源宏观配置效率研究［J］.教育研究，2016（3）.

［15］梁广山.优化教育资源配置提高办学经济效益［J］.教育与经济，1996（3）.

［16］王寰安.教育资源配置的竞争机制研究［J］.中国教育学刊，2008（12）.

［17］孙桂芝."新教改"与公共教育资源配置：问题与对策［J］.浙江社会科学，2010（5）.

［18］吕春勇.优化资源配置供给：促进区域教育优质均衡发展［J］.现代教育，2017（2）.

［19］周文龙，李玲，刘一波.学前教育现代化战略与路径研究：基于学龄人口预测［J］.中国电化教育，2020（5）.

［20］杜燕红.新城镇化进程中学前教育资源配置的战略研究［J］.河南社会科学，2018（12）.

［21］崔总合.市场机制与政府作用的耦合：当前学前教育发展的基本路径［J］.现代教育管理，2018（4）.

［22］廖浩然，田汉族，彭世华，等.我国幼儿教育非均衡发展现状与对策析［J］.学前教育研究，2008（2）.

［23］陈岳堂，陈慧玲.基于Dea-Tobit模型的我国学前教育资源配置效率研究［J］.现代教育管理，2018（5）.

［24］陈蓉晖，赖晓倩.优质均衡视域下农村学前教育资源配置效率及差异分析［J］.教育发展研究，2021（2）.

［25］方超，沈豪，熊筱燕.我国学前教育经费投入资源配置效率评价：基于空间计量经济学的实证检验［J］.学前教育研究，2018（8）.

［26］刘巍，宫舒文.基于Bootstrap-DEA区域高校科研效率测算及差异分析［J］.统计与决策，2018（1）.

［27］范先佐.论教育资源的合理配置与教育体制改革的关系［J］.教育与经济，1997（3）.

［28］王善迈.教育服务不应产业化［J］.求是，2000（1）.

［29］陈纯槿，范洁琼.我国学前教育综合发展水平的省际比较与分析［J］.学前教育研究，2018（12）.

［30］张雪，袁连生，田志磊.地区学前教育发展水平及其影响因素分析［J］.教育发展研究，2012（20）.

［31］成刚.更多的教育投入能带来更好的教育吗？［J］.北京师范大学学报（社会科学版），2019（3）.

［32］杨钋，刘永烨，梁净.幼儿园班级规模与儿童发展：来自县域追踪调查的证据［J］.北京大学教育评论，2020（3）.

［33］陈俊梁，史欢欢，林影，等.城镇化对经济增长影响的路径分析：基于长三角城市群的研究［J］.经济问题，2022（4）.

［34］容中逵，杜薇.新时代乡村学校建设与布局调整研究：论以人口出生率为基础的乡村学校布局调整问题［J］.教育发展研究，2021（24）.

［35］李键江，花筝.我国学前教育资源配置效率现状及其对策研究［J］.基础教育，2020（1）.

［36］杨顺光，李玲，张兵娟，等.“全面二孩”政策与学前教育资源配置：基于未来20年适龄人口的预测［J］.学前教育研究，2016（8）.

［37］蔡迎旗，冯晓霞.论中国幼儿教育财政投资体制的重构［J］.教育研究与实验，2006（4）.

广西民族大学　何彩莲

广西教育研究院　旷乾

# 专题报告二 广西学前教育学费定价影响因素的研究

**摘要**：近年来，广西持续加大教育投入，通过实施教育振兴“双千计划”、学前教育行动计划等，加速发展学前教育事业。但广西学前教育依然面临资源不足、普惠不够等压力，社会普遍关心的“入园难”“入园贵”问题没有得到根本解决。基于此，研究学前教育的学费定价是十分有必要的。如何规范幼儿园收费行为，怎样制定合理的幼儿园学费标准就成了解决问题的关键所在。为此，本文梳理了幼儿园收费的现状，根据俱乐部理论、教育成本分担理论和学者们的已有研究找到了影响广西学前教育学费的因素，并从幼儿园生均成本、居民人均可支配收入、人均地区生产总值、办学质量等4个维度来进行研究。在此基础上，搜集出广西学前教育学费和其影响因素的数据，采用线性回归分析、主成分分析和Lasso回归分析构建出一个数学模型。

通过Lasso回归分析得出的数学模型拟合程度较好，本文得出结论：广西学前教育学费会受生均一般公共预算公用经费支出、教师队伍的职称结构和学历结构、居民人均可支配收入和人均地区生产总值影响，并以此为广西制定学费定价策略提供参考。为了更好地解决幼儿园收费问题，本文建议科学确定学前教育学费标准，加大学前教育财政投入，多渠道筹措学前教育资金。

**关键词**：学前教育；学费定价；Lasso回归

# 一、绪论

## （一）研究背景及研究意义

1.研究背景

学前教育作为终身学习的开端，不仅是基础教育的基础，更是国民教育体系不可或缺的重要组成部分。随着国家经济水平的不断提高，国家对学前教育的投入日益扩大，学前教育的普及水平得到了大幅提升，其管理制度也日渐完善。但现阶段学前教育仍旧是教育体系的短板，依旧面临着发展不平衡、不充分的问题，“入园难”“入园贵”等难题并未得到彻底解决。

（1）人口增长背景

2016年我国实施“全面二孩”政策，2021年我国实施三孩生育政策，其目的是促进人口长期均衡发展。随着两项政策的实施，适龄儿童入园人数不断增加，与此同时，学前教育入园需求也在不断增加，不仅要满足已有儿童的入园需求，而且还要满足实施“全面二孩”政策以及三孩生育政策后的新增人口的入园需求。2020年，全国学前教育入园幼儿共有1791.40万人，在园幼儿共有4818.26万人，与2019年相比，增长率为2.21%。在适龄儿童入园需求大规模增加的前提下，国家对学前教育毛入园率依旧有一定要求。为了保障学前教育的普及率，让适龄儿童能够入园，幼儿园的学费需要保持在一个合理水平，因而对学费定价是有必要的。

（2）政策背景

早在2010年，国家便对学前三年毛入园率有了确切的要求，要求到2020年，我国学前三年毛入园率要达到70%；而2018年，该要求提升到了85%。2020年，我国学前教育毛入园率已经达到85.2%，超过了2018年制定的目标要求。而2021年，国家对学前三年毛入园率的要求有了进一步提升，教育部等九部门印发的《“十四五”学前教育发展提升行动计划》要求在2025年，全国学前三年毛入园率要达到90%以上。除学前教育毛入园率外，国家对普惠性幼儿园覆盖率的要求也在日益提高。国家对普惠性幼儿园覆盖率的政策目标要求由80%提高到了85%以上，且公办幼儿园在园幼儿占比达到50%以上。在学前教育适龄人口规模和在园幼儿数不断增长的情况下，幼儿的园所需求也在不断扩大，两项生育政策带来的学前教育资源的压力也体现在对幼儿园数量的需求上。为了减轻幼儿园需求所带来的压力，增加幼儿园数量，国家对农村的学前教育建设制定了要求，原则上要求每个乡镇至少要有一所公办幼儿园，规模较大的村子可独立建园或者设置分园，规模较小的村子也须进行联合办园；除对农村幼儿园的数量进行规定外，对城市小区配套幼儿园也作出了相应的规定，要求小区在建设过程中，必须关注其配套幼儿园的建设，且该幼儿园需要服从当地政府的统筹安排，需要办成公办幼儿园或普惠性民办幼儿园。在教师配置方面，国家也规定了基本标准，要求全日制幼儿园每班配备2名专任教师和1名保育员，或配备3名专任教师。

实施“全面二孩”政策以及三孩生育政策后人口的刚性增加与学前教育毛入园率、普惠性幼儿园覆盖率日益增长的目标要求，导致学前教育供需不平衡，学前教育面临着幼儿园数量的缺口，如乡镇幼儿园数量不足，小区配套建设幼儿园不够完善；根据教育部规定的幼儿园教职工配置标准，当前教师的缺口也非常大。这些因素都直接或间接导致了当前幼儿园入园难且贵的问题。尽管各地政府针对存在的问题采取了相对应的解决措施，比如大力发展公办幼儿园，通过对普惠性幼儿园发放财政补贴来鼓励其发展，但是限于财政投入水平，当前政府给出的财政补贴有限且方式单一，致使普惠性幼儿园正常运行秩序难以维持下去。而要想有效解决幼儿园入园难且贵的问题，并让普惠性幼儿园能够正常运行下去，则离不开合理的学费标准。

（3）学前教育办学背景

近年来广西一直在通过实施教育振兴“双千计划”、学前教育行动计划来促进学前教育的发展，但总体而言，广西学前教育在资源投入量和普惠性方面还是有所欠缺。截至2020年底，全区共有幼儿园13662所，在园幼儿数2266184人，园均规模为165.87人，虽与全国165.17人的平均值相差较小，但由于各地市办学规模和办学条件的差异，一些地区的园均规模远高于全国平均水平。

而在建设布局、规模及师资力量方面，部分基层公办幼儿园依旧存在着不少问题亟待解决。因此，广西在竭力推动公办幼儿园发展的同时，也应积极扶持普惠性民办幼儿园的发展。要想民办幼儿园顺利实现其普惠性，关键在于政府的财政补贴力度要大。目前广西财政补贴形式较为单一，且补贴标准偏低，这会影响民办幼儿园公益普惠性的程度，也会影响普惠性幼儿园的正常运行秩序。而当前广西非普惠性民办幼儿园没有明确规定的收费标准，由市场自发调节，具体标准则由学校核定，而幼儿园面临着投入硬件设施和提升师资的压力，故而涨学费是非普惠性民办幼儿园最直接的办法，因此非普惠性民办幼儿园的学费都有不同程度的增长。

综合前面的分析可知，研究学前教育的学费定价是十分必要的。本文旨在通过对学前教育学费定价的问题进行理论与实证相结合的分析研究，给出相关的政策建议，以期推动学前教育的普及普惠发展。

2.研究意义

（1）理论意义

幼儿阶段是智力发展最为迅速的阶段，保障孩子在幼儿时期进入幼儿园并接受正确的学前教育，会极大地促进他们的智力发展。因此，必须要充分意识到学前教育的重要性，充分保障学前教育的普及率。而对学前教育的学费问题，也必须有一个清晰的认知，学费的定价并不能简单地围绕其成本来进行考虑，而应该综合考虑居民经济承受能力等多方因素，依据相关理论找出其定价机制规律，并构建科学的模型，这样才能保障制定出来的学费标准比较合理。因此，本研究通过梳理相关学前教育及学费定价的理论知识，在前人研究的基础上找出可能影响学前教育学费的因素，试图构建出学前教育学费定价模型，具有一定的理论意义。

（2）实践意义

学前教育的投入一直面临着资源不足的情况，公办学前教育远远满足不了现实需要，因而民办学前教育拥有了广阔的市场空间。国家一直提倡并加大对普惠性民办幼儿园的扶持力度，但实际上给予的财政补贴不足，民办学前教育的发展存在着市场化的倾向。本研究通过找出影响学前教育学费的因素，并对其进行探讨分析，通过实证分析结果建立学前教育学费定价模型，结合行业特点，为适合当地经济发展的学前教育学费定价提供一个合理的参考标准，使学前教育收费保持在一个合理的水平，这对于规范幼儿园的乱收费行为，保障学前教育的普及，有重要的实践意义。

### （二）国内外研究现状

1.国外研究现状

国外学者们多以学前教育政策、学前教育的投入、学费定价的实证等作为研究视角，并取得了诸多研究成果。而专门对学前教育学费定价影响因素进行研究分析的论文不是很多，多集中在高等教育学费上。

（1）学前教育财政政策的研究

国外研究者克来、理查德选择不同国家的教育政策作为研究样本进行对比分析，研究结果表明公共支出是传统保育和教育的资金来源，要想学前教育水平得到显著提高，就必须保证拥有足够的资金支持。哈蒙德认为，若是财政资金投入不足，则容易导致学前教育出现杂乱无章的情况，也会拉大不同地区间的差距。布鲁斯·查普曼等人则认为政府在学前教育投入中仍旧扮演着重要角色，发挥着不可替代的重要作用，它应该制定出积极有效的政策来促进学前教育的健康发展。

（2）学前教育的投入政策研究

美国经济学家詹姆斯·赫克曼提出，要想让社会公共资源产出效益实现最大化的目标，就必须将资源直接投入到幼儿教育事业当中。学前教育具有较高的投资收益率，因而学前教育在儿童的健康发展中发挥着不可替代的重要作用。柏林斯基等人则认为不论国家发展程度如何，所有国家都将学前教育的发展视为重中之重，如若在其早期就开始进行财政投入，则对于消除贫困代际传递是具有一定益处的。

（3）学费定价的影响因素研究

国外关于学费定价的影响因素实证研究主要集中在高等教育方面。学者克莱默等人通过研究发现，有权自行设定学费的大学在广泛实施奖学金政策后，提高了本州的学费；拥有国家控制的学费制定权力的院校，通过降低本州学费来应对广泛的奖学金政策。瓦由丁等人通过构建包含学费、通货膨胀率、招生人数和地区最低工资等变量的VAR模型来分析影响学费的因素，并预测未来学费的数额，结果表明学费和学生人数都受到通货膨胀的影响，这一结果对学费预测有一定的影响。

2. 国内研究现状

（1）学费性质的研究

我国经济学家厉以宁从教育供给者和教育经费负担方式角度出发进行研究，指出由政府提供符合公共产品性质的教育，由社会力量提供符合纯私人产品性质的教育，而介于两种产品之间的教育则由政府和社会力量两者同时提供[①]。

① 厉以宁.关于教育产品的性质和对教育的经营［J］.教育发展研究，1999（10）：9-14.

教育服务是准公共产品的一种，应该由政府和受教育者同时负担成本，而学费正是受教育者进行成本负担的直接表现形式，它是教育成本的组成部分，不应该等于且高于成本[①]。伍海泉认为学费的相关形成机制和收取标准恰是由学费的性质所决定的[②]。

从成本补偿的角度来看，学费可视作是教育成本的补偿形式之一。为了使高等教育活动能够正常进行，也为了成本支出过程中被消耗的人力、物力及财力得到合理的补偿，于是必须在高等教育各方利益主体中展开相应的成本分担[③]。学前教育具有强烈的正外部性特征[④]，但是它也可以提供私人收益，只不过需要向消费者收取部分费用，具体费用标准则应依据教育成本进行分担[⑤]。但冯晓霞、王玲艳等从纳税人的角度提出成本分担这种方式从理论上看也许是较为理想的，但实际它是有失公平的，且在执行层面还面临着不少阻碍[⑥]。

从教育产品价格的角度来看，因学费不具备价格机制的全部特征，但可在调节教育供求关系和优化教育配置方面发挥作用，因而将学费视作为一种准价格机制[⑦]。张振华、王寰安也认为学费应当视作是市场价格，然而由于垄断或者竞争不足等市场结构问题的存在，会导致学费价格与其实际成本不符的情况出现，甚至远远偏离其实际成本[⑧]。教育学费的价格属性在教育需求弹

---

① 王善迈.论高等教育的学费［J］.北京师范大学学报（人文社会科学版），2000（6）：24–29.

② 伍海泉.学费定价研究：理论、方式与改革［M］.北京：经济科学出版社，2011.

③ 闵维方.论高等教育成本补偿政策的理论基础［J］.北京大学学报（哲学社会科学版），1998（2）：181–184.

④ 李祥云，刘若泓，魏萍.财政支持学前教育发展：一个研究综述［J］.地方财政研究，2014（3）：25–35.

⑤ 罗嘉君.幼儿教育投资分析［D］.南京：南京师范大学，2007.

⑥ 冯晓霞，王玲艳，肖树娟等.聚焦《国家中长期教育改革和发展规划纲要》：对学前教育建言的分析［J］.学前教育研究，2009（6）：3–9.

⑦ 伍海泉.学费定价研究：理论、方式与改革［M］.北京：经济科学出版社，2011.

⑧ 张振华，王寰安.学前教育学费的定价研究述评［J］.价格月刊，2010（11）：10–15.

性中也有所表现，倘若学费保持在一个较高的水平，那么需求的学费弹性会较大，随着收入从低至中再至高的渐进，学费的需求弹性则是呈下降趋势的[①]。

（2）学费定价制度及标准的研究

要进行科学合理的学费定价，则必须将生均培养成本、居民消费能力等参照指标纳入其中并进行综合考虑分析，此外，还需要能够认识到学费对社会公平和效率造成的影响。通常而言，我国高等教育的供给是建立在高等教育成本分担理论的基础上的，其学费定价的标准不仅要以教育成本为根据，而且还要依据其固定比例来确定[②]，但也要多方面考虑地区差异、高等学校的层次类别差异及专业差异等[③]。同时应该用更合理的生均标准成本而不是生均培养成本来调整高校学费标准，因为生均标准成本是一个未来成本，而生均培养成本是一个历史成本，历史成本容易受到多种因素的影响[④]。此外还可以按照学分制来确定高等学校学费定价[⑤]。

但是也有学者认为按照成本核算法来收取学费缺乏理论依据，学费的成本定价法在实践中缺乏可操作性[⑥]。以人均可支配收入为基础来制定学费，其优势不仅在于充分考虑到了居民的家庭收入水平和消费能力，还弥补了仅以教育成本为学费收取依据观点中的缺陷[⑦]。因而在进行学费定价时，高校要制定合理的学费标准，则首先应该考虑受教育者或家庭的经济

① 李文利，魏新.高等教育规模的扩大与合理的学费水平［J］.教育发展研究，2000（3）：35-39.

② 潘松剑.高校培养成本核算与学费定价研究：以广西5所高校为例［J］.教育财会研究，2015（3）：28-32.

③ 潘从义.法制视野下的高等教育学费定价机制研究［J］.中国高教研究，2013（5）：32-36

④ 倪颖.基于生均标准成本下的高校学费标准思考［J］.中国卫生产业，2018（29）：117-118.

⑤ 卢晓东.学分制发展与成本分担机制的精细分析（下）：新视角下学费、拨款政策的完善方向［J］.中国高教研究，2016（8）：20-26.

⑥ 吴开俊，范先佐.高校学费依据教育培养成本收取的悖论［J］.高等教育研究，2007（1）：26-30.

⑦ 高正.高等教育学费标准的实证研究：以江苏省为例［D］.南京：南京师范大学，2012.

支付能力[1]，要根据居民的经济承受能力来划分国家和个人各自的成本分担比例[2]。

（3）学前教育学费定价存在问题及对策的研究

在学前教育学费定价方面，仍存在着许多问题。学前教育严重市场化的一个直接表现就是幼儿园的高收费及出现天价幼儿园的现象[3]。当前，随着经济的发展和居民生活水平的提高，社会对学前教育的需求日益增加，幼儿教育市场需求大于供给[4]。在幼儿教育资源缺口较大的背景下，我国普惠性幼儿园供给仍面临着不够的情况，致使公办幼儿园“入园难”和民办幼儿园“入园贵”的问题并没能够得到妥善解决[5]。由于政府投入有限，部分公办幼儿园为了能够保持正常运转，通常会选择扩大班级的规模或者采取其他措施[6]；而对于普惠性民办幼儿园来说，它们能够获得的政府财政补贴不多且方式单一，政府提供的外部支持与它们的利益诉求和实际需要尚有差距[7]，这些都对幼儿园收费高造成影响。当前我国政府、社会和家庭对学前教育负担的比例失衡，学前教育的财政分担机制仍有所欠缺[8]。且除了地区间的各项投入存在差距

① 章达友.人均可支配收入是制定高校收费标准的主要依据［J］.教育与经济，2000（4）：25-27.

② 张亚茹.学费到底该不该涨：基于成本分担理论对我国高等教育学费问题进行研究［J］.经济研究导刊，2019（1）：192-194.

③ 刘保中.“扩大中的鸿沟”：中国家庭子女教育投资状况与群体差异比较［J］.北京工业大学学报（社会科学版），2020（2）：16-24.

④ 刘天娥，蔡迎旗.幼儿园收取“赞助费”现象的原因分析与对策建议［J］.学前教育研究，2014（10）：17-22，30.

⑤ 辜胜阻，李文晶，曹冬梅.新时代教育供给侧结构性改革的战略思考［J］.河北学刊，2018（3）：148-154.

⑥ 聂帅钧.我国学前儿童受教育权法律保障机制的完善：基于国家义务的视角［J］.河北法学，2018（8）：145-160.

⑦ 王声平，皮军功，关荆晶.政府发展和管理普惠性民办幼儿园的现状及其改进建议［J］.学前教育研究，2018（8）：17-27.

⑧ 洪秀敏，马群，陈敏睿.新世纪我国学前教育财政投入的特点与展望：基于2000—2015年学前教育财政统计数据的分析［J］.教育经济评论，2019（3）：3-18.

外，各级政府间也尚未明确具体投入责任[①]。

合理的收费标准是保证幼儿园正常经营的基础和前提。我国各地政府应逐步构建起合理的学前教育成本分担结构[②]，并为此科学制定相关顶层设计[③]。普惠性学前教育是缓解当前入园难、入园贵以及监管弱问题的重要措施[④]。学前教育兼具普惠性和公益性的特征，要想有效解决学前教育中投入不足的问题，则必须要强化政府在其中的责任[⑤]，不断向普惠园加大财政投入，以适应学前教育公益性的发展[⑥]。为促进学前教育的普及，更为了能够满足当前对学前教育质量的需求，政府应采取因地制宜的措施，保障对幼儿园生均办园成本及学费收取标准的科学核定[⑦]，调整优化学前教育布局结构，大力发展公办幼儿园，加大普惠性民办幼儿园扶持力度[⑧]。学前教育事业作为一项准公共产品，可以选择将其纳入政府公共服务体系，并通过立法措施来更加明确其属性[⑨]。

---

① 李芳，祝贺，姜勇.我国学前教育财政投入的特征与对策研究：基于国际比较的视角［J］.教育学报，2020（1）：43-54.

② 虞永平，张斌.改革开放40年我国学前教育的成就与展望［J］.中国教育学刊，2018（12）：18-26.

③ 姜勇，庞丽娟.我国普惠性学前教育公共服务体系建设的突出问题与破解思路：基于ROST文本挖掘系统的分析［J］.湖南师范大学教育科学学报，2019（4）：51-58.

④ 秦旭芳，王默.普惠性幼儿园的内涵、衡量标准及其政策建议［J］.学前教育研究，2012（7）：22-26，30.

⑤ 宣小红，薛莉，熊志刚，等.教育学研究的热点与重点：对2014年度人大复印报刊资料《教育学》转载论文的分析与展望［J］.教育研究，2015（2）：18-32.

⑥ 唐淑艳，龚向和.学前教育立法中普惠性民办幼儿园的性质定位［J］.湖南师范大学教育科学学报，2019（6）：26-31.

⑦ 刘焱.普惠性幼儿园发展的路径与方向［J］.教育研究，2019（3）：25-28.

⑧ 何丹.《规划纲要》实施背景下的学前教育发展状况分析及对策研究：基于2010—2019年我国学前教育发展数据分析［J］.湖北科技学院学报，2021（1）：142-148.

⑨ 刘焱，郑孝玲.关于普惠性学前教育公共服务属性定位的探讨［J］.教育研究，2020（1）：4-15.

（4）学费定价影响因素的研究

关于学费定价的影响因素，国内学者们均对其展开深入研究。一是生均成本。伍海泉、伍以加、李娜认为学费定价应该将标准生均成本作为依据[①]。杨长进研究了营利性民办高校的最优学费和影响因素的相关性关系，分析结果显示学费与生均培养成本是正向线性相关[②]。还有学者们通过运用3层BP神经网络建立学费模型，得出了生均成本、国家投入经费、地区经济差异等影响因素对学费的影响程度并对这些影响因素进行了排名[③]。二是生均拨款。温建、孙成金、郭建娜筛选了生均培养成本、专业需求率和教育经费等10个影响学费的因素之一，结合因子分析法来完成其对学费的影响分析，分析结果表明，相较于其他因素而言，经费投入分配方法影响较大[④]。学者们通过运用灰色关联度、因子分析、主成分分析、多元回归等方法筛选出影响高等教育学费的主要因素，然后基于多元回归模型进行实证分析，结果均都显示出生均拨款是学费的影响因素之一。三是居民收入。在制定高校学费标准的时候，除考虑其他因素外，还要根据居民收入水平来制定弹性学费标准[⑤]，考虑居民的经济支付能力[⑥]，还要更进一步考虑城乡居民收入的差异性[⑦]。

学者们还进一步将学费定价影响因素的研究深入到了学前教育层面。张曾莲、傅颖诗、马浚洋利用单因素分析法，选出了影响幼儿园学费的主要因素并研究其对学费的影响程度，实证结果表明，人均GDP（国内生产总值）、

---

① 伍海泉，伍以加，李娜．基于生均成本的大学学费定价研究：以湖南7所高校为例［J］．经济研究参考，2012（63）：61-68.

② 杨长进．我国民办高校学费定价形成的理论研究［J］．价格理论与实践，2020（6）：174-177.

③ 贾文，李金红．基于BP神经网络高等教育学费分析的模型［J］．山东轻工业学院学报，2009（2）：86-89.

④ 温建，孙成金，郭建娜．基于因子分析法的高等农业学校学费合理性实证分析［J］．广东农业科学，2009（9）：281-283.

⑤ 仲彦鹏，刘剑虹．计划单列市公办普通高校学费定价指数分析：以深圳、青岛、宁波3市为例［J］．宁波大学学报（教育科学版），2019（1）：41-45.

⑥ 朱梦玫．非营利性民办高职院校学费合理性水平及政策调控［D］．湖北工业大学，2016.

⑦ 王宁，毛荟，何云峰．高校学费与学生资助的关联性研究［J］．呼和浩特：内蒙古师范大学学报（教育科学版），2017（3）：29-31.

幼儿生均成本、学前教育需求和供给对学费的影响均为正向的[①]。张宝喜则在前人研究的基础上选出影响幼儿园学费的因素并根据多元回归模型来进行分析，研究结果表示，幼儿园生均成本与幼儿园人均学费的线性相关关系显著，其余影响因素如师生比数量、城市居民人均可支配收入、农村居民人均可支配收入、学前教育供给均与上述结论一致[②]。冯婉桢、吴建涛基于人力成本、物质成本、发展基金、质量变化系数和物价指数等5个变量完成了弹性定价机制模型的构建，并表示可以通过此弹性机制来约束普惠性幼儿园的收费[③]。

3.文献述评

通过对国内外研究者们对学前教育领域研究文献的梳理分析，可以发现各国各地区都愈发清楚地认识到学前教育的重要性，且对它的研究也日益增多。国内外研究结果都表明学前教育对于学前儿童及其家庭的发展、社会的稳定具有重要作用。政府应该加大学前教育的投入，制定出积极有效的政策，充分发挥其在学前教育发展中的作用。

但我国学者对于学前教育学费定价方面的研究仍然存在不足，现有的研究多数是从学费定价的标准、问题及解决对策的角度出发，研究的是高等教育学费与其主要影响因素的关系。基于定量分析去研究学前教育学费定价的文献比较匮乏，通过构建学前教育学费定价模型去进行实证研究的文献更是少之又少。

因此，本研究将运用理论与实证相结合的研究方法对学前教育学费定价的影响因素展开深入研究分析，根据实证分析结果构建有关学前教育学费定价的模型，并以此得出幼儿园收费的较为合理的标准，为建立科学的定价机制及动态的价格调整机制提供政策建议。

---

① 张曾莲，傅颖诗，马浚洋.1996—2013年我国幼儿园学费影响因素的实证分析［J］.学前教育研究，2016（4）：3-15.

② 张宝喜.幼儿园学费定价机制的研究：以江沪为例［D］.宁波：宁波大学，2018.

③ 冯婉桢，吴建涛.普惠性幼儿园弹性定价机制构建［J］.教育研究，2019（5）：94-102.

### （三）研究内容、方法及创新点

1.研究内容

本文主要包括以下内容：

绪论：此部分提出了本文的研究背景，讲述了本文的理论研究意义与实践意义，还介绍了国内外关于本领域的研究现状，并进行了文献述评，此外还简要介绍了相关的研究内容和研究方法，指出了本文存在的创新点。

相关概念及理论基础：此部分主要介绍学前教育学费定价的基本概念、理论依据。

学前教育学费定价的现状及影响因素分析：此部分主要分析我国学前教育学费定价的现状，并进一步剖析学费定价的影响因素，从而指出当前广西学费定价的现状。

广西学前教育学费定价影响因素的实证分析：此部分基于对广西2003—2019年学前教育学费定价影响因素的相关数据进行实证研究，找出影响学费定价的主要因素，构建回归方程模型，为后文提出政策建议提供参考依据。

学前教育学费定价模式及启示：此部分通过总结梳理国外地区有关学前教育学费定价的模式，以期对优化广西学前教育学费定价有所启示。

政策建议：基于前面的分析，此部分对广西学前教育的学费定价、促进学前教育普惠发展提出可行建议。

2.研究方法

（1）文献分析法

文献分析法的研究对象是各种已经发表的文献资料，通过对其进行归纳总结、分析研究，可以对研究对象作历史的动态把握，并掌握其最新发展动态，从而对研究对象有一个比较清晰明确的认识。本文通过搜集总结国内外近年来有关学前教育学费的相关文献，对学前教育学费相关情况已经有了全面客观的认识，这为后续的研究打下了基础。

（2）实证分析法

实证分析法是指运用一系列分析工具，诸如定性分析与定量分析、经济模型等对客观事实进行描述，揭示其本质规律，从而实现对有关现象会导致的情况作出预测的方法。本文从相关年鉴中找出广西各地2003—2019年的幼儿园学费和主要影响因素的数据，并运用主成分分析、Lasso回归等方法对数据进行实证分析，从而构建出幼儿园学费与影响因素的数学模型，为学前教育学费定价提供一个合理的参考标准。

（3）比较分析法

首先，通过分析当前广西乃至全国学前教育学费定价的现状，剖析出学费定价的影响因素；其次，通过梳理国外及区外的学费定价模式，努力寻找可以借鉴的经验，为进一步探究学前教育学费定价模式提供支撑；最后，因地制宜提出相关建议，为广西学前教育学费定价模式提供参考。

3.研究的创新点

在学费定价方面，现有的文献研究多集中在高等教育领域，涉及学前教育领域的相对而言并不多。因而本文将会采用理论与实证相结合的研究方法，运用主成分分析法及Lasso回归分析法分析主要的影响因素，并拟合出一个线性模型，希望可以为幼儿园学费水平提供一个合理的参考，规范幼儿园的收费，促进学前教育普惠发展。

## 二、学前教育学费定价的理论基础

### （一）相关概念

1.学前教育

学前教育有狭义和广义之分。一般而言，广义的学前教育是指在义务教育之前所受的教育，针对的对象是0岁到6岁的儿童。狭义的学前教育针对的对象是3岁至6岁的儿童[①]。本文中的学前教育针对的对象是3岁到6岁的儿童，而学前教育并不包括学前班教育。

2.学费

学费，从广义上来讲，是指受教育者在学习期间应当交纳的一切费用，属于私人教育成本[②]。不过这种私人教育成本不包括间接成本，是学生家长需要承担的基本学费。而狭义的学费指学杂费，包含了多种不同的费用，比如住宿费、订购教材费等。

① 刘焱.幼儿教育概论［M］.北京：中国劳动社会保障出版社，1999.

② 伍海泉.学费定价研究：理论方式与改革［M］.北京：经济科学出版社，2011.

学前教育事业作为准公共产品[1]，它的教育成本需要由国家、社会和个人等来负担，其中个人负担的部分就是学费，也是教育成本的组成部分。此外学费还有一种属性，即价格属性。教育有着自身的价格及其价格体系，但教育的价格通常被划分为两部分，即公共成本价格和私人成本价格，这是因教育产品具有双重性所致。前者是政府公共教育经费，而后者是受教育者及其家庭支付的学杂费。若是将二者合二为一，并以此作为教育的价格，那么此价格的调节机制便会类似于一般商品的价格调节机制[2]。

我国的《幼儿园收费管理暂行办法》规定，义务教育是不包括幼儿教育在内的，幼儿园可以根据自己的办园成本适当收取住宿费、伙食费等费用，但是学费标准需要以此办园成本作为基础，并按其比例进行收费[3]。综上所述，本研究所指的幼儿学费是指包括保育费、住宿费、伙食费等费用在内的学费。

3.学费定价

实际"定价"的概念，通常有两种解释：规定价钱和规定的价钱。前者是一个动词，代表的是一个过程。在这个过程之中，物品的价格被确定。而后者是一个名词，能够用便宜或者昂贵来形容。整体来看，学费定价不是一个具体的参数，代表的是定价的整个过程，能够确定学费的具体数值以及标准。

幼儿园为了维持自身的可持续发展，可以通过在弥补其运行成本的基础上再定价或者以生均培养成本为基准进行定价。但无论是哪方利益主体分担成本，也无论其成本分担比例，幼儿园在进行相关核算的时候，都应该围绕其发生的实际成本如实核算[4]。

---

① 崔世泉，袁连生，田志磊.政府在学前教育发展中的作用：来自经济学理论和实践经验的分析［J］.学前教育研究，2011（5）：3-8，39.

② 张振华，王寰安.学前教育学费定价研究述评［J］.教育导刊（下半月），2010（11）：12-16.

③ 王海英.解读《幼儿园收费管理暂行办法》［J］.幼儿教育（教育科学版），2012（9）：6-9，31.

④ 张一童.关于幼儿园学前教育收费定价的文献综述［J］.河北企业，2016（11）：32-33.

## （二）相关理论基础

1.俱乐部理论

20世纪50年代，美国经济学家萨缪尔森发表了《公共支出的纯粹理论》和《公共支出理论的图式探讨》，针对公共产品理论进行了深入思考，并将这项理论加以延伸，将社会产品划分为三种不同的内容，分别是私人产品、公共产品以及准公共产品。他将准公共产品定义为是处于私人产品和公共产品之间的产品，具有排他性的特征，也具有正的外部效应。因为学前教育具有排他性和非竞争性，所以它是准公共物品，在经济学上把这类物品称为俱乐部物品。因为具有排他性，所以可以采取市场的方式配置资源。

俱乐部理论主要研究的是非纯公共品的配置效率问题，美国经济学家布坎南于1986年提出此项理论。他认为俱乐部是一种会员间的制度安排，具有排他性，只有具备了某种特定条件才可以加入俱乐部成为会员，而俱乐部排除非会员并不需要花费成本。俱乐部规定产品只能由其俱乐部会员消费，且在此之内，单个会员的消费并不会影响到其他会员的消费，但如果超过了合理的边界，那么就会出现拥挤的现象。但如果加入俱乐部的会员一直激增，那么当它到达某一数量时，俱乐部就会变得拥挤起来，进而影响俱乐部原有会员对其产品的消费，会给原有会员带来较强的不适感，于是效用便随之递减。最初，会员能得到的边际效用为正值，但随着拥挤现象的出现，其边际效用会慢慢递减，甚至最后会员得到的边际效用会为负。因此，俱乐部产品不是纯公共物品，而是非纯公共物品，具有非竞争性。布坎南的俱乐部理论假定任何一名俱乐部会员都会同时对私人物品和非纯公共物品进行消费，并希望能够取得最大效用。理论研究表明，除私人物品与非纯公共物品的消费数量会影响俱乐部会员的效用外，俱乐部会员的数量也会影响它的效用。此外，布坎南还指出，俱乐部有其最佳规模，当俱乐部的会员数量慢慢增加时，因会员增加而带来的分摊成本下降则会形成收益，可是会员增加也会带来拥挤程度的成本，当成本和收益恰好相等，即两者相互抵消时，此时的俱乐部会员人数就是其最佳规模。

在一定范围内，幼儿园具有非竞争性，增加一个幼儿所需的边际成本为0，也不会对其他幼儿的效用产生影响。但如果产出了合理的边界，便会产生拥挤现象。学前教育也具有排他性，通过对招生指标的分配以及学费的收取等进行约束，便可将一部分幼儿排除在外，因为具有排他性，所以可以通过市场来配置资源。由市场配置资源会引起学费定价方面的问题，因而合理地进行学费定价就具有非常重要的意义。

2.教育成本分担理论

教育成本分担理论起源于西方国家。1958年，英国经济学家约翰·韦泽首次提出了教育成本的概念，这个概念的发展引出了后续的成本分担理论，这项理论提出之后，越来越多的人对其展开研究。比如，1970年美国经济学家约翰·斯通提出了高等教育成本分担理论，主要研究内容是教育成本在政府、社会和个人等主体间的比例差距。在他看来，高等教育是有一定投资目的的活动，人们为了得到教育成果，必须承担一定的经济成本。从另一个角度来看，高等教育又具有公益性，因为高等教育的受益者有国家、社会和个人，而这三个受益主体应当考虑到收益程度的不同，来分担不同比例的成本。除此之外，约翰·斯通坚持教育公平的原则，认为应当考虑每个人的经济实力来确定教育成本的分担份额。收入高的人群将会承担对应的高成本，这事实上能够保证每个人平等接受教育的权利，也能够有效地提升个人的责任感，帮助社会进行财富的调节。

约翰·斯通的理论在学前教育领域也同样适用。学前教育和高等教育具有相似性。学前教育对于家庭来说具有较大的积极意义，且同样有利于社会的发展以及政府水平的提升。所以，在支付费用时不能够完全依赖政府和社会，而是应当由政府、家庭和社会三者共同承担费用，主体之间应当坚持一定的原则，按照教育过程中获得的收益分配成本的高低。收益性原则和能力原则是成本分担理论者一直提倡的，将成本分担应用到学前教育领域也要遵循这种原则。收益性原则，简单来讲，就是“谁受益，谁交费”，如果在学前教育过程中主体能够获得较大的收益，那么理论上就应当承担较多的费用。而支付能力较高的人，相应的承担成本也较高。这种分配原则考虑到了主体的差异性，能够实现教育公平，也能够调节社会收入不均的问题，具有实际的价值。

国内专家学者们也将教育成本分担理论应用在关于幼儿园收费定价方面的研究。在此基础上，张曾莲将理论与我国国情实际相结合，指出了各方利益主体在教育成本中需分担的具体比例，其中政府应负责最高比例，为50%；其次是家庭，分担的比例为25%至35%；而幼儿园与社会的分担比例是相同的，都在10%至15%。她还指出政府在教育成本分担的比例上不应局限于

50%，在经济落后的地区，政府承担比例应高于50%[①]。更甚的是，政府可以选择完全负担教育成本，即将幼儿教育纳入义务教育中，形成“3+9”义务教育[②]。幼儿教育具有正外部性，不只个人及其家庭、政府、社会和幼儿园，都能够从中获益，因而教育成本分担主体应该包括四者，由多方主体共同来分担，这样有利于学前教育供给效率的提高。

## 三、学前教育学费定价的现状及影响因素

### （一）我国学费定价的现状

当前我国学前教育快速发展。2020年，全国共有幼儿园29.17万所，其中，普惠性幼儿园23.41万所，与2019年相比增长了15.40%，占全国幼儿园的比例为80.25%。在园幼儿有4818.26万人，其中，普惠性幼儿园在园幼儿有4082.83万人，与2019年相比增长了13.95%，占全国在园幼儿的比例为84.74%。“入园难”“入园贵”问题得到一定缓解。但学前教育仍是我国教育体系中最薄弱的环节，公办幼儿园比例偏低、普惠性资源不足、保障机制不够完善等问题依旧存在。因学前教育并非义务教育的范畴，当前各类型幼儿园存在着不同程度上的乱收费现象。

1.公办幼儿园

公办幼儿园的收费标准通常是由各地的物价部门、财政部门和教育部门联合制定，有具体的政策可循，学费相较而言不算太高，但存在着附加费用。幼儿园划分了不同的级别，级别不一致，具体的收费标准也会有所差异。例如，收费标准会随着一级、二级、三级等园级标准的下降而逐渐降低。若是园级为实验园或者示范园，那么标准又有所不同，二者的收费标准可以在一级园的基础上进行上调。当前国内公办幼儿园数量相对较少，且分布不均衡、不合理，存在区域集聚现象，甚至有些公办幼儿园归属于部队或者是单位，这些内部园通常有固定的生源，基本不对外招生，但由于它具有较为完善的

---

① 张曾莲.我国学前教育成本分担研究［J］.价格理论与实践，2012（6）：51-52.

② 张一童.关于幼儿园学前教育收费定价的文献综述［J］.河北企业，2016（11）：32-33.

基础设施和管理制度，对家长的吸引力很大，导致家长们对其需求不减，造成了供不应求的局面。目前大部分公办幼儿园依旧是按照多年前印发的《幼儿园收费管理暂行办法》来确定最高收费标准，然而通常在实际执行时会低于最高标准，因此公办幼儿园收费水平相对不高。若是存在附设幼儿班，此类幼儿班的收费通常需要按照收费标准的70%进行核定。

2. 普惠性民办幼儿园

普惠性民办幼儿园通常具有公益性的特征，因为其收费标准需要接受政府的限价约束，但同时它也受到政府扶持，享受着政府给予的财政补贴。政府扶持普惠性民办幼儿园的方式众多，比如进行资金奖补和财政补贴，或减免税费等。尽管各地政府遵照党中央、国务院的指示，贯彻了发展普惠性幼儿园的政策，并对其进行扶持，但是研究发现，并非所有地方政府部门都保持着对普惠性民办幼儿园的巨大扶持力度，仍旧存在一些政府部门扶持力度不大的情况，而真正按照公办幼儿园标准的要求去对普惠性民办幼儿园进行生均经费补助的地方政府部门更是不多①。尽管各地政府有对普惠性民办幼儿园进行财政投入和补贴，但在补贴过程中还面临着不少问题，如财政补贴较少且补贴方式单一等。由于政府的财政性经费投入不足，在资助的内容方面不能够保持稳定且有着较大的随意性，通常是采取以奖代补或以实物资助等形式，这并不能真正有效解决普惠性民办幼儿园运行时面临的经费紧张问题。如若不能有充足的经费，那么普惠性民办幼儿园的正常运行秩序依旧难以维持下去。目前，普惠性民办幼儿园受政府限价约束而收费较低，但由于经费紧张，它们会通过采取扩大班级容量、降低师资水平、缩减饮食成本等措施来变相获取利润②。

3. 非普惠性民办幼儿园

由于公办幼儿园的数量不够充足，满足不了日益增长的学前教育需求，所以民办幼儿园的发展非常重要，它能够弥补公办幼儿园数量不足的现状③。

① 张菊梅，欧小军. 政府扶持普惠性民办幼儿园的问题与对策［J］. 教育探索，2021（7）：16-20.

② 陈晓星，刘艳丽. 学前教育定价机制研究［J］. 教育教学论坛，2020（49）：38-40.

③ 李欣. 天津市普惠性民办幼儿园发展的现状研究：以A园为例［D］. 天津：天津师范大学，2019.

2020年全国共有幼儿园29.17万所，而民办幼儿园就占了16.80万所，占比超过半数。由此可见，民办幼儿园在我国学前教育的发展进程中有着重要地位。《中华人民共和国民办教育促进法》中明确规定学校在扣除成本和必要费用后，可以通过合理的方式获得经济回报，并以此维持民办教育的生存发展。因而非普惠性民办幼儿园在收费标准方面并不存在强制性的要求，通常只需要根据其办园成本来进行定价即可，但部分非普惠性民办幼儿园按市场定价，却过度追求利润，想要以此来盈利，导致盲目定价和费用项目界限不明确等问题。非普惠性民办幼儿园遵循的是“谁办园谁投钱”的原则，在收取学费的过程中，也包含了对保育费、伙食费、住宿费、兴趣班费等一系列隐形费用的收取。再者，投资属性的存在使得一些非普惠性民办幼儿园注重追求经济效益，通过各种特色教学来收取高价学费，因而非普惠性民办幼儿园在收费定价方面比较随意。当前我国非普惠性民办幼儿园的收费跨度比较大、保育和教育品质参差不齐，这也是因为其组织者的来源多样，且通常要求其自主经营和自负盈亏，容易受逐利性的影响①。

（二）广西幼儿园学费定价的现状

学前教育作为基础教育的基础，对幼儿个人、家庭及社会都有着重要的影响。当前自治区人民政府继续深化学前教育改革，实施学前教育普及普惠工程，并大力推动公办幼儿园的发展，不断完善相关政策，大力发展多元普惠幼儿园。当前南宁市公办幼儿园执行的收费政策还是于2010年制定实施的，但近年来幼儿园办园的成本愈来愈高，相较而言收费标准便处于偏低的水平。较低的收费水平会导致幼儿园的办园经费不够充裕，长远看不利于公办幼儿园的健康发展。且当前大部分公办幼儿园特别是乡镇幼儿园的办园经费仅能够维持其基本正常运行，无法用于基础设施设备更新换代、园舍等基础建筑修缮、师资队伍建设等方面。于是2020年南宁市依据最新下发文件政策，对全市范围内的公办幼儿园的收费标准进行了规范调整。以城市普通幼儿园为例，保教费在2021年春季学期调整至每人每月420元，而在2022年秋季学期调整至每人每月540元。

尽管相对于义务教育来说，自治区在学前教育方面的投入是不足的，但

---

① 杨晓晓.公办、民办、公建民营模式幼儿园的比较研究：以甘肃省为例[J].淮南职业技术学院学报，2019（5）：131-133.

自治区一直都在加大对学前教育的财政投入力度，囿于部分市县的财政收入限制，在筹措经费方面还是有一定难度的。而自治区对于学前三年毛入园率、普惠性幼儿园覆盖率、公办幼儿园在园幼儿占比有一定的要求，指出到2020年，全区学前三年毛入园率达到90%，普惠性幼儿园覆盖率达到80%，公办幼儿园在园幼儿占比原则上达到50%。为了能够顺利完成这些任务，自治区于2020年新改扩建了一批公办幼儿园和多元普惠幼儿园，但也因此面临着巨大的资金压力，致使原本该拨付给普惠性幼儿园的生均补助经费未能够及时核拨；而多元普惠幼儿园的收费标准通常是以公办幼儿园的收费标准为参照基准的，由于大部分市县公办幼儿园的收费仍执行之前的标准，这就导致公办幼儿园收费标准较低，普惠性幼儿园的收费标准也不高，致使幼儿园办园经费紧张的情况未能得到缓解①。非普惠性民办幼儿园由市场自行调节价格，其收费标准没有明确规定，也就是说，费用涨多少与怎么涨的问题完全取决于民办幼儿园自身。

通过分析当前广西乃至全国学前教育学费定价的现状，可以得知无论是公办幼儿园还是普惠性民办幼儿园，其学费收取均不在合理水平，且都面临着经费紧张、补贴不足等困境。而对于非普惠性民办幼儿园来说，其收费标准由市场主导调节，则容易导致高价学费等问题。因此，我们亟须通过研究分析学前教育学费定价的主要影响因素，然后在此基础上可得到一个学费定价模型，通过该模型可得出幼儿园学费的相对合理的收费标准，使学前教育学费定价制度更加科学。

### （三）幼儿园学费定价的主要影响因素

根据上述研究及综合学者们的研究发现，能够对幼儿园学费造成影响的因素有许多，比如教育经费、地区经济差异、人力成本、物质成本、居民家庭可支配收入、学前教育需求和供给等等。通过借鉴学者们的优秀成果，并结合当前广西学前教育发展的实际情况进行综合考虑，依据可定量性的标准，本文将从以下4个维度来分析影响广西幼儿园学费定价的因素。

1.人均地区生产总值

教育投资与地区生产总值及人均地区生产总值呈正比例关系。在公共教育方面增加经费的投入，能够带动社会生产的发展，促进社会生产水平相应

① 陈刚，韦珍.广西学前教育事业发展探析［J］.市场论坛，2021（6）：49-54.

提高，且不断扩大教育经费在地区生产总值中的比例，也有助于教育兴国目标的实现[①]。隋建利、刘金全等人研究教育经费投入与地区生产总值增长的相互关系，结果显示，当“教育与经济”系统处于“快速增长区制”时，教育投入增长率与地区生产总值增长率之间的相关系数为0.5850，呈现出正向相关关系[②]。我国生均教育经费支出存在着省际差异，王奔、晏艳阳通过描述性统计分析和聚类分析针对此进行研究并得出结论，人均地区生产总值对生均教育经费的支出有显著影响[③]。赵丽则采用面板回归分析方法进行分析，结果表明人均地区生产总值会对学前教育生均经费投入有显著影响[④]。一般而言，地方政府的财政收入会与其经济发展水平有着密不可分的关系，若地区经济发展水平越高，则地方政府的财政收入就会越高，那么它在学前教育上的投入就越充足，学前教育也能更好地发展。从以上学者的研究能够得知，人均地区生总值与生均教育经费有着密切的联系，前者对后者有着显著的影响，两者应该保持合理比例，而生均教育经费会显著影响学费，因而人均地区生产总值也会对学费有所影响。

2.幼儿园生均成本

由前文分析可知，学前教育在学费制定中应以教育成本作为基础。在成本和学费之间存在着必然的因果关系，如果成本上升，则必然会导致学费上涨。学前教育也围绕着教育成本来进行学费定价。董青通过利用微观测算方法，完成了对幼儿园生均标准成本的模型构建，强调了将幼儿园的生均培养标准作为幼儿园收费和政府进行财政拨款的依据[⑤]。现如今，时代在不断发展进步，家长不再满足于只将孩子送入幼儿园即可，而是希望孩子能在幼儿园

① 张宝贵.确定公共教育经费占GDP比重的依据：基于计量经济学理论的数学模型分析［J］.复旦教育论坛，2009（4）：42-47.

② 隋建利，刘金全，闫超.教育投入对经济增长的影响恒久不变吗：改革开放以来的路径演化分析［J］.教育与经济，2015（1）：3-9.

③ 王奔，晏艳阳.我国生均教育经费支出的省际差异及其影响因素［J］.经济地理，2017（2）：39-45.

④ 赵丽.我国学前教育财政投入问题研究［D］.北京：中国财政科学研究院，2020.

⑤ 董青.幼儿园生均标准成本的模型构建与微观测算：佛山例证［J］.教育财会研究，2014（4）：36-41.

内接受更加优质的教育，对优质教育产生了需求，幼儿园则为了让自身的教育变得更加优质，必将不停地改善其办园环境、提高其办学质量，而这会极大增加幼儿园的办园成本，于是幼儿园会通过家长分担的形式即学费来进行补偿。若是幼儿园生均教育成本在不停地增加，则学费也会越来越高，因此，影响学费的一个重要因素就是生均成本。

3.居民人均可支配收入

秉持着由受益者负担的原则，受教育者能够从教育活动中获得益处，那么受教育者就应该负担其教育成本。在制定学费标准的时候，将居民收入水平纳入考虑是有必要的[①]，应该认真考虑家庭的支付能力，根据居民收入的一定比例来确定学费的标准才是最恰当的[②]。居民的收入水平是制定学费必不可少的依据。徐小鹰通过研究发现，随着居民可支配收入的日益增加，学费也在日益上涨，且其在居民收入中所占的比重也逐渐变大，围绕着经济模型进行分析，证实了城镇居民人均可支配收入对高等教育学费存在显著正向影响[③]。王鹏程、龚欣利用多元回归模型展开了进一步分析，研究发现，家庭收入会对儿童入园有着显著影响[④]。每当家庭收入增加100%，儿童入园的机会就会上升2.6个百分点。且该研究还认为，相较于城市的儿童，家庭收入会对农村儿童产生更大影响。一般来说，学费标准的确定应该考虑居民收入水平，遵循适度原则，过高或过低都不利于教育事业的长久健康发展[⑤]。

幼儿教育是其他教育体系的基础，充当着根基作用，幼儿教育质量的高低也会对个人发展潜力有所影响。随着时代的发展进步，家长对孩子的教育也有着更高期望，希望孩子得到更优质的教育，所以家长们十分愿意把除去

---

① 袁连生.我国居民高等教育支付能力分析［J］.清华大学教育研究，2001（3）：162–169.

② 钟宇平，陆根书.中国大学生价格反应行为的基本特征［J］.清华大学教育研究，2003（2）：35–44.

③ 徐小鹰.家庭高等教育消费与城镇居民消费关系研究［J］.商业时代，2013（13）：131–133.

④ 王鹏程，龚欣.家庭收入与学前教育机会：基于CFPS数据的实证研究［J］.教育发展研究，2018（C2）：18–26.

⑤ 闵令啸.我国教育部直属高校教育成本影响因素实证研究［D］.吉林：东北电力大学，2020.

生活基本需求外的开支用于投资孩子的教育，教育投入的增加也必然会导致幼儿园学费上升。因而当居民人均可支配收入逐渐提高时，教育的投入能力和支付能力也会随之增强。在对学者们的研究进行总结的基础上，本文认为居民人均可支配收入会对学费有所影响，但由于城镇与农村居民收入有差距，所以本文将城镇与农村划分开，分别对城镇居民人均可支配收入和农村居民人均可支配收入进行研究。

4.办学质量

办学质量的高低与办学的投入成本有着重要的关系，投入成本越多，办学质量可能就会越有保障，但也因此会涉及学费的定价问题[①]。幼儿园若是拥有了完善的基础设施、庞大的师资力量、出色的后勤管理，其办学质量才能称得上优秀，然而，如此完备的幼儿园教学后勤体系离不开足够的资金进行保障。而在国内众多关于教育质量维度的讨论中，通常是通过条件性质量、过程性质量和结果性质量这3个方面来研究幼儿园教育质量维度，而条件性质量是指教育中基本的人力和物力资源[②]。其中，物力资源主要包括软、硬件基础设施等办学条件[③]。基础设施水平对幼儿体育教育的质量具有重要影响，各项教学资源是否充足也影响着幼儿的发展。基础设施条件的完善程度直接关系到教学运行成本，关系着学费的高低。学校所占规模越大，基础设施质量及教学资源等各项条件越好，其所耗费的人力、物力及财力自然就越多，投入就越高，其幼儿园学费可能也就越高。

教师资质是条件性质量的重要组成部分，是主要的人力资源部分[④]。教师在教育过程中发挥着主导作用，教师的水平会影响到学生未来取得的成就[⑤]。因为接受学前教育的儿童身心处于稚嫩时期，他们的思想及一举一动会容易受到教师的影响，所以必须充分重视教师资源在学前教育中的配置。其次，

---

① 汪晓.营利民办高校学费定价问题研究［D］.武汉：武汉理工大学，2014.

② 鄢立鑫，曾彬.民办幼儿园教育质量研究综述［J］.基础教育研究，2021（13）：3-8，13.

③ 王海英.学前教育质量公平的内涵、结构及其现状调查［J］.幼儿教育，2013（C2）：21-26.

④ 鄢立鑫，曾彬.民办幼儿园教育质量研究综述［J］.基础教育研究，2021（13）：3-8，13.

⑤ 陈桂生.教育原理（第二版）［M］.上海：华东师范大学出版社，2000：16.

幼儿园的教育质量水平与教师队伍整体素质相关，学前教育的办学质量也与其教师的规模和资历息息相关①。各种硬件设施的配备、教师所需的培训费用以及人员的经费开支等，这些开销加起来会是不小的数目，这无形中造成了幼儿园办园成本的增加。为了让这部分成本能够得到合理的弥补，幼儿园通常会选择上浮其学费水平。因而本文认为基础设施条件和教师师资是幼儿园学费定价的影响因素。下面主要通过我国学前教育的教师人数、学历和职称情况来进行分析，研究这些因素对学费的影响程度。

## 四、广西学前教育学费定价主要影响因素的实证分析

### （一）数据选取与处理

通过上文对广西学前教育学费定价影响因素的分析，我们发现，多方面因素综合作用影响着广西学前教育学费的定价，分析广西学前教育学费的定价影响因素对促进广西学前教育事业健康发展有积极的指导作用。因此本部分通过探究广西各项学前教育投入因素及社会发展水平对学费的影响，进一步给出学前教育发展的建议。

本文主要通过幼儿园生均成本、办学质量、居民人均可支配收入、人均地区生总值等4个维度来概括影响广西幼儿园学费定价的因素。因此，本部分主要探讨这些因素对学费定价的影响。本部分在总结前人研究的基础上，选取广西幼儿园的生均学费Y为因变量，广西的13个投入指标$X_1$—$X_{13}$为自变量，具体指标如下：

**表2.1　广西学前教育学费定价影响因素变量释义**

| 维度 | 变量指标 | 变量符号 |
| --- | --- | --- |
| 幼儿园生均学费 | 幼儿园生均学费 | Y |
| 幼儿园生均成本 | 生均一般公共预算教育事业费支出 | $X_1$ |
|  | 生均一般公共预算公用经费支出 | $X_2$ |
| 办学质量 | 学校占地面积 | $X_3$ |

① 凡献.我国学前教育财政投入政策研究［D］.武汉：中南财经政法大学，2019.

续表

| 维度 | 变量指标 | 变量符号 |
| --- | --- | --- |
| 办学质量 | 运动场地面积 | $X_4$ |
| | 图书数 | $X_5$ |
| | 校舍建筑面积 | $X_6$ |
| | 园长及专任教师人数 | $X_7$ |
| | 本科及以上学历教师比例 | $X_8$ |
| | 专科及以上学历教师人数 | $X_9$ |
| | 中高级职称教师比例 | $X_{10}$ |
| 居民人均可支配收入 | 城镇居民人均可支配收入 | $X_{11}$ |
| | 农村居民人均可支配收入 | $X_{12}$ |
| 人均地区生产总值 | 人均地区生产总值 | $X_{13}$ |

为了保证数据的可靠性，本文所涉及的变量数据均选取2003—2019年的数据作为来源，本研究实证分析中所选变量数据主要来源于2004—2020年中国教育统计年鉴、中国教育经费统计年鉴、广西统计年鉴。

### （二）模型的选择与设定

为了研究各项因素对学费定价的影响，本文将幼儿园生均学费记为Y，生均一般公共预算教育事业费支出、生均一般公共预算公用经费支出、学校占地面积、运动场地面积、图书数、校舍建筑面积、园长及专任教师人数、本科及以上学历教师比例、专科及以上学历教师人数、中高级职称教师比例、城镇居民人均可支配收入、农村居民人均可支配收入、人均地区生产总值分别记为$X_1$、$X_2$、$X_3$、$X_4$、$X_5$、$X_6$、$X_7$、$X_8$、$X_9$、$X_{10}$、$X_{11}$、$X_{12}$、$X_{13}$，构建多元线性回归模型：

$$Y = \alpha + \alpha_1 X_1 + \alpha_2 X_2 + \alpha_3 X_3 + \alpha_4 X_4 + \cdots + \alpha_{12} X_{12} + \alpha_{13} X_{13} \quad \text{（公式2.1）}$$

本部分采用的方法有线性回归法、主成分回归法和Lasso回归法，通过以上几种方法来得出系数，并据此探究各投入要素对学费的影响。

1.主成分分析

主成分分析法的核心思想是通过降维，把多指标转换为少数几个综合指标，这不仅能够较好地保留原有信息，又可以简化运算。

主成分回归的主要步骤：首先，需要判断变量是否适合运用主成分法，我们可以采用Bartlett球度检验来判断变量间的相关性，若是结果表明相关性比较强，则意味着我们可以用主成分分析法。其次，计算累计贡献率，它可以用来反映主成分对原有信息的保留情况，累计贡献率越大，对原有信息的保留越多，我们通常保留特征值大于1、累计贡献率大于0.7的主成分。然后，用这些新的主成分进行回归，通过模型的处理计算，可以得到因变量Y与自变量$X_1$、$X_2$、$X_3$、$X_4$、$X_5$、$X_6$、$X_7$、$X_8$、$X_9$、$X_{10}$、$X_{11}$、$X_{12}$、$X_{13}$之间的关系。如果变量间的相关性非常强，那么此时宜用主成分分析法。这是因为若直接运用最小二乘法进行线性回归，可能会出现多重共线性问题，进而影响分析结果，导致结果的不准确性甚至会有所偏差。而若是采用主成分分析法，则可以解决多重共线性的问题，成功得到线性关系，并且通过比较自变量系数，可以知道当它发生变化时，该因变量会产生多大程度的影响。

2.Lasso回归

Lasso回归的特点是在拟合广义线性模型的同时进行变量筛选和复杂度调整。在建模中，出现多个变量时，变量选择变得尤为重要，有选择地把对因变量影响较大的变量放入模型，能得到更好的性能参数。Lasso方法可以选择加入惩罚函数，进而使得回归系数压缩，将一部分变量的系数压缩至0，即完成了变量选择的过程。复杂度调整是指通过一系列参数控制模型的复杂度，从而避免过度拟合。

Lasso回归方法可以通过变量选择找到重要的解释变量，让重要变量能够得到显著的结果，还可以解决多重共线性和过度拟合的问题。鉴于此，本文也采用Lasso回归来进行实证研究。

### （三）建模方法

1.一元回归分析

（1）幼儿园学费与人均地区生产总值

通过上述分析，我们将幼儿园学费作为本次回归的因变量，将人均地区生产总值作为本次回归的核心解释变量进行分析，以检测幼儿园学费与人均地区生产总值之间的相关关系。通过表2.2的数据分析结果可知，$R^2$为0.9672，P等于0.000，表示模型的拟合程度良好，经过调整后的$R^2$为0.9650，此时P值也在1%程度下非常显著，说明幼儿园学费与人均地区生产总值之间存在显著的相关关系，然后通过线性回归系数结果的分析，可以知道未经过标准化的人均地区生产总值的回归系数为0.076，显著性也是在1%水平下为正相关。通过上述实证分析进行整合，可以得到幼儿园学费与人均地区生产总值的回归方程：幼儿园学费＝0.076×人均地区生产总值－0.7051093。

**表2.2 模型拟合度结果**

| 模型 | R | $R^2$ | 调整后的$R^2$ | 标准估计误差 |
|---|---|---|---|---|
| 1 | 0.9834 | 0.9672 | 0.9650 | 0.17462 |
| 线性回归系数结果 | | | | |
| 模型 | 未标准化系数 | | T检验 | 显著性 |
| | B | 标准误差 | | |
| 常量 | −0.7051093 | 0.0901445 | −7.82 | 0.000 |
| 人均地区生产总值 | 0.0759728 | 0.0036146 | 21.02 | 0.000 |

（2）幼儿园学费与幼儿园生均成本

以幼儿园学费为因变量，以生均一般公共预算教育事业费支出、生均一般公共预算公用经费支出为自变量，分别进行一元回归分析。

通过上述分析，我们将幼儿园学费作为本次回归的因变量，将生均一般公共预算教育事业费支出作为本次回归的核心解释变量进行分析，以检测幼儿园学费与生均一般公共预算教育事业费支出之间的相关关系。通过表2.3的数据分析结果可知，$R^2$为0.9384，P等于0.000，表示模型的拟合程度良好，经过调整后的$R^2$为0.9343，此时P值也在1%程度下非常显著，说明幼儿园学费与生均一般公共预算教育事业费支出之间存在显著的相关关系，然后通过线性回归系数结果的分析，可以知道未经过标准化的生均一般公共预算教育事业费支出的回归系数为0.0006608，显著性也是在1%水平下为正相关。通过上述实证分析进行整合，可以得到幼儿园学费与生均一般公共预算教育事业费支出的回归方程：幼儿园学费＝0.0006608×生均一般公共预算教育事业费支出－0.0830282。

**表2.3　模型拟合度结果**

| 模型 | R | $R^2$ | 调整后的$R^2$ | 标准估计误差 |
|---|---|---|---|---|
| 1 | 0.9687 | 0.9384 | 0.9343 | 0.23913 |
| 线性回归系数结果 | | | | |
| 模型 | 未标准化系数 | T检验 | 显著性 | 未标准化系数 |
| | B | 标准误差 | | |
| 常量 | −0.0830282 | 0.090509 | −0.92 | 0.373 |
| 生均一般公共预算教育事业费支出 | 0.0006608 | 0.0000437 | 15.12 | 0.000 |

通过上述分析，我们将幼儿园学费作为本次回归的因变量，将生均一般公共预算公用经费支出作为本次回归的核心解释变量进行分析，以检测幼儿园学费与生均一般公共预算公用经费支出之间的相关关系。通过表2.4的数据分析结果可知，$R^2$为0.8412，P等于0.000，表示模型的拟合程度良好，经过调整后的$R^2$为0.8306，此时P值也在1%程度下非常显著，说明幼儿园学费与生均一般公共预算公用经费支出之间存在显著的相关关系，然后通过线性回归系数结果的分析，可以知道未经过标准化的生均一般公共预算公用经费支出的回归系数为0.0006608，显著性也是在1%水平下为正相关。通过上述实证分析进行整合，可以得到幼儿园学费与生均一般公共预算公用经费支出的回归方程：幼儿园学费＝0.0010344×生均一般公共预算公用经费支出＋0.1753433。

**表2.4　模型拟合度结果**

| 模型 | R | $R^2$ | 调整后的$R^2$ | 标准估计误差 |
|---|---|---|---|---|
| 1 | 0.9172 | 0.8412 | 0.8306 | 0.38401 |
| 线性回归系数结果 | | | | |
| 模型 | 未标准化系数 | | T检验 | 显著性 |
| | B | 标准误差 | | |
| 常量 | 0.1753433 | 0.1287335 | 1.36 | 0.193 |
| 生均一般公共预算公用经费支出 | 0.0010344 | 0.0001161 | 8.91 | 0.000 |

（3）幼儿园学费与居民人均可支配收入

通过上述分析，我们将幼儿园学费作为本次回归的因变量，将城镇居民人均可支配收入作为本次回归的核心解释变量进行分析，以检测幼儿园学费与城镇居民人均可支配收入之间的相关关系。通过表2.5的数据分析结果可知，$R^2$为0.9565，P等于0.000，表示模型的拟合程度良好，经过调整后的$R^2$为0.9536，此时P值也在1%程度下非常显著，说明幼儿园学费与城镇居民人均可支配收入之间存在显著的相关关系，然后通过线性回归系数结果的分析，可以知道未经过标准化的城镇居民人均可支配收入的回归系数为0.1026374，显著性也是在1%水平下为正相关。通过上述实证分析进行整合，可以得到幼儿园学费与城镇居民人均可支配收入的回归方程：幼儿园学费＝0.1026374×城镇居民人均可支配收入－1.049844。

**表2.5　模型拟合度结果**

| 模型 | R | $R^2$ | 调整后的$R^2$ | 标准估计误差 |
|---|---|---|---|---|
| 1 | 0.9780 | 0.9565 | 0.9536 | 0.20087 |
| 线性回归系数结果 | | | | |
| 模型 | 未标准化系数 | | T检验 | 显著性 |
| | B | 标准误差 | | |
| 常量 | -1.049844 | 0.1212386 | -8.66 | 0.000 |
| 城镇居民人均可支配收入 | 0.1026374 | 0.0056485 | 18.17 | 0.000 |

通过上述分析，我们将幼儿园学费作为本次回归的因变量，将农村居民人均可支配收入作为本次回归的核心解释变量进行分析，以检测幼儿园学费与农村居民人均可支配收入之间的相关关系。通过表2.6的数据分析结果可知，$R^2$为0.9888，P等于0.000，表示模型的拟合程度良好，经过调整后的$R^2$为0.9880，此时P值也在1%程度下非常显著，说明幼儿园学费与农村居民人均可支配收入之间存在显著的相关关系，然后通过线性回归系数结果的分析，可以知道未经过标准化的农村居民人均可支配收入的回归系数为0.2415455，显著性也是在1%水平下为正相关。通过上述实证分析进行整合，可以得到幼儿园学费与农村居民人均可支配收入的回归方程：幼儿园学费＝0.2415455×农村居民人均可支配收入－0.58236。

**表 2.6 模型拟合度结果**

| 模型 | R | $R^2$ | 调整后的 $R^2$ | 标准估计误差 |
|---|---|---|---|---|
| 1 | 0.9944 | 0.9888 | 0.9880 | 0.10208 |
| 线性回归系数结果 | | | | |
| 模型 | 未标准化系数 | | T检验 | 显著性 |
| | B | 标准误差 | | |
| 常量 | −0.58236 | 0.0493012 | −11.81 | 0.000 |
| 农村居民人均可支配收入 | 0.2415455 | 0.0066445 | 36.35 | 0.000 |

（4）幼儿园学费与办学质量

以幼儿园学费为因变量，以学校占地面积、运动场地面积、图书数、校舍建筑面积、园长及专任教师人数、本科及以上学历教师比例、专科及以上学历教师人数、中高级职称教师比例为自变量，分别进行一元回归分析。

通过上述分析，我们将幼儿园学费作为本次回归的因变量，将学校占地面积作为本次回归的核心解释变量进行分析，以检测幼儿园学费与学校占地面积之间的相关关系。通过表 2.7 的数据分析结果可知，$R^2$为 0.9767，P 等于 0.000，表示模型的拟合程度良好，经过调整后的$R^2$为 0.9751，此时 P 值也在 1% 程度下非常显著，说明幼儿园学费与学校占地面积之间存在显著的相关关系，然后通过线性回归系数结果的分析，可以知道未经过标准化的学校占地面积的回归系数为 0.0018428，显著性也是在 1% 水平下为正相关。通过上述实证分析进行整合，可以得到幼儿园学费与学校占地面积的回归方程：幼儿园学费＝0.0018428×学校占地面积－0.5307094。

**表 2.7 模型拟合度结果**

| 模型 | R | $R^2$ | 调整后的 $R^2$ | 标准估计误差 |
|---|---|---|---|---|
| 1 | 0.9883 | 0.9767 | 0.9751 | 0.14717 |
| 线性回归系数结果 | | | | |
| 模型 | 未标准化系数 | | T检验 | 显著性 |
| | B | 标准误差 | | |
| 常量 | −0.5307094 | 0.0696271 | −7.62 | 0.000 |
| 学校占地面积 | 0.0018428 | 0.0000735 | 25.06 | 0.000 |

通过上述分析，我们将幼儿园学费作为本次回归的因变量，将运动场地面积作为本次回归的核心解释变量进行分析，以检测幼儿园学费与运动场地面积之间的相关关系。通过表2.8的数据分析结果可知，$R^2$为0.9539，P等于0.000，表示模型的拟合程度良好，经过调整后的$R^2$为0.9508，此时P值也在1%程度下非常显著，说明幼儿园学费与运动场地面积之间存在显著的相关关系，然后通过线性回归系数结果的分析，可以知道未经过标准化的运动场地面积的回归系数为0.0052588，显著性也是在1%水平下为正相关。通过上述实证分析进行整合，可以得到幼儿园学费与运动场地面积的回归方程：幼儿园学费=0.0052588×运动场地面积-0.5568571。

**表2.8 模型拟合度结果**

| 模型 | R | $R^2$ | 调整后的$R^2$ | 标准估计误差 |
|---|---|---|---|---|
| 1 | 0.9767 | 0.9539 | 0.9508 | 0.20686 |
| 线性回归系数结果 | | | | |
| 模型 | 未标准化系数 | | T检验 | 显著性 |
| | B | 标准误差 | | |
| 常量 | -0.5568571 | 0.1000056 | -5.57 | 0.000 |
| 运动场地面积 | 0.0052588 | 0.0002984 | 17.62 | 0.000 |

通过上述分析，我们将幼儿园学费作为本次回归的因变量，将图书数作为本次回归的核心解释变量进行分析，以检测幼儿园学费与图书数之间的相关关系。通过表2.9的数据分析结果可知，$R^2$为0.9664，P等于0.000，表示模型的拟合程度良好，经过调整后的$R^2$为0.9642，此时P值也在1%程度下非常显著，说明幼儿园学费与图书数之间存在显著的相关关系，然后通过线性回归系数结果的分析，可以知道未经过标准化的图书数的回归系数为0.0022706，显著性也是在1%水平下为正相关。通过上述实证分析进行整合，可以得到幼儿园学费与图书数的回归方程：幼儿园学费=0.0022706×图书数-0.0855646。

**表2.9　模型拟合度结果**

| 模型 | R | $R^2$ | 调整后的$R^2$ | 标准估计误差 |
|---|---|---|---|---|
| 1 | 0.9831 | 0.9664 | 0.9642 | 0.17652 |
| 线性回归系数结果 | | | | |
| 模型 | 未标准化系数 | | T检验 | 显著性 |
| | B | 标准误差 | | |
| 常量 | -0.0855646 | 0.0663319 | -1.29 | 0.217 |
| 图书数 | 0.0022706 | 0.0001092 | 20.78 | 0.000 |

通过上述分析，我们将幼儿园学费作为本次回归的因变量，将校舍建筑面积作为本次回归的核心解释变量进行分析，以检测幼儿园学费与校舍建筑面积之间的相关关系。通过表2.10的数据分析结果可知，$R^2$为0.9748，P等于0.000，表示模型的拟合程度良好，经过调整后的$R^2$为0.9731，此时P值也在1%程度下非常显著，说明幼儿园学费与校舍建筑面积之间存在显著的相关关系，然后通过线性回归系数结果的分析，可以知道未经过标准化的校舍建筑面积的回归系数为0.0022918，显著性也是在1%水平下为正相关。通过上述实证分析进行整合，可以得到幼儿园学费与校舍建筑面积的回归方程：幼儿园学费＝0.0022918×校舍建筑面积－0.3991419。

**表2.10　模型拟合度结果**

| 模型 | R | $R^2$ | 调整后的$R^2$ | 标准估计误差 |
|---|---|---|---|---|
| 1 | 0.9873 | 0.9748 | 0.9731 | 0.15293 |
| 线性回归系数结果 | | | | |
| 模型 | 未标准化系数 | | T检验 | 显著性 |
| | B | 标准误差 | | |
| 常量 | -0.3991419 | 0.0677709 | -5.89 | 0.000 |
| 校舍建筑面积 | 0.0022918 | 0.0000951 | 24.09 | 0.000 |

通过上述分析，我们将幼儿园学费作为本次回归的因变量，将园长及专任教师人数作为本次回归的核心解释变量进行分析，以检测幼儿园学费与园

长及专任教师人数之间的相关关系。通过表2.11的数据分析结果可知，$R^2$为0.9896，P等于0.000，表示模型的拟合程度良好，经过调整后的$R^2$为0.9889，此时P值也在1%程度下非常显著，说明幼儿园学费与园长及专任教师人数之间存在显著的相关关系，然后通过线性回归系数结果的分析，可以知道未经过标准化的园长及专任教师人数的回归系数为0.0000287，显著性也是在1%水平下为正相关。通过上述实证分析进行整合，可以得到幼儿园学费与园长及专任教师人数的回归方程：幼儿园学费＝0.0000287×园长及专任教师人数－0.5763995。

**表2.11　模型拟合度结果**

| 模型 | R | $R^2$ | 调整后的$R^2$ | 标准估计误差 |
| --- | --- | --- | --- | --- |
| 1 | 0.9948 | 0.9896 | 0.9889 | 0.09831 |
| 线性回归系数结果 | | | | |
| 模型 | 未标准化系数 | | T检验 | 显著性 |
| | B | 标准误差 | | |
| 常量 | -0.5763995 | 0.0473267 | -12.18 | 0.000 |
| 园长及专任教师人数 | 0.0000287 | 7.60e-07 | 37.76 | 0.000 |

通过上述分析，我们将幼儿园学费作为本次回归的因变量，将本科及以上学历教师比例作为本次回归的核心解释变量进行分析，以检测幼儿园学费与本科及以上学历教师比例之间的相关关系。通过表2.12的数据分析结果可知，$R^2$为0.9503，P等于0.000，表示模型的拟合程度良好，经过调整后的$R^2$为0.9469，此时P值也在1%程度下非常显著，说明幼儿园学费与本科及以上学历教师比例之间存在显著的相关关系，然后通过线性回归系数结果的分析，可以知道未经过标准化的本科及以上学历教师比例的回归系数为0.1637823，显著性也是在1%水平下为正相关。通过上述实证分析进行整合，可以得到幼儿园学费与本科及以上学历教师比例的回归方程：幼儿园学费＝0.1637823×本科及以上学历教师比例－0.7777388。

**表2.12　模型拟合度结果**

| 模型 | R | $R^2$ | 调整后的$R^2$ | 标准估计误差 |
|---|---|---|---|---|
| 1 | 0.9748 | 0.9503 | 0.9469 | 0.21492 |
| 线性回归系数结果 | | | | |
| 模型 | 未标准化系数 | | T检验 | 显著性 |
| | B | 标准误差 | | |
| 常量 | −0.7777388 | 0.1155286 | −6.73 | 0.000 |
| 本科及以上学历教师比例 | 0.1637823 | 0.0096756 | 16.93 | 0.000 |

通过上述分析，我们将幼儿园学费作为本次回归的因变量，将专科及以上学历教师人数作为本次回归的核心解释变量进行分析，以检测幼儿园学费与专科及以上学历教师人数之间的相关关系。通过表2.13的数据分析结果可知，$R^2$为0.9899，P等于0.000，表示模型的拟合程度良好，经过调整后的$R^2$为0.9892，此时P值也在1%程度下非常显著，说明幼儿园学费与专科及以上学历教师人数之间存在显著的相关关系，然后通过线性回归系数结果的分析，可以知道未经过标准化的专科及以上学历教师人数的回归系数为0.0000351，显著性也是在1%水平下为正相关。通过上述实证分析进行整合，可以得到幼儿园学费与专科及以上学历教师人数的回归方程：幼儿园学费＝0.0000351×专科及以上学历教师人数－0.2657917。

**表2.13　模型拟合度结果**

| 模型 | R | $R^2$ | 调整后的$R^2$ | 标准估计误差 |
|---|---|---|---|---|
| 1 | 0.9949 | 0.9899 | 0.9892 | 0.09695 |
| 线性回归系数结果 | | | | |
| 模型 | 未标准化系数 | | T检验 | 显著性 |
| | B | 标准误差 | | |
| 常量 | −0.2657917 | 0.0398712 | −6.67 | 0.000 |
| 专科及以上学历教师人数 | 0.0000351 | 9.18e−07 | 38.30 | 0.000 |

通过上述分析，我们将幼儿园学费作为本次回归的因变量，将中高级职称教师比例作为本次回归的核心解释变量进行分析，以检测幼儿园学费与中高级职称教师比例之间的相关关系。通过回归分析结果可知，$R^2$为-0.0800，P等于0.7603，表明幼儿园学费与中高级职称教师比例不显著。出现不显著的原因，可能是因为职称结构的评定过程可能会出现变化或是由于退休等的原因导致职称人数与往年不一致，因而幼儿园学费与中高级职称教师比例的相关性不明显。除此外也可能是因为模型本身不是最优模型，或许存在其他更合理的模型能够解释中高级职称教师比例与幼儿园学费的关系。

2.线性回归

首先，用Stata15.1进行Y与变量$X_1$、$X_2$、$X_3$、$X_4$、$X_5$、$X_6$、$X_7$、$X_8$、$X_9$、$X_{10}$、$X_{11}$、$X_{12}$、$X_{13}$的线性回归，模型同公式2.1，结果如表2.14所示。

**表2.14　模型拟合度结果**

| 模型 | $R^2$ | 调整后的$R^2$ | 标准估计误差 | | |
|---|---|---|---|---|---|
| 1 | 0.9983 | 0.9908 | 0.0897 | | |
| 线性回归系数结果 | | | | | |
| 模型 | 未标准化系数 | | T检验 | 显著性 | VIF |
| | B | 标准误差 | | | |
| 生均一般公共预算教育事业费支出 | 0.0000346 | 0.000583 | 0.06 | 0.956 | 1264.38 |
| 生均一般公共预算公用经费支出 | 0.0001944 | 0.0006367 | 0.31 | 0.78 | 551.63 |
| 学校占地面积 | -0.004941 | 0.0032175 | -1.54 | 0.222 | 5153.68 |
| 运动场地面积 | 0.0081796 | 0.0049936 | 1.64 | 0.2 | 1488.9 |
| 图书数 | -0.000453 | 0.0016552 | -0.27 | 0.802 | 888.99 |
| 校舍建筑面积 | 0.0015607 | 0.0061592 | -0.25 | 0.816 | 12187.61 |
| 园长及专任教师人数 | 0.0001234 | 0.0000755 | -1.63 | 0.201 | 11844.96 |
| 本科及以上学历教师比例 | 0.1755073 | 0.127739 | -1.37 | 0.263 | 1000.6 |
| 专科及以上学历教师人数 | 0.0001409 | 0.0000972 | 1.45 | 0.243 | 13104.8 |
| 中高级职称教师比例 | 0.2764039 | 0.564068 | 0.49 | 0.658 | 12.01 |

续表

| | | | | | |
|---|---|---|---|---|---|
| 城镇居民人均可支配收入 | 0.0265324 | 0.0964427 | −0.28 | 0.801 | 1461.98 |
| 农村居民人均可支配收入 | 0.4374399 | 0.239221 | 1.83 | 0.165 | 1678.83 |
| 人均地区生产总值 | 0.1998043 | 0.0892151 | 2.24 | 0.111 | 2308.7 |
| 常量 | 0.303616 | 0.6422381 | 0.47 | 0.669 | — |

由表2.14可知，该模型拟合优度达到了99%，说明了模型拟合很好，能够采用线性回归方法来进行分析研究。但在线性回归系数估计结果中，发现多数变量的系数都存在着不显著的现象，故对其进行多重共线性检验，根据结果可知，所有变量的VIF值都非常大，这也说明在这些自变量间存在严重的多重共线性，为能够顺利解决此问题，故采用主成分分析方法。

3. 主成分回归分析

鉴于变量间存在较强的相关性，若直接运用最小二乘法进行线性回归，可能会出现多重共线性问题，进而影响分析结果，导致结果不准确甚至会有所偏差。而若是运用主成分回归，则可以很好地避开多重共线性的问题。因此为进一步深入分析广西学费影响因素和学费之间的关系，本文利用主成分分析法进行降维。

要想对数据采用主成分分析法，首先得对数据进行一定的判断，比如，进行KMO检验，通过此检验则表明数据适合用主成分分析法进行研究分析。学费定价影响因素等13个指标的KMO检验值为0.8266，大于0.8，说明学费定价影响因素等13个指标适合进行主成分分析。

由表2.15所示的广西学前教育学费定价影响因素的主成分方差贡献率可以看出，前2个主成分的特征根大小分别为11.6613和1.0174，对应的累计方差贡献率也分别为89.70%和7.83%。可以看出，这2个主成分累计贡献率高达97.53%，这说明原始数据97.53%的信息能够通过这2个主成分得到很好的解释，分析效果很好，因此学费定价影响因素完全可以由2个主成分来解释原来的13个指标的信息。

**表2.15　主成分的方差贡献率**

| 初始特征值 | | | 主成分提取 | | |
|---|---|---|---|---|---|
| 特征根 | 方差贡献率 | 累计贡献率 | 特征根 | 方差贡献率 | 累计贡献率 |
| 11.6613 | 0.8970 | 0.8970 | 11.6613 | 0.8970 | 0.8970 |
| 1.0174 | 0.0783 | 0.9753 | 1.0174 | 0.0783 | 0.9753 |
| 0.219265 | 0.0169 | 0.9921 | | | |
| 0.0818482 | 0.0063 | 0.9984 | | | |
| 0.0098335 | 0.0008 | 0.9992 | | | |
| 0.00517422 | 0.0004 | 0.9996 | | | |
| 0.00254133 | 0.0002 | 0.9998 | | | |
| 0.000998544 | 0.0001 | 0.9999 | | | |
| 0.000819007 | 0.0001 | 0.9999 | | | |
| 0.00052487 | 0.0000 | 1.0000 | | | |
| 0.000230605 | 0.0000 | 1.0000 | | | |
| 0.0000621322 | 0.0000 | 1.0000 | | | |
| 0.0000361246 | 0.0000 | 1.0000 | | | |

然后根据因子载荷矩阵与特征值来计算主成分系数，计算结果如表2.16所示。

**表2.16　因子载荷矩阵**

| 变量 | 主成分1 | 主成分2 |
|---|---|---|
| $X_1$ | 0.2873 | 0.0050 |
| $X_2$ | 0.2705 | 0.1096 |
| $X_3$ | 0.2912 | 0.0362 |
| $X_4$ | 0.2876 | 0.0445 |
| $X_5$ | 0.2886 | 0.0861 |
| $X_6$ | 0.2903 | 0.0443 |
| $X_7$ | 0.2921 | 0.0164 |
| $X_8$ | 0.2886 | −0.0993 |

续表

| 变量 | 主成分1 | 主成分2 |
|---|---|---|
| $X_9$ | 0.2920 | 0.0311 |
| $X_{10}$ | −0.0465 | 0.9774 |
| $X_{11}$ | 0.2895 | −0.0817 |
| $X_{12}$ | 0.2919 | 0.0157 |
| $X_{13}$ | 0.2901 | −0.0442 |

由此，可得到两个主成分的表达式，分别为：

$Z_1 = 0.0841X_1 + 0.0792X_2 + 0.0853X_3 + 0.0842X_4 + 0.0845X_5 + 0.0850X_6 + 0.0855X_7 + 0.0845X_8 + 0.0855X_9 - 0.0136X_{10} + 0.0848X_{11} + 0.0855X_{12} + 0.0850X_{13}$

$Z_2 = 0.0046X_1 + 0.1087X_2 + 0.0359X_3 + 0.0441X_4 + 0.0853X_5 + 0.0439X_6 + 0.0163X_7 - 0.0984X_8 + 0.0308X_9 + 0.9690X_{10} - 0.0810X_{11} + 0.0156X_{12} - 0.0438X_{13}$

将$X_1$、$X_2$、$X_3$、$X_4$、$X_5$、$X_6$、$X_7$、$X_8$、$X_9$、$X_{10}$、$X_{11}$、$X_{12}$、$X_{13}$的数据代入上述的两个主成分表达式，通过计算处理即可得到主成分得分，仍记为$Z_1$和$Z_2$。然后再将$Y$作为本次回归的因变量，将新得出的主成分得分$Z_1$和$Z_2$作为本次的核心解释变量进行回归分析，以检测$Y$与新得出的主成分得分$Z_1$和$Z_2$之间的相关关系，得出结果如下：

**表2.17　模型拟合度**

| 模型 | $R^2$ | 调整后的$R^2$ | 显著性 |
|---|---|---|---|
| 1 | 0.9915 | 0.9903 | 0.000 |

由表2.17可知，调整后的$R^2$为0.9903，拟合效果很好，P等于0.000，说明P值也在1%程度下非常显著。

**表2.18　模型系数**

| 模型 | 系数 | 显著性 |
|---|---|---|
| $Z_1$ | 0.2712469 | 0.000 |
| $Z_2$ | 0.0710785 | 0.007 |
| 常量 | 0.9674815 | 0.000 |

通过表2.18的结果，可以看出已经避免了多重共线性问题，且变量$Z_1$的P值为0.000，变量$Z_2$的P值为0.007，两者都在1%的程度下非常显著，模型拟合效果很好。故可得到新的回归方程如下：

$Y = 0.2712Z_1 + 0.0711Z_2$

代入主成分表达式，可得

$Y = 0.0232X_1 + 0.0292X_2 + 0.0257X_3 + 0.0260X_4 + 0.0290X_5 + 0.0262X_6 + 0.0244X_7 + 0.0159X_8 + 0.0254X_9 + 0.0652X_{10} + 0.0172X_{11} + 0.0243X_{12} + 0.0199X_{13}$

4.Lasso回归分析

由于广西学费定价的影响因素较多，运用Lasso回归可以精准地选择变量，并估计系数值。利用R语言中Scale（）函数对这13个影响因素数据进行标准化处理。

在标准化处理后，为了进一步选择变量，通过最小角回归算法便可实现Lasso回归，将程序运行过程可视化得到图2.1。

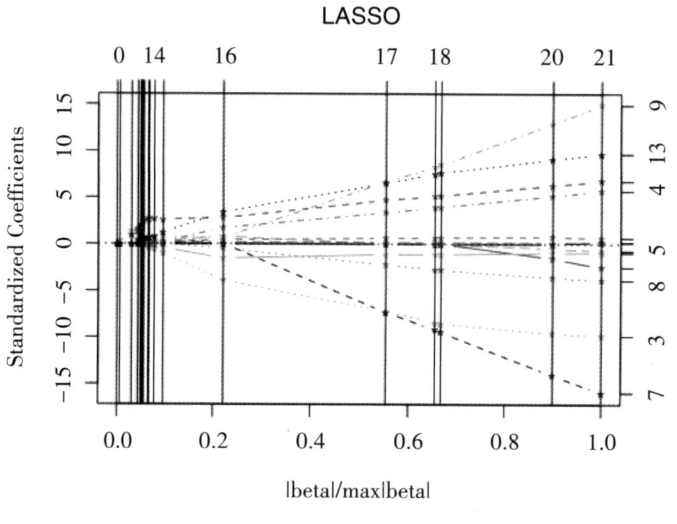


图2.1 Lasso模型下的变量选择

图2.1即为运用Lasso模型后的变量筛选结果。利用最小角回归算法进行计算，可得到本文的迭代次数为11次，而此时模型拟合度高达0.998，拟合效果非常好。图中右侧数据分别代表相应自变量，其中1代表生均一般公共预算教育事业费支出、2代表生均一般公共预算公用经费支出、3代表学校占地面积、4代表运动场地面积、5代表图书数、6代表校舍建筑面积、7代表园长及专任教师人数、8代表本科及以上学历教师比例、9代表专科及以上学历教

师人数、10代表中高级职称教师比例、11代表城镇居民人均可支配收入、12代表农村居民人均可支配收入、13代表人均地区生产总值。

根据运行结果，如表2.19所示，只需要进行22步，我们就可以得到所有的解。我们通常会选取$C_P$统计量值最小时所对应的模型，并获取模型对应系数。表2.19中显示了Lasso回归中所有的$C_P$统计量值，选择最小的，即4.0588，对应的$D_f$为6，步骤对应步数为11，因此，在第11步的$C_P$值最小为4.0588，模型最优。

**表2.19　统计量值**

| 步骤 | $D_f$ | $C_P$ |
|---|---|---|
| 1 | 1 | 1716.0444 |
| 2 | 2 | 1338.9544 |
| 3 | 3 | 281.7021 |
| 4 | 4 | 45.6328 |
| 5 | 5 | 39.5864 |
| 6 | 6 | 12.4575 |
| 7 | 7 | 13.9043 |
| 8 | 6 | 8.2255 |
| 9 | 7 | 9.6017 |
| 10 | 8 | 10.6081 |
| 11 | 7 | 6.2287 |
| 12 | 6 | 4.0588 |
| 13 | 7 | 5.7105 |
| 14 | 8 | 7.6845 |
| 15 | 9 | 9.4748 |
| 16 | 10 | 11.1499 |
| 17 | 11 | 11.5037 |
| 18 | 12 | 11.0281 |
| 19 | 11 | 8.5914 |
| 20 | 12 | 10.5477 |
| 21 | 13 | 12.0486 |
| 22 | 14 | 14.0000 |

表2.20　Lasso回归的参数估计

| | $V_1$ | $V_2$ | $V_3$ | $V_4$ | $V_5$ | $V_6$ | $V_7$ | $V_8$ | $V_{17}$ | $V_{10}$ | $V_{11}$ | $V_{12}$ | $V_{13}$ |
|---|---|---|---|---|---|---|---|---|---|---|---|---|---|
| 0 | 0 | 0 | 0 | 0 | 0 | 0 | 00 | 0 | 0 | 0 | 0 | 0 | 0 |
| 1 | 0 | 0 | 0 | 0 | 0 | 0 | 0 | 0 | 0.0000041303 | 0 | 0 | 0 | 0 |
| 2 | 0 | 0 | 0 | 0 | 0 | 0 | 0.0000069158 | 0 | 0.0000125924 | 0 | 0 | 0 | 0 |
| 3 | 0 | 0 | 0 | 0 | 0 | 0 | 0.0000098838 | 0 | 0.0000142767 | 0 | 0 | 0.02448176 | 0 |
| 4 | 0 | 0 | 0 | 0 | 0.0000624344 | 0 | 0.0000120505 | 0 | 0.0000118746 | 0 | 0 | 0.02023464 | 0 |
| 5 | 0 | 0.000065777 | 0 | 0 | 0.000262082 | 0 | 0.0000146206 | 0 | 0.0000001528 | 0 | 0 | 0.06758933 | 0 |
| 6 | 0 | 0.0000665428 | 0 | 0 | 0.000247494 | 0 | 0.0000143755 | 0 | 0 | 0.01456214 | 0 | 0.07249615 | 0 |
| 7 | 0 | 0.0000727929 | 0 | 0 | 0.000114598 | 0 | 0.0000116664 | 0 | 0 | 0.13031108 | 0 | 0.1112727 | 0 |
| 8 | 0 | 0.000073736 | 0 | 0 | 0.0000935169 | 0 | 0.0000106629 | 0 | 0 | 0.15593989 | 0 | 0.1195244 | 0.000916028 |
| 9 | 0 | 0.0000754259 | 0 | 0 | 0 | 0 | 0.0000050218 | 0 | 0.0000048529 | 0.20469753 | 0 | 0.13374761 | 0.004228815 |
| 10 | 0 | 0.0000752663 | 0 | 0 | 0 | 0 | 0 | 0 | 0.0000050629 | 0.3787891 | 0 | 0.15485854 | 0.012174852 |
| 11 | 0 | 0.0000746954 | 0 | 0 | 0 | 0 | 0 | 0 | 0.0000036831 | 0.43195774 | 0 | 0.16148569 | 0.013631222 |
| 12 | 0 | 0.0000729484 | 0.00017601 | 0 | 0 | 0 | 0 | 0 | 0.0000060126 | 0.43797162 | 0 | 0.17061709 | 0.013034309 |
| 13 | 0 | 0.0000726841 | 0.000199127 | 0 | 0.0000202841 | 0 | 0 | 0 | 0.0000062126 | 0.43609261 | 0 | 0.16957352 | 0.013228105 |
| 14 | 0 | 0.0000738148 | 0.000303799 | 0 | 0.0000977009 | 0 | 0 | 0 | 0.000006668 | 0.41417548 | 0.005401143 | 0.17069401 | 0.017499169 |
| 15 | 0 | 0.0000807137 | 0.000515936 | 0.00029237 | 0.000163987 | 0 | 0 | 0 | 0.0000067725 | 0.39471644 | 0.012405321 | 0.16986174 | 0.024663918 |
| 16 | 0 | 0.000127676 | 0.001951899 | 0.002466351 | 0.000491888 | 0 | 0 | 0.02276633 | 0.00000625 | 0.26655768 | 0.043607619 | 0.1803734 | 0.070443822 |
| 17 | 0 | 0.000185517 | 0.00359623 | 0.004818916 | 0 | 0 | 0.0000567127 | 0.10193821 | 0.0000628552 | 0.25663588 | 0.031769899 | 0.30421042 | 0.134083574 |
| 18 | 0 | 0.000203191 | 0.004227711 | 0.00559465 | 0 | 0 | 0.0000713442 | 0.12318414 | 0.000078173 | 0.23420473 | 0.031957805 | 0.33044655 | 0.155299963 |
| 19 | 0 | 0.000205213 | 0.004279624 | 0.005674427 | 0.0000236684 | 0 | 0.0000734427 | 0.12607831 | 0.0000802368 | 0.23469377 | 0.031380108 | 0.33527489 | 0.157448037 |
| 20 | 0 | 0.000223739 | 0.0048061 | 0.007407161 | 0.000306584 | 0.000969251 | 0.000108875 | 0.1619759 | 0.000122233 | 0.24482153 | 0.027132739 | 0.40779732 | 0.188322591 |
| 21 | 0.0000345799 | 0.000194367 | 0.004941033 | 0.008179614 | 0.000453012 | 0.001560725 | 0.000123355 | 0.17550738 | 0.000140875 | 0.27640409 | 0.026532527 | 0.43744018 | 0.19980448 |

获取所有迭代系数后，根据步数大小选择$C_p$统计量值最小时对应的自变量系数值，即取第11步的$C_p$值最小为4.0588时对应的自变量系数，对其进行整理，可以得到广西学费定价影响因素系数，如表2.21所示。

**表2.21　广西学费定价影响因素系数**

| 变量 | 系数 |
| --- | --- |
| 生均一般公共预算教育事业费支出 | 0 |
| 生均一般公共预算公用经费支出 | 0.0000746954 |
| 学校占地面积 | 0 |
| 运动场地面积 | 0 |
| 图书数 | 0 |
| 校舍建筑面积 | 0 |
| 园长及专任教师人数 | 0 |
| 本科及以上学历教师比例 | 0 |
| 专科及以上学历教师人数 | 0.00000368311 |
| 中高级职称教师比例 | 0.43195774 |
| 城镇居民人均可支配收入 | 0 |
| 农村居民人均可支配收入 | 0.16148569 |
| 人均地区生产总值 | 0.013631222 |

得到Lasso回归方程如下：

$$Y = 7.4695 \times 10^{-5} X_2 + 3.6831 \times 10^{-6} X_9 + 0.43195 X_{10} + 0.1615 X_{12} + 0.0136 X_{13} - 0.6349$$

由模型可知，学费与中高级教师职称比例显著正相关，即中高级教师职称比例越高，学费会越高，中高级教师职称比例每增加一单位，学费会增加0.43195；学费与专科及以上学历教师人数也呈正相关关系，专科及以上学历教师人数越多，学费越高，专科及以上学历教师人数每增加一单位，学费会增加$3.6831\times10^{-6}$。且生均一般公共预算公用经费支出每增加一单位，学费会增加$7.4695\times10^{-5}$，生均一般公共预算公用经费支出增加表明当前生均培养成本也在逐渐上升，而成本的增加最终会导致学费增长；农村居民人均可支配收入每增加一单位，学费会增加0.1615；人均地区生产总值每增加一单位，学费会增加0.0136。生均一般公共预算公用经费支出、农村居民人均可支配收入和人均地区生产总值均对学费有着正向影响，这都与国内大多数学者研究结论基本一致[①]。

### （四）建模方法对比分析

通过比较主成分回归模型和Lasso回归模型的拟合结果，可以得知，Lasso回归的拟合效果要比主成分回归模型好。再对其解释变量系数进行比较，在主成分回归的结果中，系数均为正值，说明本部分分析的这13项指标，都对广西学前教育学费定价有显著影响。而Lasso回归结果中只保留了变量$X_2$、$X_9$、$X_{10}$、$X_{12}$、$X_{13}$，且其模型拟合度比主成分回归模型高，因此本文认为通过Lasso回归所选择的核心解释变量更具说服力，即可知对广西学费产生影响的几项是$X_2$、$X_9$、$X_{10}$、$X_{12}$、$X_{13}$。

$X_{10}$是中高级教师职称比例，是系数最大的变量，$X_9$是专科及以上学历教师人数，均为学前教育中人力资本。由此可认为学前教育的教师资源在学前教育学费定价中有着重要的影响作用，且教学质量的高低和教学经费的投入也会受教师队伍的职称和学历结构影响，进而会对学费造成影响。教师职称结构和学历结构越高，意味着所耗费的人力、物力资源也越多，可能会促使学费的上涨。

$X_{12}$是农村居民人均可支配收入，其变量系数居于第二位。居民家庭收入的提高以及人均可支配收入的提高，二孩及三孩政策的推行，会导致居民对教育投入的加大，这将会推动学费的上涨。收入越高的家庭越有较高的教育意识和支付能力，更愿意为孩子的教育投入更多的金钱、时间及精力。

$X_{13}$为人均地区生产总值，它与政府对学前教育的财政支持能力呈正比例关系。若地区经济发展水平越高，则地方政府的财政收入就会越高，对学前教育的财政支持能力也就越高，那么其能负担的教育成本比例也越会高，进而会影响学费。

$X_2$是生均一般公共预算公用经费支出，根据成本决定价格理论可知，成本的上升必然也会导致价格的提高，因此随着目前学前教育生均成本的日益上升，政府应根据现实生均成本而适当调整收费标准，而对于非普惠性民办

① 张曾莲，傅颖诗，马浚洋.1996—2013年我国幼儿园学费影响因素的实证分析［J］.学前教育研究，2016（4）：3-15.

幼儿园来说，上涨学费于他们而言是最简单直接的方法。根据相关数据统计，当前民办幼儿园的数量占幼儿园总数的比例超过一半。公办幼儿园和普惠性民办幼儿园会根据政府制定的收费标准来收取学费，但是非普惠性民办幼儿园由于办园成本的不断上升会选择上涨学费，于是仍会导致幼儿园学费普遍上涨。

本部分对广西学前教育学费与其影响因素之间的关系进行了实证研究，实证结果表明，广西学前教育学费会受生均一般公共预算公用经费支出、教师队伍的职称结构和学历结构、农村居民人均可支配收入和人均地区生产总值影响。因此，当政府在制定或审核幼儿园的学费标准时，可以将影响学费的上述因素综合考虑在内，通过研究得出的Lasso回归模型最后来科学确定幼儿园学费标准，将有助于幼儿园学费水平的合理化和科学化。为此，政府可以先根据本研究构建的幼儿园学费及其影响因素的Lasso回归方程$Y = 7.4695 \times 10^{-5}X_2 + 3.6831 \times 10^{-6}X_9 + 0.43195X_{10} + 0.1615X_{12} + 0.0136X_{13} - 0.6349$，得到幼儿园学费平均水平，然后结合上述影响因素，考虑不同地区的实际情况和幼儿园性质，为当地幼儿园学费如何定价提供一个参考。

## 五、国外学前教育学费定价的启示

### （一）国外学前教育学费定价模式

无论一个国家的经济水平发展到了何种程度，它都是基于生均成本进行学费定价的，均通过不同的运行机制，以政府干预作为保障，来推进和实现学前教育的长远发展。世界各国在学前教育学费的定价上存在一定的共性，我们可将其他国家积累的成功经验作为参考，探寻适合我国实际情况的有效做法。

法国政府认识到了学前教育对人的潜能具有开发作用，因而一直以来都十分重视学前教育发展[①]。为了保障法国学前教育的公平性与普及率，法国还将学前教育纳入了国民教育体系。法国一直致力于采取积极的政策去支持和鼓励建设幼儿服务体系，使得幼儿的入园率有了大幅提高[②]；还通过实施优先

① 武欣.法国学前三年纳入义务教育：多此一举还是另有他意？［J］.基础教育，2019（5）：32-40.

②于森.我国儿童学前教育福利保障问题研究［D］.吉林：吉林财经大学，2021.

教育区的政策和颁布教育指导法来保障幼儿入园；在幼儿教育经费、师资队伍力量和教学基础设施建设方面也提供了相应的福利政策来进行保障。但由于办园性质的不同，所以学费的收取也有所差异。在法国的学前教育办园结构中，公办幼儿园一直占据着主体地位不变。但是民众的需求不尽相同，对此法国也设立了私立幼儿园，但所占比例不多，在2014年以前，仅占幼儿园总数的1%。法国学前教育经费中由公共财政支出的部分非常大，家庭需要缴纳的支出非常小。由此，国家财政与地方财政有效结合，竭力解决学前教育阶段的办园体制及教育经费问题。法国通过政策保障和经费投入等措施有效保障了学前教育的免费性，这也为学前三年纳入义务教育奠定了坚实的基础。

随着免费学前教育政策的不停修改，当前英国的政策已经愈来愈完善。为了落实学前教育的免费政策并保障学前教育的公平性，英国政府明令禁止任何免费学前教育机构收取费用，同时，为了能让所有家庭能够更好地享受免费的学前教育，英国政府还专门向一些特殊家庭提供了经济补助，采取措施来保障免费学前教育的发展。例如，制定并落实相关经费方案来资助保障3—5岁幼儿的免费教育；加大并完善在免费学前教育方面的经费投入；汇集政府、家长、机构等多方主体，并加强政府对其他利益相关者的引导与合作，凝聚力量，以推动免费学前教育蓬勃发展。

澳大利亚的学前教育在发展过程中，政府通过直接提供服务、管制和资助等方式对幼儿的保育和教育活动进行干预，目的是改善发展过程中可能会出现的一系列市场“失灵”现象，比如服务供给不足、学费交叉补贴和信息不对称等。澳大利亚政府通常通过三种方式对学前教育进行资助，分别是为家庭提供学费资助、通过合作协议对下级政府进行拨款和资助部分合格的服务提供者。其中，政府为家庭提供学费资助的方式不一，有儿童保育补贴、折扣以及儿童保育学费资助等。澳大利亚政府会对学前教育发展进行干预，扮演好自身作为学前教育供给者的角色，履行自身的公共服务供给职能，这种模式具有一定的借鉴意义。

日本针对学前教育的管理体制，通常由国家和地方合作执行，而在经费方面，则遵循谁设立谁负担的原则。因而，若是幼儿园的性质不同，则其责任主体也会不同，责任主体不同，其幼儿园学费定价模式便不同。日本为了保障学前教育的普及性，曾先后颁布法律条文，明确规定支持私立学校发展，并通过财政补助性拨款等方式进行补贴，也鼓励其通过合法的渠道去筹措所需经费。为了能够让所有的适龄儿童都进入学校接受学前教育，日本也实施了幼儿园入园奖励补助金制度。此外，日本政府还会对家庭经济环境困难的幼儿进行补贴。近年来，日本幼儿园入园奖励补助的标准不断提高，接受补助的对象范围也不断扩大，这极大地促进了教育的公平性。

通过对上述国家学费定价模式的总结梳理，可以发现各国政府在进行学费定价的时候，通常是建立在生均成本的基础上，并通过不断加大对学前教育经费的投入、提供拨款以及各种形式的救助和补贴来保障每位适龄儿童入园所需费用支出。而生均费用支出恰是学前教育学费定价的重要影响因素之一，法国、英国、澳大利亚、日本等国家均由政府主导，政府通过采取各种措施来保障对生均费用支出的投入，减轻了受教育者及其家庭对学费的负担和压力，促进了学前教育的公平发展。

### （二）国外学前教育学费定价的有关启示

#### 1.定价遵循经济能力承受原则

根据教育成本分担理论，除政府外，社会、家庭及受教育者也应该分担部分教育成本，学费部分即为受教育者承担的部分，但如何分担并没有明确的标准和规定，因而政府在协商学费标准的时候，应当遵循经济能力承受原则，不仅要让学费与国民经济发展水平相适应，还要考虑普通学生家庭的经济能力是否能够承受，并根据此来灵活调整收费标准。

学前教育具有公共产品的公益性，政府应该明确公共产品的供给职责，确保自身的公共服务供给职能的实现。此外，还可以积极借鉴先进科学的方法。比如，同英国般制定和实施单一经费方案以保障幼儿免费教育；或者同日本般颁布法律条文，用律法保障学前教育的发展，鼓励民办非普惠园通过多种渠道筹措经费，并逐步提高幼儿园补助金标准。这些方法都通过保障生均费用支出来影响学费定价。总的来说，政府在定价过程中应该遵循经济能力承受原则，制定出最科学合理的学费定价标准。

#### 2.形成联动性影响机制

形成政府、社会、受教育者及其家庭之间对学费定价的联动性影响机制①。在此影响机制中，政府的影响是最大的，其能够发挥的调节作用也最

① 金芳颖，楼世洲.教育政策社会学视域下我国公办高校学费定价标准及行为研究：基于浙江省普通高校的数据分析［J］.教育发展研究，2019（19）：25-33，67.

大。政府在学前教育发展中扮演了重要角色，政府能够主导并限制学前教育学费价格水平增长幅度，同时不断提高在学前教育方面的财政投入，合理地对学前教育进行资源配置。学前教育作为准公共产品，既有公益性又有一定私利性，同时拥有较大的外部效应，所以，政府应该对学前教育给予充分重视，明确自身作为学前教育供给者的角色，承担起公共产品的供给责任，满足人民的需求。

学费的市场化价格机制已经普遍被大众所接受。如当前政府对民办幼儿园的收费标准没有明确的规定，而优质的民办幼儿园会直接影响学费的基准，导致其收费水平居高不下。对此，政府可以通过财政补贴或减免税收等方式激励社会主体去投资民办幼儿机构，或通过提供信誉担保等方式助力私立幼儿机构获得资金，提高社会主体的成本分担比例，并借此降低民办幼儿园的学费标准。

根据教育成本分担理论，受教育者及其家庭应承担部分成本。当前随着二孩及三孩政策的推行，学前教育入园需求也在不断扩大，尽管家庭可支配收入有所上涨，但学费也有普遍上涨的趋势，因而对于受教育者及其家庭的压力只增不减。在学前教育入园需求不断扩大的前提下，家长对于想把孩子放入优质园的需求也不断扩大，因而民办幼儿园的收费标准只会随之上涨。

3.政府干预教育资源配置

学前教育具有排他性和非竞争性。因为具有排他性，所以可以采取市场的方式配置资源。但又由于存在信息不对称等市场“失灵”现象，因而市场在配置资源的同时存在寻利性，这可能会无法满足社会的教育需求，出于这样的担忧，政府更倾向于直接举办教育，于是绝大多数学校变成了“公有”[①]。但在实施二孩以及三孩人口生育政策后人口的刚性增加，学前教育毛入园率的目标要求越来越高，加剧了学前教育资源的供需矛盾，所以政府在不断大力发展公办幼儿园的同时，也竭力推动普惠性幼儿园的发展和民办幼儿园的发展，形成了政府与市场共同配置教育资源的方式。

国内学者张曾莲指出了各方利益主体在教育成本中需分担的具体比例，其中政府应负责最高比例，为50%，其次是家庭，分担的比例为25%至35%，

① 于森.我国儿童学前教育福利保障问题研究［D］.吉林：吉林财经大学，2021.

而幼儿园与社会的分担比例是相同的，都在10%至15%[①]；与此同时还指出政府在教育成本分担的比例上不应局限于50%，在经济落后的地区，政府承担比例应要高于50%。而根据学者张曾莲的划分方式，结合当前广西的实际情况，2019年广西政府在学前教育成本中的分担比例为38.75%，家庭分担的比例为59.18%，幼儿园分担的比例为0.60%，社会分担的比例为1.46%。通过对比可以看出，幼儿园分担与社会分担比例极低，政府分担不足50%，而家长分担了一半以上的学前教育成本，压力非常大。这说明当前广西学前教育依然面临资源不足、财政投入经费不够、普惠不够等问题。广西政府应当加大学前教育财政经费投入，对幼儿园进行财政资助，例如提高经费补贴等，这样有助于帮助公办幼儿园减轻经济方面的压力；而对于普惠性民办幼儿园，政府要因地制宜地制定财政补贴标准；还应完善民办幼儿园监管制度。

## 六、学前教育学费定价的政策建议

### （一）科学确定学前教育学费标准

要加强办学成本科学核算，科学确定学费标准。公办幼儿园的收费标准要依据目前的社会情况，根据实际需求制定恰当的成本，而民办幼儿园在收费时需要按照国家的法律规定，制定合理的收费标准，且将收费标准报备给有关的部门。在制定收费标准的过程中，应当突出幼儿园教育的普惠性原则，同时也在广泛开展科学调研的基础上，采取一系列措施，秉持公益性普惠性的原则，科学规划测算各类幼儿园的办学成本；同时结合供需变化、物价变动等多方面因素进行综合考虑，适时对幼儿园收费标准进行调整。发挥财政资金杠杆作用，用财政政策予以保障，加强政府财政政策对社会力量的引导作用，调动企业等社会力量办园的积极性，激励社会力量参与并加大对学前教育的资金投入。为了保障学前教育的普及，在科学确定学费标准时还要将居民的经济承受能力纳入参考，考虑家庭合理负担必要成本，以缓解家庭的教育投入压力。

政府应当对幼儿园的收费展开调控，要明确幼儿园的质量水平高低，判

① 张曾莲.我国学前教育成本分担研究［J］.价格理论与实践，2012（6）：51-52.

断普惠性幼儿园和公立幼儿园的收费标准是否合理。目前政府并没有明确规定民办幼儿园的收费区间，这导致了许多天价幼儿园的出现。为了避免这类乱象，管理部门应当根据条例制定一套合理的规范，明确规定幼儿园收费项目，严禁幼儿园变相收取其他不必要的费用，坚决抵制隐性收费等任何不合理的收费。

### （二）加大学前教育财政投入

政府的财政补贴有限，幼儿园维持其正常运转秩序还是主要依靠学费。但幼儿园为了能够提升自身的教学质量及办学水平，不断加大办园的投入，这也导致幼儿园办园成本偏高，进而迫使幼儿园不断上涨学费，不断上涨的学费会给普通家庭带来沉重负担。为了减轻家庭的负担，真正保障学前教育的普及普惠，政府必须不断加大在学前教育方面的财政投入，特别是针对一些基础薄弱的幼儿园，更要陆续加大财政资助的力度，让更多的幼儿园能够实现质优价廉，满足家长对优质园的需求。政府可通过提供专项经费减轻公办幼儿园的经营压力，并要结合当地经济发展水平以及人民的收入水平，对普惠性民办幼儿园给予补贴。根据幼儿园的办学成本以及办学水平，实施一套完善的奖励措施以及指导措施，帮助普惠性民办幼儿园稳定发展，解决上学难、上学贵的问题，防止普惠性幼儿园出现教学质量低下的问题，满足孩子们的教育需求。政府可通过减免税收或资助经费的方式，助推普惠性民办幼儿园发展，完善幼儿园市场的竞争机制，以促使其降低学费提高品质，只有这样，才能够减轻家长们的经济负担，也能够保证幼儿园的运行质量和教学水平，民众才能享受到真正质优价廉的学前教育。

### （三）多渠道筹措学前教育资金

面对学费不断上涨的情况，我国政府及幼儿园管理部门应该多渠道筹措学前教育发展所需的各项资金，通过各种措施引导和支持社会力量捐资助学。首先是要鼓励多样化的幼儿园发展，政府在制定政策时，要考虑不同地区的经济水平，采取不同的措施，比如给予税收优惠等，提升学前教育机构的质量和数量。其次是将学前教育纳入国家的重点发展战略，保障学前教育的财政投入每年以一定的比例上升；再次是鼓励幼儿园和企业展开合作，制定优惠政策，鼓励企业加入学前教育的发展中，投入更多的资金；最后是鼓励社会团体捐赠，拓宽学前教育的资金来源。

# 参考文献

［1］陈刚，韦珍．广西学前教育事业发展探析［J］．市场论坛，2021（6）：49-54.

［2］陈晓星，刘艳丽．学前教育定价机制研究［J］．教育教学论坛，2020（49）：38-40.

［3］崔世泉，袁连生，田志磊．政府在学前教育发展中的作用：来自经济学理论和实践经验的分析［J］．学前教育研究，2011（5）：3-8，39.

［4］冯婉桢，吴建涛．普惠性幼儿园弹性定价机制构建［J］．教育研究，2019（5）：94-102.

［5］何丹．《规划纲要》实施背景下的学前教育发展状况分析及对策研究：基于2010—2019年我国学前教育发展数据分析［J］．湖北科技学院学报，2021（1）：142-148.

［6］洪秀敏，马群，陈敏睿．新世纪我国学前教育财政投入的特点与展望：基于2000—2015年学前教育财政统计数据的分析［J］．教育经济评论，2019（3）：3-18.

［7］姜勇，庞丽娟．我国普惠性学前教育公共服务体系建设的突出问题与破解思路：基于ROST文本挖掘系统的分析［J］．湖南师范大学教育科学学报，2019（4）：51-58.

［8］李芳，祝贺，姜勇．我国学前教育财政投入的特征与对策研究：基于国际比较的视角［J］．教育学报，2020（1）：43-54.

［9］李祥云，刘若泓，魏萍．财政支持学前教育发展：一个研究综述［J］．地方财政研究，2014（3）：25-35.

［10］刘天娥，蔡迎旗．幼儿园收取“赞助费”现象的原因分析与对策建议［J］．学前教育研究，2014（10）：17-22，30.

［11］刘焱，郑孝玲．关于普惠性学前教育公共服务属性定位的探讨［J］．教育研究，2020（1）：4-15.

［12］刘焱．普惠性幼儿园发展的路径与方向［J］．教育研究，2019（3）：25-28.

［13］罗嘉君．幼儿教育投资分析［D］．南京：南京师范大学，2007.

［14］聂帅钧.我国学前儿童受教育权法律保障机制的完善：基于国家义务的视角［J］.河北法学，2018（8）：145-160.

［15］秦旭芳，王默.普惠性幼儿园的内涵、衡量标准及其政策建议［J］.学前教育研究，2012（7）：22-26，30.

［16］隋建利，刘金全，闫超.教育投入对经济增长的影响恒久不变吗：改革开放以来的路径演化分析［J］.教育与经济，2015（1）：3-9.

［17］唐淑艳，龚向和.学前教育立法中普惠性民办幼儿园的性质定位［J］.湖南师范大学教育科学学报，2019（6）：26-31.

［18］王奔，晏艳阳.我国生均教育经费支出的省际差异及其影响因素［J］.经济地理，2017（2）：39-45.

［19］王海英.学前教育质量公平的内涵、结构及其现状调查［J］.幼儿教育，2013（Z2）：21-26.

［20］王鹏程，龚欣.家庭收入与学前教育机会：基于CFPS数据的实证研究［J］.教育发展研究，2018（C2）：18-26.

［21］王声平，皮军功，关荆晶.政府发展和管理普惠性民办幼儿园的现状及其改进建议［J］.学前教育研究，2018（8）：17-27.

［22］王怡璇，岳丹妮.普惠性学前教育：研究现状及未来展望［J］.科学咨询（教育科研），2021（1）：8-10.

［23］伍海泉.学费定价研究：理论、方式与改革［M］.经济科学出版社，2011.

［24］武欣.法国学前三年纳入义务教育：多此一举还是另有他意？［J］.基础教育2019（5）：32-40.

［25］鄢立鑫，曾彬.民办幼儿园教育质量研究综述［J］.基础教育研究，2021（13）：3-8，13.

［26］虞永平，张斌.改革开放40年我国学前教育的成就与展望［J］.中国教育学刊，2018（12）：18-26.

［27］张宝贵.确定公共教育经费占GDP比重的依据：基于计量经济学理论的数学模型分析［J］.复旦教育论坛，2009（4）：42-47.

［28］张宝喜.幼儿园学费定价机制的研究：以江沪为例［D］.宁波：宁波大学，2018.

［29］张曾莲，傅颖诗，马浚洋.1996—2013年我国幼儿园学费影响因素

的实证分析［J］.学前教育研究，2016（4）：3–15.

［30］张曾莲.我国学前教育成本分担研究［J］.价格理论与实践，2012（6）：51–52.

［31］张菊梅，欧小军.政府扶持普惠性民办幼儿园的问题与对策［J］.教育探索，2021（7）：16–20.

［32］张一童.关于幼儿园学前教育收费定价的文献综述［J］.河北企业，2016（11）：32–33.

［33］张振华，王寰安.学前教育学费的定价研究述评［J］.价格月刊，2010（11）：10–15.

［34］章达友.人均可支配收入是制定高校收费标准的主要依据［J］.教育与经济，2000（4）：25–27.

广西民族大学　王鑫昕

广西教育研究院　旷乾

# 专题报告三　基于核心素养培育的义务教育物理课程标准解读

**摘要：** 本文从核心素养取向、内容取向和多元评价取向3个维度对义务教育物理课程标准进行解读，通过指向学科核心素养培育的具体教学示例对课标的育人理念和要求进行分析，将抽象的学科育人目标分解成具体的课堂教学目标和教学指导，为学科教育教学实践提供参考。

**关键词：** 学科核心素养；培育；义务教育；物理课标

作为学校教育的专业实践，课程承载着国家的教育意志、教育目标和教育内容。课程标准则是我国素质教育在相应阶段的质量标准。2022年4月，教育部印发《义务教育物理课程标准（2022年版）》（简称2022年版课标），是“五育融合”教育改革背景下义务教育物理课程改革的新动向，是推动基础教育高质量发展的课程改革新起点。此次修订的课标，凝练了物理课程要培养的核心素养，主要包括物理观念、科学思维、科学探究、科学态度与责任。新课标将立德树人根本任务与学科课程教学建立内在的联系，明晰了课程育人、学科育人的具体路径。核心素养的提出，从对内容的关注转向对学习结果的关注，从对教材、标准的要素关注转向对“培养什么样的人”“怎样培养人”“为谁培养人”的功能关注。相关研究表明，大多数核心素养涉及的是顶层的教育目的，是关于“培养什么样的人”的问题，而学科课程育人要解决的是“怎样培养人”“为谁培养人”的问题。一线教学应如何践行义务教育物理课程标准的育人理念？如何设计课堂教学目标回应物理课程核心素养的培育问题？笔者基于对这两个问题的思考对义务教育课程标准进行解读，以期引起一线教师对新课程改革课堂教学的深入探讨。

## 一、核心素养取向的课程标准引领

2022年版课标修订组经过国际比较研究和国内调研，针对物理学科的性质、特点和课程育人功能需求，提炼出物理课程要培育的核心素养，为了可理解、可操作、可测评，把核心素养分成4个方面表述，即物理观念、科学思维、科学探究、科学态度与责任，四者通过整体协调发挥作用，凸显物理课程的育人价值。同时，2022版课标将核心素养的内涵及相关要素贯穿于课程目标、课程内容、学业质量、课程实施等部分，旨在引导教师将核心素养的培育落到实处。

### （一）物理观念修正思想源头

物理观念是经历长期的实践和理论研究，概括总结出的对物理世界的根本认识。中学物理课程中的物理观念涉及两部分科学问题：第一，关于描述物质属性的观念；第二，关于量度物质运动的观念。在初中物理教学中渗透相应的物理观念，可以指导学生学会解释不同的现象并预测其发展。结合新修订的2022年版课标，整理出初中物理教学中应渗透的物理观念（详见表3.1），以便教师明确理解系统的物理观念，以物理观念统领物理教学，促进学生核心素养培育。

**表3.1　初中物理教学中应渗透的物理观念**

| 物理观念 | |
|---|---|
| 物质的属性 | 1.宇宙是物质的、有秩序的、可被认知的<br>2.物质（实物粒子）是由原子构成的，原子有内部结构<br>3.微观世界遵循与宏观世界不同的规律<br>4.场是物质存在的一种形式，场具有能量并充满宇宙 |
| 物质的运动 | 1.机械能守恒定律，任何过程的全部参与者的总能量一定保持不变<br>2.机械运动是物质运动的一种基本形式<br>3.万有引力和电磁力是两种相互作用力<br>4.物体运动状态或形状发生变化必受到其他物体给予的力 |

### （二）科学思维拓宽探索意识

科学思维在本文中是指在初中物理教学中通过科学实践活动培养学生形成和应用的思维。米广春通过整合胡卫平、库恩、萨默维尔等学者的观点，提出科学思维的过程包括宏观外显活动和微观心理机制。即科学思维的宏观外显活动程序分为4个步骤：定题、析题、断题、论题，也就是常说的提出问题、分析问题、根据猜想与假设设计实验、分析思考与结论。微观心理机制主要包括探究和论证等科学思维技能。在教学实践中利用表3.2中的科学思维的过程分析，以建筑工人用钢缆将桥梁板从江水中提起，施工时采用了将桥梁板与水面成一定倾角的出水起吊方案为例，指导学生对实验探究多变量因果系统进行分析，经历了完整的科学思维分析过程，引导学生在面对新的情境或者具有挑战的学习任务时，能进行反思和创新，具有探索精神。质疑创新是科学思维的高级阶段，教学“生成论”强调知识的主动建构和教学活动的动态生成，并以复杂性思维作为其立论基础，这是学生科学思维突破发展的关键。

**表3.2　科学思维的过程分析**

| 技能 | 探究 | | | 论证 |
| --- | --- | --- | --- | --- |
| 实践阶段 | 定题 | 析题 | 断题 | 论题 |
| 策略 | 质询 | 分析 | 推论 | 对话 |
| 目标监控 | 质询的目的是什么？<br>如何达到这一目的？ | 分析的目的是什么？<br>如何达到这一目的？ | 结论是什么？<br>如何形成这一结论？ | 对话的目的是什么？<br>如何展开对话？ |
| 操作步骤 | 形成问题；猜想与假设；设计实验；收集数据 | 解读数据；进行比较；发现模式 | 得出初步结论 | 表达；倾听；评价；辩驳；得出可信结论 |
| 思维程式 | 表征；变量控制 | 变量控制；证据评估；因果判断 | 证据评估；因果判断 | 表征；证据评估；因果判断 |
| 示例：建筑工人用钢缆将桥梁板从江水中提起，施工时采用了将桥梁板与水面成一定倾角的出水起吊方案 | 为什么采用有倾角出水的起吊方案？<br>若桥梁板水平出水会怎样？（问题） | 小组设计模拟实验：将小钢板从水下水平或以一定倾角出水，探究在出水过程中测力计所受拉力的变化（证据） | 从实验数据可知，以一定倾角出水时，测出的最大拉力更小，那么从物理学角度如何解释这一结果？ | 分享测量过程与结果（交流）。<br>学生经历不同的探究方式，促进科学思维发展 |

## （三）科学探究聚焦学科实践

2022年版课标在课程内容部分新增一级主题“实验探究”，设置测量类学生必做实验9个和探究类学生必做实验12个，与2011年版课标必做实验相比有所变化：其中新增实验1个，内容有调整的实验有3个，表述有区别的实验有4个，完全相同的实验有13个（具体变化详见表3.3）。修订后的实验探究既明确了实验的内容要求，同时新增相应的21个实验示例以及活动建议，还提出学业要求和教学提示等，解决了实验探究教学“如何教”“教到什么程度”的问题，旨在培养学生在物理情境中发现问题和提出问题的能力、动手操作和收集证据的能力、得出结论并作出解释的能力、表达和交流的能力，有利于发挥物理实验的育人功能。

**表3.3　学生必做实验课标修订前后的对比**

| 变化 | 2011年版课标 | 2022年版课标 |
| --- | --- | --- |
| | | 4.2.3探究液体压强与哪些因素有关 |
| 内容有调整的实验 | 20.测量小灯泡的电功率<br>8.测量水平运动物体所受的滑动摩擦力<br>16.连接简单的串联电路和并联电路 | 4.1.9用电流表和电压表测量电阻<br>4.2.2探究滑动摩擦力大小与哪些因素有关<br>4.2.11探究串联电路和并联电路中电流电压的特点 |
| 表述有区别的实验 | 3.用天平测量物体的质量<br>12.探究水沸腾时温度变化的特点<br>13.探究光的反射规律<br>14.探究平面镜成像时像与物的关系 | 3.1.1用托盘天平测量物体的质量<br>4.2.1探究水在沸腾前后温度变化的特点<br>4.2.6探究光的反射定律<br>4.2.7探究平面镜成像的特点 |
| 完全相同的实验 | 4.1.2测量固体和液体的密度<br>4.1.4用刻度尺测量长度，用表测量时间<br>4.1.6用弹簧测力计测量力<br>4.1.8用电压表测量电压<br>4.2.5探究杠杆的平衡条件<br>4.2.9探究通电螺线管外部磁场的方向<br>4.2.10探究导体在磁场中运动时产生感应电流的条件 | 4.1.3用常见温度计测量温度<br>4.1.5测量物体运动的速度<br>4.1.7用电流表测量电流<br>4.2.4探究浮力大小与哪些因素有关<br>4.2.8探究凸透镜成像的规律<br>4.2.12探究电流与电压、电阻的关系 |

### （四）科学态度与责任树立价值理念

科学态度与责任主要包括科学本质观、科学态度、社会责任等要素，是学生经历物理课程学习后，认识科学本质，以高度的责任感和使命担当回应科学、技术、社会、环境之间协调发展诉求的表现。2022年版课标分别设置实践与生活类情境素材、科技与生活素材（其中新增12个古代科技与生活素材）、自然素材、物理学史等素材162个，反映了初中物理课程以学生为本，创设全覆盖的真实情境，全方位促进学生科学态度与责任素养培育。

## 二、内容取向的课程标准研制

社会工业生产决定了劳动力需要掌握一定生产技能，促使大众教育逐步得到普及。管理学校教育系统的课程指南或课程标准，其本质是通过详细规定学校教学目标，并根据学科性质编制相应具体的教学内容，确保相应课程的实施。在课程内容的界定和描述上，2022年版课标的课程内容部分，在继承2011年版课标的3个一级主题“物质”“运动与相互作用”“能量”的基础上，同时新增“实验探究”和“跨学科实践”两个一级主题。这些主题不仅包含物理概念与规律，而且包含物理探索过程、研究方法以及科学态度与价值观。

### （一）从构成要素的维度把握课标育人整体结构

从“要素维度”对课程内容的结构展开分析，可以发现整个课程内容结构大体由两个领域的学习活动层级组成。

第一领域，学科课程的领域（学科框架中的学习）：课标的课程内容中对“物质”“运动与相互作用”“能量”等科学内容进行学习。以知识点的学习和思维训练开展课堂“实验探究”，以“了解”“知道”“理解”“运用”等不同层次的行为动词为要求，以课时教学和单元（主题）教学相结合为基点，同时以学业质量标准的形式提出了3个层次的学习水平：一是知识的习得与巩固（知晓），二是知识意义的理解与凝练（理解），三是知识的有意义运用与创造（运用）。不仅聚焦知识习得的教学依据，而且从强调维度的差异提出不同教学方式，以进阶式的标准促进学生高阶思维能力的培育，不以特定的顺序和单元（主题）展开。从重视知识到重视思考力，并不是把二者对立起来，指向后者，而是明确知识习得与思考力之间不可分割的关系，使得一线教师寻求培育思考力的教学实践得以多样化。

第二领域，活动课程的领域："跨学科实践"与活动建议。立足于跨学科的综合实践活动和超学科的校外实践活动，由学习者自主决定在重建的学习框架内开展学习，教师只在学生的主题选择及问题的深度上作出指点。学科核心素养培育体现在两个方面：一是自律的主题设定与探究（元认知系统）。学生设定主题进行持续的探究，经历信息的收集与处理、沟通协作、自我评价等过程，形成扎根于自身意愿与愿景的内发性动机。二是社会关系的自治性组织与重建（行为系统）。学生掌握共同体及其文化意识、共同体运营的方法论，通过人际关系与交际、规则与分工、领导能力与经营、矛盾的处理与共识的形成，确立扎根于社会责任与伦理意识的社会性动机、价值观与立场。

### （二）从质性分析的维度把握课标育人新要求

一线教师在实施新课程教学时，要关注课标内容的新变化，明确育人新要求。课标类似于课程教学的"导航"，它明确了具体教学内容中该教什么，该怎样教，该教到什么程度，学生学到了什么程度。以教学"光的折射"为例，2011年版课标和2022年版课标对光的折射提出了不同的内容要求，具体如表3.4：

**表3.4　2011年版课标和2022年版课标对光的折射的内容要求**

| | 2011年版课标 | 2022年版课标 |
|---|---|---|
| 课标内容 | 通过实验，探究并了解光的折射现象及其特点<br>例6通过光束从空气射入水中的实验，认识光的折射现象及其特点 | 通过实验，了解光的折射现象及其特点<br>例6通过光束从空气射入水（或玻璃）中的实验，了解光的折射现象及其特点 |
| 知识点分解 | 通过实验，探究光的折射现象（体验性目标）；探究光的折射特点（体验性目标）；了解光的折射现象（认知性目标）；了解光的折射特点（认知性目标） | 通过实验，了解光的折射现象（认知性目标）；了解光的折射特点（认知性目标） |

表3.4以最小单位的知识点对2个版本课标内容要求进行分解，2011年版课标对光的折射的内容要求可分解成4个知识点，涉及体验性目标和认知性目标；2022年版课标对光的折射的内容要求可分解成2个知识点，仅涉及认

知性目标。课标中“例6通过光束从空气射入水中的实验”修订成“例6通过光束从空气射入水（或玻璃）中的实验”，对课堂教学有3种好处：一是实验操作更多元。修订后的课标拓展使用玻璃进行光的折射实验，由于激光束在水中传播的现象更明显，实验效果更好，同时降低了操作难度。二是实验方法更多样。课标中提示多种实验方法，有利于师生发挥主观能动性，因地制宜地选择实验器材自制教具进行实验。三是强化科学思维培育。使用不同的实验方法指向相同的实验结论，可以促进学生归纳演绎的科学思维发展，培养多种解决问题的思维方式，可在不同的程度上满足学生的多样性需求和个性化发展需要。

通过对比可知，2022年版课标对光的折射的内容要求不仅减少了知识点数量，同时降低了目标要求，拓展了实验的方式，以此从课标上贯彻落实“双减”政策要求，丰富了课程育人的方式。此外，光的折射规律作为光线模型的典型示例，对模型的理解和建构是重要的学习内容，模型建构的过程需要抽象思维和形象思维的参与，这样可促进学生学科核心素养的培育。因此，新课标的修订，外显的是教学目标的新变化，内隐着课程育人的新要求：不仅要结果育人，更要过程育人。

## 三、多元评价取向的课程标准激励

### （一）过程性评价激励学生全面发展

2022年版课标注重评价的育人导向，明确提出围绕核心素养的达成和学业质量标准的具体要求，创设真实且有价值的问题情境开展过程性评价，强化评价与课程标准、教学的一致性，促进“教—学—评”有机衔接。过程性评价的特征有两种：一是关注学习过程。学生在学习过程中采用不同的学习方式会导致不同的学习结果，利用过程性评价可以促进“深层次学习方式—深层次学习结果—深层次学习方式”的良性互动。二是重视非预期结果。对超越预期结果的有价值的学习结果给予肯定评价。此外，明确过程性评价的分类（详见表3.5）对教师在实施新课程过程中构建目标明确、主体多元、方式多样和功能全面的物理课程评价体系具有重要作用。

表3.5　过程性评价的分类

| 划分依据 | 类别 | 示例 |
| --- | --- | --- |
| 评价主体不同 | 1.学生自评<br>2.同学互评<br>3.教师点评 | 一个阶段的学习结束后，学生对自己和他人的学习方法、学习态度等进行自我反思和评价，教师对自评、互评过程的表现给予引导性评价 |
| 评价层次不同 | 1.教师对小组的评价<br>2.小组对个人的评价 | 如采用竞赛形式进行“嵌入式”过程性评价，教师对竞赛中的小组进行评价，最后由小组成员互评，再对个人进行评定 |
| 规范程度不同 | 1.程序性评价<br>2.随机性评价 | 如过程性评价量表、小组互评记录、教师评语等；口头表扬或批评等 |
| 具体方式不同 | 1.轶事记录；2.课堂观察；3.成长记录；4.个别交流；5.态度调查；6.辩论演讲；7.作文比赛；8.模型制作等 | |

### （二）学业质量标准保障质量

学业质量是学生在完成课程阶段性学习后的学业成就表现，反映核心素养要求。制定学业质量标准，本质上是对学校教育“产品”的质量的规定，对保证学生的学业成就质量水平、阐述课程育人目标和促进课堂教学变革具有重要作用。同时，学业质量标准，可以被用来引导师生群体朝着一些新的目标前进。2022年版课标对5个一级主题下的课程内容提出了相应的学业要求，既有利于明确学生学业成就的发展方向，也有利于保证不同地区不均衡的教育水平下教师对学生学业成就评价趋向“均值”，有效防止教育评价“过易”或“过难”问题。学业质量标准的确立也同样指向落实新课程理念，从物理观念、科学思维、科学探究、科学态度与责任等4个维度为课程目标的落地指明了评价方向，为提升学生的学业成就水平设置了可参照的“基准线”，促进教师教学行为的变革。

## 四、结语

学科核心素养是学科教育在全面贯彻党的教育方针、落实立德树人根本任务、发展素养教育中的独特贡献。2022年版课标通过多角度、多层次的教育教学实践规划指导，促进学科核心素养培育，引导学生形成正确的价值观念，具备必备的品格和关键能力，提出了“培养什么样的人”的核心素养引领，明确了清晰可行的“怎样培养人”“为谁培养人”的课堂教学内容，指明了基于学科核心素养培育的学科教学与评价的方向。

## 参考文献

[1] 钟启泉，崔允漷.核心素养研究 [M].上海：华东师范大学出版社 2018.

[2] 汪贤泽.基于课程标准的学业成就评价的比较研究 [M].北京：教育科学出版社 2010.

[3] 中华人民共和国教育部.义务教育物理课程标准（2022年版）[S].北京：北京师范大学出版社，2022.

[4] 冯华.以物理观念统领物理教学 [J].课程·教材·教法，2014（8）：70-85.

[5] 米广春.科学思维培养的实证研究：MBD教学模式的建构及其影响 [D].上海：华东师范大学，2011.

[6] 李祎.从“预成论”到“生成论”：教学观念的重要变革 [J].全球教育展望，2006（5）：7-12.

[7] 杨向东，张晓蕾.课程标准的开发与基于标准的学业水平考试的设计：美国的经验与启示 [J].考试研究，2010（1）：109-125.

[8] 石井英真.现代美国学力形成论的展开 [M].东京：东信堂，2011：149.

[9] 廖伯琴，杨勇，王俊民.普通高中学科核心素养测评：命题、测量与分析：物理 [M].北京：北京师范大学出版社，2021.

[10] 吴维宁.过程性评价的理念与方法 [J].课程·教材·教法，2006（6）：18-22.

广西教育研究院　颜国英

# 专题报告四　核心素养导向下高中数学分层递进教学的实践探究

**摘要**：在高中数学教学中，存在教师对新课标研究不深，课堂教学不能较好落实“因材施教”“以学为中心”的理念等问题。本文以学生发展为本，为培育学生科学精神和创新意识，提升数学学科核心素养，通过课堂教学实践，总结提炼学生隐性分层、教学目标分层、教学活动分层、课后作业分层以及教学评价多元化等高中数学分层递进教学的对策建议，以使学生实现人人都能获得良好的数学教育，不同的人在数学上得到不同的发展。

**关键词**：核心素养；高中数学；分层递进教学；对策建议

## 一、核心素养的概述

2014年颁布的《教育部关于全面深化课程改革落实立德树人根本任务的意见》，提出核心素养，主要指向学生应具备的，能够适应终身发展和社会发展所需要的必备品格和关键能力。2016年，我国核心素养研究课题组公布了中国学生发展核心素养的框架和内容。中国学生发展核心素养以培养“全面发展的人”为核心，分为文化基础、自主发展、社会参与3个方面，综合表现为人文底蕴、科学精神、学会学习、健康生活、责任担当、实践创新等六大素养。学科核心素养是育人价值的集中体现，数学学科核心素养是数学目标的集中体现，是具有数学基本特征的思维品质、关键能力以及情感、态度与价值观的综合体现，是在数学学习和应用的过程中逐步形成和发展的。高中数学学科教学中，核心素养主要包括了6个方面：数学抽象、逻辑推理、数学建模、运算能力、直观想象、数据分析。核心素养更加强调学生在未来学习和生活中的发展，而数学核心素养则是数学学习中必须具备的数学思维以及解决问题的能力，注重培养学生的科学精神和创新意识，使学生感悟数学的科学价值、应用价值、文化价值和审美价值。

## 二、高中数学分层递进教学的必要性

### （一）国家教育发展的需要

党的二十大报告指出："教育是国之大计、党之大计。培养什么人、怎样培养人、为谁培养人是教育的根本问题。育人的根本在于立德树人。全面贯彻党的教育方针，落实立德树人根本任务，培养德智体美劳全面发展的社会主义建设者和接班人。"所以教育工作者要更新人才培养观念，创新人才培养模式，与时俱进不断完善教育质量评价和人才评价制度。而人才培养模式要注重因材施教，关注学生的不同特点和个体差异，发掘每位学生的优势潜能，推进分层教学。因此，在高中学段数学教学中实施分层教学是实施素质教育的要求，也是提高学生综合素质的有效途径。

### （二）发展学生核心素养的需要

发展学生的数学核心素养，就是要通过数学学习，使学生能够用数学思维分析与解决现实生活的问题，把握数学本质，创设符合学生实际的教学情境，提出适合发展学生思维的课堂问题，使学生能够思考，并与同伴交流讨论，形成和发展数学学科核心素养。而高中学生数学基础是有差异的，所以课堂教学设计要满足不同层次学生的学习需求，使课堂教学内容具有层次性、聚焦性，从而激发不同层次学生的创新能力，促进全体学生数学思维的发展。通过高中数学课程的学习，提升学生的数学素养，引导学生会用数学眼光观察世界，会用数学思维思考世界，会用数学语言表达世界。

### （三）新时代教学方式变革的需要

《普通高中数学课程标准》（2017年版，2020年修订）提出：高中数学课程以学生发展为本，落实立德树人根本任务，培育科学精神和创新意识，提升数学学科核心素养。高中数学课程面向全体学生，实现人人都能获得良好的数学教育，不同的人在数学上得到不同的发展。

在新课程标准逐步深入实施的背景下，高中课堂教学理念、课堂结构均发生了较大的变化，而数学一直是学生比较难学的一门课程。步入高中之后，学生的个体差异更加显现。随着学科知识量的增加，思维难度的大幅提升，学生学好数学的难度也逐渐增加，学习的信心也将受到前所未有的挑战。很多学生从初中升入高中的第一感受就是数学难学。为什么会有这样的状况呢？因为高中数学与初中数学相比，具有两个明显的特征：高度的抽象性和严密的逻辑性。高中数学有着大量的几何符号语言、函数语言以及图像语言，解题方法灵活多变，思维方式相对初中有很大的变化。所以进入高中后，学生的数学成绩就会出现两极分化。为了让每位学生在数学上都能有所收获，应该因材施教，为不同学业基础和学情的学生提供最佳的学习指导。

## 三、高中数学课堂教学存在的主要问题

当前高中生数学学习效率不高、效果不佳的状况较普遍存在。数学教师也常常困惑于数学课应该“如何上”才能更有针对性地提升学生的学业成绩和学科核心素养。目前高中数学课堂教学存在的主要问题有：

### （一）对新课标研究不够深入

新课标的制定和实施实际上是新时代社会发展对人才培养需求变化的必然要求。当下的社会发展对人才的综合素质的要求更高。一线教师是新课改、新课标的具体实施者，教师对新课改、新课标的认识水平很大程度上决定了其落实的效果。而当前仍有许多高中教师的理论水平有待提高，对新课标的研究需要更加深入，对教学目标的把握需要更加精准。

由于一些教师对新课标研究不够深入，在课堂上提出的问题仍只停留在知识层面，而促进学生思维品质提升的分析性、应用性问题比较少，能够培养学生情感、态度、价值观的创新性问题更加少。还有些老师在进行教学设计时，只关注学科知识和解题过程，所预设的问题较为简单，这使得很多学生的思考难以步步深入，体会不到思考的乐趣和成就感，从而丧失了听课的兴趣，降低了参与课堂学习的积极性。

### （二）“因材施教”的理念不能较好地落实

调研发现有些老师课堂教学还存在在教学目标、课堂活动、课堂提问、课后作业等方面对全体学生统一要求、统一方法授课等问题，这样必然不能充分照顾到学生的原有基础和学生的个体差异，不能很好地贯彻“因材施教”理念，不能充分发挥全体学生作为认识主体的能动作用，不利于学生的充分发展。

### （三）“以学为中心”的理念较难实施

实地调研发现，在一些学校，教师们迫于应试考核的压力，课堂教学仍以“满堂灌”为主，有的教师为了赶进度而忽略了学生的学习效果，更难以顾及各层次学生学习能力的培养。而在不能自由参与课堂，不能自主思考的情况下，学生的数学思维能力的培养、数学核心素养的提升更是难以实现。

## 四、高中数学分层递进教学的对策建议

分层递进教学是一种面向全体学生，因材施教的教学方式，它强调“教师的教要适应学生的学”，做到“因材施教，分层提高，让尖子生冒出来，使多数学生迈大步，学习有困难的学生不落伍，达到整体进步”。做到既能面向全体学生，又兼顾学生个性发展，全面提高数学教学质量，使不同层次的学生都能得到进步与成长，激发学生奋发向上的信心。

分层递进教学的要求是：一是教师的教要适应学生的学。学生是有差异的，教也要有差异。二是教学要促进学生的发展。包括学习困难学生在内的每一个学生都是有很大发展潜力的，教学中要形成一种有利于各层次学生在原有基础上不断进步的机制。三是教学要取得良好效果需要充分利用各种教育资源，学生之间的差异就是一种可供开发利用的教育资源。在教学过程中要努力使不同层次的学生各展所长，相互帮助，形成合作学习的氛围。

### （一）学生科学隐性分层，促进所有学生健康成长

对学生进行隐性、科学、合理分层，是实施分层递进教学的基础和前提，是分层递进教学常态化、持续化发展的保障。对学生进行分层，主要根据学生原有的基础和一般学习的可能性以及非智力因素，将学生分为A、B、C三层。在实施分层过程中要注意策略和方法，不能简单地按档次给学生分层，而是采取师生协商，学生自愿的办法进行。在分层的过程中，教师要与学生进行谈心，消除他们的思想包袱，使他们愉快地接受。教学评价要多元化，尽量做到全面、系统、客观，避免产生“贴标签”，学习较好的学生飘飘然，学习有困难的学生有压抑感的负面效应。对学生进行分层旨在帮助老师更有针对性地设计及实施课堂教学、布置作业等，减少学生的学习分化，使每个学生都能在原有的基础上得到更好的发展。

学生的分层是动态的，在教学的过程中要根据学生的发展情况及时进行

调整，以最大程度地发挥分层教学的优势及作用，最终的目标是C层学生逐步减少，A层、B层学生不断壮大。不同层次的学生还可以搭配的形式分组，进行课堂或课后的小组合作学习，互帮互助，共同成长进步。

各层次学生具体如下表：

**表4.1　学生隐性分层表**

| 层次 | 主要特征及表现 |
|---|---|
| A层 | 这部分学生往往知识掌握牢固，能积极主动、高效高质地完成老师布置的各项学习任务，且学有余力；遇到问题能独立思考，自主探究，具有较强的自主学习、自主提升的意识和能力 |
| B层 | 这部分学生大都能独立较好地完成老师布置的学习任务，但对理解拓展类、探究性等综合能力要求高的问题还存在一定困难，且学习数学的积极性和自信心通常不够。这部分学生往往占班级总人数的一半，甚至更多 |
| C层 | 这部分学生在课堂听课、做课后作业方面都存在困难，学习习惯有待改变，学习能力有待提高，学习兴趣有待激发。这部分学生占班级人数较少，十分希望老师能够重视、指导 |

### （二）教学目标合理分层，确保不同基础学生都能得到提高

教学目标合理分层，是实施分层递进教学的目标和导向，是分层递进教学精准化、精细化的保障。教学目标的确定不仅要依据课程目标及教材，准确确定其重点、难点、疑点，恰当地划分不同内容的教学要求，还要根据学生学习过程中的差异制定不同的教学目标，以适应各个层次学生的学习需求。为此，我们要求在教学目标的确定上应首先从较低的目标入手，力求兼顾班级中不同层次的学生，做到下要保底，上不封顶，逐步确定较高的目标，使每个学生都能在原有基础上提高。

美国著名心理学家、教育家布鲁姆的认知学习能力金字塔是一种教育目标分类理论，在这个金字塔中，布鲁姆将认知目标分为6个层次，从低到高分别是：记忆、理解、应用、分析、评价和创造。这些层次代表了学生在知识获取过程中的不同阶段。记忆层次是最低层次，指记忆并重复知识或事实，是对知识的简单回忆；理解层次要求学生弄懂事实的意义，能够解释和说明所学知识；应用层次要求学生能应用事实、规则、观点或者创意，将所学知识应用于实际问题；分析层次要求学生能够分解信息，分析知识的组成部分

和结构；评价层次要求学生判断信息或者创意的价值；创造层次是指学生能将部分组合成为新整体。其中记忆和理解属于低阶思维，是浅层学习。应用、分析、评价、创新属于高阶思维，这几个层级属于深度学习，即学习材料的意向型的内容，关注的是知识背后更深层的含义，强调内在动机的激发、积极主动的参与、高水平的认知和多元认识的投入、新旧知识的联系等。随着目标层次的提高，思维深度越来越深，连接跨度越来越大。

分层递进教学针对3个层次学生的总体目标如下：

**表4.2　分层递进教学不同层次的总体目标**

| 层次 | 知识 | 能力 | 思维品质 | 认知目标 | 核心素养 |
| --- | --- | --- | --- | --- | --- |
| A层 | 全面深入地理解教材，积极主动地钻研课程标准及拓展性的课外资料 | 注重提高分析能力、应用能力、实践能力和创新能力 | 注重思维的灵活性、发散性、创造性 | 记忆、理解、应用、分析、评价、创新 | 在进行数学学习的过程中,逐步形成适应个人终身发展和社会发展需要的必备品格和关键能力 |
| B层 | 全面理解教材，主动钻研课程标准及老师指定的课外阅读资料 | 注重提高概括能力、观察思考能力转化迁移能力 | 注重思维的严谨性和延伸性 | 记忆、理解、应用、分析 | |
| C层 | 全面了解教材的同时，要求深入理解教材重点内容 | 强化模仿能力、记忆贮存能力 | 注重思维的严谨性和求同性 | 记忆、理解 | |
| 期待 | 通过师生努力，所有学生能达到A层目标 | | | | |

关于教学过程中具体教学目标的设定。首先，课程标准明确提出要培养“四基”和“四能”。“四基”包括基础知识、基本技能、基本思想以及基本活动经验，其中基本思想和基本活动经验本质上是两种隐性的课程资源，它们是潜藏于外显知识深层的隐性知识，对学生素养的提升有着外显知识无法替代的作用。从“四能”上看，能够从数学角度发现问题、提出问题、发现问题和解决问题，就是会用数学的眼光观察世界，会用数学的思维思考世界，会用数学的语言表达世界。其次，课程标准明确提出要培养数学核心素养。教学目标的设计既要考虑学生能掌握知识和技能，也要考虑如何能培养学生的数学核心素养。

分层递进教学中，根据具体的教学内容，可设定以下分层学习目标：基础性学习目标、拓展性学习目标、探究性学习目标以及创新性学习目标。C层学生以基础性学习目标为主；B层学生以基础性学习目标和拓展性学习目标为主，并适当设定探究性学习目标；A层学生以拓展性、探究性以及创新性学习目标为主。学习目标的设计要依据学生的“最近发展区”，要让不同层次的学生享受到成功的喜悦。

以人教版高中数学必修第二册8.6.1“直线与直线垂直”这节教学为例，分层设置如下具体教学目标。

**表4.3 “直线与直线垂直”课分层教学目标**

| 教学目标 | 目标内容 | A层 | B层 | C层 |
|---|---|---|---|---|
| 知识 | （1）系统全面了解空间两直线位置关系，从定性分析，到定量（距离和角度）刻画；<br>（2）理解并掌握异面直线所成的角的概念和求法(重点) | 深入理解 | 全面理解 | 大致理解 |
| 技能 | 会求任意两条直线所成的角(难点) | 熟练掌握 | 基本掌握 | 简单会求 |
| 思想方法、核心素养 | （1）空间问题转化为平面问题的转化化归思想；<br>（2）渗透直观想象、数学运算、数学抽象等素养目标 | 迁移运用 | 理解 | 体会 |

## （三）课堂教学活动适当分层，促使课堂走向深度学习

课堂教学活动适当分层，让不同基础的学生能得到实践，是实施分层递进教学的主要手段和途径。课堂教学活动是达成学习目标的载体，教师在设计课堂教学活动时，既要考虑学习能力较强的学生，又要照顾学习能力较弱的学生，要让所有学生都参与课堂。因此，在设计分层教学活动时，对学习基础较弱的学生要“起步低，领着走”；对学习基础中等的学生要“小步走，勤反馈”；对学习能力强的学生可以“主动走，重能力”，鼓励他们超越自己。

课堂教学中必不可少的教学环节是提问，教学问题的分层设计有助于使全体学生参与课堂，使其在不断思考、不断解决问题的过程中获得知识，提高学习能力。

问题是数学的“心脏”，以“问题链”的形式开展数学教学，既能有效激发学生的思维，又能在师生互动中逐步完成知识的深化、巩固、拓展、延伸。“问题链”中的问题，结合课程内容和学生的分层，要有相应的层次设定。如新课引入中，常以情景式“问题链”、导入式“问题链”为主，这类问题通常难度不大，可以让C层、B层学生完成；新知探究和应用，常需要对知识、技能、方法进行深层次的挖掘，通常采用递进式“问题链”、探究式“问题链”。这类问题对思维要求较高，可以主要让B层、A层学生完成；例题、练习的设置可一题多问，一题多变，由易到难，循序渐进地设计有层次、难度有坡度的问题，让各个层次的学生都有所思，有所得。最后可用反思式“问题链”的形式进行课堂小结，引导学生从知识、技能、方法、活动经验等方面回顾学习过程，反思各方面的收获。基于学情创设情境，“问题链”设置要具有明确的目的性；为聚焦核心，突破难点，“问题链”设置要具有系统性、层次性；为激发思维，深度思考，“问题链”设置要具有多样性。

以人教版高中数学必修第二册8.6.1“直线与直线垂直”这节教学为例，分层设置如下课堂教学中的“问题链”。

**表4.4　“直线与直线垂直”教学中的“问题链”**

| 教学环节 | | “问题链” | 层次 |
|---|---|---|---|
| 新课引入 | 导入式问题 | （1）空间两直线有几种位置关系？<br>（2）平行直线怎样定量分析刻画？<br>（3）相交直线怎样定量分析刻画？<br>引出本节课主要研究对象——异面直线，研究如何刻画两条异面直线的位置关系 | 3个问题初中都已学过，属简单的基础问题，C层学生可以完成 |
| 新知探究 | 递进式和探究式问题 | （1）如何定义异面直线？<br>（2）怎样判断异面直线？<br>（3）研究空间直线、平面的平行关系时，我们采用了什么方法处理空间位置关系？<br>（4）用“空间问题平面化”的思想，如何定义异面直线所成的角？<br>（5）异面直线所成角定义的合理性是什么？<br>（6）直线$a$、$b$所成角的大小与点$O$的位置有关吗？请说明理由。<br>（7）异面直线所成角的取值范围是多少？空间两直线所成角的范围呢？ | （1）（2）问是最近所学，属于基础性知识问题，C层、B层学生可以完成；（3）（4）（5）（6）问涉及知识、方法的迁移，对思维有一定要求，主要让B层、A层学生完成，鼓励C层学生完成 |

续表

<table>
<tr><th colspan="2">教学环节</th><th>“问题链”</th><th>层次</th></tr>
<tr><td rowspan="3">新知应用</td><td rowspan="3">递进式问题：一题多问及一题多变</td><td>例1.已知正方体$ABCD-A_1B_1C_1D_1$<br>（1）哪些棱所在的直线与直线$AA_1$垂直？<br>（2）直线$BA_1$与$CC_1$所成角的大小是多少？<br>（3）直线$BA_1$与$AC$所成角的大小是多少？<br>（4）若$O$为侧面$ADD_1C_1$的中心，$OB_1$与$BD$所成角的大小是多少？<br>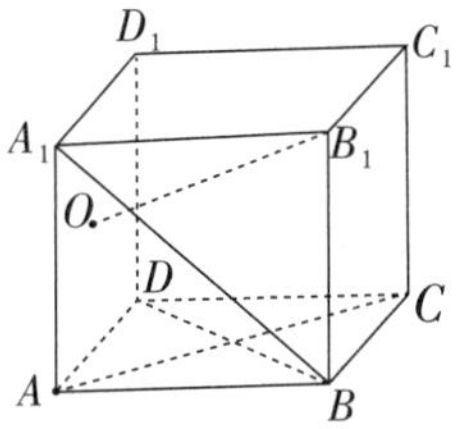<br><br>归纳总结：（1）归纳求异面直线所成角的基本步骤。<br>（2）找异面直线所成角的关键在平行关系，归纳总结平行关系常用考虑角度。</td><td>例1是正方体为载体，异面直线所成角的概念的巩固应用，其中第（1）问是利用定义直观判断空间直线的垂直关系，C层学生可以完成；（2）（3）（4）问是求异面直线所成角，是对定义的巩固应用，且3个小问难度逐步递进，以提问B层学生为主；最后归纳求异面直线所成角的基本步骤和常用考虑角度，规范答题步骤的同时，也锻炼学生归纳总结的能力</td></tr>
<tr><td>例2.在空间四边形$ABCD$中，$AB=CD$，且$AB$与$CD$垂直，$E$、$F$分别为$BC$、$AD$的中点，求$EF$与$AB$所成角的大小。<br>变式1：将“$AB$与$CD$垂直”改为“$AB$与$CD$所成的角为$60°$”。<br>变式2：加上“$AB=CD=2$”，将“求$EF$与$AB$所成角的大小”改为“求$EF$的长”。</td><td>例2题目没有给出图形，需要学生先根据题目条件进行作图，其次如何利用异面垂直这一已知条件，作图和逆向条件对学生的能力和思维有一定的要求，引导C层、B层学生解答。变式1容易漏解，可由A层学生解答</td></tr>
<tr><td>例3.在正方体$ABCD-A_1B_1C_1D_1$中，<br>（1）$O$为底面$A_1B_1C_1D_1$的中心，求证：$AO\perp BD$。<br>（2）$O$为线段$B_1D_1$上的点，求$AO$与$BD$所成角的范围。<br>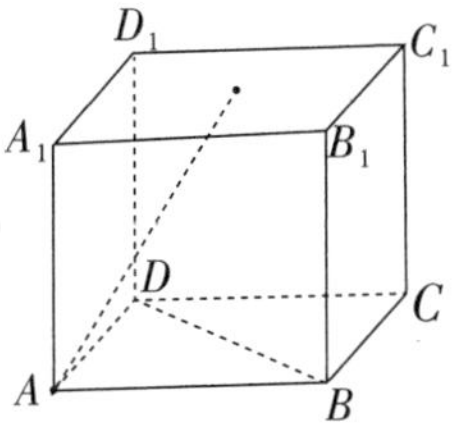<br></td><td>例3第（1）问证明两直线异面垂直，可利用异面直线所成角为$90°$，这一转化思想对于C层、B层学生都易理解；第（2）问是求范围，以提问A层、B层学生为主</td></tr>
</table>

续表

| 教学环节 | | "问题链" | 层次 |
|---|---|---|---|
| 课堂小结 | 反思式问题 | (1)这节课我们经历了怎样的一个学习过程?<br>(2)有些什么知识上的收获?<br>(3)有些什么方法上的收获?<br>(4)一起完成一个简单的思维导图。 | (1)(2)(3)问以提问C层、B层学生为主,思维导图可由A层学生完成 |

### (四)课后作业适当分层,提高学生学习数学的兴趣和自信心

课后作业设计适当分层,可以满足不同学习基础学生的需求,是实施分层递进教学的重要反馈和延续,是分层递进教学针对性、高效化的保障。

分层作业是一种针对不同学生个性差异和需求的作业设计方式。它考虑到学生的学习能力、兴趣、特长等方面的差异,将作业分为不同的层次,以满足不同学生的需求。通过分层作业,教师可以更好地关注每个学生的学习进展,提高学生学习的兴趣和自信心。

分层作业设计以《普通高中数学课程标准》(2017年版,2020年修订)的普通高中学科核心素养为导向,发挥数学应用广泛、联系实际的学科特点,在分析学习目标的基础上,系统规划作业目标、作业设计和作业评价,注重作业的基础性、科学性和可测性,突出教、学、评的一致性。教师要根据学生发展需要,围绕教学目标,针对课堂教学的重点、难点,深入研究具有典型性、代表性的习题内容,经优选后再布置作业,让学生通过举一反三、触类旁通,实现知识内化迁移。特别要减少"简单重复、机械记忆"类作业,确保作业布置的合理性和有效性。进一步发挥引导预习、整理知识、深化理解、诊断学情等作业功能,达到"复习巩固、拓展应用"学习目的。学生在做作业的过程中,可以体会"用中学""做中学""创中学",从而达到学科育人,实践育人。

高中数学作业设计可分为三类:基础巩固、拓展探究、综合实践(综合应用)。分层作业设计原则:(1)针对差异,因材施教;(2)循序渐进,逐步提高;(3)激发兴趣,增强信心。基础巩固作业主要是考查学生对所学基础知识的理解,基本技能的掌握程度,基本方法的运用情况进行评价。作业内容与教学内容相一致,主要源于教材中的例题、习题,或在课本原题基础上进行改编,所设置的问题符合学生现有的认知水平,主要涉及概念、定理、公

式等的直接应用，属于简单应用，A、B、C层学生都要完成基础巩固作业。拓展探究作业是对所学内容进行拓展、提升，关联多个知识点，学生需要深入挖掘和联想相关信息，综合分析、推理、多视角地思考，才能解决问题。这样设置作业可以提升学生灵活运用所学知识的能力，激发学生的探究、创新精神。A、B层学生要完成拓展探究作业，C层学生可以选择完成。综合实践作业是以培养学生创新、综合应用与实践能力为主要目标，从生活实际出发分层设计，让学生回归到生活中，并运用已有的知识和经验解决问题，使不同层次的学生在数学能力上有不同的发展。教师要引导学生开展数学建模活动和数学探究活动，或开展主题式或项目式学习活动，让学生基于真实的情境解决现实具体的问题，A、B、C层学生都要参与数学实践活动，积累数学活动经验。综合实践作业设计应具有综合性、开放性、实践性，有一定难度，培养学生迁移、综合应用能力。A层学生要完成综合实践作业，B层学生可以选择完成，鼓励C层学生积极参与活动，自愿完成综合实践作业。在完成作业的过程中，学生经历发现问题、提出问题、分析问题、解决问题的过程，这样可以培养学生的创新思维、综合实践能力。设计的综合实践作业，要适当融入数学文化、阅读理解、社会调查等内容，让学生感受到数学应用之广，增强学生学习数学的信心。

课后作业适当分层，使作业布置更精准、更有质量。兼顾学生个人知识水平和能力的差异，为不同基础的学生布置不同题量、不同难度的作业，由浅入深、逐层递进，有利于发展学生的学习潜能，促进学生提高数学思维能力，提升学生学习数学的兴趣和自信心，进一步提高课堂教学效率。

### （五）教学评价多元化，促进学生身心全面发展和个性化发展

教学评价是数学教学活动的重要组成部分，也是课堂价值的体现，评价的目的是考查学生的学习成效。评价不仅可在课后进行，也可贯穿在整堂课的教学中。评价对课堂教学目标的达成具有重要的导向作用。因此，要想让不同基础的学生在数学课堂中都能得到相应发展，就应该重视多元评价，不仅注重学业成绩，还应注重阶段性评价、过程性评价、增值性评价，使评价真正达到促进学生数学核心素养发展的目的。传统的评价往往通过课后的测试分数来判断学生的学习效果，而过程性评价，则把学生在课堂学习的全部情况都纳入评价范围。特别要重视增值性评价，要使不同基础的学生都看到自己的进步，提高学困生的学习兴趣。要把学生解决问题的过程、探究过程、

交流与合作的过程、团队协作精神、作业完成质量等都纳入评价内容。评价要尊重学生个体差异，注重学生的学习态度、参与活动的积极性等，让每个学生都能够在课堂上体现自己的价值，感受到参与课堂实践所带来的快乐，这样才能促进学生身心全面发展和个性化发展。

总之，在核心素养导向下，高中数学教师应转变教学理念，在课堂教学中，要以学生为主体，因材施教，根据学情，采用分层递进教学，营造和谐、轻松的学习氛围。要调动不同层次学生的学习兴趣，提高学生学习的主动性，重视培养学生的创新意识和科学精神，不断提升学生的思维能力。

## 参考文献

[1] 中华人民共和国教育部.普通高中课程标准（2017版，2020年修订）[M].北京：人民教育出版社，2020.

[2] 杨冬梅."三新"背景下高中数学教学的目标与实施途径[J].教育科学论坛，2014（11）：57-59.

[3] 呼珊珊.分层教学模式在初中英语课堂教学中的应用价值及实践策略[J].英语教师，2023（10）：39-41.

[4] 胡恩惠，王峰，王巍."懂而不会"现象的有效解决策略：以"单摆"课时作业设计为例[J].物理教学，2022（11）：19-23.

注：本文系广西教育科学"十三五"规划2020年度广西教育研究专项课题《核心素养导向下广西中学数学分层递进教学的实践研究》（课题编号：2020ZJY174）的研究成果。

广西教育研究院　黄兰妹

广西柳州高级中学　黄珂　郑亚梅

# 专题报告五 “课堂观察”助力主题式初中英语校本教研的实践研究

## ——以柳州市柳南区初中英语校本教研为例

**摘要：** 针对初中英语校本教研存在的合作共同体缺乏、主题不聚焦、研究不深入等问题，柳州市柳南区将课堂观察融入初中英语校本教研，进行了主题式校本教研的实践探索。融合了课堂观察的主题式校本教研，可以帮助教师重新审视自己的教育教学，捕捉复杂的教学现象，收集相关的资料，研究课堂教学情况，从而及时调整教学思路和教学内容，改进教学方法，提高教学质量。

**关键词：** 课堂观察；初中英语；校本教研

## 一、现阶段初中英语校本教研存在的主要问题

通过教学视导、专项调研以及查阅相关文献，笔者发现目前有3种比较流行的校本教研模式：一是在教研组组长的组织下，收集教学中急需解决的问题并将其作为研究主题，通过开展多种形式的教研活动促进教师的专业发展。二是以日常听评课为抓手，以课堂研究为主阵地，以课例为载体，通过备课、上课、观课、议课进行集体教研。三是教师根据自己的实际情况制定发展目标，自发自主地进行学习和提升。

以上3种教研模式，表明现阶段初中英语校本教研存在着以下问题：(1) 大部分校本教研活动尚未形成合作共同体，活动形式也较单一，个人行为较多。(2) 校本教研缺少主题和自主创新，上级安排的多，自发自主研究的少。(3) 校本教研虽有主题，但是研究过程中缺乏理论支撑和专业指导，

研究流于表面，不够深入和全面。（4）校本教研活动后缺乏总结和提炼，或是敷衍了事。（5）校本教研主要是以谈经验做法为主，缺乏基于证据和事实的“循证教研”。以上问题的存在严重影响了初中英语校本教研的实效性，不利于教师专业发展，也影响了英语教学质量的提升。为了顺应新课程改革，探索新的教研合作文化，促进教师快速成长，柳州市柳南区将课堂观察融入初中英语校本教研，进行了主题式校本教研的实践探索。

## 二、“基于课堂观察的主题式初中英语校本教研”的实施路径

基于课堂观察的主题式初中英语校本教研强调以主题为引领，以校本教研为抓手，以课堂教学研究为重点，以课堂观察为手段，通过借助量表等工具记录课堂教学事实，从客观上让教师重新审视自身的教学行为及学生的学习方式，通过捕捉复杂的教学现象，分析和研究教学情况，从而及时调整教学思路、教学内容和教学方法，提高教学质量。

### （一）确立观察主题，明确观察方向

明确的校本教研主题是初中英语教研组顺利开展校本教研活动的基础，在行动研究中，我们运用数字评价工具进行学情分析，对学生学习和教师教学进行测评诊断，根据测评结果设计了系列英语教研主题，不同阶段聚焦不同主题，循序渐进解决教学问题，最终解决了初中英语教研主题散乱的问题。

在进行英语校本教研主题确立时，首先根据《义务教育英语课程标准（2022年版）》的课程目标，从语言能力、文化意识、思维品质、学习能力入手，结合教师教学实践，进行关键问题筛选和英语校本教研主题的确立。如在聚焦语言能力提升方面的教学时，可以从听、说、读、看、写等维度出发确立研究主题。课程标准对英语听说能力的要求有“理解和运用”层级。根据课标要求，我们在理解层级急需解决的问题是“如何基于主题情境进行听说活动设计，提升学生的听说能力”，运用层级存在的关键问题是“如何搭建学习支架帮助学生运用重点语言进行语言输出，培养其思维品质”。课程标准对英语阅读能力的要求有“知道和理解”层级，对应理解层级，教学急需解决的问题是“在阅读教学中如何培养学生的学习能力”。至于英语写作能力中的“理解”层级，教学中存在的关键问题可能是“如何根据话题、借助图文提示，培养学生写话的能力”。

### （二）结合观察主题，选择最佳观察形式

观察主题确定后，教研组必须发挥团队的力量，分工合作，选择最佳观察形式。但是研究开始阶段，我们发现课堂观察形式很多，有的太复杂且深奥，对中小学英语教师不太适用。通过对比分析各种课堂观察形式的异同及其特征和优劣，发现“课堂活动全息观察、价值评判观察、关键问题聚焦观察”简单易操作，十分适合借鉴到柳南区初中英语校本教研中来。

课堂活动全息观察即对一节课进行全方位的观察。实践证明全息观察可以采纳崔允漷教授的课堂观察LICC范式，从学生学习、教师教学、课程性质、课堂文化4个维度20个视角68个观测点来进行全息观察。但由于观察范围及观测点很广，操作难度变大，不易掌控，为此建议结合英语校本教研的主题，聚焦观察维度和视角，分工合作，明确各自观察任务，在活动中以相互协作的方式完成观察任务。

价值评判观察即对一堂课在某一方面的实际效果进行评价。有效的价值评判标准可为观察者提供扎实的理论依据，帮助观察者更准确、科学地对课堂教学行为作出判断。经过实践研究，发现以教学检查为指导目的的观课和以研究为目的的观课都可以选择“依据观课目的制定有效性评判标准的课堂观察”，其基本流程为：第一步，提炼关键问题，确定课堂观察主题；第二步，组织成员学习相关理论，找准观察视角，依据课标和研究主题理论支撑进行评判标准制定；第三步，依据标准设计观察量表进行团队观课；第四步，基于观察数据进行分析总结。如对一节英语课进行评价时，可选择“依据学科特点制定价值评判标准的观察”，其基本流程为：第一步，剖析英语学科特点，明确课标要求和课型设计；第二步，依据观察主题，设计评课标准，组员依据标准观课；第三步，依据观课数据进行评课并形成观察报告。

若观课重在规范英语课堂教学，提高英语教学质量，可以选择“依据课堂教学构成要素（教学内容设计、教师教学行为和学生学习行为）而进行的课堂观察”，即关键问题聚焦观察。其基本流程为：第一步，分析英语课堂教学的关键要素；第二步，设计统一的评判标准，依据观察目的设计观察量表；第三步，深入课堂展开观察并分析归纳观察结果。

### （三）了解观察维度，明确观察视角

确定观察形式之后，在教师正式进入课堂进行观察之前，首先需要深入

了解课堂观察的维度，然后明确各个维度下的观察视角，选取合适的观察视角，为课堂观察的有效性打下基础。

如在进行“基于英语学科核心素养的初中英语课堂‘教—学—评’一体化”为主题的英语校本教研时，我们选择了“课堂活动全息观察”这一观察形式，重点关注教师的教学、学生的学习、课程性质、课堂文化4个观察维度，选取针对研究主题的具体观察视角，包括教师的教学维度对应的环节、对话、指导，学生的学习维度对应的互动、自主、达成，课程性质维度对应的目标、实施、评价，课堂文化维度对应的创新、机智等。围绕研究主题，制定课堂观察量表，组织教师根据量表从不同的角度进行课堂观察数据记录。但在操作过程中，我们发现观察视角选择应不超过3个，否则教师观察会比较困难。而观察量表的制定是有效进行主题式英语校本教研的关键，一定要可观察、可记录、可解释。

又如在进行主题为“基于课堂观察的初中英语课堂教学目标达成策略研究”的校本教研活动时，可选择“依据学科特点制定价值评判标准的课堂观察”这一观察形式并制定相关观察量表。第一步，根据课程标准和布鲁姆教育目标分类理论制定课堂教学目标达成的评判标准：（1）教学目标制定有层次，体现不同课型的目标特点，重难点突出，注重激发学生学习兴趣和英语思维品质的养成及学生综合语言运用能力的培养。（2）从教学过程设计来看，要积极创设主题情境，将课本与真实的生活相结合，教学过程层次清晰，过程流畅，时间分配符合学生语言认知规律，学生活动多元化，教师主动权下放，学生主体性凸显。（3）从教学方法方面来看，任务教学和情境教学相结合，机械性操练和交际性操练结合。（4）从教学评价方面来看，评价手段形式多样，能对应教学目标进行针对性的即时检测，有口头问答、笔头书写、限时检测反馈等。第二步，为了有序达成学习目标，课堂观察量表重点围绕课程性质这一维度，结合制定的学科评判标准，从对应教学目标达成的课堂教学环节、课堂活动形式、课堂活动数量、活动时间、活动效果及课后检查重点词句达标情况等视角进行课堂观察量表制定。第三步，组织观课团队，分工合作带着量表走进课堂观课，同时借助学科评判标准进行基于证据的课后观课汇报。

### （四）展开课堂观察，促进教师成长



整个课堂观察遵循“课前说课—课中观察—课后诊断与评价”的技术路

线，着重从以下3个层面展开。

1.课前进行基于观察主题的互动交流

课前执教者和观察者互动交流是开展基于课堂观察的主题式初中英语校本教研的基础，对课中观察和课后会议有很好的引导作用。

（1）从执教者方面作如下交流：介绍本班学生基本情况，如学优生、学困生分别有多少，坐在什么位置；本节课课型是什么，打算怎么处理教材；本节课重点和难点是什么；根据课标要求，预期要让学生达成的学习目标有哪些；准备采用什么样的教学方法和活动设置让学生达到预期学习目标；教学过程中怎样进行过程性评价和反馈；本节课希望观察者帮助解决的问题是什么；解决的过程中有什么亮点和困惑。

（2）从观察者方面探讨：通过与授课者的互动交流，对整节课的教学设计有了基本了解，针对执教者提出的希望观察者帮解决的问题和困惑，我们将展开讨论，共同确定解决的途径和方法。

课前进行基于观察主题的互动交流，能让观察者快速确立本节课的观察中心，明确观察对象是谁，观察的目的是什么，以及选择什么样的观察形式和如何确定观察维度及视角等。

2.课中进行基于观察量表的观课记录

教师进入课堂，根据事先的安排，根据学优生和学困生的区域随堂开展观察活动，并利用观察量表对观察点范围内的行为、现象加以记录。

3.课后进行基于观察数据的诊断评价

为了让英语教研活动更具有时效性和针对性，课后基于证据的诊断和评价环节是关键。可以基于教研组的研究主题和英语学科内容，结合课堂上观察记录的数据，对上课教师的授课情况进行具体分析。

（1）课堂教学流程是否符合学科课型特点

依据《义务教育英语课程标准（2022年版）》和英语课型特点进行具体分析。一看教学内容的处理是否科学，教学目标的设定是否合理。二看整节课的教学流程是否符合“PWP”模式：听前—听中—听后；读前—读中—读后；复习前—复习中—复习后。其中，第一个“P”强调在听前/读前/复习前通过多模态的方式引入并谈论相关话题，然后聚焦话题，通过头脑风暴复习与话题有关的词汇，再利用思维导图整合旧知识，输入新知识，为新课的学习做好充分的铺垫。中间的“W”强调围绕话题，进行听力训练；创设情境，进行口语表达；阅读语篇，进行思维训练。最后的“P”则强调培养学生在特定情境中综合运用本课所学进行语言表达及思考判断的能力。

（2）教学活动设置是否契合教学目标达成

教学活动是达成教学目标的关键载体，教学活动的设定是否合理直接关系着教学目标能否达成。可以从以下2个层面加以分析：首先，判断对应教学目标的教学活动设置是否遵循英语学习活动观的学习理解、应用实践、迁移创新的3个层级。其次，以布鲁姆教育目标分类和《义务教育英语课程标准（2022版）》的学业质量标准为评价准绳，根据课堂观察数据即活动中教师和学生的表现、教师与学生活动时长等来分析教师的教授和学生的学习情况，对教学目标的达成度进行分析并得出有效达成教学目标的相应对策。

（3）学生学习结果是否达到预期目标

研究发现，学生在完成学习任务的过程中，表现出不一样的学习状态和思维结构。那如何判定学生的学习效度？首先，观察学生进入课堂之前和走出课堂之后是否有变化；其次，观察学生在整节课的参与和交流的状态如何，是广泛深度的还是局部浅层的；最后，观察本节课学生学习目标的达成状态，是否能让不同层次的学生丰富学科知识，培养语言能力，陶冶个人情操。可以参照SOLO评价理论对学生的学习结果从前结构层次、单点结构层次、多点结构层次、关联结构层次、拓展抽象层次进行评价，这种评价重点突出了对学生英语学科核心素养的培养。

### （五）解决校本难题，提炼教研成果

为了让校本教研更有指导意义和辐射作用，鼓励教师们从观课目的、课前准备、课中观察、课后反馈4个方面撰写“基于课堂观察的主题式初中英语校本教研观察案例”，及时对校本研究进行总结与提炼。在实践研究过程中，发现课程观察案例的撰写应避免冗杂，要简洁明了，有理有据，并且针对校本教研的主题有回应，有具体的解答策略，避免赘述。

总而言之，“基于课堂观察的主题式初中英语校本教研”实践研究，不但有助于提升英语教学研究实效，提高英语教师专业水平，而且更有利于形成合作共事文化，提升英语课堂教学质量。

## 参考文献

［1］沈毅，崔阮溯.课堂观察：走向专业的听评课［M］.上海：华东师范大学出版社，2008.

［2］董海燕.基于课堂观察改进初中英语教学的行动研究［M］.上海：华东师范大学，2010.

［3］谭永焕，郑月桃，王林发.教师课堂观察的智慧与策略［M］.重庆：西南师范大学出版社，2020.

［4］夏雪梅.以学习为中心的课堂观察［M］.北京：教育科学出版社，2012.

注：本文系广西教育科学“十三五”规划2018年度广西教育研究专项课题《广西中小学英语教研员专业发展路径研究》（课题编号：2018ZJY211）的研究成果。

广西教育研究院　黄文凤

广西柳州市柳南区教育局教学研究室　龙丰